Middlebrook · Hamburg, Juli '43

Martin Middlebrook

HAMBURG JULI '43

Alliierte Luftstreitkräfte gegen eine deutsche Stadt

ERNST KABEL VERLAG

Lizenzausgabe mit freundlicher Genehmigung
der Ullstein Verlag GmbH, Berlin · Frankfurt/Main
für die Ernst Kabel Verlag GmbH, Hamburg 1984
Titel der englischen Originalausgabe
»The Battle of Hamburg.
Allied Bomber Forces against a German City in 1943«
erschienen bei Allen Lane, London.
Aus dem Englischen von Erwin Duncker

Druck und Einband: Clausen & Bosse, Leck
ISBN 3-921909-72-4

Inhalt

Einführung

Am Samstag, 24. Juli 1943, erließ Air Chief Marshal Sir Arthur Harris gegen 8.30 Uhr den Befehl, daß die schweren Bomber des Bomber Command der Royal Air Force in der kommenden Nacht mit maximaler Stärke die deutsche Stadt Hamburg anzugreifen hätten. Kurz darauf wurde die Morgenbesprechung bei Harris beendet, und die Stabsoffiziere, die daran teilgenommen hatten, gingen auseinander, um letzte Hand an den Detail-Plan für diesen Angriff zu legen. Um genau siebenundfünfzig Minuten nach Mitternacht klinkten drei Bomber der Pfadfinder-Gruppe – zwei Lancaster und eine Halifax – ihre Fracht genau über der Stadtmitte von Hamburg aus. Neun Nächte später, in den frühen Morgenstunden des 3. August, klinkte ein Wellington-Bomber einer australischen Staffel seine Bombenfracht über – wie seine Besatzung hoffte – Hamburg aus, aber infolge sehr schlechter Wetterbedingungen hätte sich die Maschine auch irgendwo innerhalb eines Radius von fünfzig Kilometer um die Stadt befinden können. Zwischen dem Abwurf dieser ersten und letzten Bomben hatten sechs große Luftangriffe – vier durch die RAF und zwei durch amerikanische Bomber – sowie drei kleine Störangriffe stattgefunden. Alliierte Historiker gaben dieser Periode der intensiven Bombardierung einer einzigen Stadt später den Namen »Die Schlacht um Hamburg«. Bürger und Stadthistoriker Hamburgs nannten sie »Die Katastrophe«.

Dieses Buch soll so detailliert wie möglich einen Abschnitt dessen darstellen, was ich den »Bombenkrieg« nenne und was bei offiziellen Historikern als »Strategische Bomberoffensive« bezeichnet wird. Was Hamburg widerfuhr, mag ein extremes Beispiel für einen alliierten Erfolg sein, aber die dort erzielten Resultate waren die gleichen, die man sich jedes Mal erhoffte, wenn die alliierten schweren Bombereinheiten gegen Deutschland starteten. Bei den Angriffen in dem langen Bombenkrieg handelte es sich in der Tat um »Schlachten« – um blutige Kämpfe zwischen den Bombereinheiten und den deutschen Städten.

Vor einigen Jahren habe ich ein Buch mit dem Titel »Die Nacht in der die Bomber starben« über den Angriff auf Nürnberg geschrieben. Es befaßte sich mit einem Angriff des Bomber Command der RAF in der Nacht des 30./31. März 1944, bei dem die beteiligten RAF-Besatzungen auf eine erfolgreiche Abwehr durch die deutschen Nachtjäger trafen und einiges Pech mit dem Wetter hatten. Fünfundneunzig Bomber und deren Besatzungen – mehr als 13 Prozent derjenigen, die gestartet waren – gingen verloren. Nürnberg hatte kaum Schaden erlitten. Es war ein klarer Fehlschlag, die schwerste Katastrophe des Krieges für die RAF. Kritiker haben mir gelegentlich vorgeworfen, ich hätte ein einseitiges Bild der Kriegsereignisse gezeichnet, indem ich zu viele britische Niederlagen beschrieb. Diese Kritik mag berechtigt sein, doch ich möchte dem entgegen halten, daß oft erst durch die eingehende Untersuchung derartiger Rückschläge die Feinheiten der Strategie und Taktik beleuchtet werden können, und auch, daß sich außergewöhnliche Beispiele menschlichen Strebens und Mutes in Aktionen dieser Art finden lassen. Hier jedoch ist mein Thema ein eindeutiger alliierter Erfolg. Die Angriffe auf Hamburg vom Juli und August 1943 sind vielfach von Historikern als ein herausragender alliierter Sieg im Bombenkrieg bezeichnet worden.

Deshalb lege ich als Kontrast zu dem britischen Fehlschlag von Nürnberg, der sich acht Monate später ereignete, diese Untersuchung der Schlacht um Hamburg vor. Sehr wahrscheinlich wird man mich nun deshalb kritisieren, weil ich eine Angriffsserie ausgewählt habe, die so Entsetzliches am Erdboden angerichtet hat – tatsächlich bin ich schon von ehemaligen RAF-Offizieren dahingehend kritisiert worden. Aber ich muß darauf hinweisen, daß wahrscheinlich Dreiviertel der vom RAF-Bomber Command im Zweiten Weltkrieg geflogenen Angriffe auf diese Form des Bombenkrieges ausgerichtet waren. In Hamburg ist geschehen, was immer dann geschah, wenn für das Bomber Command »alles richtig gelaufen« ist. Ich kann das Unbehagen verstehen, das ehemalige Bombenflieger überkommen mag, wenn sie ihre Leistungen in so großem Detail beschrieben sehen, aber ich will versuchen, diese Ereignisse des Luftkriegs in den größeren Zusammenhang des gesamten Krieges zu stellen.

Für dieses Buch hat sich insofern ein zusätzlicher Vorteil ergeben, als Einheiten der United States Eighth Army Air Force, die zu jener Zeit in England stationiert waren, an der Schlacht um Hamburg teilnahmen. Sie flogen zwei große Tagesangriffe. Das hat mir die interessante Gelegenheit geboten, die Methoden der beiden Luftwaffen auf Gebieten wie strategischen Absichten, Zielauswahl und taktischen Methoden zu untersuchen und zu vergleichen sowie die Erlebnisse, Erfahrungen und Einstellungen der Männer der beiden Bomberstreitkräfte zu betrachten. Vergleiche dieser Art gehören zu den Absichten, die mit diesem Buch verfolgt werden sollen. Ich hoffe, daß sie für den Leser ebenso interessant sind wie für mich.

Dieses Buch wird sehr facettenreich sein, weil so viele an der Schlacht um Hamburg teilgenommen haben: Die schweren Bombereinheiten der RAF und der USAAF, einige britische leichte Bomber und Jäger, die Nachtjagd-, Tagjagd-, Flak- und Radar-Einheiten der Luftwaffe, die städtischen Behörden, der industrielle Sektor, die Luftschutz-Einheiten und vor allem die Zivilisten von Hamburg. Einige dieser Teilnehmer haben kaum jemals andere getroffen, die teilnahmen, und viele Überlebende haben auch heute noch nur höchst ungenaue Vorstellungen von den Erlebnissen der anderen Akteure. Ich habe mich bemüht, in meinen Recherchen jedem Aspekt der Schlacht um Hamburg gerecht zu werden, und in diesem Buch soll der Versuch unternommen werden, alle Elemente und Ereignisse der Schlacht darzustellen. Die Szenen des Geschehens werden immerfort wechseln; es ist möglich, daß manche Leser die von ihnen bevorzugten Themen nicht ausführlich genug dargestellt sehen werden, und es ist mir bewußt, daß kaum ein Leser an allen Abschnitten des Buches gleichermaßen interessiert sein wird. Insbesondere muß ich schon jetzt warnend darauf hinweisen, daß der Eindruck entstehen könnte, den Ereignissen in der Luft sei geringerer Raum gewidmet worden als Ereignissen am Boden, aber im Gegensatz zu dem Angriff auf Nürnberg waren hier die Geschehnisse in der Zielstadt von größerer Bedeutung als das, was sich auf dem Weg dorthin abspielte.

Obwohl ich nun einmal Engländer bin, habe ich mich bemüht, meine Geschichte unparteiisch zu erzählen. Eine Masse Quellenmaterials ist entdeckt worden, und es wird nicht schwierig sein, das nackte Gerippe der meisten Aspekte der Schlacht um Hamburg zusammenzufügen. Die Dokumente der RAF- und USAAF-Einheiten sind zumeist vollständig und zuverlässig. Die RAF-Einsätze sind bis hinab zu den einzelnen Besatzungen dokumentiert. Die amerikanischen Einheiten, die sich zum größten Teil in den ersten Monaten ihres aktiven Kriegsdienstes befanden, hatten noch kein eingespieltes Dokumentations-System entwickelt, aber in ihren Dokumenten finden sich gelegentlich interessante Punkte einer Art, die in den orthodoxeren Systemen verloren gehen.

Von der Quellenlage auf deutscher Seite läßt sich sagen, daß die zivile Seite des Geschehens gut abgedeckt ist, nicht aber die der Luftwaffe. Der sehr detaillierte Bericht des Hamburger Polizeipräsidenten mitsamt der Anhänge und Ergänzungen hat den Krieg unversehrt überstanden. Bedauerlicherweise sind fast alle Dokumente der Luftwaffe gegen Ende des Krieges vernichtet worden, damit sie nicht in Feindeshand fielen. Das hat zu Lücken an Kenntnissen über Operationen geführt, an denen die Luftwaffe beteiligt war, doch läßt sich eine begrenzte Übersicht durch Zusammensetzen von Informationsteilchen jener geringen Zahl an Dokumenten gewinnen, die erhalten geblieben ist.

ERSTES KAPITEL

Der Weg nach Hamburg

In mancher Beziehung wird die Geschichte den Ersten und Zweiten Weltkrieg als einen einzigen, in zwei Phasen ausgetragenen Konflikt sehen. Für keinen Aspekt des Krieges gilt das in stärkerem Maße als für den des strategischen Bombenkrieges, definiert im »Concise Oxford Dictionary of Current English« als Form der Gewaltanwendung, »die die Binnenwirtschaft des Feindes desorganisieren und die moralische Widerstandskraft zerstören soll«. Jedes Element des Bombenkrieges im Zweiten Weltkrieg war, mit Ausnahme des Einsatzes der Atombombe, schon im Ersten Weltkrieg beobachtet worden, wenn auch oft nur im allerkleinsten Maßstab. Eine kurze Untersuchung der Ereignisse von 1914–18 wird die Ursprünge dessen zeigen, was ein Vierteljahrhundert später in Hamburg geschah.

Schon etliche Jahre vor 1914 sprach man von einem kommenden Krieg zwischen England und Deutschland. Es ist beinahe so, als habe es einen Todeswunsch gegeben, daß diese beiden stolzen und mächtigen Nationen ihre Kräfte aneinander messen müßten. Dieser lange Anlauf zum tatsächlichen Konflikt hatte auch dazu geführt, daß man über die Verwendung der neu erfundenen Flugapparate im Kriegsfall nachdachte. Es galt als ausgemacht, daß Flugzeuge und Luftschiffe zur Unterstützung von Heer und Marine über dem Schlachtfeld und über dem Meer eingesetzt werden würden, aber diese taktischen Möglichkeiten sind nicht das Thema dieses Buches. Die Prophezeiung, daß man Bomben tatsächlich von einem Land ins andere tragen und auf Städte abwerfen würde, erwies sich als richtig. Welchem Zweck sollte eine derartige Bombardierung dienen, und welche Wirkung würde sie zeitigen? Im Jahre 1912 faßte ein deutscher

Marineoffizier die Absicht in einem Vortrag vor anderen Offizieren in Kiel zusammen. Die Bombardierung Englands werde ernsten materiellen Schaden anrichten, aber sie werde auch »der Moral des Volkes einen Schlag versetzen«. Zwei Jahre vor Ausbruch des Ersten Weltkrieges waren hier also die beiden Möglichkeiten des strategischen Bombenangriffes bereits erkannt – industrielle oder materielle Zerstörung und Demoralisierung der Zivilbevölkerung, die nie zuvor direkt von Kriegshandlungen betroffen gewesen war. Diese beiden Aspekte sind, mit wechselndem Akzent, von jenem Tage bis heute verfolgt worden.

Deutsche Zeppeline machten den Anfang. Nachts von ihren Stützpunkten in Deutschland und später in Belgien aufsteigend, begannen sie im Jahre 1915 mit der Bombardierung von großen und mittleren Industriestädten in den Midlands und in Nordengland. Zwei Aspekte des Bombenkriegs zeigten sich sofort in aller Deutlichkeit. Die Zeppelin-Kapitäne versuchten, ihre Bomben gezielt auf Fabriken, Brücken und Eisenbahnen zu werfen, aber sie mußten feststellen, daß genaues Zielen oft schwierig war, und viele Bomben trafen Wohnhäuser. Es war kein wahlloses Bombenwerfen, aber wahllos wurden Zivilisten getötet. Es stellte sich auch heraus, daß die zivile Moral schwer erschüttert wurde, manchmal bis an die Grenze der Hysterie, und dies durch Angriffe, die, legt man spätere Maßstäbe an, bloße Nadelstiche waren.

Die Zeppelin-Angriffe wurden mit zunehmender Wirksamkeit der britischen Verteidigung seltener, aber an ihre Stelle trat eine neue Waffe – der Tageslicht-Bomber. Im Sommer 1917 begann eine einzige Staffel zweimotoriger Gotha-Bomber, die über eine Einsatz-Stärke von einundzwanzig Maschinen nie hinauskam, von Flugplätzen in Belgien aus zu operieren. Die Gothas flogen drei Angriffe gegen Südengland, bei zweien davon erreichten sie London. Die Gothas flogen insgesamt dreiundsechzig Einsätze, bei denen 322 Menschen getötet und 872 verletzt wurden, zum größten Teil in London, wo erhebliche Panik ausbrach. Inmitten der fast allgemeinen Verdammung dieser deutschen »Barbarei« verlieh ein Mann, Lord Montagu, der Meinung Ausdruck, daß London mit seinen zahlreichen Rüstungsfabriken ein legitimes Ziel für deutsche Bombenangriffe sei. Er fand nicht viel Verständnis für diese mutige

Meinung. Aber die Verbesserung der britischen Verteidigungsmaßnahmen führte dazu, daß die Gotha-Angriffe allmählich aufhörten.

Mehrere deutsche Städte waren äußerst geeignet für Vergeltungsangriffe durch britische und französische Bomber. Flugplätze bei Verdun und Nancy waren nur rund 300 Kilometer von Stuttgart, Mannheim, Köln und dem Ruhrgebiet entfernt, und französische Bomber griffen Deutschland seit Sommer 1916 an. Die Franzosen gingen streng selektiv vor; die deutsche chemische Industrie galt als besonders verwundbar durch Angriffe aus der Luft und war ein entscheidend wichtiger Faktor in der Herstellung der Granaten für die Westfront. Also konzentrierten sich die französischen Flieger auf die deutschen chemischen Fabriken. Das letzte, was die Franzosen wollten, war ein wahlloses Bombenwerfen, was deutsche Vergeltungsangriffe auf Paris nach sich ziehen konnte. Im Oktober 1916 gesellten sich zu den Franzosen auch Einheiten des Royal Naval Air Service. Die Marineflieger waren auf dem Gebiet der Fernbomber in Großbritannien führend.

Was sich dann während der letzten Kriegsjahre ereignete, ist rasch beschrieben. Hochfliegende Pläne gab es, aber nur bescheidene Erfolge. Schon im Oktober 1917 hatte der britische Admiral E. F. Kerr den Bau von 2000 strategischen Fernbombern gefordert! Derartigen Vorschlägen setzte die britische Armee erbitterten Widerstand entgegen, und zwar mit dem Argument, daß ihre Luftunterstützung an der Westfront nicht geschwächt werden dürfe. Die britischen und französischen Einheiten, die Deutschland angriffen, mußten einsehen, daß die deutsche Luftabwehr zu stark wurde. Die Tagesangriffe wurden eingestellt. Die Flieger gingen nun zu Nachtangriffen über, aber sie erbrachten nur bescheidene Erfolge, und das auch nur um den Preis steigender Verluste. Der Krieg war zu Ende, bevor eine starke Streitmacht viermotoriger, in England stationierter Bomber eingesetzt werden konnte, die schwere Angriffe tief nach Deutschland hineintragen sollte.

In den vier Kriegsjahren war viel Mühe auf diese neue Form der Kriegsführung verwandt worden. Doch die Fernbomberangriffe hatten den Ausgang des Krieges kaum beeinflußt. Die langen, geduldig ertragenen Leiden der Soldaten an der Westfront und die Seeblockade hatten den Alliierten den Sieg gebracht. Aber der

Ehrgeiz der Flieger war geweckt. Mehr und bessere Flugzeuge, größere Bombenfrachten, Vorrang in Beschaffung und Herstellung, größere Entschlossenheit – das alles sollte zur Verwirklichung des Traums von einem Bombersieg in einem Krieg der Zukunft führen.

Stellen wir eine Liste der wichtigsten Punkte auf, die sich aus dem ersten Einsatz von Bombenflugzeugen ergaben: Die Gefährdung von Zivilisten, wenn Flieger versuchten, unter ungünstigen Zielbedingungen industrielle Ziele zu treffen. Die Auswirkung auf den zivilen Widerstandsgeist und der anscheinend so naheliegende Schluß, daß er bei ausreichend schweren Angriffen schnell zerbrechen werde. Der Glaube, daß die Konzentration auf einen speziellen Industriezweig einen ausgedehnteren industriellen Zusammenbruch verursachen werde. Die Legende von der sich selbst verteidigenden Tagbomber-Formation und die nicht ausbleibende Hinwendung zum weniger wirksamen Bombenangriff bei Nacht. Die Kontroverse über die Frage, wann eine Stadt ein legitimes Ziel sei. Das Abziehen von immer mehr Mannschaften von den kämpfenden Fronten durch Angreifer und Verteidiger. Und schließlich die Träume von ganzen Bomberflotten, die sich als kriegsentscheidend erweisen müßten. Für diejenigen, die schon an den Einsatz des Bombers im nächsten Krieg dachten, waren alle Tendenzen schon in dem gerade beendeten sichtbar geworden.

Die nächsten zwanzig Jahre können knapp dargestellt werden. Die starken Luftwaffen des Jahres 1918 wurden eilig abgebaut, und die folgenden Jahre verbrachte man mit Überlegen, Experimentieren und Planen. Als es offenkundig wurde, daß Europa sich wieder auf einen Krieg zu bewegte, begannen die Nationen mit der Wiederaufrüstung, und die Pläne und Hoffnungen der führenden Luftkriegsspezialisten gewannen neue Bedeutung. Es lag auf der Hand, daß die Luftmacht eine bedeutende Rolle spielen werde. Die konventionellen Militärs sahen das Flugzeug noch immer als eine im wesentlichen taktische Waffe zur direkten Unterstützung der Heere und der Flotten. In Deutschland und Frankreich herrschte diese Ansicht vor. Deutschlands hervorragende neue Luftwaffe war als Kurz- und Mittelstreckenwaffe angelegt, die schnellen, gepanzerten Bodentruppen den Weg bereiten sollte. Die französische Luftwaffe war ebenfalls rein auf die Unterstützung der Heere angelegt; die Furcht vor deutscher Vergeltung gegen französische Städte schloß jede kühnere Konzeption aus.

Auch in Großbritannien hätten Armee und Kriegsmarine gern Kontrolle über die Luftmacht ausgeübt. Aber die RAF war zu einer unabhängigen Waffengattung geworden, und die Führung der RAF hatten jetzt Männer inne, die eine strategische Bomberflotte wollten. Sie erkannten, daß etliche Anstrengung auf die Unterstützung von Armee und Kriegsmarine verwendet werden müsse und daß ihre eigene Abwehrstreitmacht, das Fighter Command, zum Schutze des Vereinigten Königreichs in ausreichender Stärke gehalten werden müsse, aber die Hauptwaffe sollten schwere Langstreckenbomber sein, und ihnen sollte der Produktionsvorrang eingeräumt werden. Sie würden nach Deutschland fliegen, bei Tage, wie man annahm, und sie würden die industrielle Kapazität des Landes vernichten, so daß Deutschland dann zur Fortführung des Kampfes nicht mehr imstande sein werde. Das war der Bombertraum: – für Großbritannien sollte es nie wieder kontinentale Landschlachten im Stile von 1914 geben! Der bedeutendste Exponent dieser Auffassung war Air Marshal Sir Hugh Trenchard, der in den Jahren zwischen den beiden Kriegen die Royal Air Force geführt hatte.

Es gab sogar eine Denkrichtung des düsteren Inhalts, das einträglichste Ziel sei die Moral der Zivilisten. Niemand hatte die Panik und die Hysterie vergessen, die die Bombardierungen im Ersten Weltkrieg ausgelöst hatten. Weitverbreitet war die Überzeugung, daß das inzwischen möglich gewordene größere Ausmaß der Bombardierung entsprechend stärkere Wirkung hervorbringen werde. Man ging davon aus, daß der kritische Punkt der zivilen moralischen Widerstandskraft niedrig angesetzt werden müsse. Im Washingtoner Vertrag von 1922 war zwar die Bombardierung mit dem Ziel einer Terrorisierung der Zivilbevölkerung oder der Zerstörung nichtmilitärischer und nicht-industrieller Anlagen verboten worden, aber entsprechende Bestimmungen waren in die Genfer Konvention nicht aufgenommen worden, in der die europäischen Nationen Leitprinzipien für die Kriegführung festgelegt hatten. Es herrschte jedoch fast allgemeine Übereinstimmung darüber, daß »Terror«-Bombardierung zur Herbeiführung ziviler Unordnung nicht angewendet werden dürfe. Doch beharrten einige führende Persönlichkeiten der RAF auf ihrer Überzeugung, daß hier der wirksamste Einsatz für Bomber liege. Die amtlichen britischen Historiker schreiben Trenchard folgende Gedankengänge zu:

> Sir Hugh Trenchard hatte nicht nur auf Erhaltung der Offensivmittel um jeden Preis und Verringerung der Defensivkräfte auf die niedrigst mögliche Zahl bestanden, sondern er hatte auch zu verstehen gegeben, daß der Krieg durch Herbeiführung einer derartigen Wirkung auf die Moral der Zivilbevölkerung gewonnen werden könne, daß die Regierung des betroffenen Volkes sich gezwungen sehen werde, Friedensverhandlungen zu erbitten. In aller Deutlichkeit wurde das nie ausgesprochen, und der Vorteil einer Zerstörung militärischer Anlagen und Fabriken wurde anerkannt, aber der Kern der Theorie besagte, daß es leichter sei, den Widerstandswillen der Arbeiter zu brechen als die zum Widerstand erforderlichen Mittel zu zerstören. Die moralische Wirkung, so war immer wieder gesagt worden, verhalte sich zur materiellen Wirkung wie zwanzig zu eins. Demnach könne der Krieg ohne den Einsatz großer Heere gewonnen werden.

Diese Politik aber war zu jener Zeit weder durch die öffentliche Meinung noch durch die britische Regierung abgesegnet, die mehrere Male gebeten worden war, über das Thema zu befinden. Noch am 14. September 1939, nach dem Ausbruch des Krieges, erklärte Premierminister Neville Chamberlain im Unterhaus:

> Zu welchen Mitteln andere auch greifen mögen, die Regierung Seiner Majestät wird niemals absichtlich Frauen und Kinder und andere Zivilisten zum Zwecke des bloßen Terrorismus angreifen.

Die einzige noch nicht erwähnte relevante Nation sind die Vereinigten Staaten. Es sollten noch mehr als zwei Jahre bis zum Eintritt der Amerikaner in den Konflikt vergehen, doch ihre Überlegungen waren weit gediehen. Sie waren strategische Bombardierungs-Puristen. Schwere Bomber, eingesetzt bei Tage, um genaues Zielen zu garantieren, sollten ausschließlich Präzisionsangriffe gegen industrielle und andere legitime Ziele fliegen. Es gab bei den Amerikanern keine Bestrebungen, die zivile Widerstandskraft zum Ziel eines Angriffs zu machen. Von allen hier erwähnten Luftstreitkräften sollten nur die Amerikaner – jedenfalls in Europa – ihrer Auffassung von Anfang bis Ende treu bleiben.

Es sollte ein interessanter Krieg für Flieger werden, aber die Zivilisten vieler Länder waren, was ihr Leben und die Sicherheit ihres Eigentums betraf, ausschließlich auf den guten Willen ihrer Feinde angewiesen.

Die ersten acht Monate des Krieges waren in bezug auf den strategischen Bombenkrieg eine ereignislose Zeit. Die Luftwaffe spielte ihre Rolle bei der deutschen Invasion Polens mit grimmiger Tüchtigkeit. Viele polnische Städte und Dörfer wurden im Rahmen des taktischen Bombenkrieges angegriffen, wobei das einzige Kriterium die Frage war, ob die Stadt oder Ortschaft der Wehrmacht im Wege stand. Lautete die Antwort ja, dann wurde bombardiert. Die übrige Welt war entsetzt, aber eine Vergeltung gegen Deutschland fand nicht statt. Frankreich wagte es nicht, aus Angst vor einem Gegenschlag, der seine verwundbaren Städte treffen könnte, und Großbritannien wollte es nicht, teils aus Rücksichtnahme auf die Wünsche der Franzosen, teils aus Furcht davor, einen Ausbruch des allgemeinen Bombenkrieges in Westeuropa zu provozieren, für den die RAF noch nicht gerüstet war. Großbritanniens Wiederaufrüstung in der Luft hatte noch keine nennenswerten Resultate erzielt. Die RAF besaß nur 280 Bomber, die bestenfalls als »mittelschwer« zu bezeichnen waren – zweimotorige Maschinen mit begrenzter Bombentragfähigkeit; die viermotorigen »Schweren« sollten nicht vor 1941 fertig sein. Die RAF-Bomber hatten schon einen schweren Rückschlag erlitten, als sie im September und Dezember 1939 zu einer Reihe schwächerer Tagangriffe auf deutsche Marineziele eingesetzt wurden. Die angeblich sich selbst verteidigenden Bomberformationen waren von deutschen Jägern schwer angeschlagen worden. Von 159 teilnehmenden Bombern gingen neunundzwanzig verloren. Die Bedeutung dieses Rückschlags kann gar nicht hoch genug angesetzt werden. Die ganze Konzeption des britischen strategischen Bombenkrieges hatte darin bestanden, daß die Bomber bei Tageslicht operieren, Jagdangriffe zurückschlagen und bei guter Sicht genau bombardieren würden. Die vor dem Krieg immer wieder geäußerte Behauptung, daß »der Bomber immer sein Ziel erreichen wird«, hatte sich als falsch erwiesen.

Es lag auf der Hand, daß Operationen, die zu Verlusten von 20

Prozent führten, bevor man überhaupt in den Luftraum über dem deutschen Reichsgebiet eingedrungen war, nicht fortgesetzt werden konnten. Sehr schnell traf man die Entscheidung, das Bomber Command in eine Nachtbomberwaffe zu verwandeln. Das war eine Lösung, die innerhalb von Monaten verwirklicht werden konnte – jede andere hätte Jahre erfordert – aber es war ein schlechter Kompromiß, und während des größten Teils des Krieges mußte das Bomber Command unter sehr ungünstigen Bedingungen operieren. Diese Umwandlung war ein bedeutender Schritt auf dem Wege, der nach Hamburg führte.

Der Winter 1939–40 verstrich mit nur wenigen Nachtangriffen geringen Umfangs gegen Ziele auf deutschen Inseln und an den Küsten Deutschlands; einige Langstrecken-Flüge über deutsche Städte wurden unternommen, aber abgeworfen wurden nur Propaganda-Flugblätter. Die Luftwaffe legte ähnliche Zurückhaltung im Westen an den Tag. Am 10. Mai 1940 fielen dann die Deutschen in Frankreich und die neutralen Staaten Holland und Belgien ein. Die Bombenangriffe, wie Polen sie erlebt hatte, wiederholten sich, und ein besonders schwerer Angriff auf Rotterdam schadete dem Ruf Deutschlands in der ganzen Welt mehr, als er der Wehrmacht Nutzen brachte. Winston Churchill war jetzt Großbritanniens Premierminister, und er entsprach sofort der Bitte der RAF, den Einsatz gegen deutsche Industriezentren zu beginnen, der so lange hinausgeschoben worden war. Die Angriffe, zu denen es jetzt kam, waren die ersten strategischen Bombardierungen des Zweiten Weltkrieges.

Diese neue Phase des Bombenkrieges dauerte etwas länger als anderthalb Jahre, von Mai 1940 bis Ende 1941. Fast ausschließlich bei Nacht fliegend, behielt das Bomber Command seine Offensive gegen solche deutschen Industriestädte in dem Maße bei, wie dies während der jahreszeitlich wechselnden Länge der Dunkelheit möglich war. Es war eine Periode der »reinen« strategischen Bombardierung insofern, als die Bomberbesatzungen Anweisung hatten, nur industrielle Ziele zu bombardieren, was so weit ging, daß jeder Besatzung tatsächlich eine ganz bestimmte Fabrik oder Anlage zur Bombardierung zugewiesen wurde. Die RAF-Kommandeure hielten sich eisern an diese Politik, und die Besatzungen erfüllten ihre Anflüge mit viel

Mut und Tapferkeit. In diesem Zeitraum flog das Bomber Command 43 774 Einsätze und warf 44 592 Tonnen Bomben ab; 1019 Maschinen und deren Besatzungen kehrten nicht wieder zurück. Entscheidende Erfolge hatte man von dieser achtzehnmonatigen Kampagne mit einer Streitmacht, die nie größer war als 430 Nachtbomber von begrenzter Bombentragfähigkeit, nie erwartet. Es war lediglich die Eröffnung einer Kampagne, die – darüber war man sich im klaren – langwierig sein würde, die aber eine kumulative und hoffentlich überwältigende Wirkung in den kommenden Jahren zeigen mußte. Inzwischen ging man von der Annahme aus, daß der deutschen Industrie großer Schaden zugefügt wurde.

Im gleichen Zeitraum hatten die Bomber der deutschen Luftwaffe die Luftschlacht über England ausgetragen, doch trotz ihres Jagdschutzes hatten sie schwere Verluste erlitten und waren, was unweigerlich kommen mußte, zu Nachteinsätzen übergegangen. Die deutschen Bomber griffen dann London und viele andere Städte an; die Briten nannten diese Phase des Luftkrieges »the Blitz«. Wie ihre RAF-Kollegen auf der anderen Seite, hatten auch die Besatzungen der Luftwaffe Befehl, industrielle Ziele anzugreifen, und sie gaben sich einige Mühe, das auch zu tun. Die Briten beobachteten mehrere interessante Aspekte dieser deutschen Angriffe. Man stellte fest, daß der schlimmste Schaden durch Feuer verursacht wurde und nicht durch Sprengbomben. Die Zielabwürfe der deutschen Bomber waren ungenau, ihre Bomben fielen oft in Wohngebiete, und dort gab es viele Tote und Verwundete. Mit Geringschätzung äußerte man sich über die fehlende Zielgenauigkeit der Deutschen, und es gab erheblichen und sogar amtlichen Mißmut über das, was man wahllose Bombardierung nannte. Ein überraschender Aspekt der Wirkung der deutschen Bombenangriffe war die Entdeckung, daß die zivile Moral sich bemerkenswert gut hielt. Es gab sogar Anzeichen dafür, daß der Bombenabwurf auf Wohngebiete das Gegenteil des eigentlichen Zwecks erreichte. Er steigerte die Entschlossenheit des belagerten und isolierten Großbritanniens zum Durchhalten, und ganz gewiß wurde die allgemeine nationale Einstellung zu diesem Krieg wesentlich gestärkt. In der kurzen Zeit des Heranwachsens von nur einer Generation hatte die Menschheit gelernt, mit dem Phänomen der Bombardierung aus der Luft zu leben.

Die RAF-Angriffe auf Deutschland erwiesen sich jedoch nicht als so wirkungsvoll, wie man erwartet hatte. Die Resultate glichen doch sehr denjenigen, die die Luftwaffe mit ihren Bomben auf England erzielte. Sehr wenige britische Bomben hatten tatsächlich ihr Ziel getroffen, und die Auswirkung auf die industrielle Produktion war gering. Die deutschen Zivilisten hatten keinerlei Anzeichen von Panik angesichts der Wirkung jener Bomben erkennen lassen, die in Wohngebieten eingeschlagen waren. Einen Unterschied gab es zwischen der englischen und der deutschen Haltung. Während die britische Propaganda die Bombardierung englischer Städte durch die Deutschen bis zum letzten für ihre Zwecke nutzbar machte, wahrten die deutschen Behörden weitgehend ein diskretes Schweigen über die Bomben, die auf Deutschland fielen. Zu einer Zeit, wo überall die deutschen Waffen triumphierten, war es peinlich, zugeben zu müssen, daß die deutsche Luftwaffe nicht imstande war, die Heimat zu verteidigen. Hatte Reichsmarschall Hermann Göring nicht erklärt, er wolle Hermann Meier heißen, wenn seine Luftwaffe es je zuließe, daß die RAF deutsche Städte bombardiert?

Diese Phase des Bombenkrieges ging Mitte November 1941 zu Ende. Im August hatten die Briten eine Erhebung aufgrund aller verfügbaren Daten über die Resultate der Bombenangriffe in dieser ersten Phase angeordnet. Die Untersuchung wurde vom Kriegskabinett veranlaßt, nicht von der RAF, und sie wurde von einem Beamten, Mr. Butt, durchgeführt. Der Butt-Bericht faßte die Resultate einer Untersuchung von Blitzlicht-Aufnahmen zusammen, die jeweils das Zielgebiet zeigten, und zwar im Augenblick des Ausklinkens der Bomben durch 4065 Flugzeuge bei einhundert Angriffen. Die Resultate waren eine bittere Enttäuschung. Obwohl sich diese Kameras nur an den Maschinen der besten Besatzungen befanden, zeigte es sich, daß bei den Angriffen auf Deutschland von vier Besatzungen, die angeblich das Ziel getroffen hatten, nur eine überhaupt innerhalb eines Umkreises von acht Kilometern um das Ziel ausgeklinkt hatte.

Was Angriffe gegen Ziele im Ruhrgebiet betraf, so betrug der Anteil der innerhalb eines Acht-Kilometer-Radius abgeworfenen Bomben nur zehn Prozent derjenigen Besatzungen, die eine Erfolgsmeldung abgegeben hatten. Bessere Ergebnisse waren in Mondnächten erzielt worden, aber in solchen Nächten war auch die deutsche Luftabwehr am wirksamsten. Diese für die RAF katastrophale Nachricht fiel zeitlich mit einem Anwachsen der Verlustzahlen zusammen, das auf zunehmende Erfolge der deutschen Luftabwehr zurückzuführen war. Am 13. November 1941 erhielt das Bomber Command Befehl, Langstreckeneinsätze vorläufig einzustellen.

Bei jeder Untersuchung des strategischen Bombenkrieges im Zweiten Weltkrieg wird eine Reihe von deutlichen Wendepunkten sichtbar. Die britische strategische Bombenoffensive stand jetzt vor dem zweiten bedeutenden Wendepunkt. Der erste war gegen Ende 1939 erreicht worden, als sich herausstellte, daß die Selbstverteidigung des Tagbombers keinen ausreichenden Schutz bei Einsätzen bot. Die damals gewählte Lösung – die gleiche Maschine für die Bombardierung bei Nacht einzusetzen – stellte sich jetzt als erfolglos heraus.

Eine der einfachsten Lösungen dieses neuesten Problems hätte darin bestanden, den strategischen Bombenkrieg als wenig erfolgversprechend aufzugeben und die für die schwere Bomberflotte eingesetzten Arbeitskräfte und industriellen Kapazitäten anderswo sinnvoller einzusetzen.

Die nun folgenden Auseinandersetzungen dauerten fast den ganzen Winter, aber die Führung der Luftstreitkräfte setzte sich durch. Der Bombertraum blieb am Leben. Am 14. Februar 1942 erteilte das britische Luftwaffenministerium dem Hauptquartier des RAF Bomber Command eine neue Weisung. Die im November 1941 erlassene Einschränkung der Ferneinsätze wurde aufgehoben, und das Bomber Command erhielt Befehl, intensive Nachteinsätze gegen Deutschland wieder aufzunehmen, wann immer die Witterungsbedingungen es zuließen. Die Antwort auf das Problem der Zielfindung bei Nacht sollte in einer weiteren bedeutenden Konzession an ein Vorkriegs-Konzept gesucht werden. Jetzt wurden keine industriellen Einzelziele mehr für den Angriff ausgewählt. Jetzt sollten viele größere Flächen deutscher Industriestädte das Ziel sein. Da nicht zu gewährleisten war, daß nur Ziele wie Fabriken oder Verschiebebahnhöfe von den Bomben getroffen wurden, sollten die Zielpunkte nun so gewählt werden, daß die Bomben mit Sicherheit wenigstens irgendeinen Teil der Zielstadt trafen. Dies stellt ein Abweichen von den strengen Prinzipien des Angriffs auf »legitime« Kriegsziele dar. In der Weisung des britischen Air Ministry wurde nicht versucht, dieses Abgehen von bisher geltenden Grundsätzen zu vertuschen, ja, es wurde sogar die Notwendigkeit zur Tugend erklärt.

> Nach gründlicher Überprüfung ... ist beschlossen worden, daß das primäre Ziel Ihrer Operationen jetzt die Moral der feindlichen Zivilbevölkerung und insbesondere der Industriearbeiter sein sollte. Von diesem Ziel ausgehend, wird eine Liste ausgewählter Flächenziele ... beigefügt.

Die neue Methode erhielt die Bezeichnung Area Bombing. Mit ihr sollte erreicht werden, daß das Leben deutscher Städte durch die Verwüstung großer Flächen dieser Städte zum Stillstand gebracht wurde. Anstatt das Dach einer Rüstungsfabrik wegzusprengen und den Maschinenpark in der Fabrik zu zerstören, sollten nun Strom- und Wasserversorgung der Stadt unterbrochen, ihr Verkehrsnetz lahmgelegt, die Post-, Telefon- und anderen öffentlichen Dienste ausgeschaltet werden. Das sicherste Ziel jedoch, das ein Bomber beim Angriff auf eine große Stadt kaum verfehlen konnte, waren die Arbeiterwohnviertel. Wurden sie bombardiert, mußte die industrielle Produktion aufs schwerste beeinträchtigt werden, auch dann, wenn die Fabriken selbst unbehelligt blieben. Aber in der Direktive wurde die Störung der Produktion nicht einmal so hoch eingestuft wie die Zerstörung der zivilen Moral. »Das primäre Ziel«, hatte es in der Weisung geheißen, »ist die Moral der feindlichen Zivilbevölkerung.«

Nicht dargelegt wurde in der Weisung, was denn nun eigentlich den Einwohnern der deutschen Städte widerfahren sollte. Nur in diesem einen Satz wurde das neue Vorgehen zusammengefaßt; der Rest des Dokuments war einem neuen Navigationsinstrument namens Gee, dem Wetter und denjenigen deutschen Städten gewidmet, die Vorrang erhalten sollten. Aber es muß den beteiligten hohen Offizieren klar gewesen sein, daß die deutschen Zivilisten bombardiert, ihr Hab und Gut vernichtet und sie selber, sofern sie nicht evakuiert worden waren und man ihnen keine ausreichenden Luftschutzräume verschafft hatte, in großer Zahl getötet, verbrannt und verstümmelt werden würden.

Naturgemäß wurde diese neue Politik nie in der britischen Presse bekanntgegeben oder auch nur den Besatzungen verdeutlicht, die diese Bombenangriffe neuer Art fliegen sollten. Den Einsatzoffizieren gelang es allemal, den Eindruck zu erwecken, daß es sich bei dem genauen Zielpunkt für jeden Angriff um ein wichtiges legitimes Ziel handele – sehr oft war es der Hauptbahnhof einer Stadt – und daß das jeweilige Zielgebiet wichtige Industrieanlagen enthalte. In den Pressemitteilungen, die nach jedem Angriff herausgegeben wurden, wiederholte man diese Täuschung. Oberflächlich betrachtet, war das eine rohe, grausame und unmenschliche Art der Kriegführung, aber ich muß den Leser bitten, sein Urteil in diesem Punkt zurückzuhalten, bis er einige Ansichten gelesen hat, die später in diesem Buch wiedergegeben werden, nach der Beschreibung der Bombardierung Hamburgs, des herausragenden Beispiels für Flächenbombardierungen.

Es ist oft die Rede davon, daß der Anlaß für diese Bomberoffensive hauptsächlich in dem Bemühen um eine Besänftigung der Russen zu suchen ist, die gerade in dieser Phase des Krieges dringend eine Invasion im Westen verlangten – zu einem Zeitpunkt, als die Westmächte dazu gar nicht in der Lage waren. Wahr ist, daß Churchill die Bombardierung deutscher Städte als Antwort auf Stalins Forderungen anbot und daß er dem Bomber Command jede gewünschte Unterstützung zukommen ließ. Aber diese Bomberoffensive als Ersatz für eine zweite Front auszugeben, war eine nützliche Behauptung zu Propagandazwecken. Die Bombardierungen vom Frühjahr 1942 bis zur Invasion waren Selbstzweck und Ausdruck der zählebigen Politik der RAF-Führung.

Die Entscheidung war also gefallen. Der strategische Bomber erhielt eine neue Rolle zugewiesen, die ihm größere Freiheit der Zerstörung gewährte und, wie man hoffte, größere Kraft, um den Krieg schneller zu einem siegreichen Ende zu bringen. Aber die deutschen Großstädter wurden dazu verurteilt, einen ständig stärker werdenden Ansturm auf ihre Wohnhäuser und auf ihr Leben über sich ergehen zu lassen.

Der Höhepunkt der Kraftprobe zwischen den RAF-Bombern und Deutschland sollte noch einmal hinausgeschoben werden. Als Sir Arthur Harris im Februar 1942 die Führung des Bomber Command übernahm, bestand seine Streitmacht aus nur 400 einsatzfähigen Nachtbombern, weil mehrere Bombereinheiten für den Einsatz im

Nahen Osten oder für den Dienst beim Küstenkommando abgestellt worden waren. Harris ließ nichts unversucht, um dieser Schwächung seines Kommandos Einhalt zu gebieten, aber sie sollte noch eine ganze Weile andauern. Ausgestattet mit dieser bescheidenen Bomberwaffe und dem neuen Navigationsgerät Gee*, machte Harris sich jetzt daran, die Weisung über die Flächenbombardierung in die Tat umzusetzen. In dem Abschlußbericht, den Harris nach dem Krieg über die Zeit seines Kommandos verfaßte, bezeichnete er die nun folgende Zwölfmonatsperiode als »Vorbereitungsphase«. Die Einsätze dieses Jahres brachten viele Enttäuschungen, aber es gab drei wichtige Ereignisse: Der Brandbombenangriff auf Lübeck im März, der erfolgreiche Tausend-Bomber-Angriff auf Köln im Mai – der größte Teil der eingesetzten Maschinen war von Ausbildungseinheiten geborgt worden – und die Aufstellung der Pfadfinder-Einheit im August. Die Zielfindung und -markierung durch die Pfadfinder in Verbindung mit der in Köln entwickelten Bomberstrom-Taktik und der zuerst in Lübeck erprobten Flächenbrand-Technik sollten die Methoden sein, auf die sich die RAF während des ganzen restlichen Krieges bei ihren Angriffen auf deutsche Städte stützte.

Am 17. August 1942, genau einen Tag vor der ersten von Pfadfindern geführten RAF-Operation – gegen die deutsche Hafenstadt Flensburg –, hatte sich 800 Kilometer weiter im Süden ein Ereignis von größerer Bedeutung abgespielt. Eine Formation von zwölf amerikanischen Boeing-Bombern – »B-17« für die Besatzungen, »Fliegende Festungen« für die Presse und die Öffentlichkeit – flog in klarem Tageslicht über die französische Küste, drang fünfzig Kilometer tief über Land ein und bombardierte einen Verschiebebahnhof bei Rouen. Die Festungen wurden von vier RAF-»Spitfire«-Einheiten begleitet und kehrten sämtlich unversehrt auf ihre Flugplätze in

* Kurz zuvor hatte man begonnen, RAF-Bomber mit dem Gerät auszurüsten, das unter der Codebezeichnung Gee lief. Es gestattete dem Bomber-Navigator, seine Position anhand einer Serie von Funkzeichen zu bestimmen, die von Bodenstationen in England ausgesandt wurden, aber die Reichweite war durch die Krümmung der Erdoberfläche begrenzt. Städte an Rhein und Ruhr und einige Nordseehäfen konnten mit Hilfe von Gee erreicht werden, aber jenseits dieser Linie mußten sich die Bomber ohne das neue Gerät behelfen. Man rechnete damit, daß Gee bestenfalls sechs Monate von Störung durch die Deutschen freibleiben werde.

England zurück. Ein überraschter deutscher Jägerführer funkte, daß »zwölf Lancaster« den Angriff ausführten, aber er sollte sich bald daran gewöhnen müssen, daß amerikanische Bomber in seinen Luftraum einflogen.

Die Amerikaner waren voller Enthusiasmus in ihrem Wunsch, sich an dem RAF-Plan einer Lähmung Deutschlands durch strategische Bombardierung zu beteiligen, und diese erste einsatzbereite Einheit schwerer Bomber war, gestützt auf die vitale Energie und die massive industrielle Leistungsfähigkeit ihres Landes, schon weniger als neun Monate nach dem Eintritt Amerikas in den Krieg in der Lage, diesen Angriff auf Rouen zu fliegen. Die Amerikaner waren insofern Puristen in ihrer Einstellung zum strategischen Bombenkrieg, als sie standhaft an ihrer Absicht festhielten, sich auf das präzise Bombardieren von Zielen zu konzentrieren, die allgemein als legitime Ziele für ein Bombardement aus der Luft angesehen wurden. Für die Amerikaner sollte es keine Kompromisse geben. Ihre Bombenangriffe flogen sie immer nur bei Tage, und sie hatten nicht die Absicht, sich an den Angriffen auf die »Moral« des deutschen Volkes durch Bombardieren von Wohnvierteln zu beteiligen, wenn sie auch gelegentlich blind bombardierten, wenn sich herausstellte, daß ihre Primärziele und alle denkbaren Ausweichziele unter einer Wolkendecke lagen. Mit diesen hohen Prinzipien traten die Männer der amerikanischen Bomberwaffe in den europäischen Krieg ein. Privat betrachteten amerikanische Offiziere die RAF-Flächenbombardierung als »landwirtschaftliches Bombardieren« oder als »Kartoffelanbau«.

Die Briten, die 1939 Tagangriffe unternommen hatten, sagten voraus, die Amerikaner würden mit ihren Methoden keinen Erfolg haben, und sie schlugen – manchmal mit höchstem Nachdruck – vor, die amerikanischen Bomber sollten sich der RAF in ihrer Nachtoffensive anschließen. Die Amerikaner lehnten ab. Ihre Bomber flogen in dicht geschlossener Formation und waren schwer bewaffnet; jeder einzelne war mit mindestens zehn Maschinengewehren des schweren Kalibers 12,7 mm armiert. Obwohl das genau die gleichen Methoden waren, mit denen die RAF 1939 gescheitert war, glaubten die Amerikaner dennoch, daß ihre Formationen deutsche Jägerangriffe zurückschlagen könnten. Ihre Bomben sollten bei guter Sicht am Tage mit dem großartigen neuen Norden-Zielgerät in ihre Ziele gebracht werden. General Ira C. Eaker, der Kommandeur der ersten amerikanischen Bomber in England, behauptete, daß seine Bombenschützen sehr bald einen Zielgenauigkeitsstandard erreichen würden, der dazu führen werde, daß 90 Prozent ihrer Bomben in einem Umkreis von anderthalb Kilometer um das Ziel einschlagen würden, 40 Prozent in einem Umkreis von 500 Metern, 25 Prozent in einem Umkreis von 250 Metern, und daß 10 Prozent »ins Schwarze« treffen würden. Diese Resultate wurden manchmal erreicht, aber nur unter günstigen Bedingungen.

Die Amerikaner waren gezwungen, einen langsamen Anfang zu machen. Für den Rest des Jahres 1942 flogen sie nur Angriffe gegen Ziele in Frankreich, Holland und Belgien. Sie griffen Flugplätze, Schiffswerften, Eisenbahnen, Flugzeugwerke und U-Boot-Stützpunkte an. Bei den meisten Angriffen flogen die Bomber mit alliiertem Jagdschutz, aber wenn sie die entfernteren U-Boot-Stützpunkte in der Bretagne angriffen, mußten sie den letzten Teil jedes Angriffs ohne Eskorte zurücklegen. Die Verluste bei solchen Angriffen stiegen zwar, wurden aber nie schwer, und es schien, als könne sich der amerikanische Anspruch bestätigen, daß die sogenannten Fliegenden Festungen für ihren eigenen Schutz sorgen könnten. Die wirkliche Probe aufs Exempel würden aber erst Angriffe auf die heftig verteidigten Ziele in Deutschland sein. Damit aber mußte gewartet werden bis weit in das Jahr 1943 hinein, während die Amerikaner schrittweise ihre Bomberstreitmacht ausbauten und Erfahrungen sammelten. Viele Amerikaner, Briten und Deutsche beobachteten mit großem Interesse, wie sich die amerikanische Auffassung vom strategischen Bombenkrieg entwickelte.

Mit Anbruch des Jahres 1943 trennen uns nur noch sieben Monate von der Schlacht um Hamburg. Das kommende Jahr sollte eines der interessantesten im ganzen Bombenkrieg werden. In diesem Jahr sollten die RAF und die USAAF eine erhebliche Verstärkung ihrer Bomberflotten erleben, deren kombiniertes Gewicht nun ausreichend groß werden sollte, um zum ersten Mal in diesem oder irgendeinem anderen Krieg einen bedeutenden Eindruck auf den Feind zu machen. Jetzt endlich sollte der Traum vom kriegsentscheidenden Bomber seiner ersten ernsthaften Prüfung unterzogen werden. Es sollten nicht nur erheblich gesteigerte Bomberzahlen zur Verfügung stehen, sondern auch wertvolle technische Hilfsmittel, die zum Teil das Resultat jahrelanger Versuche waren.

Die Bomberflotte, die Harris zu Beginn des Jahres 1943 zur Verfügung stand, war auf dem Papier nur unwesentlich größer als diejenige, die er ein Jahr zuvor übernommen hatte. An Nachtbombern hatte er immer noch nur 483, aber die meisten älteren Baumuster waren außer Dienst gestellt worden, und bei 70 Prozent der Bomber handelte es sich jetzt um viermotorige Typen mit wesentlich größerer Reichweite und Bombenlast. Das Bomber Command erhielt auch etliche der schnellen, neuen zweimotorigen Mosquito-Bomber, die auf vielseitige Weise eingesetzt werden konnten. Ähnlich wertvolle Verstärkungen stellten zwei neue Navigations- und Zielfindungsgeräte mit den Codenamen Oboe und H2S dar.

Oboe war ein Blindwurfgerät, das auf Funksignale von Bodenstationen in England angewiesen war. Das Gerät arbeitete mit größter Genauigkeit, aber zur selben Zeit konnte immer nur ein Bomber mit je zwei Oboe-Stationen arbeiten, und die Reichweite des Geräts war durch die Krümmung der Erdoberfläche begrenzt. Mosquito-Bomber wurden mit der Anlage ausgerüstet, die sie entweder für den Abwurf sehr genauer Zielmarkierungen für schwere Bomberformationen oder für eigene Präzisionsbombenwürfe benutzten. Den Deutschen gelang es fast nie, Oboe zu stören, und es blieb für den ganzen Rest des Krieges innerhalb seiner begrenzten Reichweite ein höchst nützliches Gerät.

H2S war ein frühes Beispiel für ein Bord-Radargerät. Auf einem kleinen Bildschirm erschien ein grobes Rasterbild der Gegend, die das Flugzeug gerade überflog. Die ersten H2S-Geräte wurden in schwere Pfadfinder-Bomber eingebaut. Sie dienten als Navigationshilfe sowie als Blindwurf- oder Markierungsgerät, waren aber nicht so genau wie Oboe. Der große Vorzug der H2S war die Tatsache, daß diese Geräte im Flugzeug mitgeführt wurden und ihre Einsatz-Reichweite deshalb unbegrenzt war. Allerdings erbeuteten die Deutschen kurz nach dem ersten Einsatztag des Geräts ein fast intaktes H2S-Gerät aus einem abgeschossenen Bomber. Zwar konnte das H2S-Gerät nicht gestört werden, aber die Deutschen hatten sehr bald ein Suchgerät entwickelt, das einen Bomberpulk verfolgen konnte, der H2S-Geräte benutzte, und das sogar Nachtjägern beim Anflug auf einzelne Bomber helfen konnte. Dennoch sollte H2S die Hauptstütze bei Einsätzen des Bomber Command jenseits der Oboe-Reichweite werden, und das Gerät spielte dann auch eine wesentliche Rolle bei den Hamburger Ereignissen.

Die Lieferung dieser Geräte begann Anfang März 1943, als das Bomber Command die »Hauptoffensive« eröffnete. Im Frühjahr und Frühsommer 1943 operierten seine Bomber in jeder Nacht, in der Wetter- und Mondbedingungen es zuließen. Diese Periode erhielt den Namen Schlacht über der Ruhr. Zum ersten Mal wurde hier der Begriff »Schlacht« für eine Serie von Luftangriffen verwendet, und dies bedarf einer Erklärung. Man wußte sehr genau, daß ein großes Stadtziel aller Wahrscheinlichkeit nach nicht durch einen einzigen Angriff, wie erfolgreich er auch sein mochte, ausgeschaltet werden konnte, dies galt erst recht für das weiträumige Städtegeflecht des Ruhrgebiets. Um solche Ziele wirksam treffen zu können, bedurfte es einer ganzen Serie von Angriffen in möglichst kurzen Abständen. Die Schlacht über der Ruhr begann am Abend des 5. März mit einem äußerst erfolgreichen, unter Verwendung von Oboe-Zielmarkierungen geflogenen Angriff auf Essen, und sie dauerte bis Mitte Juli. Ein Drittel der in dieser Periode geflogenen Angriffe richtete sich gegen Ziele außerhalb des Ruhrgebiets – gegen so weit auseinanderliegende Städte wie Nürnberg, Kiel, Berlin und sogar Pilsen. Diese weitgefächerten Ziele wurden angegriffen, um die Deutschen daran zu hindern, ihr Abwehrpotential an der Ruhr zu konzentrieren. Sehr wenige dieser Fernangriffe zeitigten nennenswerte Erfolge – sie gingen nämlich über die Oboe-Reichweite hinaus – und einige verliefen sehr verlustreich. Der eigentliche Erfolg war jedoch durch die auf die Ziele an der Ruhr konzentrierten Angriffe erreicht worden. Die kurzen Anflugwege ermöglichten schwerere Bombenlasten, und die Oboe-Zielmarkierung war stets präzise. Bei den Bomberbesatzungen entwickelte sich endlich das Gefühl, daß sie Erfolg hatten, und voller Entschlossenheit flogen sie ihre Angriffe gegen diese schwer und erbittert verteidigten Ziele.

Zum ersten Mal erlitten die deutschen Städte schwere Schäden und hohe Verluste; annähernd 32 000 deutsche Zivilisten wurden getötet.

Dank der photographischen Aufklärung erfuhr die RAF sehr schnell die Resultate, und Harris schrieb mit einigem Recht an Portal: »Wenn es uns gelingt, so weiterzumachen, muß es unbedingt tödlich wirken innerhalb eines Zeitraums, der meiner Ansicht nach überraschend kurz sein wird.« Die nächsten Monate würden entscheidend wichtig sein. Konnte die RAF so weitermachen und ähnliche Schäden auch entfernteren Zielen ohne Oboe-Hilfe zufügen und ohne selbst allzu schwere Verluste zu erleiden? Der Preis für die Schlacht über der Ruhr war hoch gewesen. 872 Bomber und Mannschaften waren verloren – das entspricht 4,7 Prozent!

Die Amerikaner mußten auf ihre Erfolge noch warten. Zum Teil lag dies am politischen Druck und den Forderungen anderer Waffengattungen, mehr amerikanische Bomber als geplant auf den pazifischen Kriegsschauplatz zu entsenden, und zum Teil daran, daß einer ihrer Flugzeugtypen einen enttäuschenden Start in Europa gehabt hatte und nach Nordafrika geschickt worden war. Der Ausbau der US-Bomberflotte war viel langsamer verlaufen, als in England erwartet worden war. Man war zu der Ansicht gelangt, daß mindestens 300 Bomber erforderlich seien, um sich selbst verteidigen zu können, insbesondere bei Angriffen ohne Jagdschutz tief in Gebiete hinein, die von den Deutschen verteidigt wurden. Zur Jahreswende hatten den Amerikanern nur 100 schwere Bomber zur Verfügung gestanden; die Zahl 200 wurde im Mai 1943 erreicht, aber die entscheidende Zahl 300 kam erst unmittelbar vor den Angriffen auf Hamburg im Juli zustande. Vorsichtige Angriffe auf Deutschland begannen im Januar, aber die Amerikaner wagten sich in dieser Periode selten weiter vor als bis an die deutsche Küste. Unterdessen aber sammelten sie wertvolle Erfahrungen, und ihre Präzisionsangriffe richteten unbestritten bedeutenden Schaden an wichtigen Objekten an. (Der endgültige Plan sah eine Bomberflotte von 2700 Maschinen vor!)

In diesem Kapitel ist die Geschichte des Bombenkrieges bis Mitte Juli 1943 dargestellt worden. Das RAF-Bomber Command hatte den Triumph der Schlacht über der Ruhr erlebt und war bereit für die nächste große Kraftprobe. Die langen Sommernächte ließen die britischen Bomber allmählich wieder nach entfernteren Zielen greifen. Die Amerikaner, die endlich ihre 300 B-17 zusammenhatten, richteten sich darauf ein, Ziele von höchster Bedeutung tief in Deutschland anzugreifen und ihre speziellen Träume vom Erfolg durch sich selbst verteidigende Bomberformationen bei Tage nun ernsthaft zu realisieren.

ZWEITES KAPITEL

Die Angreifer – auf der britischen Seite

Als die britischen Bomber am Abend des 24. Juli 1943 von ihren Flugplätzen abhoben und Kurs über die Nordsee nach Hamburg aufnahmen, hatte das RAF Bomber Command schon beinahe vier Jahre lang geflogen und gekämpft, und nicht nur die Hälfte, sondern schon Dreiviertel seines langen Krieges gegen Deutschland lag hinter ihm. Im Juli 1943 war das Bomber Command weit davon entfernt, auf dem Höhepunkt seiner Stärke zu sein, aber es näherte sich jetzt der gewiß wichtigsten Phase seines strategischen Bombenkrieges. In diesem Kapitel soll das Bomber Command am Vorabend der Schlacht um Hamburg untersucht werden.

Air Chief Marshal Sir Arthur Harris hatte dem Bomber Command während der anderthalb Jahre, die er es nun führte, ganz den Stempel seiner respektgebietenden Persönlichkeit aufgeprägt. Wer unter seinem Kommando diente, kannte ihn, und seine bedingungslose Loyalität gehörte ihm. Für seine engsten Mitarbeiter und Gefährten war er »Bert«, für die Presse und die Öffentlichkeit »Bomber Harris«, aber das operative Einsatzpersonal des Bomber Command nannte ihn »Butch« – kurz für »The Butcher«, der Schlachter. In diesem Namen spiegelte sich die grimmige Bewunderung wider, mit der Harris' Männer sowohl seine harten Antreibermethoden bei der Einsatzleitung des Bomber Command als auch die Genugtuung betrachteten, mit der er die Deutschen heimsuchte.

In der Geschichte des Luftkrieges sollte Harris zu einer umstrittenen Figur werden, und das wird er auch immer bleiben, aber in der Welt des Krieges und der Formen, die er von Beginn des Jahres 1942 annahm, sollte man die Leistungen dieses Mannes in der ersten

Periode seines Kommandos auf keinen Fall geringschätzen. Er hatte eine entmutigte Truppe mit neuem Kampfgeist beflügelt, er hatte sie mit neuem Stolz und neuem Selbstbewußtsein erfüllt und ihr so die seelische Kraft gegeben, den Kampf bis zum Ende des Krieges durchzustehen. Das alles wurde auf höchst bemerkenswerte Weise erreicht, denn er verließ nur selten sein Hauptquartier, und nicht einer von hundert im Bomber Command bekam ihn jemals zu Gesicht. Aber die Macht seiner Persönlichkeit und seine Führungskraft strahlten auf geheimnisvolle Weise von den Büros in High Wycombe aus in jede Ecke und jeden Winkel jeder Einheit des Bomber Command. Er war ein großer Menschenführer.

Harris hatte das Glück, zu einer Zeit zum Bomber Command zu stoßen, als verbesserte Flugzeugtypen und bessere Ausrüstung verfügbar wurden und als die Fehler der früheren Jahre korrigiert werden konnten, und er machte sich diesen Vorteil auf brillante Weise zunutze. Die taktischen Fortschritte, die er 1942 einführte – der Bomberstrom, die Flächenbrandtechnik, der Einsatz von Pfadfindern – das alles erhöhte die Effektivität, mit der seine Besatzungen ihre Bomben einsetzten. Seine größte Leistung zu dieser Zeit aber bestand darin, daß er das Bomber Command ins allgemeine Bewußtsein hob; er schuf damit die Voraussetzung dafür, daß die Öffentlichkeit und die politische Führung ihn in den vor ihm liegenden entscheidenden Jahren unterstützten.

Was die Deutschen anging, so empfand Harris für sie einen schlichten, von keinen Zweifeln beeinträchtigten, dauerhaften Haß wegen der Dinge, die sie Europa in zwei Weltkriegen angetan hatten, und es erfüllte ihn mit Genugtuung, die Strategie der Flächenbombardierung deutscher Industriestädte gegen sie anwenden zu können. Bis zum äußersten widersetzte er sich allen Versuchen, das Bomber Command von diesem Vorgehen abzubringen. Jeder Bomber, jede Bombe mußten in jeder Nacht, soweit Witterungs- und Mondbedingungen es zuließen, gegen ein Ziel in Deutschland eingesetzt werden. Das war die einfache Strategie des Sir Arthur Harris.

Ein Nachteil, unter dem das Bomber Command den größten Teil des Krieges zu leiden hatte, war die Vielfalt der Flugzeugtypen, mit der es jeweils zu operieren hatte, sowie der hohe Prozentsatz von Typen, die zwar veraltet und ungeeignet waren, aber dennoch eingesetzt werden mußten, bis bessere Typen ausgeliefert wurden. Es hatte schon schlimmere Beispiele einer solchen Lage gegeben als im Sommer 1943, aber die Bomberflotte, die die Schlacht um Hamburg schlagen sollte, war dennoch typisch dafür.

Der zweimotorige mittelschwere Wellington-Bomber war der einzige alte bewährte Typ, der aus der Vorkriegszeit noch übriggeblieben war. Seine stets gleichbleibende hohe Leistungsfähigkeit und seine solide Konstruktion hatten dem Bomber Command gute Dienste geleistet, und er war bei den Besatzungen beliebt. Aber er war seiner ganzen Anlage nach veraltet. Diese Tatsache und vor allem seine begrenzte Bombenzuladung waren die Ursache dafür, daß er in dem Maße außer Dienst gestellt wurde, wie modernerer Ersatz beschafft werden konnte. Bei den mit Kriegsbeginn eingeführten viermotorigen Typen waren die Faktoren Höhe und Bombenfracht entscheidend. Die Stirling hatte die ungünstigste Einsatzhöhe und die geringste Zuladung, die Lancaster war am leistungsfähigsten, und die Halifax rangierte zwischen den beiden. Die Stirling sollte 1944 aus dem Flugzeugpark des Bomber Command verschwinden, aber die Halifax flog noch weiter bis zum Kriegsende.

Beim Bomber Command begann die neue, zweimotorige Mosquito gerade in nennenswerter Zahl einzutreffen, die sich in den restlichen Kriegsjahren als ein so vielseitiges und höchst brauchbares Flugzeug erweisen sollte. Die Mosquito – im wesentlichen aus Holz bestehend – flog hoch und schnell, kam ohne Abwehrwaffen aus und beförderte eine für ihre Größe beträchtliche Bombenlast. Ihre Höhe machte sie besonders geeignet als Oboe-geleitetes Pfadfinder-Markierungsflugzeug; als solches war sie erst vor kurzem in der Schlacht über der Ruhr eingesetzt gewesen. Dieser Einsatz sollte sich als eine der bedeutendsten Entwicklungen im Bombenkrieg erweisen. Spezielle Mosquito-Ausführungen für das Fighter Command flogen auch Tiefflug-Einsätze gegen deutsche Flugplätze zur Unterstützung der Bomber. Ihre Erfolge waren nicht gerade sensationell, aber sie trugen doch zu einer stetigen Zermürbung der deutschen Nachtjäger bei und sorgten für eine empfindliche Störung, wenn ein solcher Eindringling über einem deutschen Flugplatz gerade dann erschien, wenn Nachtjäger starten oder landen wollten.

Anfang 1943 hatte es beim Bomber Command nur 483 Nachtbomber gegeben, aber im Mai konnte eine Maximalstärke von 826 Bombern erreicht werden. Bei den Verstärkungen handelte es sich ausschließlich um viermotorige Maschinen. Seit dem Höchststand im Mai waren die Gesamtzahlen leicht zurückgegangen, zum Teil wegen der schwereren Verluste gegen Ende der Schlacht über der Ruhr, hauptsächlich aber deshalb, weil die Wellington-Bomber absichtlich aus dem Frontdienst herausgenommen wurden.

In stärkerem Maße als jede andere britische Waffengattung repräsentierte die RAF das britische Empire im Kriege. Der Oberbefehlshaber des Bomber Command war ein Engländer, der seine Jugend in Rhodesien verbracht hatte. Nur zwei der sechs Group Commander waren Engländer; die anderen stammten aus Kanada, Australien, Neuseeland und Südafrika. Diese Mischung von Empire-Nationalitäten durchdrang das ganze Bomber Command. Sie setzte sich fort bis in die einzelnen Bomberbesatzungen; in jeder Besatzung gab es gewöhnlich mindestens zwei Nationalitäten. Das war kein Zufall, sondern wohlüberlegte Politik zur Schaffung eines Bomber Command-Geistes, der engere Nationalgefühle überwinden sollte. Diese Politik hatte eindeutig Erfolg.

Die Männer aus dem Vereinigten Königreich bildeten zu jeder Zeit die Mehrheit im Bomber Command; sie stellten annähernd 70 Prozent der Gesamtstärke. Harris schreibt in seinen Memoiren, diese Männer seien tapfer gewesen wie jeder andere und tüchtiger als die meisten, weil sie besser geschult waren als ausländische Besatzungen. Der phlegmatische britische Charakter und der Wunsch, Vergeltung zu üben für die Bombardierung britischer Städte durch die Deutschen in früheren Phasen dieses Krieges stärkten ihre Hingabe und Opferbereitschaft. Aber je länger der Krieg dauerte, um so angespannter wurde die Personallage in den britischen Streitkräften, und der Anteil von Ausländern im Bomber Command nahm stetig zu.

Von den Männern aus dem Empire waren die Kanadier am zahlreichsten; sie stellten bis zu 20 Prozent der Besatzungen.

Die Kanadier waren draufgängerisch und immer gut gelaunt, und sie haben manchem jungen Mädchen den Kopf verdreht. Die kanadischen Piloten fielen selten durch ihre fliegerische Disziplin auf, aber

Flieger aus anderen Ländern behaupten manchmal, daß die kanadischen Bordschützen das absolut schärfste Auge hatten. Die Kanadier hatten ihr eigenes Bombengeschwader, die 6. Group, mit Stützpunkten in Nord-Yorkshire, aber 1943 war die 6. Group noch neu und hatte den Gipfel ihrer Leistungsfähigkeit noch nicht erreicht. Es gab auch eine kanadische Pfadfinder-Squadron – die 405. – die direkt von Küstenkommando-Einsätzen im Golf von Biscaya zu den Pfadfindern gestoßen war und die von einem geradezu legendären Bomberpiloten, Wing Commander John Fauquier, geführt wurde.

Australier und Neuseeländer stellten etwa zehn Prozent der Bomberbesatzungen. Es gab zu dieser Zeit drei Staffeln der Royal Australian Air Force und eine RAF-Squadron mit dem Namen »New Zealand«, zu der viele neuseeländische Flieger abkommandiert wurden. Allem Anschein nach drang die australische Regierung darauf, daß ihre Staffeln, so weit es irgend möglich war, nur australische Besatzungen bekamen.

Einzelne Flieger kamen aus vielen anderen Teilen der Welt, um mit dem Bomber Command zu fliegen – Rhodesier, auch etliche Südafrikaner – obwohl deren Regierungen es keiner Einheit ihrer Streitkräfte gestatteten, den afrikanischen Kontinent zu verlassen; es kamen Männer von den Westindischen Inseln, auch Inder, eine erstaunlich große Zahl von Briten aus Südamerika sowie etliche aus den Vereinigten Staaten, die vor Pearl Harbor in die Royal Canadian Air Force eingetreten waren und die ihre Zeit des aktiven Einsatzes beim Bomber Command abdienten, bevor sie sich zur USAAF versetzen ließen.

Die aufopferungswilligsten Flieger im Bomber Command waren zweiffellos diejenigen, denen die Flucht aus den besetzten Ländern gelungen war. Die größte Gruppe unter ihnen bildeten die Polen. Sie stellten die Besatzungen für zwei Wellington-Squadrons, die eine Ausnahme von der allgemein gültigen Regel der gemischten Besatzungen bildeten. Bei ihnen bestand jede Besatzung nur aus Polen, wenn es auch später zu einiger Lockerung kam. Die Polen waren von einem fanatischen Haß auf die Deutschen erfüllt wegen der Dinge, die sie ihrem Land angetan hatten.

Die Polen sollten viele Enttäuschungen erleben, und ihr Traum, ihre Maschinen eines Tages nach einem freien Polen zu fliegen, sollte nie in Erfüllung gehen. Noch frisch war die Trauer um den Tod General Sikorskis, des Führers der Freien Polnischen Streitkräfte, der am 4. Juli bei einem Flugzeugunglück in Gibraltar den Tod gefunden hatte. Er wurde am 16. Juli auf dem polnischen Friedhof von Newark beigesetzt. An dem Begräbnis nahmen viele Männer der beiden polnischen Bomberstaffeln teil.

Die Flieger aus anderen besetzten Ländern waren nicht zahlreich genug, um eigene Squadrons zu bilden. Sie dienten in RAF-Einheiten, wenn auch später zwei Frei-Französische Squadrons aufgestellt wurden. Die einzige größere Gruppe zur Zeit der Angriffe auf Hamburg waren Norweger, die mit den Besatzungen der 76. Squadron Halifax-Bomber flogen. Die Norweger dienten mit der gleichen Entschlossenheit wie die Polen.

Das gesamte fliegende Personal der RAF bestand aus Freiwilligen, doch hatten sich die Männer, die mit dem Bomber Command flogen, nicht speziell für den Einsatz in schweren Bombern freiwillig gemeldet. Die RAF schickte ausgebildetes fliegendes Personal dorthin, wo es gebraucht wurde, und das Bomber Command brauchte um diese Zeit ungefähr 1000 neue Besatzungsmitglieder in jeder Woche! Die Männer, die in den Einsatz-Ausbildungseinheiten des Bomber Command eintrafen, mußten sich zunächst einmal zu Besatzungen formieren. Das geschah gewöhnlich in der Weise, daß man die erforderliche Anzahl von Männern in einem Flugzeugschuppen versammelte und es ihnen überließ, sich auszusortieren. Diese Besatzungen machten dann einen abschließenden Ausbildungslehrgang durch, bevor sie zu ihren Squadrons abkommandiert wurden. Dort war es gewöhnlich so, daß die neuen Piloten einen oder zwei Einsätze als »Nummer zwei« mit erfahrenen Besatzungen flogen. Dann galten sie als reif, um ihre erste eigene Einsatz-Tour zu fliegen.

Die erste »Tour« bestand für das fliegende Personal des Main Force des Bomber Command aus dreißig Einsatzflügen. Es war allgemein bekannt, daß neue Besatzungen während des ersten Teils einer Tour besonders anfällig waren, und wer die ersten fünf Einsätze sicher überstanden hatte, galt als jemand, der einige Chancen hatte, den Rest der Tour auch noch zu überleben. Hatte es besonders schwere Verluste gegeben, konnte der Squadron-Führer es einer

Besatzung erlauben, Schluß zu machen, bevor dreißig Einsätze voll waren, um die Moral anderer Besatzungen dieser Squadron zu stärken. Für diejenigen, die das Glück hatten, ihre erste Tour zu überleben, gab es eine Ruhepause, in der sie keine Einsätze flogen, sondern meistens als Ausbilder in einer Ausbildungseinheit dienten. Danach kehrten sie für die zweite, aus zwanzig Einsätzen bestehende Tour zur Squadron zurück. War auch die erfolgreich abgeschlossen, konnte das Besatzungsmitglied nicht aufgefordert werden, noch einmal schwere Bomber zu fliegen. Es folgte die Versetzung zu einer Einheit, die nicht dem Bomber Command angehörte.

Die Standard-Tour für Pathfinder (Pfadfinder) bestand aus fünfundvierzig Einsätzen; eventuell vorher mit dem Gros des Bomber Command geflogene Einsätze zählten mit. Diese längere Pfadfinder-Tour wurde verlangt, um vollen Nutzen aus dem besonderen Können bei der Zielmarkierung zu ziehen, das man erst erlangte, wenn man schon eine ganze Menge Einsätze hinter sich hatte. Überlebte ein Pathfinder-Mann diese Tour, konnte er entweder eine Ruhepause einlegen und dann zu einer normalen zweiten Tour zurückkehren, oder er konnte ohne Pause weiter fliegen, bis eine Tour von sechzig Einsätzen voll war. Diese verlängerte Tour galt als zwei Touren, und der Mann konnte nicht zu weiteren Einsätzen beim Bomber Command zurückgerufen werden. Er konnte sich jedoch freiwillig zu einer dritten Tour melden, aber er durfte dann nur mit den Pfadfindern fliegen oder mit der 617. Squadron, die jetzt als Spezialeinheit für Präzisionsangriffe eingesetzt wurde. Einigen wenigen ist es gelungen, dennoch mehr als 100 Einsätze zu fliegen. Bei ihnen handelte es sich gewöhnlich um Männer aus dem Vereinigten Königreich, denn die Empire-Regierungen bestanden darauf, daß jeder ihrer Männer, der sechzig Flüge erreicht hatte, in die Heimat versetzt wurde.

Beim Bomber Command gab es die schwersten Verluste jeder britischen Waffengattung im Zweiten Weltkrieg. Die durchschnittliche Verlustrate für das Jahr 1943 belief sich auf 3,6 Prozent aller zum Einsatz gestarteten Maschinen. Das war die zweithöchste Rate für Jahre, in denen große Einsätze geflogen wurden. Aus diesen Zahlen läßt sich errechnen, daß 33 Prozent der Besatzungen, die 1943 flogen, ihre erste Tour, und nur 16 Prozent ihre erste und ihre zweite Tour überlebten. Es gibt keine separaten Statistiken für Pathfinder Squadrons, und es ist nicht bekannt, wie sich ihre längere Tour auf die Überlebenschancen der Besatzungen auswirkte. Das fliegerische Können, das sie sich während ihrer Einsätze erwarben, mag ihnen gute Dienste geleistet haben, aber ihre exponierte Position über einem Ziel muß bei den Pathfinders, die einen Angriff anführten, diesen Vorteil weitgehend wieder ausgelöscht haben. Wahrscheinlich haben etwas weniger Pathfinder ihre Touren überlebt als die Männer in den Squadrons des Gros.

Mitte Juli 1943 hatte das Bomber Command gerade die harte Schlacht über der Ruhr hinter sich und stand im Begriff, die Schlacht um Hamburg zu eröffnen. Unmittelbar daran anschließend wollte der Oberbefehlshaber die Schlacht um Berlin beginnen, die sich als härteste Prüfung für das Bomber Command erweisen sollte.

Es kann auch keinem Zweifel unterliegen, daß die Resultate der gerade abgeschlossenen Angriffe auf das Ruhrgebiet die Kampfmoral des Bomber Command erheblich gestärkt hatten. Die Bomberbesatzungen hatten die präzise Markierung und das konzentrierte Bombardement kennengelernt. Sie hatten dann die bei Tage von den hochfliegenden Aufklärungsmaschinen aufgenommenen Photographien mit den rauchenden Ruinen der Städte an der Ruhr gesehen. Das alles hatte die Bomberbesatzungen mit der Gewißheit erfüllt, daß sie jetzt zum ersten Mal seit Beginn der strategischen Bombardierung in der Lage waren, eine längere Serie wirkungsvoller Angriffe gegen stark verteidigte deutsche Ziele zu fliegen. Vielen mag nicht bewußt gewesen sein, daß der größte Teil dieses Erfolges auf das Oboe-Gerät zurückzuführen war, das für die genaue Markierung der entfernteren Ziele, die in den bevorstehenden länger werdenden Nächten angegriffen werden sollten, nicht zur Verfügung stehen würde. Aber was sie von dem gesehen hatten, was der Ruhr widerfahren war, erfüllte sie mit der Hoffnung, daß der Erfolg ihnen treu bleiben werde.

Die Verluste in der Schlacht über der Ruhr waren groß gewesen, aber sie hatten sich nicht schwerwiegend auf die Überlebenden ausgewirkt. Die einzelnen Besatzungen hatten nicht viel Umgang mit anderen Crews, und bei den Männern, die es »erwischt« hatte, handelte es sich oft um Fremde, um neue Besatzungen, die noch nicht lange zur Squadron gehört hatten. Oft genug sah der Flieger, wie ein Bomber von einem Scheinwerferkegel gefangen wurde, sah, wie er abgeschossen wurde und brennend zur Erde stürzte, aber nie sah er die verkohlten oder zerschmetterten Leichen der Männer, die in dem Bomber gewesen waren – und das wäre ein Anblick gewesen, der seinen Kampfgeist schon hätte erschüttern können.

Dem Bomber Command strömte jetzt ein reichlicher Nachschub frischer Besatzungen zu, und nur selten bestand die Notwendigkeit, die Männer in den Squadrons allzu hart zu belasten. Einzelne Mannschaften, die eine schwere Zeit durchgestanden hatten, konnten auf ein paar Tage Ruhe hoffen, und ein einwöchiger Urlaub konnte alle sechs Wochen gewährt werden – das war eine sehr viel großzügigere Regelung, als sie Männern in anderen Dienstzweigen zugestanden wurde. Die gerade zu Ende gegangene Mittsommerzeit hatte auch ein Nachlassen der Einsätze gebracht. Mit voller Einsatzstärke war das Bomber Command nur ein einziges Mal in den ersten drei Juliwochen über Deutschland gewesen.

Es ist nicht zu bestreiten, daß viele Männer Maschinen fliegen mußten, die weniger leistungsfähig waren als andere Typen. Die klare Rangordnung der Viermotorigen – die Lancaster, die Halifax, dann die Stirling – war allgemein bekannt, aber die Männer in den Halifax- und Stirling-Einheiten hatten nie Gelegenheit zu einem direkten Vergleich zwischen ihren Maschinen und den Lancaster-Bombern, und es entsprach dem britischen Charakter, daß die Halifax- und Stirling-Männer einen trotzigen Stolz gerade auf ihre Maschinen an den Tag legten. Wenn diese Mannschaften nicht gerade einer Squadron angehörten, die eine Serie besonders schwerer Verluste erlitten hatte, war ihre Moral in aller Regel mindestens so gut wie die der Lancaster-Besatzungen. Man sollte auch nicht vergessen, daß im Jahre 1943 jeder viermotorige Bomber an sich schon eine Novität war. Derartige Maschinen waren erst seit achtzehn Monaten im Dienst, und es war schon ein stolzes Gefühl, in irgendeinem dieser großen Flugzeuge nach Deutschland zu fliegen. Die Männer, die noch immer die Wellingtons flogen, erklärten, daß dieser gute alte Typ durchaus gut genug sei; auch hier gab es keine Belastung der Kampfmoral.

DRITTES KAPITEL

Die Angreifer – auf der amerikanischen Seite

Die amerikanischen Flieger, die schwere Bomber von England aus flogen, waren ebenso stolz, in der, wie sie sagten »Eighth Air Force« zu dienen, wie die britischen Bombenflieger es darauf waren, im RAF Bomber Command zu dienen. Die Amerikaner gehörten allerdings in Wirklichkeit dem VIII Bomber Command an, das einer der Hauptbestandteile der United States Eighth Army Air Force war.*

Das VIII Bomber Command hatte seinen eigenen Oberbefehlshaber, führte seine eigenen Operationen durch und schrieb sein eigenes Tagebuch, aber seine korrekte Bezeichnung wurde nur selten im Gespräch von den Männern gebraucht, die in ihm dienten. Ihre Loyalität gehörte der Eighth Air Force. Obwohl dieses Kapitel vom VIII Bomber Command handelt, wird der gebräuchlichere Titel oft benutzt werden.

Zunächst muß die Organisation der amerikanischen Bombereinheiten zu jener Zeit erklärt werden, weil jeder der amerikanischen Begriffe eine andere Bedeutung hatte als ähnliche Begriffe im RAF-Sprachgebrauch. Dies war die im Juli 1943 bestehende Befehlskette bei den amerikanischen schweren Bombern:

* Die amerikanische Luftwaffe hatte noch immer nicht ihre Unabhängigkeit von der US-Armee erlangt, ganz im Gegensatz zur RAF, die schon seit 1918 unabhängig war. Tatsächlich war die U.S. Army Air Force bis vor kurzem nichts weiter gewesen als das U.S. Army Air Corps, und sie sollte von ihren Bindungen an die Armee erst im Jahre 1947 befreit werden. Doch waren diese Bindungen an die Armee nur sehr locker, und schon 1943 genoß die USAAF ebenso viel Freiheit bei der Führung ihrer eigenen Operationen wie die RAF.

EIGHTH AIR FORCE
|
VIII BOMBER COMMAND
|
BOMBARDMENT WINGS
|
BOMBARDMENT GROUPS
|
BOMBARDMENT SQUADRONS

Es gab in der im eigenen Land stationierten RAF kein genaues Äquivalent zur Eighth Air Force. VIII Bomber Command war eine ähnliche Organisation wie das RAF Bomber Command, wenn auch noch nicht so groß. Eine amerikanische »Bombardment Wing« entsprach ungefähr einer RAF Bomber Group und übte in der amerikanischen Befehlskette eine ähnliche Funktion aus. 1943 gab es in der Eighth Air Force drei »Bombardment Wings«. Die 1. und 4. Bombardment Wing flogen B-17 Fortresses, und die 2. hatte Liberator-Bomber.

Die Bomber Group – eine nicht starr festgelegte Zahl von Gruppen bildeten eine Bombardment Wing – war die Grund-Kampfeinheit der Bomber, stets auf einem Flugplatz stationiert und einer RAF-Squadron entsprechend, wenn sie auch ein wenig stärker war, was die Zahl der Bomber betraf. Die amerikanische Bomber-Squadron entsprach ungefähr einer RAF-Flight. Die beiden Luftwaffen hätten keinen verwirrenderen Satz von Einheitsbezeichnungen wählen können, die oft dem Namen nach ähnlich waren, sich in Wirklichkeit aber unterschieden.

Die Kenntnis dieser scheinbar langweiligen Dinge wird es erleichtern, den Darstellungen der Einsätze zu folgen, an denen US-Bomber beteiligt waren. Es ist vor allem festzuhalten, daß im Hauptquartier des VIII Bomber Command die Angriffe befohlen und die Ziele ausgewählt wurden und daß diese Befehle dann von den operativen Bomber Groups ausgeführt wurden.

Major-General Carl Spaatz hatte ursprünglich die Eighth Air Force in England aufgestellt und befehligt, aber dieser Offizier hatte England Ende 1942 verlassen, um den Oberbefehl über die alliierten

Luftstreitkräfte in Nordafrika zu übernehmen. Die Stellung von Spaatz hatte Major-General Ira C. Eaker übernommen der unter Spaatz die Bombereinheiten der Eighth Air Force aufgebaut hatte und auch der erste Kommandeur des VIII Bomber Command war. Ira Eaker hatte den allerersten amerikanischen Angriff auf Rouen in einer B-17 mitgeflogen. Ein neuer Kommandeur des VIII Bomber Command wurde am 1. Juli 1943 ernannt. Der neue Mann war Brigadier-General Frederick L. Anderson Jr., von allen nur »Fred Anderson« genannt.

Dieser Offizier ist aus mehreren Gründen für die Hamburger Ereignisse von besonderem Interesse. Er war nicht nur der kommandierende General der amerikanischen Bomber, die Hamburg angreifen sollten, sondern er sollte sich sogar an einem der Angriffe beteiligen und jene deutsche Stadt unter höchst unkonventionellen Umständen überfliegen. Dieser junge amerikanische General war erst siebenunddreißig Jahre alt; Sir Arthur Harris, sein RAF-Äquivalent, war einundfünfzig. Einer von Andersons Stabsoffizieren sagt von ihm, er habe einen »natürlichen Schwung« besessen, »der ihn möglicherweise noch jünger wirken ließ, als er tatsächlich war«. Und er fügte hinzu: »Er war ein energischer, impulsiver Mann.«

Brigadier-General Anderson war von dem Posten des Director of Bombardment im neuerbauten Pentagon geradewegs nach Europa gekommen. Er hatte die B-17-Groups in der 4. Bombardment Wing gerade erst zwei Monate lang befehligt, als er – nur drei Wochen vor der Schlacht um Hamburg – zum Befehlshaber des VIII Bomber Command ernannt wurde. Sein Hauptquartier befand sich in Wycombe Abbey, ganz in der Nähe von Sir Arthur Harris' Hauptquartier, dessen Morgenbesprechungen Anderson regelmäßig beiwohnte. Man konnte nicht gerade sagen, daß sich hier zwei Gleichberechtigte trafen. Anderson hatte zu Harris zu kommen. Das Verhältnis zwischen den beiden war beinahe zu vergleichen mit dem zwischen einem vielversprechenden jungen Neffen, der seinen lebenserfahrenen Onkel besucht, was gar nichts daran änderte, daß der freundliche Anderson von der RAF stets mit großem Respekt behandelt wurde.

Zur Zeit der Angriffe auf Hamburg hatte Anderson zwei starke B-17-Divisionen unter seinem Befehl. Die 1. Division war die ursprüngliche B-17-Einheit, die seit August 1942 flog. Ihr Kommandeur war im Juli 1943 Brigadier-General Frank A. Armstrong, der während des größten Teils des vergangenen Jahres Kommandeur einer Bomber Group gewesen war und der persönlich die ersten amerikanischen Angriffe auf Frankreich und später dann auch auf Deutschland angeführt hatte. Die 4. Division, die es erst seit zwei Monaten gab, war mit einer Langstrecken-Ausführung der B-17 ausgerüstet. Diese Maschinen hatten in den Hohlräumen der äußeren Tragflächendrittel zusätzliche Tanks – genannt »Tokio-Tanks« – installiert, die ihnen größere Reichweite verliehen. Ihren Namen hatten diese Tanks bekommen, weil man hoffte, daß diese B-17-Ausführung dereinst nahe genug vor Japan stationiert werden könne, um Tokio anzugreifen, aber diese Aufgabe sollte dann später eine modernere Maschine lösen, die B-29 »Superfortress«. Kommandeur der 4. Bomberdivision war Colonel Curtis LeMay, ein brillanter ehemaliger Bomber-Geschwaderführer, der viele Verfahren für Formationsflug und Bombenwurf erdacht und im Einsatz erprobt hatte, die jetzt von den amerikanischen Bombereinheiten angewendet wurden.

Die gesamte Kommandostruktur der Amerikaner befand sich in einem Zustand des Übergangs. Vielversprechende junge Offiziere kamen daher in den stetig wachsenden amerikanischen Luftstreitkräften zu rascher Beförderung. Von den drei hohen Offizieren, die das Kommando während der Zeit der Schlacht um Hamburg ausüben sollten – Fred Anderson, Frank Armstrong und Curtis LeMay – war fünf Wochen zuvor kein einziger in seiner jetzigen Position gewesen! Armstrong und LeMay sollten beide nach dem Krieg berühmt werden. Curtis LeMay befehligte die Einheiten, die die ersten Atombomben auf Japan abwarfen, und nach dem Krieg leistete er Pionierarbeit bei der Schaffung des Strategic Air Command und führte es während der schlimmsten Jahre des kalten Krieges. Frank Armstrong sprang in eine Schlangengrube, indem er in Norfolk im US-Staat Virginia, einer Marinestadt, eine später berühmt gewordene Rede hielt, in der er heftig gegen die Politik der US-Marine und der Marineinfanterie in der Zeit der Rivalität zwischen den Waffengattungen zu Felde zog. Später kam es dann zu der Regierungsentscheidung, der Luftwaffe endlich ihre Unabhängigkeit von der Armee zu geben.

In der Theorie gab es noch eine weitere schwere Bomberdivision.

Das war die 2. Bombardment Wing mit der viermotorigen B-24 Liberator. Obwohl sie schneller war als die B-17 und eine größere Bombenfracht tragen konnte, hatte die B-24 keinen glücklichen ersten Auftritt im europäischen Krieg gehabt. Sie trug viel Zusatzgewicht an Funk- und Navigationsgerät, da sie als »Doppelstandard«-Bomber konstruiert worden war, der sowohl bei der USAAF als auch bei der RAF eingesetzt werden konnte. Das führte, zusammen mit einer schlecht konstruierten Tragfläche, dann dazu, daß diese große Maschine eine geringere Flughöhe hatte als die B-17 und zudem ein schlechter Formationsflieger war. Schon in den allerersten Angriffen auf Deutschland hatten die B-24-Groups schwere Verluste erlitten; ihre weitverzweigten hydraulischen Leitungen führten zudem immer wieder dazu, daß sie nach einer Beschädigung explodierten oder sehr schnell in Brand gerieten. Ein B-17-Mann sagte: »Wir waren immer froh, wenn wir erfuhren, daß die B-24 mitflogen. Die lenkten am besten von uns ab.« Die 2. Bombardment Wing hatte im Juli 1943 nur zwei B-24-Groups in ihrem Kommando. Das waren die Groups 44 und 93. Diese waren jedoch nach Nordafrika verlegt worden, um Unterstützung bei der alliierten Invasion in Sizilien zu fliegen und sich für einen Angriff auf die rumänische Ölraffinerie-Stadt Ploesti vorzubereiten.

Das operative Hauptmerkmal der B-17 war die Tatsache, daß sie mit voller Bombenlast in einer Höhe von 8400 Meter fliegen konnte – das war fast 2000 Meter über der besten Höhe der durchschnittlichen Lancaster. Der Bomber war deshalb für die deutsche Flak viel schwerer zu treffen, ein guter Grund für B-17-Piloten, diese Maschine zu lieben, sie war überdies leicht in der Formation zu halten und von einer äußerst soliden Konstruktion, die eine ganze Menge Kampfschäden hinnehmen konnte und nur selten Feuer fing. Die Amerikaner hatten insofern Glück, als sie zwei Jahre länger Zeit gehabt hatten als die RAF, sich auf ihren Krieg vorzubereiten. Sie hatten deshalb ihren wichtigsten schweren Bomber in Ruhe testen und entwickeln können und ihn erst dann in Serie gegeben. Die B-17-Grundkonstruktion diente der Eighth Air Force in Europa von Anfang bis Ende ohne eine einzige bedeutende Veränderung. Das ließ einen schnellen Ausbau der zahlenmäßigen Stärke der amerikanischen Bombereinheiten zu, erleichterte beträchtlich die Entwicklung der Taktiken und ermöglichte es den Besatzungen, mit einem einzigen, ihnen gut bekannten Typ zu üben und dann diesen Typ auch im Einsatz zu fliegen.

RAF-Männer vergleichen oft die Maximal-Bombenlast der B-17 von 6000 lbs (1 lb = 0,454 kg) mit der bis zu 14 000 lbs schweren Last, die die Lancaster tragen konnte. Aber die ganze Absicht der Amerikaner war es, bei Tage präzise zu bombardieren. Das Flächenbombardement, das eine möglichst große Bombenmenge voraussetzte, war ihr Geschäft nicht. Die Sicherheit des RAF-Bombers beruhte auf dem Versteckspiel im Dunkel der Nacht. Er hatte nie mehr als drei MG-Stände und war nur mit leichten Maschinengewehren armiert; er konnte fast bis an die Grenze seiner Tragfähigkeit mit Bomben beladen werden. Der amerikanische Bomber befand sich vom Augenblick seines Eindringens in deutschen Luftraum in Sicht seiner Feinde, und er brauchte die zusätzlichen 1800 Meter Höhe und seine aus zehn Mann bestehende Besatzung, von der nicht weniger als acht als Bordschützen fungieren konnten, sobald feindliche Jäger angriffen. Die geringere Bombenfracht war der Preis, den die Amerikaner dafür zahlten, bei Tagangriffen besser überleben zu können. Der Lohn dafür war eine Zielgenauigkeit, die von der RAF bei Nacht niemals erreicht werden konnte.

Wenn die RAF eine neue Bomber Squadron aufstellte, tat sie es, indem sie Teile aus bestehenden Squadrons herauslöste; auf diese Weise wurde sichergestellt, daß die neue Einheit immer einen Anteil an erfahrenen Besatzungen enthielt. Die Amerikaner hatten keine Zeit für diese Methode, und das Tempo, mit dem sie ihre Bomberstreitmacht aufbauten, war erstaunlich. Nicht eine einzige der Groups, die im Juli 1943 Hamburg bombardierten, hatte vor dem Eintritt Amerikas in den Krieg im Dezember 1941 existiert. Zweidrittel der Groups vom Juli 1943 hatten ein Jahr, bevor sie Hamburg bombardierten, noch nicht einmal auf dem Papier existiert. In dieser kurzen Zeit waren sie in den Vereinigten Staaten aufgestellt, ausgebildet, nach England verlegt worden, hatten sie sich auf ihren Flugplätzen eingerichtet und ihren Kriegseinsatz unter den fremden europäischen Witterungsbedingungen aufgenommen. Oft fielen abfällige Bemerkungen über die mangelnde Erfahrung der amerikanischen Einheiten. Das Wunder bestand darin, daß sie überhaupt Deutschland angriffen.

Eine Bomb Group trat ins Leben, indem sie »konstituiert«, dann »aktiviert« wurde, was beides im wesentlichen Übungen auf dem Papier waren, bis die Group dann auf einem der amerikanischen Vorkriegs-Flugplätze Maschinen und fliegendes Personal erhielt. Die einzelnen Besatzungsmitglieder – fast alles Männer, die erst im Krieg eingetreten waren – hatten ihre Grundausbildung in Spezialschulen erhalten. Ein großer Teil der Flugzeugführerausbildung fand in privaten Fliegerschulen oder Clubs statt.

Waren sie zu ihren neuen Geschwadern gestoßen, wurden die einzelnen Besatzungsmitglieder zu der zehn Mann starken Grundbesatzung einer B-17 zusammengestellt.

Nicht uninteressant ist ein Vergleich der Einstellung, die bei RAF und USAAF zu Rangunterschieden unter den Besatzungen herrschte. Eine RAF-Besatzung konnte eine ganz und gar willkürliche Mischung von Offizieren, Unteroffizieren und Mannschaften sein, wobei der Flugzeugführer der Kommandant der Maschine war, ganz gleich, welchen Dienstgrad er hatte. Ein Flugzeugführer im Range eines Sergeant, der vielleicht früher einmal Metzgergehilfe gewesen war, der aber das Können und die Intelligenz besaß, die ein Bomberpilot brauchte, konnte in der Luft durchaus einen oder mehr Offiziere in seiner Besatzung haben, die seinem Befehl unterstanden. Die Amerikaner dagegen hatten ein starres System, nach dem nur Offiziere Flugzeugführer, Navigator oder Bombenschütze werden konnten, während alle anderen Funktionen einer Besatzung den »unteren Dienstgraden« überlassen blieben, die kaum eine Chance hatten, jemals Offizier zu werden. Wer Offizier in der United States Army Air Force werden wollte, mußte zumindest zwei Jahre College-Ausbildung nachweisen. Indem sie nicht akademisch vorgebildete Bewerber abwies, versperrte sich die USAAF auf diese Weise selbst eine höchst wertvolle Quelle von Flugzeugführern, Navigatoren und Bombenschützen. Dieser Kontrast zwischen der Flexibilität der angeblich klassenbesessenen Briten und der Starrheit der angeblich klassenlosen Amerikaner ist interessant.

Sobald alle Besatzungen zusammengestellt waren, begann die neue Bomb Group mit der Ausbildung der Besatzungen, meistens von den Schönwetter-Flugplätzen im sonnigen Süden und Westen der Vereinigten Staaten aus. Nach rund vier Monaten dieser Ausbildung galt die Group als reif für den Einsatz in England. Das Bodenpersonal überquerte den Atlantik gewöhnlich in der »Queen Elizabeth« oder der »Queen Mary«. Sobald die Besatzungen ihre nagelneuen B-17 erhalten hatten, flogen sie diese Maschinen über den Atlantik, wobei sie im Sommer die Route Neufundland-Prestwick nahmen und im Winter eine südlichere und längere Route, aber mit kürzerer Ozeanüberquerung, zwischen Brasilien und Westafrika. Der frisch eingetroffene Verband richtete sich dann auf seinem neuen Flugplatz ein. Die Standard-B-17 der 1st Bombardment Wing waren gewöhnlich ein gutes Stück von der Küste entfernt in den Grafschaften Bedfordshire, Northamptonshire und Huntingdonshire stationiert; die mit Tokio-Tanks ausgerüsteten Geschwader der 4th Wing lagen dagegen in größerer Küstennähe, im Bereich beiderseits der Grenze zwischen Norfolk und Suffolk und damit ihren deutschen Zielen um rund 100 Kilometer näher.

Es war ein höchst seltsames neues Leben für die Amerikaner, von denen kaum einer je aus seinem eigenen Land herausgekommen war. Sie entdeckten das wechselhafte und sehr oft miserable englische Wetter, malerische alte Dörfer in der Nähe ihrer Flugplätze mit strohgedeckten Häuschen und gemütlichen Pubs, in denen es warmes Bier gab, die schöne englische Landschaft, Städte mit uralten Kirchen, Kathedralen und anderen Bauwerken, die um Jahrhunderte älter waren als alles, was es in den Vereinigten Staaten gab, freundliche Mädchen – die aber meistens aus der Arbeiterklasse stammten, wie die Engländer es nannten, und sie entdeckten London, ein höchst staunenerregendes Urlaubszentrum. Einige Amerikaner empfanden das alles als Rückkehr in die Heimat ihrer Vorfahren, aber wenn man Besatzungslisten der B-17 anschaut, so entdeckte man dort einen hohen Prozentsatz mitteleuropäischer und italienischer Namen. Sehr viele B-17-Männer bombardierten die Heimat ihrer Vorfahren.

Wenn es auch eine spannende und aufregende Sache für die Amerikaner sein konnte, in Europa zu sein, so stimmte doch das Bild vom glücklichen Amerikaner in England nicht immer. Da gab es nicht nur die Strapazen und Gefahren der Flüge für die Besatzungen, sondern der »Yank« war nicht immer und in jedem Fall bei den

Engländern beliebt. Die Amerikaner wurden vergleichsweise hoch bezahlt, und der Dollar schuf viel Neid und Eifersucht. Viele der jüngeren Amerikaner litten auch sehr unter Heimweh.

Ungefähr einen Monat dauerte die Eingewöhnung in England. Die Zeit wurde hauptsächlich mit intensiven Formationsflug-Übungen verbracht. Wenn das neue Geschwader dann seine abschließende Ausbildung hinter sich hatte, war es bereit, seinen Platz in der Eighth Air Force einzunehmen. Geflogen wurde nur bei Tage, die Einsätze hingen ganz und gar von der Wetterlage ab. Feindliche Ziele konnten nicht bombardiert werden, wenn Wolken vorhergesagt waren, aber ein ebenso wichtiger Faktor war die Wetterlage, mit der bei Rückkehr der Bomber über dem eigenen Flugplatz zu rechnen war. Das bei dem wechselhaften englischen Klima genau vorherzusagen, stellte das größte Problem dar, und plötzlich geänderte Wettervorhersagen führten dazu, daß viele Angriffe, oft erst ganz kurz vor dem Start, abgesagt wurden. Das Wetter erlaubte den B-17 durchschnittlich zwölf Angriffe pro Monat im Jahre 1943, das ist ungefähr die gleiche Zahl wie bei den Nachtstaffeln der RAF. Die Männer beider Bomberflotten gewöhnten sich gut an ihre jeweilige Einsatzmethode, und die Veteranen der USAAF und der RAF erklären mit Nachdruck, daß sie nie und nimmer mit den Methoden der anderen hätten tauschen mögen.

Ebenso wie ihre britischen Kollegen hatten die Amerikaner ihre Einsatztour. Die Grundtour für schwere Bomber in Europa bestand aus fünfundzwanzig Flügen bis über die Küsten des feindlich besetzten Gebietes hinweg. Nach fünf derartigen Flügen erhielt jeder Mann der Besatzung die Air Medal. Die Einsätze über Deutschland zu fliegen, mag furchterregend genug gewesen sein, aber ein Gedanke verdrängte alle anderen bei den amerikanischen Fliegern in England. Wieder in die Heimat konnte nur kommen, wer seine Tour von Einsätzen vollendete.

Die Verluste waren schwer. Die deutsche Flak liebte Ziele, die man sehen konnte, besonders eng aufgeschlossene Bomberverbände. Wenn die deutschen Jäger erschienen, verteidigten sich die auf Selbstverteidigung ausgelegten Bomber nicht immer hinreichend, und ein Langstrecken-Begleitjäger war noch nicht entwickelt worden. Wie bereits erwähnt, mußten die B-24 aus England abgezogen werden, aber die B-17 blieben. Die Verlustziffern stiegen, je tiefer ihre Ziele in Gebieten lagen, die von der deutschen Luftwaffe verteidigt wurden. Sobald eine Group die Kampfflüge aufgenommen hatte, begann die ursprüngliche Gemeinschaft der Kameraden, die die Group nach England gebracht hatte, dahinzuschwinden, und Ersatzleute erschienen auf dem Plan. Die Groups, die im Juli 1943 nach Hamburg flogen, befanden sich zumeist in einem Übergangsstadium; noch flog ein Teil ihrer ursprünglichen Besatzungen.

Die Alten hatten ein ganz natürliches Überlegenheitsgefühl gegenüber dem Ersatz. Ein Teil der amerikanischen Flieger war den Belastungen der Kampfeinsätze nervlich nicht gewachsen.

Die Amerikaner gingen glimpflicher und verständnisvoller mit Männern um, die nicht mehr bereit waren, weiter zu fliegen, als die RAF es tat. Major Ball sagt dazu: »Wir haben einem verängstigten, kranken Kind nicht in die Papiere geschrieben, daß es ihm an Kampfgeist und moralischer Substanz fehlt.«

Wie viele Amerikaner haben lange genug gelebt, um ihre Tour zufriedenstellend durchzustehen und nach Hause zurückzukehren? Die Eighth Air Force flog 144 Einsätze im Jahre 1943, und manchmal wurden mehrere Ziele an einem Tag bombardiert. Von 22779 Einsätzen kehrten 967 Maschinen nicht zurück. Diese Verlustrate von 4,24 Prozent war deutlich höher als die Rate von 3,6 Prozent des RAF Bomber Command für dieselbe Periode, aber während 33 Prozent der RAF-Männer ihre erste Tour von 30 Bombereinsätzen vollendeten, konnten 34 Prozent der USAAF-Männer damit rechnen, ihre kürzere Tour zu überleben. Die RAF-Männer mußten dann eine zweite Tour fliegen.

Die Amerikaner, die ihre Tour in den gefährlichen Tagen des Jahres 1943 und der ersten Monate des Jahres 1944 überlebten, wurden gewöhnlich mit dem Distinguished Flying Cross ausgezeichnet. Wenn sie Glück hatten, wurden sie im Rotationsverfahren sofort in die Staaten zurückversetzt; hatten sie Pech, konnten sie zu nichtoperativem Dienst zurückgehalten werden. Einige wenige Männer meldeten sich freiwillig zum Bleiben und flogen dann noch zwischen zusätzlichen fünf Einsätzen bis hin zu einer vollen zweiten Tour von zwanzig Einsätzen. Die Lockungen der Heimat zogen die Flieger in die Vereinigten Staaten zurück, und danach gab es dann die Aussicht, bei den Pazifik-Bombereinsätzen mitzufliegen. Der Pazifik galt als »viel entspannender und zwangloser, sehr viel weniger gefährlich. Wir dachten, wir wollten mal einen anderen Feind ausprobieren.«

Es war jedoch ein Grund zu erheblichem Stolz, eine Tour von Kampfeinsätzen auf dem harten, prestigeträchtigen europäischen Kriegsschauplatz geflogen zu haben.

VIERTES KAPITEL

Die Verteidiger

Die Verteidigung der deutschen Städte lag in vielen Händen. Den äußersten Ring bildete der Funkaufklärungsdienst der Nachrichtentruppe der Luftwaffe, der in der Lage war, den Abstimmverkehr der Funker der alliierten Bomber aufzufangen, der immer schon mehrere Stunden vor dem Start zu einem Feindflug abgewickelt wurde. Die innere Grenze der Verteidigungslinien bildete der Wohnungsinhaber in einer deutschen Stadt, der Anweisung hatte, stets Eimer mit Wasser und Sand bereit zu haben, damit er eine Brandbombe, die vielleicht das Dach seines Hauses durchschlug, sofort löschen konnte. Funktionierten alle die vielen anderen Glieder zwischen dieser äußersten und der innersten Grenze gut, dann konnten die Erfolgsaussichten der alliierten Bomber zu einem Teil zunichte gemacht werden. Aber eben nur zu einem Teil. Versagte irgendein wichtiger Teil der deutschen Verteidigung, sanken sehr wahrscheinlich weite Flächen der als nächstes Ziel ausersehenen deutschen Stadt in Schutt und Asche.

Für das Verständnis dessen, was Hamburg in Kürze widerfahren sollte, ist es wichtig, die Hauptelemente der deutschen Luftabwehr am Vorabend der Schlacht um Hamburg aufzuzählen und zu beschreiben. Die Hamburger Ereignisse waren in erster Linie das Resultat eines neuen Verfahrens, das von den britischen Bombern angewendet wurde, um den äußeren Ring der deutschen Verteidigung weit aufzubrechen.

Wie zum Teil schon erwähnt, lag die Aufgabe der Früherkennung in den Händen der Luftnachrichtentruppe. Die Luftwaffe leitete und bediente fast jeden Teil der deutschen Luftabwehr, soweit er in den Bereich der Streitkräfte fiel, ganz im Gegensatz zur britischen Luftabwehr, wo Flak- und Scheinwerferbatterien Teil der Armee waren. Der Funkaufklärungsdienst der Luftwaffe konnte wenig mehr tun als vorwarnen, daß mit einem Luftangriff in der bevorstehenden Tag- oder Nachtperiode gerechnet werden müsse, aber er konnte keinen Hinweis darüber geben, in welchem Teil Europas das Angriffsziel liegen würde. Die erste sichere Information, daß Bomber tatsächlich gestartet waren und Kurs auf Deutschland nahmen, kam von den Funkmeßstellungen, die mit großen Suchbereich-Geräten, hauptsächlich »Mammut« und »Wassermann«, aber auch »Freya« mit verbessertem Hohlspiegel, ausgerüstet waren und die sich entlang der Küsten des besetzten Europas befanden. Wegen der Form des Küstenverlaufs stellten die Stationen bei Ostende in Belgien und auf der niederländischen Insel Texel oft den ersten Kontakt her. Die schwerbeladenen alliierten Bomber mußten erst eine gewisse Höhe erreichen, bevor sie auf Kurs gehen konnten. Dieser Umstand ermöglichte es den deutschen Frühwarngeräten, die Bomber über der Krümmung der Erdoberfläche zu »sehen«, und dies oft schon, bevor sie auch nur Englands Küste überflogen hatten. Es war danach eine relativ einfache Angelegenheit, den Bomberverband auf seinem Weg über die Nordsee zu verfolgen und Mutmaßungen anzustellen, an welchem Punkt er wahrscheinlich in den von den Deutschen verteidigten Luftraum eindringen würde.

Als die RAF in den Anfangsstadien des Krieges gezwungen worden war, Bombenangriffe bei Tage aufzugeben und in die Nacht zu verlegen, hatten die Briten einen unschätzbar wertvollen Vorteil eingehandelt – den Schutz der Dunkelheit. Obwohl die deutschen Suchgeräte bei Nacht ebensogut arbeiteten wie bei Tage, waren die deutschen Jagdflieger praktisch blind, und die Deutschen verwendeten einen nur als gigantisch zu bezeichnenden Aufwand an Technik und menschlicher Arbeitskraft darauf, den Schutzmantel der RAF, die Dunkelheit, zu durchdringen. Die Geschichte der deutschen Verteidigung gegen den Nachtbomber spielte sich in zwei deutlich zu trennenden Phasen des Krieges ab. Als das britische Bomber Command in der Nacht des 24. Juli 1943 nach Hamburg flog, war die erste Phase gerade drei Jahre alt und hatte den Gipfel der technischen

Verfeinerung erreicht. Es war zugleich auch die letzte Nacht ihres erfolgreichen Bestehens.

Dieses Verteidigungssystem war hauptsächlich unter der Führung eines Mannes entstanden, des Generals der Flieger Josef Kammhuber, der im Oktober 1940 zum General der Nachtjäger ernannt worden war. Kammhuber war ein brillanter Organisator, und er hatte sowohl die Nachtjagd als auch die technischen Einrichtungen aufgebaut, auf die die Nachtjagd-Besatzungen angewiesen waren. Seine wichtigste Schöpfung war die Anlage eines Systems von Gebieten mit straff funkgeführter Nachtjagd, das jeden Anflugweg von Dänemark und Frankreich nach Deutschland abdeckte. Anfangs hatte dieser Verteidigungsriegel aus Scheinwerfern und Nachtjägern bestanden, die gemeinsam operierten, aber 1941 waren die Scheinwerfer zurückverlegt worden – näher an die deutschen Städte heran –, und man hatte sie durch eine Kette kleiner Funkmeßstellungen als Leitstellen für einzelne Nachtjäger ersetzt. Jeder Funkmeß- bzw. Jägerleitstelle war zur Führung eines eigenen Jägers ein bestimmter Luftraum zugeordnet. Die einzelnen Räume zogen sich hauptsächlich in einer Doppelreihe an der Küste entlang, es gab aber auch noch eine weitere Gruppe solcher Räume im Binnenland rund um Berlin. Die meisten erhielten Bezeichnungen aus dem Tierreich – Auster, Kiebitz, Hummel, Wachtel, Natter, Wal, Languste, Kröte, Eisbär, Hase und ähnliche unverfängliche Namen.

Der Hauptgürtel an der Küste wurde von den Deutschen Himmelbett-Linie genannt. Die Briten wußten gut Bescheid über Kammhuber und sein Werk; sie sprachen deshalb von der »Kammhuber-Linie«.

Betrachten wir einen von General Kammhubers Nachtjagdräumen etwas genauer. Wichtigster Grundsatz war, daß das Geschehen in der Luft weitgehend von der präzisen Arbeit der Bodenstelle abhing. Drei Funkmeßgeräte – so die damals übliche Bezeichnung, heute würde man Radar sagen – waren das Herz des Systems. Ein solches Radar war das Freya-Gerät, das in allen Richtungen bis zu einer Entfernung von 150 km messen konnte. Freya faßte einen sich nähernden Bomberstrom auf und lenkte zwei Würzburg-Geräte auf ihn. Diese konnten dann mit ihrem schmalen Meßstrahl die Bomber beim Näherkommen bereits in einer Entfernung von fünfzig Kilometer übernehmen. Und damit lief ein Verfahren an, das zum Abschuß eines Bombers führen konnte.

Chef der ganzen Operation war ein Jägerleitoffizier, abgekürzt JLO. Diese Männer waren nicht weniger wichtig als die Jagdflieger, deren Einsätze sie leiteten. Einige JLOs waren selbst ehemalige Jagdflieger; andere hatten früher Flak- oder Scheinwerferbatterien befehligt. Bei den meisten aber handelte es sich um Offiziere und Unteroffiziere der Luftnachrichtentruppe. Sie und die einzelnen von ihnen geführten Jagdflieger kannten einander bald sehr genau, und in der Welt der Nachtjagd wurden auch einige JLOs zu Berühmtheiten. Ihre Leistungen wurden zwar in der Öffentlichkeit aus Geheimhaltungsgründen selten erwähnt, waren aber bei der RAF bestens bekannt.

Der Platz des Jägerleitoffiziers befand sich gewöhnlich in der Nähe des Freya-Anzeigegeräts, so daß er das Bild auf der Kathodenröhre studieren konnte, das manchmal dreißig oder vierzig Bomber beim Durchflug seines von ihm kontrollierten Nachtraums zeigte. Er kannte auch den genauen Standort des eigenen Jägers, der meist über einem nahegelegenen Funkfeuer wartete. Aus den vielen Lichtzakken wurde ein besonders deutlich erkennbarer und günstig liegender Bomber ausgesucht, auf den sich nun das präzisere Würzburg-Gerät konzentrierte, und zwar so lange, bis der Bomber abstürzte oder aus Reichweitegründen aufgegeben werden mußte. Das zweite Würzburg-Gerät folgte nur dem Nachtjäger. Beide Geräte waren über Telephon mit zwei Helfern – oder Helferinnen – verbunden, die unter einem Glastisch, dem sogenannten Seeburgtisch, saßen und zwei farbige Lichtpunkte auf die Tischplatte projizierten. Ein roter Punkt zeigte den erfaßten Bomber, ein blauer den Jäger. Andere Flugzeuge im Luftraum erschienen auf der Glasplatte somit nicht. Der Jägerleitoffizier stand davor und gab dem Nachtjäger über Sprechfunk ständig neue Anweisungen durch, um ihn so dicht an den Bomber heranzuführen, daß er entweder Sichtkontakt bekam oder ihn mit seinem Bordsuchgerät, dem »Lichtenstein«, das nur eine geringe Reichweite hatte, auffassen konnte, bevor der Bomber den Nachtjagdraum wieder verließ. Es war eine knappe Code-Sprache; kein überflüssiges Wort wurde benutzt.

Antreten 170 – Kirchturm 43 – Fahren Sie Expreß – 2 Lisa –
(Kurs 170° C – Feindhöhe 4300 m – Vollgas! – 20° C links –)
Marie 9 – Kirchturm 42 – Marie 8 – 1 Lisa – Marie 5,5 –
(Entfernung – Höhe – Entfernung – 10° links – Entfernung)
1 Lisa – Marie 4 – Marie 2 – Halten – 2 Rolf – Noch mehr
(10° links – Entf. – Entf. – langsamer – 20° rechts – noch lang-)
halten – Salto Lisa* – Antreten 150 – Marie 4 –
(samer – Vollkreis links – Neuer Kurs 150° C – Entfernung 4 km –)
Marie 3 – Antreten 110 – Marie 1 – Genau vor Ihnen – Sie
(Entf. – Neuer Kurs 110° – Entf. 1 km –)
sind dicht bei Kurier.
(Feindmaschine)

Der Nachtjäger quittierte jeweils, meistens mit dem Wort »Viktor« für »Verstanden«, dann: *»Wir berühren. Bitte warten«* –

Diese Einzelheiten sind Auszüge aus dem Protokoll einer von Oberleutnant Walter Knickmeier im Raum 5B bei Venray in Holland in den frühen Morgenstunden des 3. Juni 1942 geleiteten Abfangoperation. Es war ein Raum über der Einflugschneise zum Ruhrgebiet, und hier gab es immer sehr viel Arbeit. Bei dem Nachtjäger handelte es sich um eine Messerschmitt Bf 110, geflogen von einem der besten deutschen Nachtjäger, Hauptmann Werner Streib. Genau eine Minute, nachdem Knickmeier das Wort »Bitte warten« gehört hatte, konnte er die Siegesnachricht: »Sieg Heil!« vernehmen. Der Bomber war abgeschossen worden. In diesem Falle handelte es sich um eine Wellington, eine von insgesamt dreizehn RAF-Maschinen, die in jener Nacht bei einem Angriff auf Essen abgeschossen wurden. Der gesamte Abfang-Vorgang hatte vierzehn Minuten gedauert und sich über eine Strecke von annähernd sechzig Kilometer erstreckt. Die Wellington war Hauptmann Streibs dreißigster Erfolg und für Oberleutnant Knickmeier der siebenundzwanzigste in einer Reihe von achtundachtzig erfolgreichen Jägerführungen, die in der Zeit von März 1941 bis Juli 1943 von ihm in seinem Raum geleitet worden waren.

Ständige Weiterentwicklung und große Erfahrung hatten diese Form der Nachtjagd – die *Raumnachtjagd* – perfektioniert, aber in Wahrheit war sie bereits überholt. Jeweils nur ein einziger Nacht-

* Jäger hatte Gegner zu schnell überholt. Mußte deshalb neu ansetzen.

jäger konnte zur gleichen Zeit in einem Raum geführt werden, und während dieser Jäger sich bemühte, einen Bomber abzufangen, konnten bis zu vierzig andere Bomber diesen Raum unbehelligt durchqueren. Nachtjäger in benachbarten Räumen mochten einen oder zwei Bomber erfassen, die ein erhebliches Stück vom Kurs abgekommen waren, aber der ganze übrige Rest des Himmelbett-Systems blieb ohne Feindberührung. Viele Räume waren mit Jägern besetzt, aber es gab dort keine Bomber, die sie hätten jagen können. Ein dicht geschlossener Bomberstrom brauchte auf seinem Einflug kaum mehr als vier Räume zu passieren, wenn der Strom sich auf dem Rückflug auch für gewöhnlich ausbreitete und dann mehr Räume berührte. Die »Experten« unter den Nachtjägern ergriffen mit Begeisterung die Chance, ihr Abschußkonto unter Ausnutzung der besten Räume beträchtlich zu erhöhen, aber viele andere Männer der Luftwaffe meinten, es gäbe andere Möglichkeiten, um die wachsende Stärke der Nachtjäger besser zu nutzen. Das System der Räume war zu starr. Es hing auch zu sehr vom Radar ab, das von der RAF eines Tages gestört werden konnte. Eine flexiblere Form der Nachtjagd begann sich allmählich abzuzeichnen. Jäger, soweit nicht für die Besetzung von Räumen oder für Bereitschaft vorgesehen, erhielten gelegentlich die Erlaubnis zur freien Jagd außerhalb der Nachtjagdräume. Aber diesen Jägern mangelte es an Unterstützung durch Bodenführung. Ihre Lichtensteingeräte waren nur wirksam, wenn der Jäger sich dicht hinter einem Bomber befand und ihn mit dem schmalen Suchwinkel seines Radars aus zwei bis drei Kilometer Entfernung erfassen konnte, oder wenn eine Besatzung das Glück hatte, einen Bomber nach Sicht zu orten. Aber der Nachthimmel war ein weiter, dunkler Raum, und dieses Verfahren hing noch weitgehend von zufälligen Begegnungen im Luftraum ab. Es wurde deshalb erwogen, Erkenntnisse über den Weg des Bomberstroms in Form einer »laufenden Reportage« für diese freien Nachtjäger auszustrahlen. Aber es war wenig für die Verbesserung solcher Techniken getan worden.

General Kammhubers Wunderwerk der Himmelbett-Räume hatte dem britischen Bomber Command schmerzliche Verluste bereitet, aber er selbst hatte kaum für zukünftige Entwicklungen vorausgeplant. Kammhubers System stand da und funktionierte perfekt

– einige nannten es seine »Maginot-Linie« – aber man hatte wenig in der Hand für den Fall, daß es den Briten eines Tages gelingen sollte, das starre System der Nachtjagd in den Himmelbett-Räumen empfindlich zu stören.

Die Luftwaffe hatte vor dem Krieg keine ernsthaften Pläne für den Fall einer Verteidigung des Reichsgebiets bei Nacht aufgestellt, und die ersten Nachtangriffe im Jahre 1940 hatten sie unvorbereitet getroffen. Die deutsche Nachtjagd zehrte auch im Juli 1943 noch zu einem Teil von den Improvisationen der Anfangszeit, besonders im Hinblick auf die Umrüstung der Flugzeugtypen von Tag- auf Nachtjagd. Die eingesetzten Nachtjagdmaschinen dieser Zeit waren die Messerschmitt Bf 110, ein umgerüsteter schwerer Tagjäger, sowie die Junkers Ju 88 und Dornier Do 215 und 217, allesamt ursprünglich nicht für die Nachtjagd konzipiert. Zwar überwog die Bf 110 als Typ der »ersten Stunde«, weil sie schneller und wendiger war als die anderen, aber die nach und nach vollzogene zusätzliche Aufrüstung, wie Flammenvernichter, stärkere Armierung und Radar, hatte sie langsamer werden lassen, und durch die relativ geringe Tankkapazität war ihre Reichweite sehr begrenzt. Aber diese Maschine wurde von den Besatzungen gerne geflogen, leistete der deutschen Nachtjagd überaus gute Dienste und war noch keineswegs am Ende ihrer Einsatzmöglichkeit angelangt. Die beiden umgerüsteten Bomber, die Ju 88 und die Do 217, waren sehr viel robuster und konnten die gesamte Zusatzausrüstung tragen, die man für die Nachtjagd brauchte. Besonders erwiesen sie sich aber als sehr stabile Plattform für die zusätzliche Bewaffnung. Ihre Flugeigenschaften bei ungünstiger Wetterlage waren gut. Die Do 217 war jedoch – insgesamt gesehen – zu langsam und unhandlich, und sie wurde allmählich ausgemustert. »Sie war nur ein abgetakelter alter Bomber, aber sie war besser als gar nichts.« Die Ju 88 erwies sich als die beste Lösung aus den drei für den Nachtjagdeinsatz umgerüsteten Typen, war 50 km/h schneller, und ihre Gesamtflugdauer war um zwei Stunden größer als die der Bf 110. Auch war sie handlicher und wendiger als die Do 217. Ein Flugzeugführer sagte, seine Ju 88 fliege sich so leicht, daß man sich »genauso behaglich fühle, als säße man zu Hause am Kamin«.

Die deutschen Flugzeugkonstrukteure verwendeten trotzdem viel

Mühe darauf, spezielle Typen für die Nachtjagd zu bauen, die auf den Erfahrungen der Front beruhten. Die Heinkel He 219 kam als erste, und sie war vor kurzem im Einsatz erprobt worden. Auch neue Messerschmitt- und Junkers-Maschinen waren auf dem Weg, aber wegen der ständig wechselnden Grundsatzentscheidungen durch die Luftwaffenführung oder durch Hitler selbst gelangte nicht ein einziges dieser zum Teil ausgezeichneten Flugzeuge jemals in größere Serienherstellung. Diese fortgeschrittenen Nachtjagd-Typen waren dem RAF-Geheimdienst bekannt, und man informierte die Besatzungen der britischen Bomber über Einzelheiten. Es ist interessant, die Berichte von Bomberbesatzungen zu lesen, die einen Kampf mit einem deutschen Nachtjäger überlebt hatten und heimgekehrt waren. Ein hoher Prozentsatz behauptete, von einer Ju 188 oder einer Me 210 angegriffen worden zu sein, anstatt von den etwas bescheideneren Mustern, mit denen sie es in Wirklichkeit zu tun gehabt hatten. Die Do 217 wurde kaum jemals erwähnt, aber gerade dieser unverdächtige Typ war wahrscheinlich öfters Hauptgegenstand der Meldungen über ungewöhnliche Feindsichtungen.

Die Grundeinheit der Nachtjäger war das Geschwader. Jedes Geschwader hatte drei bis vier Gruppen mit je etwa dreißig Einsatzmaschinen. Die Gruppe bestand aus drei Staffeln mit normalerweise jeweils etwa neun bis zwölf Maschinen. Es gab 1943 lediglich fünf Geschwader, die als reine Nachtjagdeinheiten zum Schutze vor Nachtangriffen aufgestellt worden waren, aber nur drei davon waren voll einsatzfähig.* Als die Briten die Schlacht um Hamburg begannen, sollten gerade die relativ weniger erfahrenen Einheiten des NJG 3 – damals zum Teil noch überwiegend mit den alten Do 217 ausgerüstet – die Hauptwucht der Angriffe des britischen Bomber Command zu spüren bekommen. Ebenso sahen sie sich als erste mit

* Für das deutsche Nachtjagdgeschwader wird gewöhnlich die Abkürzung NJG mit nachfolgender Geschwader-Nummer gebraucht. Eine römische Ziffer vor der Abkürzung NJG bezeichnet die entsprechende Gruppe, eine arabische Ziffer die Staffel. So ist II./NJG 3 die II. Gruppe im Nachtjagdgeschwader 3, die 5./NJG 3 ist die 5. Staffel im selben Geschwader. Anhang 3 gibt einen Überblick über Gesamtstärke und Anzahl der eingesetzten Verbände der Nachtjäger am 24. Juli 1943. Luftwaffendokumente lassen darauf schließen, daß die Nachtjagd Ende Juni 1943 über 371 einsatzfähige Maschinen mit 307 ausgebildeten Besatzungen verfügte.

dem neuen Verfahren konfrontiert, das nun in den Nachteinsätzen angewendet werden sollte. Der Schutz der Bürger Hamburgs würde also von jenen deutschen Fliegern abhängen, die von Westerland, Schleswig, Nordholz, Stade, Lüneburg, Wunstorf, Vechta und Wittmundhafen aus operierten; allerdings sollten sie einige Unterstützung auch von anderen Einheiten, insbesondere von den erfahrenen Besatzungen des NJG 1 erhalten, der »Muttereinheit der deutschen Nachtjäger«, die von Einsatzplätzen in Holland aus operierten.

Die Kampfstärke der deutschen Nachtjäger auf dem Papier mag imposant ausgesehen haben, aber es gab viele schwache Punkte. Wie schon erwähnt, war die Nachtjagd des Jahres 1940 hauptsächlich gekennzeichnet durch Improvisation, und im Jahre 1943 gab es noch genug Relikte aus dieser Phase. Neue Besatzungen meldeten sich bei den Ersatzeinheiten, die kaum mehr vorzuweisen hatten als eine Grundausbildung auf Standardmustern. Es gab keine ständigen Ausbildungseinheiten für den scharfen Einsatz, wo die neue Besatzung den »Ernstfall« hätte proben können. Dazu hatten sie meist erst Gelegenheit bei einem reinen Frontverband, sofern Zeit dafür vorhanden war, und wenn der Kommandeur sich die Mühe machte, entsprechend dafür zu sorgen, daß dies auch geschah. Die ersten zehn »Einsatzflüge« waren oft ein einziger Alptraum. Der Neuling mußte alle Mühe darauf verwenden, sich dieser nächtlichen Umwelt nach und nach anzupassen, um schließlich zu seinem Einsatzplatz zurückzukehren und unter Ausnutzung der groben Navigationshilfen jener Zeit wieder zu landen. Jede Feindberührung mit einem Bomber während dieser Flüge war für gewöhnlich die Folge eines Zufalls, und ein Erfolg gegen diesen Bomber war als Glücksfall anzusehen. Immerhin – die Chance bestand, daß bei der Raumnachtjagd auch ein Neuling Erfolg haben konnte, sofern er durch besondere Umstände die Gelegenheit erhielt, unter der Führung eines guten Jägerleitoffiziers zum »Schuß« zu kommen.

Überlebte die neue Besatzung diese Zeit, ohne abzustürzen und sich umzubringen, begann sie allmählich, wirksamere Einsätze zu fliegen. Viele der deutschen Überlebenden sagen, daß ihr erster Abschuß ein bedeutender Wendepunkt für sie war, der ihnen Selbstvertrauen gab, auf dem sie weiterbauen konnten, aber es konnten durchaus bis zu fünfzig Einsätze vergehen, bevor dieser allererste Erfolg sich einstellte. Die starre Natur des Kammhuber-Systems verurteilte die meisten Besatzungen zu langen Perioden operativer Untätigkeit. Während Spitzenbesatzungen der Einheiten in Holland fast Nacht für Nacht erfolgreich waren, erlebten andere oft nicht viel mehr als gelegentlich einen Bomber, der sich einschlich, um Minen vor der Küste zu werfen oder Geheimagenten und Nachschub für Widerstandsgruppen in den besetzten Gebieten per Fallschirm abzusetzen. In der Zeit der kurzen Sommernächte, wenn mit RAF-Angriffen auf Norddeutschland wenig zu rechnen war, wurden einige der dort stationierten erfahrenen Besatzungen zu den mehr beschäftigten Einheiten in Holland und Belgien abkommandiert. Der Rest ihrer Einheit hatte dann wenig mehr zu tun, als sich selbst und die Geräte-Bedienungen der einzelnen Räume durch Zieldarstellungsflüge in Form zu halten.

Selbst bei den Einheiten, die mehr zu tun hatten, wurden die besten Räume oftmals für die erfahrensten Besatzungen reserviert. Entwickelte sich ein Angriff sehr schnell oder nahm der Bomberstrom einen überraschenden Kurswechsel vor, konnte es einer jungen Besatzung, die sich als Wartewelle in einem guten Raum befand, durchaus passieren, daß sie abberufen wurde und zusehen mußte, wie ein »besserer Mann« ihren Platz einnahm und sein Abschußkonto erhöhte. Die deutsche Öffentlichkeit hörte viel von den Erfolgen dieser Experten, aber kaum etwas über die vielen unbekannten Besatzungen, die wenig mehr zu tun hatten als wartend in den weniger frequentierten Räumen zu »kurbeln« oder »Bereitschaft zu schieben«. Sie trugen es mit Fassung. Den Experten gönnte man die Erfolge von Herzen, aber auch mit ein bißchen Neid; auch wenn man selbst sehr wohl wußte, daß die besten Resultate nur erzielt werden konnten, wenn man die erfahrensten Besatzungen in die günstigsten Räume schickte. Insgeheim hofften auch die Neuen, eines Tages mit dabei zu sein. Viele aber standen Kammhubers System, bei dem sie sich um ihre Fähigkeiten betrogen fühlten, mit zunehmender Kritik gegenüber. Sie wußten von der wachsenden Stärke der RAF und brannten darauf, mehr zum Schutz der deutschen Städte beizutragen. Die Verteidigung Hamburgs sollte dann auch weitgehend in der Hand von Besatzungen liegen, die noch wenig Gelegenheit gehabt hatten, ihr Können zu beweisen.

Die deutschen Nachtjäger in den Himmelbett-Räumen hatten sich bis dahin fast ausschließlich mit britischen Bombern befaßt, die auf dem Weg zu ihrem Ziel waren oder von dort zurückkehrten. Eine Gelegenheit, auch über dem Ziel, etwa einer brennenden Stadt, selbst zu jagen, war dem Nachtjäger für gewöhnlich verwehrt. Die Nahverteidigung der deutschen Städte lag in den Händen der örtlichen Flak- und Scheinwerferbatterien. Allen Besatzungen des britischen Bomber Command war das blendende Feuerwerk vertraut, das von der Luftabwehr jeder größeren deutschen Stadt am nächtlichen Himmel veranstaltet wurde, und es gab nur wenig Großangriffe, bei denen nicht zumindest einige der Bomber der Flak zum Opfer fielen.

Das Kernstück dieser Verteidigung war das 8,8-cm-Flak-Geschütz, das die Deutschen in sehr großer Zahl besaßen. Es gab daneben auch schwerere Geschütze, die 10,5- und 12,8-cm-Flak. Anfänglich hatte die Flak entweder blind Sperrfeuer geschossen oder gewartet, bis die Scheinwerfer ein Ziel angestrahlt hatten. Später wurden die Flak und einige der Scheinwerfer von Radar geleitet. In beiden Fällen handelte es sich um ein Würzburg-Gerät, ähnlich dem Modell, das auch bei der Raumnachtjagd Verwendung fand. Jede britische Bomberbesatzung kannte den bläulichen »Hauptscheinwerfer«, ein radargelenktes 200-cm-Gerät, das jede Scheinwerfer-Batterie besaß. Daß der Lichtstrahl in diesem Farbton schimmerte, hatte keine besondere Bedeutung. Diese Nebenwirkung war nur von »oben« wahrzunehmen. Aufgabe dieses 200-cm-Geräts war es, einen Bomber zu finden und ihn dann an die schwächeren 150-cm-Werfer abzugeben. Von einem Kegel dieser Scheinwerfer gefangen und verfolgt zu werden, machte den britischen Bomberbesatzungen am meisten Kummer, während das Schauspiel der Flak, das man über den deutschen Städten sah, größtenteils ziemlich harmlos für einen Bomber war, der in seiner normalen Einsatzhöhe flog. Den größten Anteil an dem Feuerwerk hatte die 2-cm- und 3,7-cm-leichte-Flak, die ihre hell sprühende Leuchtspurmunition über den ganzen Himmel jagte. Diese Leuchtspurgeschosse, von der RAF »Feuerzwiebeln« genannt, konnten, wenn es sich um die 3,7-cm-Flak handelte, gerade noch die Flughöhe einer Stirling erreichen, aber die zahlreichere 2-cm-Flak war so gut wie unnütz, es sei denn, ein Bomber war schon beschädigt und hatte beträchtlich an Höhe verloren.

Aber Flakkommandeure und Zivilbehörden glaubten, auf diesen Teil der Verteidigung nicht verzichten zu können. Die große Zahl von Geschützen, die während eines Angriffs soviel Lärm und Feuerzauber veranstalteten, hob die Moral der Zivilbevölkerung. Man darf ja nicht vergessen, daß der deutsche Städter nur höchst selten einen Nachtjäger zu sehen bekam. Daher vertraute er meist ganz und gar auf die Flak, die er im Alltag häufig beobachtete. Die Geschützmannschaften waren es zufrieden; die Alternative hätte ja eine Versetzung an die Ostfront bedeuten können.

Die ortsfeste Flakverteidigung einer Stadt konnte im Bedarfsfall sehr schnell verstärkt werden. Die besonderen Einheiten der deutschen Eisenbahn-Flak führten ein selbständiges Dasein in ihren Zügen und konnten je nach den Erfordernissen von einem Brennpunkt zum andern verlegt werden. Es war ganz normal, wenn nach einem besonders schweren Angriff auf eine Stadt mehrere Eisenbahn-Batterien sofort dorthin entsandt wurden, teils um die Abwehr gegen etwaige Folge-Angriffe zu verstärken, hauptsächlich aber, um die Moral der bombardierten Zivilisten zu stützen. Die verschiedenen Städte konkurrierten heftig um diese mobile Flak, wobei die abgebende Stadt eifrig darauf bedacht war, »ihre Flak« möglichst bald wieder zurückzubekommen. Das britische Bomber Command verstreute natürlich seine Angriffe absichtlich auf ein möglichst großes Gebiet, um diese Flak immer auf den »Beinen«, sprich Rädern, zu halten, und zum Teil gelang das auch. In Deutschland ging damals das Wort um: »Die Flak läuft den Bomben nach.«

Die allgemeine Regel, daß die deutschen Nachtjäger die Nahverteidigung einer Stadt der Flak und den Scheinwerfern überließen, war im Begriff, gebrochen zu werden. Wieder einmal wurden die Deutschen durch den unnachgiebigen Druck des britischen Bomber Command zur Improvisation getrieben, und ein neues, zusätzliches Element sollte in die Reichsverteidigung eingeführt werden. Dieser Neuerung lag die Idee zugrunde, einmotorige Jäger auch nachts – allerdings ohne Radarhilfe – während eines Bomberangriffs auf eine Stadt in dem unmittelbaren Raum *über* diesem Ziel einzusetzen.

Diese ungewöhnliche Nachtjagd-Methode wurde dank der Initiative eines Mannes ausgearbeitet und eingeführt – eines Luftwaffenoffiziers, der selbst noch nie ein Jagdflugzeug im Einsatz geflogen hatte. Dieser Mann – Major Hajo (Hans-Joachim) Herrmann – wußte allerdings gut Bescheid in allem, was mit der Bombardierung bei Nacht zusammenhing. Er hatte 320 Einsätze als Bomberpilot hinter sich, viele davon bei den Nachtangriffen, dem »Blitz«, auf englische Städte. Hajo Herrmann überlebte den Krieg und die zehn Jahre in russischen Kriegsgefangenenlagern danach. Er gehört zu den interessantesten der ehemaligen Luftwaffenleute, die bei der Abfassung dieses Buches geholfen haben. Bedauerlicherweise reicht der Platz nicht aus, um seine Beschreibung der Entwicklung seiner neuen Nachtjagd-Methode hier ausführlich zu übernehmen. Kurz gesagt, ging Herrmann von der Sorge aus, daß die wachsende britische und amerikanische Bomberzahl die deutschen Tag- und Nachtjagdkräfte nach und nach an die Wand drücken werde. Schon wurden in begrenztem Umfang Nachtjäger gegen amerikanische Tagbomber eingesetzt. Herrmann wollte dagegen Tagjäger nachts einsetzen und so eine massive Verstärkung der Nachtverteidigung ohne größeren Aufwand erreichen. Er war überzeugt, daß einmotorige Jagdflugzeuge sehr wohl erfolgreich direkt über einer Stadt operieren könnten, auch wenn die Idee zunächst absurd schien. Die örtliche Flak sollte Befehl erhalten, nicht höher als bis zu einer bestimmten Höhe zu schießen, und die Jäger würden dann oberhalb dieser Grenze in freier Jagd die Bomber angreifen. Sie könnten sich an die von Scheinwerfern angestrahlten Bomber heranmachen, oder an andere, die sich von oben sichtbar als Schattenriß wie auf einer Mattscheibe über das Zielgebiet bewegten, das von den Leuchtbomben, den Zielmarkierungen und den Bränden am Boden ohnehin brutal aufgehellt wäre.

Nachdem er sich gegen erhebliche Opposition durchgesetzt hatte, erhielt Major Herrmann die Erlaubnis, seine Theorie gegen einen RAF-Angriff in der Nacht des 3. Juli 1943, in den letzten Phasen der Schlacht über der Ruhr, praktisch zu erproben. Der Flak-Kommandeur an der Ruhr erhielt Befehl, nicht höher als 6000 Meter zu schießen, aber es zeigte sich dann, daß der Angriff der Stadt Köln galt, deren Flak-Kommandeur nicht davon in Kenntnis gesetzt worden war, daß deutsche Jäger eingesetzt werden würden. Herrmann und neun andere Flugzeugführer gingen trotzdem zum Angriff über. Sie meldeten den Abschuß von zwölf Bombern; die Kölner Flak auch. Nur zwölf Wracks wurden in der Umgebung gefunden. Herrmann sagt, daß die Bomber später »mit der Flak kameradschaftlich geteilt wurden«. Im Bericht des RAF Bomber Command über diesen Angriff findet sich kein Hinweis auf diese neue Entwicklung, aber es muß über dem Ziel einige Verwirrung gegeben haben, denn es gab vier Meldungen, daß Lancaster auf andere Lancaster geschossen hätten, und von drei heimgekehrten Bombern wurde gemeldet, sie seien »von britischen Flugzeugen« beschädigt worden.

Nach seinem Erfolg über Köln erhielt Major Herrmann die Erlaubnis, ein ganzes Geschwader dieser neuen »Einmot«-Nachtjäger aufzustellen. Er etablierte sich auf dem Flugplatz Hangelar bei Bonn mit einer Gruppe speziell umgerüsteter Messerschmitt Bf 109. Zwei weitere Gruppen wurden in Rheine und Oldenburg aufgestellt, aber diese mußten sich vorläufig mit den Maschinen der Tagjäger-Einheiten begnügen, die auf diesen Plätzen lagen. Anfangs erhielt die neue Einheit den Namen »Geschwader Herrmann«, eine Bezeichnung, die dem Kommodore nicht behagte, denn: »Luftwaffen-Einheiten werden gewöhnlich nach gefallenen Helden benannt«. Bald wurde es umbenannt und erhielt die Bezeichnung JG (Jagdgeschwader) 300, und im Laufe der Zeit kamen noch JG 301 und JG 302 hinzu. Die Bezeichnung NJG (*Nacht*jagdgeschwader) blieb den konventionellen Einheiten vorbehalten.

Die ersten Piloten waren hauptsächlich Bomber- oder Transporterpiloten mit großer Erfahrung im Nacht- und Blindflug, und diese Einheit gehörte fraglos bald zu den attraktivsten Verbänden der deutschen Luftwaffe. Es gelang Herrmann, viele wagemutige Kandidaten für diesen bunten Haufen zu begeistern. Die neue Taktik erhielt den leicht abfällig klingenden Namen »Wilde Sau«.

»Das war eine gute Namenswahl«, sagte Herrmann. »Wir jagten tatsächlich wie die Wildschweine über dem Ziel herum, warfen uns mitten hinein in Flak, Scheinwerfer und Bomber.« Die Aufstellung dieser neuen Einheit blieb kein Geheimnis in der Luftwaffe, und bald waren die »Herrmann-Knaben« überall bekannt. Natürlich wurden Spekulationen darüber angestellt – vor allem bei den konventionellen Nachtjagd-Verbänden – was sie wohl erreichen würden. Die meisten glaubten, daß nicht sehr viel dabei herauskommen werde.

Der Vorteil der »Wilden Sau« lag darin, daß diese Taktik der bestehenden Nachtjagd nichts wegnahm und daß kein kompliziertes Radargerät erforderlich war, weder am Boden noch in den Jagdmaschinen.

Major Herrmanns neuer dritter Arm der deutschen Nacht-Verteidigung befand sich noch in der Ausbildung, als die Schlacht um Hamburg losbrach.

Dem Leser wird aufgefallen sein, daß die deutsche Reichsverteidigung somit gegen Nachtangriffe durch Feindbomber in hohem Maße auf dem Radar-Einsatz beruhte – Mammut- und Wassermann-Geräte für die Früherkennung der Bomber, die sich von England her dem Festland näherten, dann Freya zur Ersterfassung beim Einflug in die Nachtjagdräume und Übergabe an die Würzburg-Geräte zur Jägerführung und Bomberüberwachung, sowie das Lichtenstein-Suchgerät des Nachtjägers selbst für die letzte Phase des Angriffs, sofern der Bomber nicht vorher schon nach Sicht erfaßt worden war, dann, über dem Ziel, weitere Würzburg-Geräte für den 200-cm-Leitscheinwerfer und die Flak-Geschütze. Die Gruppen einmotoriger Jäger der »Wilden Sau«, noch nicht regulär eingesetzt, waren der einzige Teil der deutschen bewaffneten Verteidigung gegen Nachtangriffe, der nicht vom Radar abhing, und es muß verwunderlich erscheinen, daß die Briten kaum Versuche gemacht hatten, diese Masse von Radargeräten ernsthaft zu stören, abgesehen von einigen »milden« Aktionen bei den Freya-Frühwarngeräten. Diese Lage der Dinge sollte sich sehr bald auf dramatische Weise ändern.

Bis zum 20. Juli 1943 waren auf jedem Einsatzplatz der RAF-Bomber unter strengster Sicherheitsbewachung Stapel von Paketen in braunem Packpapier gelagert. Sie sahen ziemlich harmlos aus, zumindest von außen betrachtet. Jedes Paket enthielt eine Anzahl von gebündelten Papierstreifen. Jeder Einzelstreifen war siebenundzwanzig Zentimeter lang und zwei Zentimeter breit und bestand aus grobem schwarzem Papier mit dünner Aluminiumfolie auf einer Seite. Es war nachgewiesen worden, daß beim Abwurf einer genügenden Menge dieser metallisierten Papierstreifen aus den Bombern während ihres Einsatzes über Deutschland die meisten dort zur Abwehr eingesetzten Radargeräte, vor allem die Würzburg- und Lichtensteingeräte, mit falschen Echos überschwemmt und weitgehend unbrauchbar gemacht werden konnten. Alle Experimente waren erfolgreich abgeschlossen, die Versuche unter Einsatzbedingungen waren positiv verlaufen. Das Verfahren erhielt den Code-Namen »Window« – im übertragenen Sinne: »Fenster«.

Die Window-Entwicklungsgeschichte und das lange Zögern seitens des britischen Bomber Command, das Verfahren einzuführen, sind oft beschrieben worden. Ein erster Plan über die Art der Anwendung im scharfen Einsatz hatte bereits seit 1942 bestanden. Die Streifen waren in Mengen produziert, auf die Bomberflugplätze geschafft und, wie es in einer Darstellung heißt, sogar schon für einen echten Einsatz in die Bomber verladen worden, als ein Befehl eintraf, der das Unternehmen verbot. Man befürchtete, daß die Deutschen, nachdem Window einmal eingesetzt, das gleiche Verfahren bei ihren Bombenangriffen gegen England anwenden würden. Außerdem waren von der britischen Marine, die mehrere Typen von Radargeräten benutzte, starke Einwände erhoben worden. Das britische Bomber Command mußte für den Rest des Jahres 1942 und während der Schlacht über der Ruhr ohne dieses wertvolle Verfahren operieren.

Sir Arthur Harris stand diesem Aufschub äußerst kritisch gegenüber.

> Ich habe immer hart darum gekämpft, Window zu bekommen, und zwar von dem Augenblick an, da ich von der Existenz des Verfahrens erfuhr. Der schwerste Fehler, den man in militärischer Hinsicht machen kann, besteht darin, sich selbst für so verdammt schlau zu halten, daß man es im Konflikt zwischen zwei industriell gleich stark entwickelten Nationen nicht wagt, mit einer bestimmten Waffe oder einem bestimmten Verfahren herauszurücken, aus Angst, dem Feind etwas zu geben, was er nicht schon selbst besitzt. Es bestand zugegebenermaßen ein wenig die Situation wie bei einer Wippe; mal war der eine oben, mal der andere. Aber man durfte im allgemeinen davon ausgehen, daß der Feind die gleichen Waffen entdeckte wie man selbst. Ich halte es für einen ungeheuren Fehler, Window zurückgehalten zu haben. Die Deutschen haben später nie die perfekte Antwort darauf gefunden.

Es gilt heute allgemein als gesicherte Erkenntnis, daß die Zahl der Kampfflugzeuge der deutschen Luftwaffe zu jener Zeit so gering war, daß die Deutschen das Verfahren hätten nur wenig nutzen können, selbst wenn sie es kannten.

Die Entscheidung für den Einsatz von Window wurde erst am 15. Juli 1943 getroffen. Die Entscheidung fiel auf höchster Ebene – auf einem Treffen der Combined Chiefs of Staffs, an dem der Prime Minister sowie Herbert Morrison, der für die Sicherheit der britischen Zivilbevölkerung zuständige Minister, teilnahmen. Die britische Marine erklärte sich damit einverstanden, daß Window eingesetzt werden sollte, sobald die erste Phase der Sizilien-Invasion – sie hatte fünf Tage zuvor begonnen – abgeschlossen sein würde. Das britische Fighter Command war überzeugt, daß der Einsatz einer deutschen Window-Version die neuen Radargeräte, mit denen seine eigenen Nachtjäger jetzt ausgerüstet waren, nicht wesentlich stören würde. Herbert Morrison machte sich noch Sorgen, daß es zu einer neuen Bombardierung Englands kommen könnte, aber Winston Churchill teilte seine Meinung nicht, und der wackere kleine Labour-Minister sah sich schließlich gezwungen, ebenfalls zuzustimmen. Das Bomber Command erhielt die Genehmigung, Window vom 23. Juli an einzusetzen.

Es ist eine Ironie des Schicksals, daß dem Feind die technischen Prinzipien, auf denen Window beruhte, von Anfang an bekannt gewesen waren. Japanische Marineflugzeuge hatten sogar ein mit Window so gut wie identisches Verfahren in diesem Sommer bei Nachtbomberangriffen gegen die Amerikaner in Guadalcanal eingesetzt. Das japanische Verfahren hieß »Giman-shi« – »täuschendes Papier« – und es bewirkte tatsächlich eine Störung der amerikanischen Flak-Leitgeräte. Nur zäh und schwerfällig passierten Berichte über diese Entwicklung das amerikanische Geheimdienst-Netz, und die Briten erfuhren erst davon, als beim Bomber Command bereits mit dem Window-Einsatz begonnen wurde. Auch die Deutschen besaßen seit geraumer Zeit ein eigenes Verfahren dieser Art. Sie nannten es »Düppel« – nach dem Ort bei Berlin, wo die ersten Versuche damit durchgeführt worden waren. Das Düppel-Verfahren war von der Luftwaffe über der Ostsee erprobt worden, und die Deutschen waren entsetzt über die Möglichkeiten, die sich dabei ergaben. Sollte die RAF jemals dahinterkommen, was man mit diesen Stanniolstreifen anstellen konnte, war das gesamte deutsche System der Verteidigung gegen Nachtangriffe zunichte gemacht. Aus Furcht, daß die Briten von diesem Verfahren hören könnten, und in voller Erkenntnis der Tatsache, wie wertvoll es für die Briten sein würde, verbot Göring bei Todesstrafe jedem, die Existenz des Düppel-Verfahrens zu erwähnen, und er befahl sogar die sofortige Einstellung aller weiteren Forschung auf diesem Gebiet, *selbst die Suche nach einem wirksamen Gegenmittel.* So verlor die Luftwaffe sechs wertvolle Monate, eine Zeit, in der sie sich auf die Begegnung mit Window hätte vorbereiten können.

Am 17. Juli 1943 traf in den Hauptquartieren der britischen Bomber-Verbände ein Befehl vom Bomber Command ein. Es sollten alle Vorbereitungen für die Einführung von Window bei einem Einsatz in der Nacht des 23./24. Juli getroffen werden. Ein Ziel für diesen ersten Einsatz des Verfahrens wurde nicht genannt; diese Entscheidung wollte sich Sir Arthur Harris noch vorbehalten. Die Einzelheiten eines solchen Window-Einsatzes sind in einem der folgenden Kapitel nachzulesen. Aber der allgemeine Grundsatz lautete, daß jeder Bomber, sobald der Bomberstrom innerhalb der deutschen Nachtjagd-Räume in den Wirkungsbereich der Radargeräte des Typs Würzburg eindrang, damit beginnen sollte, Window abzuwerfen. Dieser Abwurf sollte bis zum Eintreffen über dem Ziel und dann während des ganzen Rückflugs fortgesetzt werden, bis die Bomber das von den Würzburgs abgedeckte Gebiet verließen. Der Bomberstrom flog dabei oberhalb einer dichten Wolke der langsam sinkenden Stanniolstreifen, und zwar während der ganzen Zeit des Durchquerens der Himmelbett-Räume und auch jeweils dann, wenn er sich innerhalb der Reichweite deutscher Scheinwerfer oder Flak-Abwehr befand. Außerdem sollte auch jeder deutsche Nachtjäger, der sich im Bereich der Düppelwolken aufhielt, dadurch ausgeschaltet werden, daß sein Lichtenstein-Suchgerät total unbrauchbar wurde.

Zu den wenigen deutschen Radargeräten, die auf diese Weise nicht gestört werden konnten, gehörten neben Mammut und Wassermann besonders die Freya-Geräte für die Früh- und Groberfassung, die einen andern Frequenzbereich benutzten und somit auf die Kurzform der damals üblichen Düppel nicht ansprachen. Die Stanniolstreifen hätten etwa die dreifache Länge haben müssen. Freya war das Ziel einer früheren Störaktion durch ein »Mandrel« genanntes Gerät gewesen, das in einem Teil der britischen Bomber installiert war. Dieses Gerät war in den vergangenen Monaten nur sehr sporadisch benutzt worden, weil man befürchtete, daß deutsche Nachtjäger die Mandrel-Impulse als Leitstrahl für ihren Zielanflug benutzen könnten. Am Tag nach der Erteilung des Befehls zum Window-Einsatz erhielten alle Bomberverbände die Weisung, daß es »von äußerster Wichtigkeit« sei, »maximalen Gebrauch von Mandrel zu machen«, um, zusammen mit Window, »die vollständige Lähmung des deutschen Verteidigungssystems zu erreichen«.

Die deutsche Luftabwehr sollte in der Tat auf die bisher härteste Probe ihrer Leistungsfähigkeit gestellt werden. Daß Window funktionierte, stand außer Frage. Alle Versuche waren erfolgreich verlaufen, und die Streifen waren in ausreichenden Mengen produziert worden; keine Spezialflugzeuge, keine komplizierte neue Taktik, kein besonders geschultes Personal waren erforderlich. Jeweils ein Mitglied der Bomberbesatzung, das gerade nichts zu tun hatte, schob einfach die geöffneten Window-Pakete hinaus, und die Streifen verteilten sich in der Luft. Die einzigen unbekannten Faktoren waren das zu erwartende Ausmaß der Lähmung der deutschen Nachtjäger und Flak, sowie die Zeit, welche die Deutschen benötigen würden, um eine Antwort darauf zu finden.

Die RAF hatten nun schon seit mehr als drei Jahren Deutschlands Industriestädte angegriffen, und wir haben gesehen, wie die deutsche Verteidigung im Laufe dieser Zeit stetig weiterentwickelt worden war. Dagegen waren die Tagangriffe auf Deutschland durch die USAAF erst seit weniger als sechs Monaten im Gange. Jedoch waren in dieser Zeit nur zwölf Angriffe gegen deutsche Ziele gerichtet gewesen, die Hälfte davon gegen Küstenstädte, wobei das Binnenland ausgespart blieb. Die Schlacht bei Tage über Deutschland steckte noch in ihren Anfängen, und die deutschen Tagjäger, die sich den Amerikanern entgegenwarfen, hatten gerade die ersten Schritte eines langen und schweren Weges getan. Weil die Streitmacht der Tagjäger nur von bescheidenem Umfang war und weil ihr fliegerischer Einsatz im Vergleich zu den Methoden der Nachtjagd technisch unkompliziert war, wird dieser letzte Teil des Kapitels über die deutsche Luftverteidigung, soweit sie relevant ist für die Schlacht um Hamburg, kurz sein.

Seit dem deutschen Einmarsch in Rußland im Jahre 1941 waren nur wenige Tagjäger der Luftwaffe im Westen geblieben. Nur zwei Geschwader, JG 1 und JG 26, hatten die Küsten von Dänemark bis hin nach Frankreich abgedeckt. Aber die allmähliche Steigerung der amerikanischen Offensive hatte die Situation verändert. Im Norden war das JG 1 zweigeteilt und so verstärkt worden, daß ein weiteres Geschwader entstand, das JG 11. Diese beiden Einheiten sollten in der Hauptsache für das Gebiet verantwortlich sein, das die amerikanischen Bomber durchfliegen würden, um Hamburg zu erreichen, aber mit dieser Aufgabe waren sie bei der geringen Erfahrung mit den fliegenden Festungen einfach überfordert. Zum Zwecke der Verstärkung war die deutsche Luftwaffe gezwungen, weitere Einheiten von anderen Fronten abzuziehen.

Alle diese Luftwaffeneinheiten im Westen waren mit den beiden Standard-Jagdflugzeugen jener Zeit ausgerüstet. Die ältere Messerschmitt Bf 109 G – die geliebte »Gustav« der deutschen Jagdflieger – war der leichter bewaffnete der beiden Jäger, aber dieses Muster hatte die besseren Flugeigenschaften, besonders in der dünneren Luft in den Höhen, in denen die amerikanischen Bomber flogen. Die schwerere, modernere Focke-Wulf Fw 190 war ein stämmigeres Flugzeug, aber in großen Höhen weniger gut zu handhaben.

Die Amerikaner waren den in Frankreich und den Niederlanden stationierten deutschen Jägern oft begegnet. Sie hatten ihnen den Sammelnamen »The Abbeville Boys« gegeben – »jenen gelbnasigen 109, von denen es hieß, sie seien Görings Lieblingsgeschwader«. Die »Abbeville Boys« hatten Hackfleisch aus den B-24 gemacht, bis dieser Bombertyp vorläufig aus dem Kampf herausgezogen wurde, aber sie hatten großen Respekt vor der B-17. Sie kannten deren Bezeichnung »Fliegende Festung«, sie selber aber nannten sie gewöhnlich »die Boeing«. Die deutschen Jagdflieger hatten ernste Schwierigkeiten, sich über die Methode zu einigen, die beim Angriff auf die sich hart verteidigenden amerikanischen Formationen den meisten Erfolg versprach. Diese Formationen wurden von den Deutschen »Bomberpulks« oder einfach »Pulks« genannt. Der Standard-Angriff des Tagjägers aus der Überhöhung von hinten, die klassische »Abschwung/Abfang-Methode«, erwies sich als äußerst schwierig. Die robusten B-17 waren nicht so leicht zu bezwingen wie die B-24 in Frankreich, und es war gefährlich, bei dem dichten Abwehrfeuer mehrmals angreifen zu müssen, bis der Bomber fiel. Die achtzehn Maschinen einer amerikanischen Bombardment Squadron, exakt im Verband fliegend, konnten bis zu 162 großkalibrige schwere Maschinengewehre auf einen deutschen Jäger richten, der aus der Überhöhung hinter dieser Formation zum Angriff einschwenkte.

Die Deutschen entdeckten dann, daß bei diesem frühen Muster der B-17 die Vorauswaffen zugunsten der Rückwärtsbewaffnung vernachlässigt worden waren. Bald gingen die deutschen Jagdflieger dazu über, sogar in Schwarmstärke zu je vier Maschinen auf Gegenkurs zum Angriff genau von vorne anzusetzen – für Angreifer und Angegriffene gleichermaßen einige qualvolle, rasend schnell dahinjagende Sekunden. Um einen solchen Angriff erfolgreich zu fliegen, bedurfte es höchsten fliegerischen Könnens und großen Mutes. Die relative Geschwindigkeit bei der Annäherung von Bomber und Jäger betrug mehr als 800 km/h. Drehte der Jagdflieger zu früh ab, war sein Feuer wirkungslos; zögerte er zu lange, riskierte er, den Bomber zu rammen, auf den er zielte, oder er mußte die gesamte Formation des Gegners durchqueren. Für die Amerikaner kam diese Taktik überraschend, und sie erlitten anfangs schwere Verluste. Besonders verwundbar waren die Bomber, die am äußeren Rand als unterste Einheit in einem Geschwaderverband flogen. Diese Position hatte bald den Spitznamen »Purpurherz-Ecke« weg – abgeleitet von »Purple Heart«, dem amerikanischen Verwundetenabzeichen. Die Amerikaner begannen sofort, die Bugkanzeln der bereits in England stationierten B-17 mit zusätzlichen handbedienten Vorwärtswaffen zu bestücken. Die neuen, in den Vereinigten Staaten hergestellten Flugzeuge bekamen unterhalb der Bugnase einen durch Elektromotor drehbaren MG-Doppelstand, von dem aus auch genau nach vorn geschossen werden konnte. Noch hatten keine B-17 Bomber mit dem neuen Bugstand die Bombereinheiten in England erreicht, aber selbst die provisorisch installierten Bugwaffen boten wertvollen Schutz gegen den Frontalangriff, und die Verluste der Deutschen wurden größer. Gelegentlich verwendeten die Deutschen auch höchst unkonventionelle Waffen. So warfen sie Bomben in die amerikanischen Formationen hinein oder feuerten Raketen aus sicherer Entfernung ab. Aber anhaltende Erfolge erzielten sie mit solchen spektakulären Methoden nicht. Die wirksamste deutsche Methode in der Bekämpfung der amerikanischen Bomber sollte die Einführung spezialgepanzerter Focke-Wulf Fw 190 werden, die massierte Frontalangriffe flogen, aber diese »Sturmgruppen« tauchten erst Anfang 1944 auf.

Es gab noch andere Elemente in der deutschen Tagverteidigung. Zweimotorige Nachtjäger wurden bisweilen auch am Tage für den Angriff auf amerikanische Bomber hinzugezogen, obwohl ihre geringere Steig- und Flugleistung ein schweres Handikap waren. Für den Angriff auf eine geschlossene Formation waren sie zwar waffenmäßig besser bestückt als die Einmot-Jäger, aber doch wesentlich unbeweglicher als diese. Ihre gelegentlichen Erfolge mußten zu teuer erkauft werden. Gute Chancen hatten sie jedoch beim »Vernaschen« von Nachzüglern, aber da waren auch andere »scharf drauf«. Auch die deutsche Flak war ein wichtiger Teil der Reichsverteidigung, vielleicht der einzige Teil, der mit gleicher Wirksamkeit bei Tage und bei Nacht eingesetzt werden konnte. Die amerikanischen Flieger haßten die Flak. Auf die deutschen Jäger konnten sie wenigstens zurückschießen. Aber gegen die umfangreichen Flak-Sperren, die die deutschen Ziele schützten, gab es nichts – außer stur hindurchzufliegen.

Das waren die verschiedenen Gefahren, denen die Amerikaner ins Auge sehen mußten. Fast jeder ihrer Angriffe entwickelte sich zu einem zähen Gefecht. Sie erlitten stetige Verluste, aber sie waren ohne Mühe in der Lage, diese Einbußen durch Ersatz wettzumachen. Die amerikanischen Bordschützen meldeten enorme Zahlen zerstörter deutscher Jäger, die sie abgeschossen haben wollten. Die meisten dieser Meldungen wurden akzeptiert und als bestätigte Erfolge veröffentlicht. Abgesehen von ein paar Skeptikern, glaubten alle, daß die Eighth Air Force die deutschen Jäger nur so wegputzte. Aber immer wieder erschienen die deutschen Jagdflieger am Himmel.

Die Aussichten für einen deutschen Jagdflieger waren nicht rosig. Er konnte mit eigenen Augen das erbarmungslose Anwachsen der amerikanischen Stärke sehen. Er war in einen Kampf verwickelt, der nur ein ganz bestimmtes Ende haben konnte.

Man kann die Tagjäger der deutschen Luftwaffe mit den RAF-Jagdfliegern aus der Schlacht über England vergleichen. Im Gegensatz zu dem Mann im Bomber, der schwerlich mehr als einmal in seinem Fliegerleben abgeschossen wurde, rettete sich der Jagdflieger oft mit seinem Fallschirm, und wenn seine Maschine über eigenem Gebiet abgeschossen wurde, bekam er eine neue Maschine und wurde wieder hinauf in den Kampf geschickt. Aber die Luftschlacht über England hatte nur zwei Monate gedauert, und es gab genügend RAF-Einheiten, um den Piloten ruhigere Zeiten in den weniger stark heimgesuchten Teilen Großbritanniens zu ermöglichen. Die bei Tage geführte Schlacht über Deutschland, die jetzt gerade erst begann, sollte fast zwei Jahre dauern. Es gab keine wohldosierten »Einsatz-Touren«, keine Erholungsgebiete für die deutschen Jagdflieger. Ihnen blieb nur, weiterzukämpfen, bis sie im Kampf fielen oder bis sie so schwer verwundet wurden, daß sie für den Einsatz nicht mehr in Frage kamen. Viele furchtbare Dinge, die man nie vergessen darf, geschahen im Deutschland jener Tage. Aber der Mut der deutschen Jagdflieger, die ihre Heimat verteidigten, verdient Anerkennung, gleichgültig, ob sie bei Tage flogen oder im Dunkel der Nacht.

FÜNFTES KAPITEL

Hamburg – Das Stadtziel

In Beschreibungen des Bombenkrieges vermißt man oft einen wichtigen Punkt. Die strategische Bombenoffensive wird, und das ist vielleicht auch ganz verständlich, im allgemeinen als eine Kraftprobe zwischen den alliierten Bomberflotten auf der einen und den Jagdgeschwadern und der Flak der Luftwaffe auf der anderen Seite angesehen, wobei die deutschen Städte nur die Rolle der unglücklichen Empfänger der Bomben spielen, die von jenen Bombern abgeworfen werden, denen es gelang, die Abwehr zu umgehen oder zu durchbrechen. Tatsächlich war die Luftwaffe oder das, was als »bewaffnete Verteidigung« bezeichnet werden könnte, nicht der wichtigste Gegenspieler der alliierten Bomber. Obwohl die bewaffnete Verteidigung – mit ein wenig Unterstützung durch das Wetter – im Jahre 1943 nicht weniger als 3222 alliierte Bomber vernichtete, gelang es anderen in mehr als 85 000 Fällen – 96 % aller Einsätze – die deutsche Luftabwehr heil zu passieren und bis in die Zielräume vorzudringen, um ihre Fracht abzuladen! Die harte Wahrheit lautet, daß die Luftwaffe zu keiner Zeit auch nur die geringste Chance hatte, die deutschen Städte vollständig zu schützen. Solange die Ausbildungslager der Alliierten frische Besatzungen und ihre Fabriken frische Bomber hervorbringen konnten, solange die Kampfmoral dieser Besatzungen und der Wille ihrer Kommandeure nicht zerbrachen, konnte die Luftwaffe niemals mehr erreichen, als die Bomber zu belästigen. Ich habe in vorangegangenen Kapiteln zu zeigen versucht, daß keiner dieser Faktoren auf der britischen und amerikanischen Seite versagte; in Wirklichkeit gewannen sie an Stärke, stetig und kraftvoll. Es war absolut unvermeidlich, daß die Bomberflotten ausgedehnte Verwüstungen in den deutschen Städten anrichteten, schwere Verluste verursachten und das gesamte öffentliche Leben aus seiner Bahn rissen.

Der wahre Kampf spielte sich zwischen den alliierten Luftstreitkräften und den deutschen Städten selbst ab. Aufgabe der Bomber war es, die Standhaftigkeit der deutschen Städter so zu schwächen und die Industrie in den Städten so zu zerschlagen, daß die deutsche Nation, entweder durch Vernichtung der Moral oder durch den industriellen Zusammenbruch, den Kampf nicht mehr fortzusetzen vermochte. Kern und Herz des ganzen Kampfes war das Geschehen *in den Städten.* Die wichtigsten Befehlshaber auf der deutschen Seite waren nicht Generale der Luftwaffe; die Hauptgegner von RAF-General Harris und Brigadegeneral Anderson waren Josef Goebbels, der für die Kampfmoral zuständige Minister, Heinrich Himmler, dessen Gestapo über dem zu wachen hatte, was man »Disziplin« nennen könnte, und Albert Speer, der die Industrie für militärische Zwecke organisierte. Diese Männer und ihre Untergebenen in den deutschen Städten und das Ausmaß, bis zu dem sie die Einwohner der Städte und die Fabrikarbeiter zum Durchhalten überreden konnten, entschieden über den Ausgang des Bombenkrieges.

Das Hamburg von heute ist voll von Autos, deren Nummernschild mit den Lettern »HH« beginnt. Die meisten deutschen Großstädte haben nur einen einzigen Buchstaben, nämlich den Anfangsbuchstaben ihres Namens. Hamburgs HH steht für »Hansestadt Hamburg«. Dieses Vorwort Hanse, auf das größter Wert gelegt wird, teilt Hamburg mit nur zwei anderen deutschen Städten – Bremen und Lübeck. Die Hanse, die im Mittelalter vier Jahrhunderte lang bestand, beherrschte den Handel in Nordeuropa. In der Mitte des siebzehnten Jahrhunderts wurde sie aufgelöst, aber vier Mitglieder – Hamburg, Bremen, Lübeck und Frankfurt – blieben Reichsfreie Städte bis zum Jahre 1866, als Frankfurt an Preußen fiel. Hamburg, Bremen und Lübeck wurden 1871 zu je einem der fünfzehn Staaten innerhalb des neuen Deutschen Reiches, sie behielten das Freihafenprivileg und das Recht, weiterhin ihren Titel einer »Hansestadt« zu führen. Auf diese Weise ging Hamburg aus der Reichsgründung mit dem stolzen Titel »Freie und Hansestadt Hamburg« hervor.

Das moderne Hamburg geht, genaugenommen, auf das Jahr 1842 zurück. Am 5. Mai jenes Jahres wurde die Stadtmitte durch einen großen Brand zerstört, der in einem der typischen kleinen hamburgischen Kaufmannshäuser ausgebrochen war, die teils als Wohnhaus, teils als Kornspeicher dienten. Dieses Haus stand in der Deichstraße, nicht weit vom Elbufer entfernt. Das Feuer griff schnell um sich, und es brannte drei Tage und Nächte lang. Eine schöne neue Stadt erhob sich bald aus der Asche. Es ist bezeichnend für den internationalen Charakter Hamburgs, daß die drei Männer, die hauptsächlich für die Planung des Wiederaufbaus verantwortlich waren, ein deutscher und ein französischer Architekt sowie ein englischer Ingenieur waren – Gottfried Semper, Alexis de Chateauneuf und William Lindley, ein Mann aus Yorkshire, der im Vorort Wandsbek lebte.

Hamburg wuchs und blühte auf in den großen Jahren des deutschen Wohlstands vor dem Ersten Weltkrieg, und um die Jahrhundertwende entstanden viele öffentliche Bauten. Die meisten dieser massigen, aber oft auch schönen Bauwerke überlebten sogar die Bomben des Zweiten Weltkrieges, und sie stehen bis auf den heutigen Tag. Hamburg wurde zu einer großen modernen Stadt, zum größten Hafen Europas, zur zweitgrößten Stadt Deutschlands mit eindreiviertel Millionen Einwohnern. Die eigentliche Stadt liegt fast vollständig auf dem Nordufer der vierhundert Meter breiten Elbe. Ein Besucher des Vorkriegs-Hamburgs schied mit dem Eindruck, daß er in einer reichen Stadt gewesen sei, geplant und erbaut nach großzügigen Maßen – breite Straßen gab es, große und doch elegante öffentliche Gebäude und Handelshäuser, weitläufige öffentliche Parks und Gärten, einen breiten Fluß. Es war eine Stadt, die in Jahrhunderten privilegierten Handels sehr reich geworden war, eine kultivierte Stadt. Das Hamburg der Vorkriegszeit konnte sich durchaus messen mit manch einer europäischen Hauptstadt. Es gab dort die normalen Industrie- und Wohnviertel einer modernen Stadt und auch die etwas schummerige Seite. Der Stadtteil Sankt Pauli mit seiner berühmten Reeperbahn war sehr wahrscheinlich Europas berühmtestes Vergnügungsviertel.

Mitten durch die Stadt verläuft der kleine Fluß Alster, der nahe seiner Mündung in die Elbe aufgestaut wurde, um einen großen See zu schaffen und auch um die vielen Fleete zu speisen, jene Kanäle, die man in vielen Teilen Hamburgs antrifft. In Hamburg ist es nie weit bis ans nächste Wasser. Der ursprüngliche Hafen des alten Hamburgs hatte sich am Nordufer der Elbe befunden, aber der moderne Hafen von 1939 bestand aus kilometerlangen Kaimauern und Hafenbecken, die aus einer früher leeren, flachen Insel südlich des Hauptstroms der Elbe herausgeschält worden waren. Viele Hafenarbeiter mußten jeden Tag von der Stadt aus die Elbe überqueren, entweder mit der Fähre, oder durch den einen Elbtunnel oder über die eine Straßenbrücke, die den gesamten Nord-Süd-Verkehr bewältigen mußten und dafür bei weitem nicht ausreichten. Der Handel Hamburgs war wirklich international. Die Stadt war nicht nur ein bedeutendes Ausfalltor für deutsche Erzeugnisse aller Art, sondern die Elbe war flußaufwärts bis in die Tschechoslowakei schiffbar, und durch den neuen Kaiser-Wilhelm-Kanal war die Elbe mit der Ostsee verbunden. Ein Teil des Hafens war noch immer Freihafen, wo Güter ohne Zollpflicht gelöscht und gelagert werden durften, bis sie an Bestimmungsorte im Ausland weiterverschifft wurden.

In der langen Geschichte der Unabhängigkeit ihrer Stadt hatte sich bei den Hamburgern auch ein sehr eigener Charakter entwickelt. Mit allen anderen Deutschen teilten sie ein starkes Gefühl für Disziplin und Patriotismus, aber bei den Hamburgern war der Sinn für Tradition größer als bei den meisten anderen Bürgern des modernen Deutschen Reiches. Auch gilt der Hamburger als ganz besonders fleißiger Arbeiter. Er steht im Rufe, ein vernünftiger Mensch zu sein, einer, der sich nicht so leicht aufregt und der auch andere Gefühle nicht gern zeigt. »Der Hamburger steht mit beiden Beinen fest auf der Erde; ihm imponiert so leicht nichts. Er sagt, was er denkt.« Auch die Hamburger amüsieren sich gern einmal, aber sie sind zurückhaltender bei ihren Vergnügungen als ihre lebenslustigeren Landsleute im Süden und Westen. Der Hamburger Humor ist ruhig, aber scharf.

Man hört oft, daß der Vorkriegshamburger dem Engländer in Temperament und Charakter sehr ähnlich gewesen sei. Ganz sicher gab es viele Gemeinsamkeiten zwischen den beiden. Gemeinsame Vorfahren der beiden finden sich wahrscheinlich im Volk der Sachsen, und die Handelsverbindungen zwischen Hamburg und England hatten eine jahrhundertealte Geschichte.

Hamburg war und ist eine Stadt, die eine besondere Affinität zu England hat. Da sind einmal die seit Jahrhunderten vorhandenen Kaufmannsbeziehungen, die sich ja nicht nur auf die Firmeninhaber beschränken, sondern jeder, der in einem solchen Unternehmen beschäftigt ist, identifiziert sich mit dem Engagement. Dann gehört es seit langem zum guten Ton, daß Schüler bzw. junge Menschen, wenn sie die Schule verlassen haben, mindestens für ein halbes Jahr nach England gehen. Daraus ergab sich, daß im Jahr 1939 gerade in Hamburg unter den Bürgern viele persönliche Freundschaften nach England hin bestanden, und mancher Vater hat genau so um den Sohn seines englischen Freundes gebangt wie um seinen eigenen. (Helga Rutenick)

Es muß jedoch gesagt werden, daß diese persönlichen Verbindungen zu England nicht weit über Hamburgs Kaufmannskreise hinausreichten.

Dann, Anfang der dreißiger Jahre, kamen die Nazis. Sie folgten der furchtbaren Inflation und Arbeitslosigkeit auf dem Fuße, die Deutschland heimsuchten. Hamburg hatte durchaus seinen Anteil an Nazi-Anhängern und -Gegnern, an den Straßenkämpfen und dem politischen Aufruhr jener Zeit. Es scheint nicht viel Zweifel daran möglich, daß die Nationalsozialisten zuerst von Teilen des einst liberalen Mittelstandes unterstützt wurden, deren Ersparnisse und deren Unternehmen vor ihren Augen sich in Nichts auflösten. Sie ließen sich von der NS-Propaganda einreden, daß die Kommunisten und die Juden schuld seien an ihrem Elend. Die wohlhabenderen Leute zeigten zuerst nur Verachtung für die manchmal recht vulgären Nazis, aber nur wenige wagten es, sich ihnen entgegenzustellen. Der erbittertste Widerstand wurde von den Kommunisten und den Sozialdemokraten geleistet. Sie waren unter Hamburgs Arbeitern schon immer stark vertreten gewesen. Die schwerste der Unruhen war eine wilde Straßenschlacht zwischen Kommunisten und Nazis in Altona, bei der am 17. Juli 1932 siebzehn Menschen den Tod fanden. »Blutsonntag« hieß dieser Tag hinfort.

Unter Ausländern, die gleich nach dem Krieg Deutschland besuchten, um sich ein Bild von dem Ausmaß der Unterstützung zu machen, die die Nazis in den verschiedenen Landesteilen und Städten gefunden hatten, wurde es beinahe zu einem Witz, daß jede Stadt für sich in Anspruch nahm, weniger braun gewesen zu sein als alle anderen. Hamburg machte da, als ich in jüngerer Zeit meine Fragen stellte, keine Ausnahme. Aber mit einem Unterschied. Hamburg erhob diesen Anspruch mit Recht. In der Reihe der Wahlen, die zu Hitlers Machtübernahme geführt hatten, erzielten die Nationalsozialisten in dem Wahlbezirk, dessen Kern die Stadt Hamburg war, beharrlich fünf Prozentpunkte weniger Stimmen als im übrigen Deutschland. Die Stimmen für die Nationalsozialisten stiegen in Hamburg nie über 40 Prozent der abgegebenen Stimmen, und in der erzwungenen Volksabstimmung vom August 1934, mit der Hitlers Diktatur das Siegel der Wohlanständigkeit erhalten sollte, gab Hamburg die meisten Nein-Stimmen in ganz Deutschland ab. Die Hamburger, die für Hitler gestimmt hatten, waren nicht alle überzeugte Nazis; viele billigten die Bösartigkeit nicht, die die Nazis damals schon gezeigt hatten, und ganz gewiß erteilten sie der Partei kein Mandat für die schlimmeren Grausamkeiten, die noch folgen sollten. Aber die Wähler wußten nicht mehr ein noch aus. Hitler versprach Arbeit für die Arbeitslosen, Stabilität für Deutschlands Währung und den Wiederaufstieg des Deutschen Reiches zu Stolz und Ansehen in der Welt. Ich wage es, die möglicherweise nicht sehr populäre Meinung zu äußern, daß viele von denen, die bald zu Deutschlands Feinden werden sollten, damals nicht minder von Hitlers Versprechungen eingenommen worden wären, hätten sie unter den verzweifelten wirtschaftlichen Bedingungen der frühen dreißiger Jahre in Deutschland gelebt.

Hitler teilte Deutschland in zweiundvierzig Verwaltungsgebiete auf, die Gaue, und zu einem dieser Gaue wurde Hamburg mit seinem unmittelbaren Umland. Es war möglicherweise der kleinste Gau des Deutschen Reiches. Als Gauleiter schickte Hitler Karl Otto Kaufmann nach Hamburg. Das Amt des Gauleiters war mit großer Macht verbunden, und die Gauleiter waren samt und sonders alte Freunde und schon früh in der »Kampfzeit« Anhänger Hitlers. Karl Kaufmann war ein Rheinländer; er stammte aus Krefeld. Seit 1921 schon war er Mitglied der Partei. Hamburgs Stadtverwaltung wurde von Bürgermeister Carl Vincent Krogmann geführt – er sah sehr gut aus, gehörte einer reichen Hamburger Familie an und war schon vor der »Machtergreifung« der Nazis im Amt gewesen. Krogmann trat in die

Partei ein. Diese beiden, Gauleiter Kaufmann und Bürgermeister Krogmann, führten Hamburgs Angelegenheiten vom ersten Tag des NS-Regimes an bis zum letzten. Kaufmann errichtete seine Dienststelle in einer prachtvollen Villa in der Magdalenenstraße, einer exklusiven Straße in allerbester Wohnlage. Von den Fenstern blickte man auf die Gärten am Westufer der Alster. Sein neuer Wohn- und Amtssitz hatte früher einem amerikanischen Holzhändler gehört, einem Mr. Budge. Bürgermeister Krogmann regierte weiter von Hamburgs schönem Rathaus in der Altstadt aus. Der große Rathausmarkt vor dem Rathaus bekam bald einen neuen Namen. Er hieß nun Adolf-Hitler-Platz.

In einer Hinsicht hatte Hamburg Glück. Die NS-Herrschaft wurde in dieser Stadt niemals so brutal wie in anderen Teilen Deutschlands. Allerdings wurden auch hier viele Juden und Kommunisten verfolgt und in die Konzentrationslager der Umgebung gesteckt oder hingerichtet; keine Gnade fand auch, wer offene Opposition gegen die NS-Herrschaft trieb. Dennoch war Hamburg anders als der Rest des Reiches. Hamburg war Deutschlands Tor zur Welt. Die Einwohner der Stadt waren welterfahrene Leute, ihr Blick ging nach draußen, sie hatten viele Verbindungen zur Außenwelt. Die Partei beschloß, behutsam mit Hamburg umzugehen. Karl Kaufmann gehörte nicht zur Dutzendware der groben Schlägertypen, der so viele der anderen deutschen Gauleiter zuzurechnen waren. Er war zweifellos einer der intelligenteren und weniger extremen Männer unter ihnen, handverlesen von Hitler für diesen hochempfindlichen Teil Deutschlands. Viele Hamburger hoben später immer wieder hervor, was für ein Glück es für die Stadt gewesen sei, daß Männer wie Gauleiter Kaufmann und Bürgermeister Krogmann während des Krieges an der Macht waren. Dieser jüdische Arzt, der kurz vor dem Krieg aus Hamburg fliehen konnte, hat keinerlei Ursache, die Dinge in rosigem Licht zu sehen:

> Die ganze Mentalität Hamburgs war anders als im übrigen Deutschland. So bestand zum Beispiel ein riesiger Unterschied zwischen Hamburg und Berlin. Der Kontakt zur Außenwelt machte sehr viel aus. Natürlich war Gauleiter Kaufmann ein sehr starker Nazi, sonst wäre er ja nie Gauleiter geworden, aber unter den verschiedenen Gauleitern in Deutschland war er wahrscheinlich der beste. Ich habe keine Veranlassung, gut über ihn zu

reden, denn ich habe Schlimmes unter ihm erlebt, aber ganz objektiv kann ich sagen, daß er ein relativ anständiger Mensch war. Auch Bürgermeister Krogmann war ein anständiger Mann. (Hans Enoch)

Diese hohen Würdenträger stellten natürlich nur die Spitze einer großen Machtpyramide dar. Gefolgsleute der NSDAP besetzten jedes wichtige Amt und sehr viele weniger wichtige; es kam zu sehr vielen plötzlichen politischen Bekehrungen. Hinfort geschah nichts in Hamburg ohne Genehmigung durch einen NS-Funktionär.

Hamburg richtete sich also auf eine lange NS-Herrschaft ein. Die Sache hatte ihre positiven Seiten. Das Geschäftsleben erholte sich. Der Handel blühte auf. Es gab Arbeit für jeden. Die Währung wurde wieder stabil. Hitler besuchte die Stadt mindestens dreimal und wurde begeistert begrüßt. Er versprach den Hamburgern eine neue Elbbrücke und einen neuen Bahnhof – beide sollten die größten und schönsten der Welt werden, aber sie wurden zu seinen Zeiten nie gebaut. Hamburg, das war schon ein Ort, an dem es sich in den nächsten fünf Jahren gut leben ließ – immer vorausgesetzt, daß man kein Wort der Opposition zu der Regierungsform äußerte, die nun über die Stadt gekommen war.

Dann kam der Krieg. Die jungen Männer wurden eingezogen und verschwanden, um an den Fronten zu kämpfen. Wie alle anderen deutschen Städte wurde Hamburg zu einer Gemeinschaft überwiegend älterer Leute, Frauen und Kinder. Weil die Wehrmacht einen Kontinentalkrieg an den Binnengrenzen führte, wurde das gesamte Heimatgebiet zur Etappe, zum Stützpunkt für die kämpfende Truppe, und sehr bald hatte auch Hamburg seinen Teil an militärischen Einrichtungen. Aber für die alliierten Bomber war Hamburg in allererster Linie ein industrielles Ziel und erst danach ein militärisches. Die Stadt war während des Krieges im ganzen Reich berühmt für ein sehr wichtiges Erzeugnis: U-Boote. Die Werften der Stadt bauten während des Krieges mehr als 400 U-Boote. Mindestens die Hälfte davon war schon vom Stapel gelaufen, ausgerüstet und an die Kriegsmarine übergeben, bevor die Schlacht um Hamburg begann. Blohm & Voss war der berühmteste unter Hamburgs Schiffbauern. Diese Werft hatte schon im Ersten Weltkrieg die meisten der deutschen Unterseeboote gebaut, und zu ihren jüngeren Leistungen gehörten der 50 000 BRT große Ozeandampfer »Europa«, der das Blaue Band führte, der schwere Kreuzer »Admiral Hipper« und dann, das größte Werk der Werft, das Super-Schlachtschiff »Bismarck« mit 41 700 t, an dessen Stapellauf kurz vor Kriegsausbruch Hitler selbst teilnahm. Aber dieses großartige Schiff ruhte schon auf dem Grund des Atlantiks.

Nach der Ausrüstung der »Bismarck« hatte Blohm & Voss Anweisung erhalten, sich auf den U-Boot-Bau zu konzentrieren, und im Juli 1943 hatte diese Werft nun schon seit fast zwei Jahren Woche um Woche durchschnittlich mehr als ein U-Boot fertiggestellt. Blohm & Voss baute mehr als die Hälfte aller Hamburger U-Boote. Den Rest der Fertigung teilten sich die Howaldtswerke, die Deutsche Werft sowie Stülcken & Sohn. Alle diese Firmen führten auch andere Aufträge für die Kriegsmarine aus, aber die U-Boot-Fertigung hatte absoluten Vorrang, und man kann die Bedeutung dieser Arbeit für die deutsche Kriegführung gar nicht hoch genug veranschlagen. Es gab andere bedeutende Industrien – Flugzeugwerke und Fabriken, die Flugzeugteile herstellten, Maschinenbaufabriken vielerlei Art, Ölraffinerien. Es ist nicht nötig, hier in Einzelheiten zu gehen; es genügt, zu sagen, daß sie alle wichtig waren für Deutschlands Kriegswirtschaft, daß aber keine so lebenswichtig war wie die U-Boot-Werften. Zu der Zeit der Schlacht um Hamburg war die gesamte hamburgische Industrie zentral geleitet von Albert Speers Rüstungsministerium. Die örtliche Dienststelle des Ministeriums war die »Rüstungsinspektion X«, die im Juli 1943 von Dr. Otto Wolff geleitet wurde. Sein Büro befand sich in der Nähe der Gauleitung.

Eine Anmerkung muß über das industrielle Reich gemacht werden, das Dr. Wolff in Hamburg verwaltete. Sämtliche U-Boot-Werften, Flugzeugwerke, Ölraffinerien und der größte Teil der Maschinenfabriken sowie die Schuppen des Hafens, die oft zur Lagerung der kriegswichtigen Rohstoffe dienten, befanden sich auf der Südseite der Elbe. Die eigentliche Großstadt Hamburg mit ihren Läden und Büros, ihren kulturellen Einrichtungen und Wohngebieten, lag auf dem Nordufer, von den Industriegebieten durch den breiten Fluß getrennt.

Natürlich waren die britischen Bomber auch vorher schon in Hamburg gewesen – nicht weniger als 137mal vor der Schlacht um

Hamburg, so jedenfalls steht es in den Dokumenten des Polizeipräsidenten von Hamburg. In den Protokollen des Bomber Command stehen für diesen Zeitabschnitt achtundneunzig Angriffe verzeichnet. Die Differenz erklärt sich daraus, daß kleinere Bombergruppen Hamburg versehentlich für irgendein anderes Ziel gehalten haben oder absichtlich Hamburg als Ausweich-Ziel angriffen, wenn sie andere Städte nicht erreichen konnten. Hamburg hatte keine Ahnung davon, welches Glück es im Mai 1942 gehabt hatte. Sir Arthur Harris hatte Hamburg ausersehen als Ziel für den ersten Tausend-Bomber-Angriff, der Ende jenes Monats geflogen wurde. Detaillierte Pläne waren ausgearbeitet worden mit Hamburg als Primärziel und Köln als Reserve, und erst als schwere Gewitterwolken für das Hamburger Gebiet vorausgesagt wurden, rückte Köln an die erste Stelle in der Zielplanung auf. In jenem Jahr, 1942, war genau ein Jahrhundert seit dem großen Brand vergangen, der das mittelalterliche Hamburg vernichtet hatte. Das, was Sir Arthur Harris schon die »Feuersbrunst zur Jahrhundertfeier« nannte, hatte verschoben werden müssen.

Geduldig führte Harris Hamburg weiter an einer der ersten Stellen seiner Liste deutscher Stadtziele. Er wählte die Stadt aus für den ersten Einsatz seines neuen Navigations-Radargerätes H2S in der Nacht des 30. Januar 1943. Die Stadt am breiten Elbstrom hätte ein gutes Radarbild abgeben müssen, als vierzehn mit H2S ausgerüstete Pathfinder 134 viermotorige Bomber zu einem sorgsam vorbereiteten Angriff anführten. Die Berichte der heimgekehrten Besatzungen klangen optimistisch, aber die Luftbilder der Aufklärer zeigten enttäuschende Resultate. Zwei Folge-Angriffe waren nicht erfolgreicher. Beim dritten Angriff dieser Serie, in der Nacht des 3. März, warfen die Pfadfinder ihre Zielmarkierungen ein gutes Stück westlich der Stadt ab. Bei Niedrigwasser hatte die Elbe eine Anzahl von Sandbänken freigegeben, und man nimmt an, daß das Radarbild der kleinen Stadt Wedel, am Nordufer der Elbe und zwanzig Kilometer flußabwärts vom Stadtzentrum Hamburgs gelegen, von den Pfadfindern für Hamburg und die vom Wasser freigegebenen Sandbänke für Hamburgs Hafengebiet auf der Südseite der Elbe gehalten wurden. Es war ein für die ersten Tage des H2S-Geräts typischer Fehler, und so erhielt Hamburg eine weitere Gnadenfrist. Der größte Teil der

Bomber-Hauptmacht warf seine Bomben an der falschen Stelle ab. Nach diesem Angriff trat eine Flaute ein; fast fünf Monate lang gab es keinen größeren Angriff mehr. Nur ein paar Mosquitoes wurden zu Störangriffen losgeschickt. Hamburg trug ein paar Bomben-Narben, aber in den meisten Teilen der Stadt ging das Leben seinen normalen Alltagsgang.

Hamburg hatte wegen der Stärke seiner Luftabwehr einen denkbar schlechten Ruf bei den Besatzungen des Bomber Command. Die Abwehrkräfte waren in einem weiten Umkreis bis zu dreißig Kilometer vom Stadtkern entfernt stationiert, und ein Bomber brauchte fünfzehn Minuten, um die volle Ausbreitung der Geschütze und Scheinwerfer der Stadt zu durchfliegen. Am Vorabend der Angriffe vom Juli 1943 hatte Hamburg vierundfünfzig schwere Flak-Batterien, vierundzwanzig Scheinwerferbatterien und drei Vernebelungs-Einheiten. Es könnten auch einige Einheiten beweglicher Eisenbahn-Flak in Hamburg gewesen sein, als der erste der Angriffe von Juli 1943 begann, aber das ist wenig wahrscheinlich. Goebbels schreibt in seinen Tagebüchern, daß zwei Tage vor dem ersten Angriff sogar ein Teil der Hamburger Flak in andere Teile des Reiches verlegt worden sei, aber eine zeitlich so ungelegene Aktion habe ich in keinem anderen der Dokumente, die ich einsehen konnte, bestätigt gefunden. Die meisten regulären Luftwaffen-Soldaten der Flak- und Flakscheinwerfer-Batterien waren Dienstpflichtige der älteren Jahrgänge. Sie waren die Männer der Heimatfront. Ihre Zahl wurde verstärkt durch russische Kriegsgefangene, Schüler der Hamburger Schulen und Luftwaffenhelferinnen. Die Schüler mußten etwa ein Jahr bei der Flak dienen, bis sie das wehrpflichtige Alter erreicht hatten. Ihre Unterkünfte hatten sie bei den Flak-Einheiten, und ihre Tage verbrachten sie abwechselnd mit Geschützausbildung und Schulunterricht, der ihnen von Hamburger Lehrern erteilt wurde, die die Flakstellungen besuchten.

Die allmähliche Steigerung der Schwere der RAF-Angriffe während der vergangenen drei Jahre hatte es den verschiedenen zivilen Luftschutzorganisationen ermöglicht, viel wertvolle Erfahrung zu sammeln, ohne jemals einem überwältigenden Großangriff ausgesetzt zu sein. Es wird vielfach behauptet, Hamburg hätte zu dieser Zeit eine der fortschrittlichsten und stärksten Luftschutzorganisationen ganz Deutschlands besessen. Wie vieles andere im Kriegsdeutschland unterstand auch diese Organisation der Partei. Den Oberbefehl hatte SS-Gruppenführer Graf von Bassewitz-Behr. Seine Dienststelle befand sich im Haus Feldbrunnenstraße 16. Den Kern der Zivilverteidigung bildeten Polizei und Feuerwehr, die dem Polizeipräsidenten Hans Kehrl unterstanden, einem Polizei-Offizier, der seinen Aufstieg seiner Fähigkeit in den Rechtsabteilungen verschiedener Polizeipräsidien außerhalb Hamburgs verdankte und der wegen seiner Tüchtigkeit schließlich zum Hamburger Polizeipräsidenten ernannt worden war. Doch hatte er, um diesen hohen Rang erreichen zu können, in die NSDAP eintreten müssen, und er hatte jetzt den Rang eines Generalmajors in der SS. Kehrl hatte eine besonders elegante Wohnung und Dienststelle in der Milchstraße, in der Nachbarschaft des Hauses von Gauleiter Kaufmann, aber das Präsidium befand sich am Neuen Wall in der Nähe des Rathauses. Chef der Feuerwehr war Oberstleutnant Otto Zaps, dessen Dienststelle sich in der Hauptfeuerwache am Berliner Tor befand. Von der Fähigkeit und dem Können dieser Männer und ihrer Abteilungen sollte in der großen bevorstehenden Prüfung das Leben der Einwohner von Hamburg abhängen.

Es ist nicht meine Absicht, alle Gliederungen der Hamburger Zivilverteidigung vollständig aufzuzählen. Die Organisation war identisch mit derjenigen in jeder anderen deutschen Stadt und ähnlich derjenigen, die während des Krieges in englischen Städten bestand. Das Rückgrat bildeten die schon im Frieden aufgebaute Berufspolizei und die Berufsfeuerwehren, verstärkt durch 1939 und 1940 eingezogene Reservisten, bei denen es sich um Männer handelte, die für den Militärdienst meistens schon zu alt waren. Diese Hauptberuflichen wurden ergänzt durch eine große Zahl von Hilfskräften, unter denen die Mitglieder der Hitlerjugend eine besonders wichtige Rolle spielten. Die Betriebe waren im Werkluftschutz zusammengefaßt und verfügten über erweiterte Werksfeuerwehren.

Auch die nicht organisierte Zivilbevölkerung Hamburgs war vorbereitet. Jedes Büro, jede Fabrik, jeder Laden hatte seine Gruppe von Luftschutzwarten, die abwechselnd dafür sorgten, daß das jeweilige Gebäude in jeder Nacht des Jahres besetzt war. Jedes Mietshaus hatte seinen Hauswart, der dafür sorgte, daß es in jedem

Stockwerk ausreichende Mengen Löschwasser und Sand gab. Während des Angriffs war es seine Aufgabe, die Männer seines Blocks zur Bekämpfung eventuell eingeschlagener Brandbomben zu mobilisieren. Immer wieder wurde darauf hingewiesen, daß der beste Augenblick zur Brandbekämpfung der Augenblick des Einschlags einer Brandbombe sei, und zwar auch, wenn gleichzeitig Sprengbomben fielen.

Britische Experten für Zivilverteidigung, die nach dem Krieg Deutschland besuchten, gelangten zu dem Schluß, daß die deutsche Zivilbevölkerung bessere Luftschutzräume zur Verfügung gehabt habe als die britische. Jeder einzelne Zivilist in Hamburg hatte einen Platz in einem guten Schutzraum. Diejenigen, deren Wohnungen auf trockenem Untergrund standen – 60 Prozent der Gesamtbevölkerung – konnten bei Alarm in den Keller ihres Mietshauses gehen. Öffentliche Luftschutzräume standen bereit für diejenigen, deren Haus keinen Keller hatte, und für diejenigen, die gerade unterwegs waren, wenn Fliegeralarm gegeben wurde. Die rangierten von den fast schon malerischen runden »Winkel«-Schutztürmen, von denen es fünfzehn in Hamburg gab, bis hin zu den häßlichen vielstöckigen Bunker-Schutzräumen, von denen es neunundsechzig oberirdische und dreißig unterirdische unter großen Laden- und Büroblocks in der Stadtmitte gab. Die Öffentlichkeit durfte auch in den unteren Geschossen der riesigen, festungsartigen Flaktürme Schutz suchen.

Wenn die alliierte Bomberoffensive nichts anderes erreicht hätte, so band sie doch eine riesige Zahl von Arbeitskräften für Zivilschutz- und Flakverteidigung, ganz zu schweigen von den Arbeitern, die man brauchte, um Flak-Geschütze, Scheinwerfer, Radargeräte, Feuerlöschgeräte und die Eisenbetonbauten zu schaffen, die jetzt einen so ins Auge fallenden Teil der Hamburger Stadtlandschaft bildeten.

Der Krieg hatte große Veränderungen in der Bevölkerungsstruktur Hamburgs mit sich gebracht. Weil die jungen Männer an der Front standen, die Rüstungsindustrie aber bis zum letzten alle Kapazitäten ausnutzen mußte, hatte Deutschland seine eroberten Gebiete benutzt, um die klaffende Lücke zwischen Angebot und Nachfrage an Arbeitskräften zu schließen. Aus einem Bericht geht hervor, daß sich

Ende Juni 1943 nicht weniger als 66 000 Ausländer – 51 000 Männer und 15 000 Frauen – unter Hamburgs 634 000 Arbeitnehmern befanden. Vier Gruppen ausländischer Arbeiter gab es – Fremdarbeiter, Ostarbeiter, Kriegsgefangene und die Außenkommandos von Konzentrationslagern.

Ich muß zugeben, daß mir keine Einzelheiten über Zahl oder Lebensbedingungen der Kriegsgefangenen-Arbeitskommandos in Hamburg zur Verfügung stehen. Wahrscheinlich befanden sich in dieser Periode des Krieges keine Briten oder Amerikaner unter ihnen; bei der Mehrzahl handelte es sich vermutlich um Russen. Bei den Fremdarbeitern handelte es sich um Menschen aus den besetzten westeuropäischen Ländern, die für die Arbeit in der deutschen Industrie angeworben worden waren. Sie lebten in besonderen Lagern, erhielten aber den normalen Lohn, durften ihre Freizeit in der Stadt verbringen und hatten das Recht, ihren zeitlich begrenzten Urlaub in ihrer Heimat zu verbringen. In ihrer Heimat gab es nicht viel Arbeit, und meistens handelte es sich um Familienväter, die ihre Frau und ihre Kinder versorgen mußten. Den größten Teil der Fremdarbeiter in Hamburg stellten Holländer, Franzosen und Belgier. Blohm & Voss beschäftigte mit Sicherheit 800 holländische und französische Techniker; der Werksdirektor lobte sie als hervorragende Facharbeiter. Je länger der Krieg dauerte, um so schwieriger wurde es für die Deutschen, Arbeitskräfte in diesen Ländern zu finden. Sie gingen dann zu drastischeren Methoden der »Anwerbung« über.

Eine andere Gruppe ausländischer Arbeiter hatte in der Sache keinerlei Wahl gehabt. Im Osten gab es weniger Hemmungen. Der Ostarbeiter war kaum mehr als ein Sklave, und Polen, die Ukraine und Rußland hatten schon in großer Zahl junge Leute verloren, die zur Arbeit in Deutschland gezwungen wurden. Irena Chmiel, eine Schülerin aus Lublin, war eine der polnischen Arbeiterinnen:

> Wir wurden in Viehwaggons nach Hamburg gebracht, und neunundvierzig von uns wurden zur Arbeit in einer Limonadenfabrik eingeteilt. Die deutsche Frau, die uns in dem alten Haus beaufsichtigte, in dem wir untergebracht waren, behandelte uns mit großer Strenge. Sie trug ein Parteiabzeichen und war eine böse alte Hexe. Nach dem Krieg haben wir versucht, sie zu finden. Aber Frau Niemeyer, unsere Vorarbeiterin, war

sehr nett; sie schenkte mir Kleidung und ließ etwas zu essen da liegen, wo ich es finden mußte. Natürlich rief sie jedesmal »Heil Hitler«, wenn der Chef hereinkam. Wir bekamen ihn dann und wann zu sehen; er war kein schlechter Chef. Es gab in der Fabrik nur drei Männer; dem einen fehlten drei Finger; ein anderer war ein alter Mann, der uns »Polenschweine« nannte und uns anspuckte; einer war schwachsinnig und hatte unanständige Bilder bei sich, die er uns zeigte.

Das Essen war sehr schlecht, gut genug eigentlich nur als Schweinefutter. Mir wurde schlecht von dem starken Sauerkraut, aber wir mußten es essen. Wir bekamen eine Scheibe Brot am Tag; sie war so dünn, daß wir immer sagten, wir könnten Warschau durch die Scheibe sehen. Wir hatten Glück, daß wir in der Limonadenfabrik arbeiteten. Es gab reichlich Fruchtsaft zu trinken, und es gab da ein Faß mit schwarzem Sirup zum Vermischen mit Tomatensaft. Wir haben immer davon gegessen, bis wir eines Tages tote Ratten in dem Faß entdeckten.

In unserer Freizeit durften wir ausgehen, solange wir unser »P«-Abzeichen trugen, aber einige Kinder spuckten uns an und warfen mit Steinen nach uns, sobald sie das Abzeichen sahen, und um acht Uhr abends hatten wir wieder in der Unterkunft zu sein. Die älteren Mädchen schlossen Freundschaft mit den jungen Polen in einem nahegelegenen Lager, aber heiraten durften sie nicht. Wir wurden jeden Monat zum Arzt gebracht, und wenn ein Mädchen schwanger war, mußte sie das Kind abtreiben lassen. Wir wurden wie die Tiere behandelt.

Im Gegensatz zu ihr war Zygmunt Skowronski, ein junger Pole, weniger unglücklich darüber, seine Heimat verlassen zu müssen:

Ich war keineswegs traurig darüber, mich in Deutschland wiederzufinden. Ich wollte schon immer mal verreisen, und je weiter der Zug fuhr, um so besser gefiel es mir. Ich hatte in meinem ganzen Leben noch keine so große Stadt wie Hamburg gesehen, und sie machte großen Eindruck auf mich. Es war eine sehr schöne Stadt, aber die Leute mochte ich nicht so gern. Mir waren die Menschen in dem Dorf vor der Stadt, wo ich arbeitete, lieber. Ich hatte Glück. Der Bauer, bei dem ich war – Heinrich Riege aus Kirchwerder-Hove – behandelte mich wie einen Sohn, aber es gab auch eine ganze Menge üble Burschen, besonders die Hitlerjugend.

Außer den Polen war noch eine Menge anderer Zwangsarbeiter in Hamburg. Es gab die Ukrainer, die mehr Privilegien genossen als die Polen; sie durften heiraten und konnten sich für die Zivilverteidigung melden, wodurch sie nach einem deutschen Sondergesetz den gleichen Status erhielten wie deutsche Zivilisten. Eine Frau vom Hamburger Roten Kreuz sagte, daß die ukrainischen Feuerwehrleute ihrer Dienststelle »die mutigsten, energischsten und ausdauerndsten Männer am Feuer« gewesen seien. Aber sie betranken sich Weihnachten 1943 mit Frostschutzmitteln, und zwei starben daran. Etliche der einfachen Leute in Hamburg verhielten sich freundlich gegenüber den Ausländern, aber eine Hamburgerin sagt, sie habe sich durch die Sprachschwierigkeiten immer isoliert gefühlt von den Russen, mit denen sie arbeitete. »Für uns hießen jeder Russe Iwan und jede Russin Olga.«

Konzentrationslager waren eine weitere Besonderheit des Lebens in Deutschland, die für den Nachschub an billigen Arbeitskräften sorgten. Ursprünglich errichtet für Deutsche, die mit den vielen Gesetzen und Vorschriften des NS-Staates in Konflikt gerieten, waren sie jetzt vollgepackt mit Männern und Frauen aus den vielen Ländern, die Deutschland besetzt hatte. Die Konzentrationslager waren Stätten grausamer Strafen, schlechter Ernährung und härtester Arbeit. Verwaltet wurden sie von der SS, die die Insassen gruppenweise an die örtliche Industrie vermietete. Das waren die Außenkommandos. Das ursprüngliche Hamburger Konzentrationslager hatte sich in einem nicht mehr benutzten Teil des Zuchthauses Fuhlsbüttel in der Nähe des Hamburger Zivilflughafens befunden, aber schon 1938 war es überfüllt, und ein neues Lager war an einsamer Stelle auf dem Land bei Neuengamme gebaut worden. Neuengamme ist niemals so berüchtigt gewesen wie die schlimmsten der deutschen Konzentrationslager. Es war kein Vernichtungslager, nur ein gewöhnliches, ganz alltägliches Konzentrationslager. Die Hamburger hatten eine vage Vorstellung von seiner Existenz – es lag nur zwanzig Kilometer von der Stadtmitte entfernt – aber über solche Dinge sprach man im Kriege in Hamburg nicht.

Ein anderes Thema, an das anständige Hamburger nicht zu denken versuchten, war das Schicksal der Juden ihrer Stadt. Vor dem Machtantritt Hitlers hatte Hamburg mehr als 15000 jüdische Bürger gehabt. Die Juden waren vollständig integriert in das Leben dieser liberalen, weltoffenen Stadt. Aber die Nazis begannen früh damit, Hamburgs Juden zu schikanieren und sie zu verfolgen, und viele flohen vor Ausbruch des Krieges ins Ausland. 1941 wirkte sich dann der ganze Schrecken der von den Nazis betriebenen Ausrottungspolitik auf Hamburg wie auf jeden anderen Teil Europas aus, der von den Deutschen beherrscht wurde. Am 25. Oktober 1941 wurden 1034 Juden in einem stillgelegten Passagierbahnhof, dem Hannöverschen Bahnhof, in Viehwaggons verladen. Dieser erste »Transport« hatte im Ghetto der polnischen Stadt Lodz geendet, und binnen eines Jahres waren die meisten dieser Menschen tot, die Gesunden hatten arbeiten müssen, bis sie tot zusammenbrachen, der Rest war erschossen oder vergast worden.

Die anderen Hamburger Juden folgten. Sie wurden an verschiedene Orte in Osteuropa gebracht. Viele Hamburger sagen, daß sie keine Ahnung von dem hatten, was da geschah, und ganz gewiß hätte keiner von ihnen etwas daran zu ändern vermocht. Die Hamburger zivile Polizei wurde gezwungen, die Juden zusammenzutreiben und sie an die Züge zu bringen. Hamburger trieben Hamburger zusammen, und die Juden wurden einem Schicksal ausgeliefert, das nur Gott kannte und die SS. Insgesamt waren vor der Zeit, die uns hier interessiert, 5343 Juden vom Hannöverschen Bahnhof aus abtransportiert worden. Transport Nummer 14 war am 23. Juni 1943 gerade auf den Weg gegangen. Ihm gehörten vierundneunzig Juden an, die meisten von ihnen sehr alt oder sehr jung. Es handelte sich bei ihnen fast um den letzten Rest der Hamburger jüdischen Gemeinde. Frau Gretchen Meyer, dreiundneunzig Jahre alt, war die älteste; Berl Blumenthal, noch nicht zwei Jahre alt, war das jüngste Mitglied dieses Transports. Ihr Bestimmungsort war Theresienstadt. Wenige hundert Hamburger Juden, die mit einem nicht-jüdischen Partner verheiratet waren oder aus irgendwelchen Gründen eine privilegierte Position einnahmen, durften bleiben. Wenige hundert andere kehrten nach dem Krieg als Überlebende aus dem Osten heim.

Deutschen Lesern kann die Erinnerung an diese Dinge – die nach Hamburg verbrachten Zwangsarbeiter, die Konzentrationslager, die Juden – keine angenehme Lektüre sein, aber das alles war Teil des Lebens in Hamburg vor den Bombenangriffen vom Juli 1943, jener Wirklichkeit der Stadt, die ich zu beschreiben versuche. Es ist mir bewußt, daß der normale Deutsche wenig tun konnte, um diese Exzesse zu verhindern, und von Kollektivschuld halte ich nichts.

Aber denjenigen gegenüber, die gelitten haben und gestorben sind, wäre es nicht fair, diese Tatsachen zu übergehen. Und sie sind auch relevant für die moralischen Fragen, die sich aus der Bombardierung Hamburgs ergeben.

Der Krieg schleppte sich für alle Menschen in Hamburg endlos hin. Es konnte nun kein Zweifel mehr daran bestehen, daß es sich tatsächlich um den totalen Krieg handelte. Am 18. Februar 1943, unmittelbar nach der Katastrophe von Stalingrad, hatte Joseph Goebbels im Berliner Sportpalast seine berühmteste Rede gehalten, in der er den totalen Krieg proklamierte.

Die einfachen und größtenteils anständigen Leute in Hamburg gingen ihren Alltagsgeschäften nach, und nicht wenige hatten den Krieg satt, in den sie hineingeschlittert waren und der so ganz anders verlief als erwartet. Die berauschenden Jahre des Sieges schienen nun sehr lange her zu sein, fast vergessen schon. Von der Front kamen nur noch schlechte Nachrichten. Andere Städte in Deutschland waren schwer zerbombt worden. Die Menschen wurden nervös, sie bekamen es mit der Angst zu tun. Einige hatten Angst vor einem verlorenen Krieg, die meisten hatten Angst vor der Gestapo – »Seid nur vorsichtig! Haltet den Mund und sagt kein Wort! Und arbeitet!« Und mit jeder Nacht kam aufs neue die Angst, daß die Bomber wieder nach Hamburg kommen könnten.

> Da die Sommernächte immer auch Angriffsgefahr bedeuteten, herrschte ständige Angst – besonders nach den schlimmen Angriffen von 1942, wo wir eine Vorstellung davon bekommen hatten, was ein schwerer Angriff bedeuten konnte. Aber wir hatten gelernt, mit dieser Angst zu leben, es war eben nicht zu ändern, man mußte da hindurch. Und ich muß gestehen, daß auch ein gewisser Stolz dabei war, den Leuten im Lande mal zu zeigen, aus was für Holz die Hamburger geschnitzt waren. Als Freie und Hansestadt fühlte man sich in Hamburg als etwas Besonderes, man fühlte sich den anderen eher überlegen – und tut es wohl auch heute noch. Es ging gar nicht so sehr darum, den Alliierten zu zeigen, daß wir durchhalten konnten; es ging darum, es den anderen Deutschen zu zeigen. (Louise Schäfer)

Hamburg hatte bisher Glück gehabt. Es war 1942 doch nicht zum Ziel des ersten Tausend-Bomber-Angriffs geworden, und die ersten

H2S-Radar-Angriffe von Anfang 1943 wurden ein Fehlschlag. Den Amerikanern war es überhaupt nicht gelungen, die Stadt anzugreifen. Aber Mitte Juli 1943 waren dann die Amerikaner so weit, diese stark verteidigte Stadt anzunehmen, und die Briten hatten das neue Window-Verfahren. Der Oberbefehlshaber des Bomber Command hatte schon beschlossen, sobald die Wetterlage es zuließ, Window für einen neuen Versuch einzusetzen, endlich den höchsten Preis zu erringen, nämlich die Zerstörung jener Freien und Hansestadt an der Elbe.

Unweigerlich mußte ein sehr großer Teil der Bomber Hamburg erreichen. War dann die Wetterlage über der Stadt geeignet, würde die Stadt ihrer schwersten Prüfung entgegensehen. Der Ausgang der Schlacht um Hamburg würde dann von dem Können der Kräfte abhängen, die eingesetzt wurden von Gauleiter Kaufmann, Bürgermeister Krogmann, SS-Gruppenführer Graf von Bassewitz-Behr, Polizeipräsident Kehrl, Oberstleutnant Zaps und dem Beauftragten des Rüstungsministeriums, Dr. Wolff. Vor allem aber würde das Verhalten der Bürger von Hamburg über den Ausgang entscheiden – ihre Loyalität gegenüber ihrem Vaterland und ihrer Regierung, ihre Festigkeit des Charakters, das Maß ihrer Entschlossenheit, das sie angesichts eines derartigen Ansturms auf ihre Moral und ihre Willenskraft aufzubringen die Kraft haben würden.

SECHSTES KAPITEL

Pläne für die Schlacht

Die Entscheidung, die Schlacht um Hamburg zu beginnen, wurde am Donnerstag, dem 22. Juli 1943, gegen 9.15 Uhr früh getroffen, kurz bevor Air Chief Marshal Harris die routinemäßige Morgenbesprechung über Einsatzplanung im Hauptquartier des Bomber Command beendete.

Ende Juli 1943 war keine dramatische Periode des Krieges, allerdings stand Italien im Begriff, als Deutschlands Partner aus dem Krieg auszuscheiden. Andere bedeutende Wendepunkte gab es zu jener Zeit nicht. Die großen Offensiven – die deutschen in Europa und Rußland und die japanischen im Pazifik – hatten sich sämtlich totgelaufen, und ihre Spitze war stumpf geworden. Für die britischen und amerikanischen Truppen war der aktivste Kriegsschauplatz das Mittelmeer. Vor zwei Monaten waren die deutschen und italienischen Streitkräfte in Nordafrika besiegt worden, die erfolgreiche Invasion Siziliens hatte am 10. Juli stattgefunden. Das große Blutvergießen in Rußland ging weiter. Dort war die alljährliche deutsche Sommeroffensive vor siebzehn Tagen entfesselt worden, aber dieses Mal hatte sie schon nach nur zehn Tagen ihre Stoßkraft verloren. Mächtige russische Armeen führten jetzt ihren Gegenangriff und sollten bald die Stadt Orel erobern. Der Krieg im Pazifik hatte sich gerade erst zugunsten der Alliierten gewendet. Im Februar war die Insel Guadalcanal zurückerobert worden, aber seither hatten die hauptsächlich amerikanischen Streitkräfte auf diesem Schauplatz wenig mehr tun können als sich neu zu gruppieren und weitere Invasionen japanisch besetzter Inseln vorzubereiten.

Gewiß, überall waren die Alliierten in der Offensive, aber sie hatten noch eine riesige Aufgabe vor sich, wenn sie ihre verschiedenen Feinde besiegen wollten. Gewiß, Italien würde innerhalb einer Woche aus dem Krieg ausscheiden, aber die Russen waren in Orel noch immer eintausendfünfhundert Kilometer von Berlin entfernt, und nicht ein einziger britischer oder amerikanischer Soldat hatte bisher den Fuß auf das westeuropäische Festland gesetzt. In Washington hatte ein amerikanischer Admiral gerade die Meinung geäußert, daß es weiterer sechs Jahre harter Kämpfe bedürfen würde, um Japan zu besiegen.

Die Bomber hatten in letzter Zeit nicht allzu viel zu tun gehabt. Der letzte Angriff der vollen Stärke des Bomber Command hatte der Stadt Köln gegolten. Seither waren achtzehn Nächte vergangen. Es hatte dann während der nächsten beiden Wochen fünf Angriffe sehr viel kleinerer Bomberverbände auf eine Reihe verschiedener Ziele gegeben – wieder auf Köln, dann auf Gelsenkirchen, Turin, Aachen und schließlich einen interessanten Tiefflug-Angriff von 165 Halifax-Bombern bei Mondschein auf die praktisch unverteidigte Peugeot-Fabrik im ostfranzösischen Montbéliard. Die Angriffe auf Köln, Gelsenkirchen und Aachen bezeichneten das Ende der Schlacht über der Ruhr. Danach hatte der Vollmond größere Bomberoperationen für die nächste Woche ausgeschlossen, wenn auch einige Flüge zum Minenlegen und Flugblattabwurf nach Frankreich und ein kleiner Angriff von achtzehn Lancaster-Maschinen auf ein nicht verteidigtes Kraftwerk in Norditalien unternommen wurden. Aber das waren alles Kleinigkeiten. Das Bomber Command verfügte jetzt über 800 einsatzfähige Bomber, und sein Oberbefehlshaber wartete ungeduldig darauf, die Hauptoffensive gegen die deutschen Städte wiederaufnehmen zu können.

Die amerikanischen Bomber waren auch am Boden geblieben, aber aus gänzlich anderen Gründen. Die Mondphasen interessierten die Amerikaner überhaupt nicht; ihr Hauptproblem waren Wolkendecken über ihren Zielen. Der Monat Juli – doch immerhin der Mittsommermonat – war bislang eine einzige große Enttäuschung gewesen. Nur viermal in drei Wochen waren die amerikanischen Bomber gestartet, meistens zu Zielen in Frankreich und Holland. Wir haben schon erwähnt, daß die amerikanischen Kommandeure beschlossen hatten, abzuwarten, bis ihre B-17-Flotte eine Stärke von 300 Maschinen erreicht hatte, bevor die Offensive auf deutsche Ziele in vollem Umfang beginnen sollte. Diese Ist-Stärke war Mitte Juli erreicht worden, als die vor kurzem eingetroffenen Bombergruppen 385 und 388 sich einsatzbereit melden konnten, aber die andauernde Wolkendecke über Deutschland hatte bedeutet, daß in diesem Monat bislang erst vierunddreißig B-17-Maschinen Bomben auf Deutschland hatten abwerfen können. Es gab Anzeichen für eine bevorstehende Änderung der Situation. Ein ausgedehntes Hoch drang langsam vom Gebiet um Island nach Süden vor. Es verhieß eine Zeit schönen, klaren Wetters über Nordeuropa. Voller Spannung beobachteten das RAF Bomber Command und die Eighth Air Force dieses Hoch – die Briten, um ihr neues Verfahren, Window, einzusetzen, die Amerikaner, um endlich ihren höchsten Ehrgeiz verwirklichen zu können, einen Tagangriff tief in deutsches Gebiet hinein.

Die Morgenbesprechung im Hauptquartier des Bomber Command in High Wycombe begann am Donnerstag, dem 22. Juli, um 9.00 Uhr. Sir Arthur Harris kam die Treppe herab in den unterirdischen Einsatzraum und setzte sich. Protokoll wurde bei diesen Besprechungen nie geführt, aber es darf angenommen werden, daß Brigadier-General Fred Anderson von seinem eigenen Hauptquartier ganz in der Nähe herübergekommen war und jetzt neben Harris saß.

Es kann kein Zweifel daran bestehen, daß Harris an jenem Morgen nur ein Hauptziel im Kopf hatte – Hamburg. Glücklicherweise hat ein wichtiges Dokument den Krieg überdauert. Das ist ein schon vom 27. Mai 1943 datierter Brief, den Harris an seine sechs Geschwaderkommandeure geschrieben hatte und in dem er seine Absichten darlegte.

STRENG GEHEIM

BOMBER COMMAND-EINSATZBEFEHL NR. 173.
AUSFERTIGUNG: 23
DATUM: 27. Mai 1943

Information

1. Die Bedeutung Hamburgs, der zweitgrößten Stadt Deutschlands mit einer Bevölkerung von anderthalb Millionen, ist bekannt und braucht

nicht besonders hervorgehoben zu werden. Die totale Zerstörung dieser Stadt würde unermeßliche Resultate durch Verringerung der industriellen Kapazität der Kriegsmaschinerie des Feindes erbringen. Das würde zusammen mit der Auswirkung auf die deutsche Moral, die im ganzen Land spürbar sein wird, eine sehr wichtige Rolle bei der Verkürzung des Krieges spielen und dabei, ihn zu gewinnen.

2. Die »Schlacht um Hamburg« kann nicht in einer einzigen Nacht gewonnen werden. Schätzungsweise wird es erforderlich sein, mindestens 10 000 Tonnen Bomben abzuwerfen, um den Prozeß der Auslöschung zu vollenden. Um die maximale Wirkung des Luftbombardements zu erzielen, muß diese Stadt fortgesetztem Angriff ausgesetzt werden.

Einzusetzende Kräfte

3. Die Kräfte des Bomber Command werden aus allen schweren Bombern der Einsatz-Staffeln bestehen bis ausreichend lange Dunkelheit den mittleren Bombern die Teilnahme ermöglicht. Es wird gehofft, daß den Nachtangriffen schwere Tagangriffe durch das VIII. Bomber Command der Vereinigten Staaten vorausgehen und/oder nachfolgen werden.

Absicht

4. Hamburg zu zerstören.

Hier also wurden sechs Wochen vor dem Ende der Schlacht über der Ruhr die Absichten von Harris für das nächste Stadium klar dargelegt. Sogar der Name »Schlacht um Hamburg« wurde gebraucht. In dem Brief an die Geschwaderführer waren dann Einzelheiten über Bombenladungen sowie mögliche Routen und Taktiken aufgeführt, und es ist offenkundig, daß Harris daran gedacht hatte, diese Schlacht im Juni zu beginnen unter Einsatz nur seiner viermotorigen Bomber, und Hamburg sollte über eine indirekte Route weit im Norden der Stadt erreicht werden. Aber er hatte sich diesen Plan, der in den kurzen Mittsommernächten riskant gewesen wäre, offensichtlich noch einmal durch den Kopf gehen lassen, und er hatte beschlossen, die etwas längeren Nächte nach der nächsten Vollmondperiode abzuwarten, so daß direktere Routen gewählt werden konnten. Das bedeutete größere Bombenlasten und auch die Möglichkeit, ebenfalls die Wellingtons einzusetzen. So wurde Hamburg eine weitere kurze Gnadenfrist geschenkt.

Sir Arthur Harris ist oft kritisiert worden, weil er die Weisungen ignoriert habe, die so häufig vom Air Ministry bei ihm eintrafen und die sich mit zukünftigen Operationen des Bomber Command befaßten. Insbesondere hielt Harris mehr von der allgemeinen Bombardierung deutscher Industriestädte als von der sorgfältigen Auswahl solcher Städte, die mit ganz spezifischen Industriezweigen zu tun hatten. Seine Einstellung war zu einem Teil die Folge der Mängel hinsichtlich Zielfindung und Zielgenauigkeit, die es, wie Harris wußte, im Bomber Command gab, und zum Teil auch die Folge seiner tief verwurzelten Überzeugung, daß die allgemeine Flächenbombardierung rascher Resultate zeitigen werde als jeder Versuch, ganz bestimmte Industriezweige auszuschalten. Bei dieser Gelegenheit jedoch kam es zu keinem Konflikt zwischen den Wünschen des Air Ministry und der persönlichen Politik des Air Chief Marshal. Die berühmte »Pointblank«-Weisung vom 10. Juni 1943 hatte aufs neue bekräftigt, daß die allgemeine Zerstörung der deutschen Industrie das höchste Ziel der britischen und amerikanischen Bomberkräfte bliebe, berücksichtigte aber die immer schwereren Verluste, die deutsche Jäger sowohl den britischen als auch den amerikanischen Bombern zugefügt hatten. Gelänge es nicht, dem Wachsen der deutschen Jagdwaffe Einhalt zu gebieten, werde es, wie man jetzt zu fürchten begann, nicht möglich sein, die vollständige Luftüberlegenheit zu erringen, die als unerläßliche Voraussetzung für eine erfolgreiche Invasion in Europa galt. Die beiden Bomber-Oberbefehlshaber erhielten Befehl, deutsche Städte anzugreifen, in denen Flugzeuge gebaut wurden, und insbesondere jene, in denen Kugellager gefertigt wurden, die als unentbehrlich für den Flugzeugbau galten. Es wurde aber auch erklärt, daß Städte mit Anlagen für den U-Boot-Bau anzugreifen seien, »wenn taktische und Wetter-Bedingungen Angriffe auf Ziele ausschließen, die relevant sind für die deutsche Jagdwaffe.« Hamburg war für den U-Boot-Bau wichtigste Stadt Deutschlands und – in geringerem Maße – auch ein Ziel, in dem es Flugzeugwerke gab. Sein Name erschien auf der Liste der zweiundzwanzig Städte, die anzugreifen dem Bomber Command befohlen wurde.

Sir Arthur Harris jedoch würde nicht bestreiten, daß er die Schlacht um Hamburg eher deshalb vorbereitete, weil sie sich dem einfügte, was das Bomber Command seiner Meinung nach tun sollte, als deshalb, weil die Stadt in der »Pointblank«-Weisung auftauchte.

»Ich hatte schon immer den Wunsch gehabt, Hamburg einmal wirklich und direkt aufs Korn nehmen zu können. Es war die zweitgrößte Stadt in Deutschland, und ich wollte dort einmal wirklich etwas Ungeheures veranstalten.« Obwohl die in der »Pointblank«-Liste aufgeführten Ziele in den amerikanischen Operationen der nächsten neun Monate häufig eine Rolle spielen, wurden nicht viele vom Bomber Command angegriffen. Nach der Schlacht um Hamburg richtete Harris seinen Blick auf die dritte seiner großen »Schlachten«, die Schlacht um Berlin, die das Bomber Command für den größten Teil des kommenden Winters beschäftigen sollte. Ein direkter Befehl vom Air Ministry war erforderlich, bevor er sich bereitfand, die Kugellager-Stadt Schweinfurt im Februar 1944 anzugreifen. Der Codename des Bomber Command für die Schlacht um Hamburg war »Operation Gomorrha«.

Bei der Konferenz an jenem Donnerstagmorgen ließ Harris seinen Meteorologen Vortrag halten. Dieser sagte, es bestehe die Chance, daß das Hoch bis zur kommenden Nacht die Wolken von Nordwestdeutschland vertriebe und es über dem Gebiet von Hamburg klar sein könnte. Auch das Wetter über England werde gut sein, über den Bomberflugplätzen werde bei Start und Landung klare Sicht herrschen. Das war genug für den Oberbefehlshaber. Die Schlacht um Hamburg konnte in der kommenden Nacht beginnen, abzuwarten blieben nur noch die Flüge der beiden Mosquito-Wettermaschinen, die die Bestätigung für die Richtigkeit der Wettervorhersage erbringen sollten. Für den wenig wahrscheinlichen Fall, daß Hamburg doch wider Erwarten noch unter einer Wolkendecke lag, Gebiete der näheren Umgebung jedoch klar waren, wurde Bremen zum Ausweich-Ziel bestimmt. Die volle Gewalt der Einsatz-Staffeln des Bomber Command – der berühmte »Maximal-Einsatz« – sollte sich gegen Hamburg richten; eine etwas geringere Streitmacht würde Bremen angreifen.

Es wurden noch einige weitere Minuten damit verbracht, Zielpunkte der vorgeschlagenen Objekte sowie grobe Umrisse der anzuwendenden Taktiken zu erörtern, damit der Einsatzstab mit den Vorstellungen des Bomber Command-Chefs vertraut war, wenn er in den nun folgenden Stunden die Detailpläne ausarbeitete. Noch einen letzten Punkt gab es. Das Bomber Command hatte die Genehmigung erhalten, Window vom 23. Juli an einzusetzen. Nicht ohne Sinn für Dramatik wurde in den Einsatzplan für die kommende Nacht der Befehl aufgenommen, von einer Minute nach Mitternacht an Window abzuwerfen.

Brigadier-General Fred Anderson hatte zugehört, als die Entscheidung gefällt wurde. Die RAF und die Amerikaner hatten zu keiner Zeit den Plan gehabt, ihre Operationen so eng, nämlich von einem Tag zum anderen, zu koordinieren, aber Harris hatte schon in seinem Brief vom Mai an die Group Commanders die Hoffnung ausgesprochen, daß die amerikanischen Bomber Hamburg entweder an den Tagen vor oder an den Tagen nach den Nachtangriffen des Bomber Command bombardieren würden. Anderson hatte die feste Absicht, das zu tun. Es wäre dann die erste wirkliche, praktische Anwendung der lange angekündigten Kombinierten Bomber-Offensive oder das, was die Zeitungen später die »Rund-um-die-Uhr-Bombardierung« nennen sollten.

Etwa zehn Offiziere blieben im Einsatzraum, als die Besprechung zu Ende war. Der ranghöchste von ihnen war Air Marshal Sir Robert Saundby, der stellvertretende Oberbefehlshaber des Bomber Command. Saundby und seine Planungsgruppe machten sich an die Arbeit, um den Detailplan für die Operation der kommenden Nacht aufzustellen. Man hat hier und da die Ansicht vertreten, daß es sich bei den Angriffen der Schlacht um Hamburg um ganz spezielle Einsätze gehandelt habe. Gewiß war die Einführung von Window etwas Neues, aber die Anwendung dieses Verfahrens hatte kaum Auswirkungen auf die angewandte Taktik. Es kann nicht eindringlich genug hervorgehoben werden, daß die Methoden, die bei den Angriffen angewendet werden sollten, sich in nichts von den Dutzenden von Angriffen unterschieden, die in den vergangenen Monaten von diesen Offizieren geplant worden waren. Der Plan, der jetzt ausgearbeitet wurde, machte sich einige geringfügige Fortschritte zunutze, aber es handelte sich dabei nur um einen Teil der allgemeinen taktischen Weiterentwicklung, die kontinuierlich vonstatten ging.

Kern jedes Angriffsplans waren die Auswahl des Zielpunktes in der Stadt und die Route, die der Bomberstrom während seines

Endanflugs auf diesen Zielpunkt nehmen würde. Diese beiden Entscheidungen hingen wiederum davon ab, welches Gebiet der Zielstadt für die Bombardierung ausgewählt worden war. Hamburg war zu groß, um die ganze Stadt in einer Nacht ernstlich schädigen zu können. Deshalb wollte man in mehreren Nächten einen Stadtteil nach dem anderen bombardieren. Hamburg war kein leichtes Ziel für eine Flächenbombardierung. Der breite Elbstrom und die beiden großen Alsterseen sollten die Taktik der Schlacht von Hamburg bestimmen. Zielpunkte und Zielanflüge mußten so ausgewählt werden, daß möglichst wenige Bomben in diese Gewässer fielen und damit vergeudet wurden. Das Gebiet, das in dieser ersten Nacht der Schlacht bombardiert werden sollte, war schon ausgesucht worden. Die westlichen Teile des Haupt-Stadtgebiets, die Gebiete nördlich der Elbe und westlich der Alster, sollten das Ziel dieser Nacht sein.

Es muß jetzt ein wichtiges Merkmal der RAF-Nachtbombardierung erklärt werden. Die Pfadfinder setzten ihre Zielmarkierungen so nahe wie möglich am vorbestimmten Zielpunkt ab. Die Bomber der Hauptmacht zielten beim Bombenwurf dann so, daß die Bomben in möglichst großer Nähe der Pfadfinder-Markierungen ausgeklinkt wurden. Das klingt einfach, und man sollte eigentlich annehmen, daß die Bomben dann in einem Kreis rings um den Zielpunkt herum einschlugen. Aber das taten sie nie. Jahrelang hatten die Planer des Bomber Command sich mit einem Phänomen herumzuschlagen, das sie »creep-back« nannten, also etwa »Rückwärtskriechen«. Zu diesem »Kriech-Effekt« kam es so: Man stelle sich den Bomben-Zielschützen vor, wie er im Bug seines Flugzeuges in sechstausend Meter Höhe über einer deutschen Stadt liegt. Scheinwerfer versuchen, ihn in ihrem Kegel zu fangen, rings um ihn her zerplatzen Flak-Granaten. Sein Pilot hatte die Aufgabe, den Bomber stur geradeaus und stets auf genau gleicher Höhe zu fliegen. Dieser Zielanflug war eine fürchterliche und gefährliche Zeitspanne. Der Bombenschütze hatte Befehl, den *Mittelpunkt* einer Traube von Zielmarkierungen zu bombardieren, die er in seinem Zielgerät sehen konnte. Ungeheuer groß war die Versuchung, die Bomben auszuklinken, bevor der genaue Mittelpunkt der Markierungen erreicht war. Die weniger Beherzten bombardierten die ersten Markierungen, die sie erreichten, oder sie klinkten die Bomben sogar schon ein ganz klein wenig vor Erreichen der ersten Markierungen aus. Oft war es nur eine Frage von Sekunden oder gar Bruchteilen einer Sekunde, aber das führte unweigerlich dazu, daß die Bomben weiter und immer weiter vor dem Zielpunkt ausgeklinkt wurden – sie »krochen zurück«. Es gab auch noch die Faktoren der Verdüsterung der zuerst gesetzten Markierungen durch den Qualm und Staub der frühen Bomben sowie die Tatsache, daß auch die späteren Zielmarkierungen, abgeworfen von nachfolgenden Pfadfinder-Besatzungen, dazu neigten, schon vor Erreichen des Zielpunktes gesetzt zu werden. So kam es, daß die Bombeneinschläge jedesmal an der Achse des Zielanflugs zurückkrochen.

Weil es nicht gelungen war, eine Methode zu entwickeln, um diese Folge der Ereignisse auszumerzen, machte man aus der Not eine Tugend, und der Kriecheffekt wurde in die Angriffsplanung einbezogen. Es wurde ein Zielpunkt *jenseits* des zu zerstörenden Stadtgebiets ausgewählt, und man duldete es einfach, daß die Hauptmacht der Bomber über das Gebiet »zurückkroch«. Überlebende Zivilisten sprechen im Zusammenhang mit den Angriffen auf Hamburg oft von einem »Bombenteppich«. Das war nichts anderes als der Kriecheffekt, der sich während eines Angriffs auf die Stadt auswirkte. Die Kenntnis dieser Effekte ist von größter Bedeutung für jede Beschreibung der Angriffe auf Hamburg.

Der Zielpunkt für diesen ersten Angriff der Schlacht um Hamburg lag genau auf halbem Wege zwischen dem südlichen Ende der Binnenalster, dem kleineren der beiden Alster-Seen, und dem breiten Elbstrom. Beide Merkmale des Hamburger Stadtbildes sollten sowohl optisch als auch auf den H2S-Radarschirmen der Pathfinders deutlich sichtbar sein. Tatsächlich lag dieser Zielpunkt sehr nahe beim Rathaus und der Nikolaikirche, aber diese Gebäude spielten in der Bombenplanung keine Rolle. Sie befanden sich nur zufällig an dem geeigneten und bequemen Zielpunkt für die ersten Markierungen.

Die Richtung des Zielanflugs ergab sich aus der Wahl des Zielpunktes. Der für diese Nacht ausgewählte Zielanflug sollte aus nordnordwestlicher Richtung erfolgen, genauer gesagt auf einem Kurs von 160 Grad. Er war leicht nördlich abgewinkelt, um die ausgedehnte offene Fläche des Volksparks am westlichen Rand der Stadt zu meiden. Wenn alles nach Plan verlief, sollten die Bombeneinschläge sich rückwärts ausbreiten von dem Gebiet in der Nähe des Zielpunktes über die Stadtteile Neustadt, Rotherbaum, Harvestehude, Eimsbüttel, Eppendorf und Lokstedt. Der Kriecheffekt durfte sich getrost über 6,5 km erstrecken, bevor die Bomben in freies Land einschlugen und damit vergeudet wurden, aber der letzte Teil dieser sechseinhalb Kilometer bestand aus dünnbesiedelten Vorstadtgebieten, wo die Bombardierung nicht sehr erfolgversprechend sein würde. Alle genannten Stadtteile waren hauptsächlich Wohnviertel. Es gab keine bedeutenden Industrieanlagen in dem gesamten Gebiet, das man bombardieren wollte. Kein Teil des Angriffs sollte sich gegen das Gebiet auf dem Südufer des Flusses richten, wo sich die U-Boot-Werften und andere bedeutende Rüstungsbetriebe befanden. Es war reinste Flächenbombardierung.

Andere Teile des Hamburg-Plans lassen sich kürzer beschreiben. Die Art der Zielmarkierung sollte später im Pathfinder-Hauptquartier nach Auswertung einer weiteren Wettervorhersage festgelegt werden, und wir werden uns später noch damit befassen. Die Null-Zeit für die Eröffnung des Hauptangriffs wurde auf 01.40 Uhr festgesetzt und die Angriffsdauer sollte auf fünfzig Minuten beschränkt bleiben.* Das waren zehn Minuten weniger als beim letzten Einsatz einer ähnlich großen Zahl an Bombern. Die Bombenabwürfe der Hauptmacht sollten in sechs Phasen oder »Wellen« stattfinden. Es wird oft angenommen, daß bei den Angriffen der Schlacht um Hamburg ein ganz besonders großer Anteil an Brandbomben abgeworfen wurde, aber das stimmt nicht. Es wird auch allgemein angenommen, daß Hamburg ein gutes Feuerziel gewesen sei. Auch das ist eine Fehlannahme. Wegen des großen Hamburger Brandes von 1842 gab es in der Stadt nur noch sehr wenige alte Häuser mit viel Bauholz; bei den meisten Gebäuden handelte es sich um recht moderne Ziegelstein- oder Betonbauten. Außerdem gab es ja in Hamburg sehr viele Wasserstraßen, die als Brandschneisen dienen konnten und die ein bequem zugängliches Löschwasser-Reservoir für die Feuerwehren

* Diese Null-Zeit – auch X-Zeit genannt – wurde später geändert, aber die hier angeführten Einzelheiten über die Dauer des Angriffs blieben alle gültig.

der Stadt darstellten. Hamburg war kein Ziel, das sich leicht in Brand stecken ließ, und aus den Dokumenten des Bomber Command ergibt sich, daß die Bombenladungen für den ersten Angriff der Schlacht um Hamburg einen geringeren Prozentsatz an Brandbomben enthielten, als es bei anderen Stadtangriffen dieser Zeit der Fall war. Die gesteigerte Anzahl hochbrisanter Sprengbomben war erforderlich, um die solide konstruierten Bauwerke der Stadt auseinandersprengen zu können.

Als nächstes mußten die Routen für den Hin- und Rückflug festgelegt werden. Das Bomber Command wählte manchmal Umgehungsrouten, um die deutsche Luftabwehr zu täuschen und irrezuführen, aber bei dieser Gelegenheit entschied man sich für eine relativ einfache Route. Die Bomber sollten hinausfliegen auf die Nordsee und dabei leicht nach Norden vom direkten Kurs abweichen, um eine sichere Distanz zu den Nachtjagdräumen entlang der holländischen Küste zu wahren, dann sollten sie in die Helgoländer Bucht einschwenken und an einer markanten Halbinsel das Festland erreichen, bevor ein letzter Kurswechsel in den Zielanflug auf Hamburg mündete. Nach dem Bombenwurf sollte eine weitere, simple Route südlich der Elbe und wieder über die Nordsee hinweg nach Hause führen. Die Navigation würde einfach sein und durch besondere »Kursmarkierungen« erleichtert werden – nämlich durch Zielmarkierungen, welche die mit Radar ausgerüsteten Pathfinders auf Hin- und Rückflug jeweils an der deutschen Küste setzen würden, um dazu beizutragen, daß der Bomberstrom auf Kurs blieb. Der Verzicht auf größere Täuschungsmanöver sparte Treibstoff, was eine größere Bombenzuladung ermöglichte, und nur 225 Kilometer des Weges – bloße zweiundvierzig Minuten Flugzeit – verliefen über deutschem Gebiet.

Air Marshal Saundby und seine Helfer benötigten etwa eine Stunde, um diese Pläne auszuarbeiten und ähnliche für den Fall, daß Bremen zum Ziel erklärt wurde. Es mußte noch über einige Einzelheiten entschieden werden, aber der Hauptplan war jetzt fertig.

Weiter oben wurde erwähnt, daß die vorgesehene Null-Zeit, 01.40 Uhr, für den bevorstehenden Angriff auf Hamburg später revidiert werden mußte. Die Änderung belief sich dann tatsächlich auf etwas weniger als achtundvierzig Stunden. Die Eröffnung der Schlacht um Hamburg, vorgesehen für die ersten Stunden des 23. Juli, eines Freitags, mußten verschoben werden auf die ersten Stunden des folgenden Sonntags, also des 25. Juli.

Auf dem RAF-Flugplatz Oakington bei Cambridge war eine mit unbewaffneten Mosquitos ausgerüstete kleine Einheit stationiert, die Wetterstaffel Nr. 1407. Sie war zuständig für alle Wetter-Fernaufklärungsflüge sowohl für das Bomber Command als auch für die amerikanische Eighth Air Force. Diese Flüge hatten die Codebezeichnung »Pampas« und waren alles andere als Feierabendfliegerei. Die Einheit war am 1. April 1943 mit neun Besatzungen aufgestellt worden, und sie hatte in jedem der ersten vier Monate ihrer Existenz eine Besatzung verloren. Jetzt, am 22. Juli, starteten Flight Lieutenant C. L. H. Dennis und sein Navigator, Flight Sergeant J. Boyle, am späten Vormittag zu einem Pampa-Flug über die Nordsee zu einer Position auf halbem Wege zwischen Schottland und Norwegen. Wenige Minuten später starteten Flying Officer A. F. Pethick und Sergeant J. Burgess mit östlicherem, gefährlicherem Kurs, der sie quer über Dänemark bis nach Kopenhagen führen sollte. Über den Zweck ihrer Flüge war ihnen nichts gesagt worden, und ihre Routen wurden so gewählt, daß niemand auf die Idee kommen konnte, man interessiere sich speziell für Hamburg. Es war auch gar nicht nötig, nach Hamburg selbst zu fliegen. Das Hoch, von dem man wußte, daß es sich nach Süden in Richtung Nordsee bewegte, bedeutete, daß eine Beobachtung der Gebiete nördlich der vorgesehenen Bomber Command-Route nach Hamburg und nördlich des Zielgebietes Aufschluß über die Witterungsbedingungen ergeben mußte, die die Bomber zwölf Stunden später vorfinden würden.

Die Kopenhagen-Besatzung war als erste wieder zurück, um 15.15 Uhr. Der Navigator rannte zum nächsten Telephon und sprach mit dem Meteorologischen Amt in Dunstable. Sergeant Burgess meldete schwere Cumuluswolken bis zu 4500 Meter Höhe über Dänemark mit einigen hochgetürmten Cumulonimbus bis zu 6600 Meter Höhe. Die zweite Mosquito landete wohlbehalten und nur wenig später. Sie hatte eine geschlossene niedrige Wolkendecke über der Nordsee vorgefunden, aber keine hohe Bewölkung. Diese Informationen verdaute man in Dunstable, und eine neue Voraussage für die

Routen nach Hamburg und für die Stadt selbst wurden an das Hauptquartier des Bomber Command gegeben. Das Hochdruckgebiet bewegte sich zu langsam nach Süden. Die entfernteren Abschnitte der Routen nach Hamburg würden zu große Schwierigkeiten bieten. Viele der weniger leistungsfähigen Flugzeuge würden die wolkenfreien Höhen nicht erreichen, und die Stadt Hamburg selbst würde unter einer Wolkendecke liegen, so daß optische Zielmarkierungen ausgeschlossen waren. Es gab noch einen weiteren und möglicherweise wichtigeren Faktor. Wurde Window in einer Nacht eingesetzt, die wenig Aussicht auf zielgenauen Bombenwurf bot, war das neue Verfahren den Deutschen bei einer wenig lohnenden Operation verraten worden.

Die Entscheidung, ob der geplante Angriff stattfinden oder abgesagt werden sollte, gehörte zu den schweren und verantwortungsvollen Pflichten des Oberbefehlshabers. Sir Arthur Harris sagte das Unternehmen ab, sowohl den Angriff auf Hamburg als auch auf das Ausweichziel Bremen. Solche Absagen gehörten zu den alltäglichen Dingen im Bomber Command. Eine ungeheure Menge an Vorbereitungsarbeiten des Bodenpersonals war umsonst gewesen, die nervliche Belastung der Besatzungen stieg.

Die Nacht verging ohne jeglichen RAF-Einsatz. Es gibt keine Dokumente, aus denen hervorgeht, ob die USAAF einen Angriff auf Hamburg für den nächsten Tag geplant hatte, um die Wirkung des RAF-Angriffs zu verstärken. War ein derartiger Angriff geplant, so wurde auch er abgesagt.

Am nächsten Morgen, also am Freitag, dem 23. Juli, fand eine weitere Planungskonferenz im Hauptquartier des Bomber Command statt. Wiederum wählte Sir Arthur Harris Hamburg als Hauptziel für die folgende Nacht aus, aber dieses Mal mit Mönchengladbach (damals: München-Gladbach), der Industriestadt unmittelbar westlich der Ruhr, als Ausweichziel. Zwei weitere Wetter-Mosquitoes starteten am späten Vormittag, und wieder flog eine zur Nordseemitte, die andere nach Kopenhagen. Die Wetterlage über der Nordsee war die gleiche wie am Vortag, ohne hohe Bewölkung. Auch auf dem Dänemarkflug wurde ein Fehlen von hoher Bewölkung festgestellt, aber zu beiden Seiten seiner Route ergab dieser Flug eine unheilkündende Beobachtung: »Große Massen von Cumulus und Cumulonimbus wurden über NW-Deutschland und im Süden von Norwegen beobachtet.«

Diese Wetterlage war noch immer nicht gut genug für den ersten Window-Einsatz und die großartige Eröffnung der Schlacht um Hamburg, auf die Sir Arthur Harris so geduldig wartete. Der vorgesehene Hamburg-Angriff wurde wiederum abgesagt. Harris strich auch den Mönchengladbach-Angriff, möglicherweise deshalb, weil die neue Wettervorhersage zu spät gekommen war, um noch auf dieses Ziel umschalten zu können, möglicherweise auch deshalb, weil Window für Wichtigeres aufgespart werden sollte. Hätte der Mönchengladbach-Angriff stattgefunden, wäre die Geschichte des Bombenkrieges anders verlaufen. Die Schlacht über der Ruhr hätte dann bis zum 24. Juli gedauert und nicht bis zum 14. Juli. Aber der Angriff auf Mönchengladbach wurde abgesagt, und die deutschen Städte, die Nachtjäger der deutschen Luftwaffe und das Bomber Command sollten noch eine weitere ruhige Nacht haben, ausgenommen die Besatzungen von sieben Whitleys, die Ausbildungs-Einheiten angehörten und die über verschiedenen Ortschaften rings um Paris Propaganda-Flugblätter abwarfen. Alle kehrten zurück – zwei Whitleys allerdings waren durch Flak-Sprengstücke beschädigt worden.

Brigadier-General Anderson hatte an jenem Morgen (Freitag, 23. Juli) ebenfalls seine Planungsbesprechung abgehalten, und er hatte beschlossen, einen Großangriff aller seiner B-17 für den nächsten Tag vorzubereiten. Die Meteorologen glaubten jetzt, daß sich das Hochdruckgebiet in südöstlicher, nicht in südlicher Richtung verlagerte und daß für den folgenden Tag gute Aussichten auf klares Wetter über Südnorwegen bestanden. Auf der amerikanischen Vorrangliste standen mehrere norwegische Ziele, und Anderson hatte beschlossen, seine Bomber gegen drei davon zu entsenden – die U-Boot-Stützpunkte in Bergen und Trondheim und eine neue Metall- und Chemiefabrik in Heroya südwestlich von Oslo. Die erforderlichen Befehle gingen an die beiden amerikanischen Bomber-Divisionen hinaus. Es sollte der erste amerikanische Einsatz seit einer Woche werden.

Am nächsten Morgen (Sonnabend, 24. Juli) bestimmte Sir Arthur Harris annähernd eine Stunde vor dem Start der amerikanischen

Bomber nach Norwegen die Stadt Hamburg wiederum zum Primärziel des Bomber Command in der kommenden Nacht. Er hoffte, daß das wolkenfreie Gebiet über der Nordsee endlich die Stadt erreichen werde. Auch dieses Mal wieder wurde ein Ausweichziel bestimmt, aber Dokumente, aus denen hervorgeht, welches Ziel das war, liegen nicht mehr vor. Letzte Hand wurde an die Pläne für die Nacht angelegt. Die Null-Zeit für Hamburg wurde auf 01.00 Uhr vorverlegt. Drei kleine Ablenkungsangriffe durch Mosquitoes wurden für Kiel, Lübeck und Bremen geplant; sechs Wellingtons sollten sich den Angriff auf Hamburg zunutze machen und Minen in die Elbmündung legen. Einige Funkstörmaschinen sollten mit dem Hamburg-Verband fliegen; Mosquitoes vom Fighter Command hatten die Einsatzplätze der Nachtjäger zu überwachen. In noch größerer Entfernung sollten einige Mosquito-Bomber Störangriffe im Ruhrgebiet fliegen und Ausbildungs-Wellingtons wiederum Flugblätter über Frankreich abwerfen; vierzehn Halifax-Bomber würden Nachschub für Widerstandsgruppen in Frankreich am Fallschirm abwerfen, und eine Formation von dreiunddreißig Lancaster-Bombern, die von Nordafrika nach Hause fliegen mußte, sollte in dieser Nacht den Flug unternehmen und dabei unterwegs ein Ziel in Italien bombardieren.

Flight Lieutenant George Hatton, der Chef der Wetterstaffel, führte zusammen mit dem Pilot Officer W. F. John als Navigator den einzigen Pampa-Flug des Tages aus, zu dem er eine Stunde früher als üblich startete. Der Flugweg verlief parallel zu dem geplanten Bomberkurs nach Hamburg, lag aber 160 Kilometer nördlich davon. Es war ein gut durchdachter Flug, der bis über die dänische Ortschaft Vordingbord führte, die 210 km von Hamburg entfernt liegt. Die Mosquito hatte keinerlei Schwierigkeiten. Der einzige besondere Vorfall war die Sichtung einer Treibmine bei der Heimkehr im Tiefflug über die Nordsee; die Position der Mine wurde später dem Aufklärungsdienst gemeldet. Die Mosquito landete um 14.20 Uhr, und John konnte melden, daß zwar über der Nordsee eine geschlossene niedrige Wolkendecke liege, daß es aber nördlich von Hamburg vollständig klar sei, abgesehen von einer großen Cumuluswolke.

Die geeignete Wetterlage für die Eröffnung der Schlacht um Hamburg und für den ersten Window-Einsatz war da. Dieses Mal wurde der Angriff nicht abgesagt.

SIEBTES KAPITEL

Vorbereitung auf die Schlacht

Die Squadrons des Bomber Command hatten sich schon sehr, sehr oft auf einen Großangriff vorbereitet. Wir können die nun folgenden Stunden in aller Kürze behandeln; einige statistische Angaben werden einen Eindruck von der Arbeit vermitteln, die zu tun war. Allerdings war an diesem heißen Hochsommer-Samstag nicht das ganze Pensum zu erledigen; einiges war ja schon vor den abgesagten Einsätzen der beiden vorangegangenen Tage geschehen.

Vom Hauptquartier des Bomber Command war ein Angriff mit »Maximal-Stärke« befohlen worden. An der Ist-Stärke-Tafel war abzulesen gewesen, daß das Kommando um 18.00 Uhr am vorigen Abend 871 einsatzbereite Bomber und 975 kampfstarke Besatzungen umfaßte. Von diesen Maschinen würden 792 Bomber und Besatzungen zu dem Hauptangriff auf Hamburg starten. Weitere siebenundachtzig Maschinen – nicht alle zum Bomber Command gehörend – würden verschiedene ergänzende Einsätze fliegen. Die einzigen einsatzbereiten Squadrons des Bomber Command, die an der Arbeit der kommenden Nacht nicht teilzunehmen brauchten, waren die Squadrons 105 und 109, deren mit Oboe-Geräten ausgerüstete Mosquitos nicht benötigt wurden.

Die Einsatzstärke des Bomber Command hatte sich in den letzten Monaten in bemerkenswerter Weise erhöht. Es hatte nicht nur die 872 in der Schlacht über der Ruhr verlorenen Bomber ersetzt, sondern weitere 300 Maschinen – sämtlich viermotorige Bomber – in Dienst gestellt.

Die folgende Tabelle gibt einen Überblick über die gesamte RAF-Streitmacht, die in der Nacht nach dem Kontinent fliegen sollte:

	Bombardierung Hamburgs	Bombardierung Italiens	Ablenkung und Störung	Minen in die Elbe	Funkstörmaschinen	Störflug	Nachschub für Résistance	Flugblätter	Gesamt
Lancaster	347	33	–	–	–	–	–	–	380
Halifax	247	–	–	–	2	–	18	–	267
Stirling	125	–	–	–	–	–	–	–	125
Wellington	73	–	–	6	2	–	–	7	88
Mosquitoes	–	–	13	–	2	4	–	–	19
Gesamt	792	33	13	6	6	4	18	7	879

In den verschiedenen Flugzeugen, die in jener Nacht starten sollten, befanden sich 5959 Besatzungsmitglieder – 5475, die an dem Hauptangriff auf Hamburg teilnehmen sollten und 484 Teilnehmer der anderen Unternehmungen. Eine Untersuchung der Besatzungslisten zeigt, daß der erste Window-Einsatz mehr als die Hälfte der einsatzbereiten Bomber Squadron Commanders – 23 von 45 – veranlaßte, sich selbst als Besatzungsmitglieder für diesen Angriff einzuteilen, der so interessant zu werden versprach. Auch drei Stützpunkt-Kommandeure beschlossen mitzufliegen. Der Window-Einsatz veranlaßte außerdem viele Squadron Commanders, eine möglichst große Zahl von Piloten der frischen Besatzungen als Zweitpiloten mitzunehmen, um ihnen Erfahrungen zu verschaffen, bevor sie mit ihren eigenen Besatzungen starteten. Mindestens 76 dieser Piloten flogen in jener Nacht. Ein Squadron Commander und drei der neuen Piloten kehrten nicht wieder zurück.

Der bevorstehende Angriff sollte eine riesige Menge an Kriegsmaterial verschlingen. Bomben mußten aus Depots herbeigeschafft und in die Bombenschächte geladen werden – 2460 Tonnen für den Angriff auf Hamburg, bestehend aus 1454 Tonnen Spreng- und 1006 Tonnen Brandbomben.* Dies bedeutete eine Rekord-Tonnage für einen Einsatz des Bomber Command. Annähernd 1,3 Millionen Gallonen Hochoktan-Flugbenzins wurden in die Kraftstofftanks der Bomber gepumpt. Die folgenden Angaben sind typische Beispiele für Bomben- und Kraftstoffladungen:

* 1 short ton = 0,90718 metrische Tonne, 1 lb = 0,45359 kg, 1 gallon (britisch) = 4,5460 Liter

	Bomben	Kraftstoff
Lancaster I & III	9840–13 280 lbs	1600 Gallonen
Lancaster II	7600– 9200 lbs	1700 Gallonen
Halifax II & V	5960– 7960 lbs	1775 Gallonen
Stirling I & III	4788– 5136 lbs	1875 Gallonen
Wellington X	2640 lbs	900 Gallonen

Diese Zahlen zeigen, warum die Lancaster so begehrt war. Es ist nicht bekannt, wie viele Sprengbomben, deren Gewicht zwischen 500 und 8000 lbs variierte, verladen wurden, aber an Brandbomben wurden für den ersten Angriff 26 858 Tonnen an 30-lbs–Bomben mitgeführt, die etwas Phosphor enthielten und auf die wir später noch zurückkommen werden, und nicht weniger als 327 250 Stück der Magnesium- oder Thermit-Stabbrandbomben, die 4 lbs wogen.

Die Pathfinders hatten ihre eigenen Spezialmittel; 489 Stück ihrer 250-lb Zielmarkierungs-Bomben wurden mitgeführt sowie eine Vielzahl an verschiedenen Leuchtbomben. Obwohl alle Pathfinder-Maschinen eine Anzahl normaler Bomben geladen hatten, führten einige in dieser Nacht zusätzlich eine ungewöhnliche Ergänzung ihrer Fracht mit. Ausgenommen die Erstmarkierer, erhielten die Pathfinder-Maschinen eine Anzahl kleiner 40-lb-Splitterbomben, sogenannte »Anti-Personnel«-Bomben. Einige Maschinen beförderten bis zu sechsundfünfzig derartiger Bomben. Ihre Bombenschützen hatten Befehl, diese Bomben über Flak- oder Flakscheinwerfer-Stellungen zu verteilen, soweit sie solche beim Durchqueren des Zielgebiets am Boden ausmachten. So weit bekannt ist, hatte diese Art der Bombardierung bislang noch nicht stattgefunden. Ich habe drei höhere Pathfinder-Offiziere gefragt, wessen Idee dies eigentlich war. Keiner von ihnen erinnerte sich an die Verwendung dieser kleinen Bomben, obwohl aus den Squadron-Kriegstagebüchern eindeutig hervorgeht, daß sie abgeworfen worden sind. Alle drei bezeichneten die Idee, daß ihr Einsatz hätte wirkungsvoll sein können, als lächerlich. Air Vice-Marshal Bennett sagte, es handele sich hier um einen der vielen »Gimmicks«, die ausprobiert wurden, und sein Stabschef, Group Captain Boyce, vertrat die Ansicht, daß es sich um eine »verrückte Idee« gehandelt habe. »Wäre ich in der Einsatzzentrale gewesen, als das durchkam, hätte ich das Bomberkommando angerufen und gefragt, wer denn auf diese Schnapsidee gekommen sei.« Wing Commander John Searby, dessen Maschine tatsächlich einige dieser

Bomben an Bord hatte, sagte: »Solche Bomben wären möglicherweise eine ausgezeichnete Waffe gegen Stammeskrieger in Waziristan gewesen, zwischen den beiden Weltkriegen, oder auch gegen Truppen auf dem Marsch, aber sie waren nicht Teil unserer Bomberbewaffnung in der hier angesprochenen Zeit.«

Eine Neuerung, die in breiterem Umfang eingeführt wurde, waren die Window-Ladungen, die im Rumpf der Bomber verstaut wurden. Es war allen streng verboten worden, die papierverpackten Bündel vor dem Start zu öffnen; das Bodenpersonal glaubte, daß ein massiver Abwurf von Propaganda-Flugblättern Teil dieses Angriffs werden sollte. Mehr als 90 Millionen dieser metallisierten Streifen wurden in die Bomber verladen. Bei diesem ersten Window-Einsatz war geplant, die Streifen durch den Leuchtbombenschacht zu zwängen, den es in jedem Bomber gab, aber einige Staffelkapitäne, die über das neue Verfahren informiert worden waren, hatten den Einbau eines neuen Schachts befohlen, und zwar gewöhnlich in der Nähe der Position des Bombenschützen. Die Verschiebung des Angriffs um zwei Tage hatte es ermöglicht, mehrere Bomber auf diese Weise zu modifizieren. Viele erheben Anspruch darauf, diese ersten »Window-Schächte« erfunden zu haben. Sie gehörten später zur Standardausrüstung aller Bomber.

Die Amerikaner flogen an jenem Tag nach Norwegen. Es war das erste Mal, daß sie Ziele in diesem Land angriffen. Die Geschwader des 1. Bombardment Wing griffen eine neue Fabrik in Heroya bei Oslo an, die vor der Produktionsaufnahme stand und die den Deutschen Aluminium, Magnesium und Nitrate liefern sollte. Der sauber ausgeführte Angriff war ein Erfolg. Die Fabrik leistete nie einen Beitrag für die deutsche Rüstungswirtschaft. Die B-17 des 4. Bombardment Wing, die eine größere Reichweite hatten, flogen nach den U-Boot-Stützpunkten in Trondheim und Bergen. Zwei Geschwader warfen ihre Bomben in Trondheim mit, wie es in norwegischen Berichten hieß, »imponierender Genauigkeit« ab, über Bergen jedoch fanden die Bomber eine geschlossene Wolkendecke vor. Die Geschwader, die dorthin geflogen waren, machten deshalb keinen Versuch, ihre Bomben abzuwerfen, weil die Gefahr bestand, daß befreundete Zivilisten durch Blindabwurf getroffen werden könnten.

Für die Luftwaffe waren die Angriffe überraschend gekommen, und keine Jäger zeigten sich. Eine Fortress der 381. Bomb Group erhielt über Heroya einen schweren Flaktreffer und mußte nach Schweden fliegen. Noch vor Ende dieses Tages meldete der schwedische Rundfunk, daß die Besatzung wohlbehalten interniert worden sei. Alle anderen Maschinen kehrten unversehrt nach England zurück. Wären diese Maschinen nach dem Start auf Süd- statt auf Nordkurs gegangen, hätten sie die U-Boot-Basis bei Bordeaux angreifen können, die 2000 Kilometer von Trondheim entfernt ist. Für die Luftwaffe bedeutete das eine Dehnung ihres Operationsgebiets bis aufs äußerste. Großer Schaden war angerichtet worden, und die leichten Flüge hatten eine kräftige Anhebung der Kampfmoral bei den mehr als 3000 Mann der amerikanischen Bomberbesatzungen bewirkt – am Vorabend einer Serie von Einsätzen, die sehr viel schwieriger und gefährlicher werden sollten.

In den Kriegstagebüchern der 384. Bomb Group findet sich die Geschichte des Lieutenant Edwin Halseth, Ko-Pilot einer der Maschinen der Group, dessen Eltern in Moss geboren worden waren, einer Ortschaft am Rande des Oslo-Fjords, den seine Group beim Zielanflug auf Heroya überflogen hatte. Halseth erklärte: »Es war schmerzlich für mich, den Fjord zum ersten Mal in meinem Leben zu sehen und zu wissen, daß die Menschen da unten, von denen viele meine Verwandten waren, unter der demütigenden Nazi-Herrschaft leiden mußten. Es war schön da, und ich nahm mir vor, eines Tages, wenn die Umstände sich geändert hätten, dahin zurückzukehren.«

Die nach Norwegen fliegenden Amerikaner hatten bewirkt, daß in Hamburg die Sirenen heulten – aber man gab nur die vorbeugende »Luftwarnung«, nicht den vollen Alarm. Die amerikanischen Bomber waren der Stadt nie näher gekommen als bis auf 500 Kilometer. Seit drei Mosquitoes vor fast drei Wochen einen Störangriff geflogen hatten, war kein alliierter Bomber mehr über Hamburg erschienen. Damit die Menschen sich nicht in Sicherheit wiegten und etwa auf die Idee kämen, daß es auch weiterhin keine ernsten Angriffe auf die Stadt geben werde, veröffentlichten die Lokalzeitungen immer wieder Bekanntmachungen des Polizeipräsidenten Kehrl. Er beschwor die Bürger der Stadt, nicht nachlässig zu werden in ihren vorbeugenden Luftschutzmaßnahmen:

Die jüngsten Terrorangriffe durch die anglo-amerikanischen Mörder haben erneut bewiesen, wie wichtig es ist, in allen Häusern und Wohnungen jederzeit auf Luftangriffe vorbereitet zu sein.

Hamburg hat lange Zeit Ruhe vor feindlichen Luftangriffen gehabt. Trotzdem sind alle Volksgenossen aufgerufen: »Bleibt wachsam!« Es ist besonders wichtig, alle Löschmittel regelmäßig zu überprüfen und sie jederzeit einsatzbereit zu halten.

NOCH MEHR WASSER UND SAND

Es ist besser, sich mit einer durch Wassereimer und Sandtüten »verunzierten« Wohnung abzufinden, als bei einem Luftangriff hilflos zusehen zu müssen, wie Hab und Gut dem Feuer zum Opfer fallen.

Stelle deshalb auch du sofort noch größere Mengen Sand und Wasser bereit!

Die Brandbekämpfung ist und bleibt erste Pflicht jeder Luftschutzgemeinschaft.*

Es war in diesem Juli bisher sehr heiß gewesen in Hamburg. In den ersten vierzehn Tagen des Monats hatten die Tagestemperaturen 21 Grad Celsius erreicht, aber dann hatte eine Hitzewelle begonnen mit Temperaturen bis zu 27 Grad. Meistens war es trocken gewesen, aber vor zwei Tagen hatte es einen schweren Wolkenbruch mit Gewitter gegeben. Doch war die Feuchtigkeit schnell wieder in der Hitze verdampft. Später glaubten viele Leute in Hamburg, daß die RAF diese Hitzewelle abgewartet habe, bevor sie mit den Großangriffen auf die Stadt begann. Während meiner Recherchen in Hamburg hat man mir immer wieder erzählt, daß die RAF tatsächlich Flugblätter abgeworfen hätte, in denen die Hamburger Bevölkerung aufgefordert wurde, die Stadt zu verlassen, weil sie bald bombardiert werden würde. Die Menschen, die mir diese Flugblatt-Geschichte erzählten, waren fest davon überzeugt, daß sie abgeworfen worden seien, aber niemand konnte sagen, daß er selbst eines dieser Flugblätter gesehen habe. Es war nicht Brauch bei der RAF, die Einwohner einer deutschen Stadt vor einem bevorstehenden Angriff zu warnen; das geschah allerdings oft, wenn Ziele in einem befreundeten, von den Deutschen besetzten Land bombardiert werden sollten. Die RAF-

* Auszüge, »Hamburger Tageblatt« und »Hamburger Fremdenblatt« 10. Juli bis 20. Juli 1943.

»Flugblattwarnung« in Hamburg war nur ein Gerücht. Das Gerücht blühte im Krieg in allen Ländern, und falsche Gerüchte waren oft die Grundlage von Überzeugungen und Vorurteilen, die sich Jahre später noch behaupteten.

Die Menschen in Hamburg genossen diesen sonnigen Sonnabend nach ihrer harten Arbeitswoche. Viele gingen mit ihrer Familie spazieren, oder sie saßen in den Cafés an der Alster und der Elbe, oder auf einer Bank in Hamburgs schönen öffentlichen Parks und Gärten. Als der Abend sich herabsenkte, bildeten sich Schlangen vor den Kinokassen. Ein Kinobesuch, das gehörte zum Hauptvergnügen der Hamburger in diesen Kriegszeiten. Nach der »Wochenschau« mit den Filmberichten der Kriegsberichterstatter aus den Propaganda-Kompanien kam der Hauptfilm – die große Flucht der Kinobesucher aus der Wirklichkeit.

Die Gaststätten waren bis auf den letzten Platz voll, wenn es auch mehr weibliche Gäste gab als Männer. Bier und Schnaps waren knapp, aber Wein gab es reichlich. Doch damit konnte man an diesem heißen Abend seinen Durst nicht wirklich löschen. Das Restaurant unter dem Rathaus, der Ratsweinkeller, war ein beliebter Ort für ein Rendezvous. »Das war ein guter Platz für uns junge Mädchen aus dem Mittelstand. Das Essen war gut, und wir konnten uns eine Flasche Wein kommen lassen, hatten unseren Tisch für uns und konnten uns was erzählen. Das tat unserem guten Ruf keinen Abbruch.« Das Tanzen und alle Privatgesellschaften waren auf direkten Befehl Hitlers verboten. Die Zivilisten in der Heimat sollten sich nicht solchen Vergnügungen hingeben, während die Männer an der Front es so schwer hatten. Aber ein paar Tanzabende und ein paar Gesellschaften gab es dennoch. In den besten Hotels – Atlantik, Esplanade, Reichshof – konnte man Räumlichkeiten für geschlossene Gesellschaften mieten. Hier trafen sich die Privilegierten zu diskreten kleinen Gesellschaften mit Tanz. Es konnte sogar zu Hause mal ein Fest gegeben werden – vielleicht zur Feier einer Verlobung, oder weil ein Soldat auf Urlaub gekommen war – vorausgesetzt natürlich, man konnte sich darauf verlassen, daß der Nachbar nicht hinging und die Sache meldete. Manchmal wurden bei solchen Festen die verbotenen englischen und amerikanischen Tanzplatten hervorgeholt, die die jungen Leute in Hamburg so liebten. Eine der jungen

Damen, die damals dazugehörten, erinnert sich noch an ihr Lieblingsstück:

»Boo Hoo. You've got me crying for you.«

Alles freute sich schon auf den Sonntag. Der Hamburger war ein großer Freund des Pferderennens, und die Sonntagsrennen in Farmsen lockten viele Menschen an. Auch Hoppegarten wurde aufmerksam verfolgt; dort stand das mit 50 000 Reichsmark dotierte »Silberne Pferd« bevor. Die Zeitungen meinten, das Rennen sei offen, aber die meisten tippten für ein späteres Rennen, die »Goldene Peitsche«, auf Flying Call mit Jockey Berndt. In Farmsen stand der ebenfalls mit 50 000 Reichsmark dotierte »Preis von Deutschland« bevor. In der Stadtmitte bereitete sich die Hitler-Jugend auf die Gebietsmeisterschaften im Kanusport vor.

Diese Pläne sollten nie verwirklicht werden. Auf Wiedersehen, altes Hamburg!

ACHTES KAPITEL

Der erste Schlag

Als erster Bomber startete eine alte Stirling der 75. (neuseeländischen) Squadron vom Flugplatz Mepal am Rande der Moore von Cambridgeshire. Flugzeugführer war ein Engländer, Sergeant P. Moseley. Es war sein vierter Einsatz. Seine Maschine hob um 21.45 Uhr ab. Es herrschte ruhiges, klares Wetter und es war noch nicht dunkel; es war ein perfekter Abend zum Fliegen. Sergeant Moseley hob deshalb als erster ab, weil seine Squadron dreiundzwanzig der am langsamsten steigenden Maschinen des ganzen Bomberkommandos gegen Hamburg schickte. Nahezu 300 schnellere Bomber würden ihn überholen, bevor er das Ziel erreichte. Die erste der Pathfinder-Maschinen startete unmittelbar nach Sergeant Moseley. In drei Stunden würden die Pathfinder den Angriff auf Hamburg beginnen. Die meisten Staffeln des Gros starteten gegen 22.00 Uhr. Dieser neuseeländische Navigator befand sich auf seinem ersten Einsatz:

> Mit einem »Gute Reise« von unserer Bodenmannschaft kletterten wir in die Maschine und suchten unsere Plätze auf. Bald liefen unsere Motoren warm, und bald raste auch schon das erste Flugzeug die Startbahn entlang, dann ein zweites und noch eins, während wir langsam hinter der Maschine vor uns herrollten. Jetzt waren wir an der Reihe. Die Motoren brüllten lauter und lauter und mit einem Fauchen entweichender Luft, als die Bremsen freigegeben wurden, bewegten wir uns langsam vorwärts – dann schneller und schneller. Wir polterten und schaukelten, aber als mein Luftgeschwindigkeitsmesser 185 km/h anzeigte, hörte das Poltern auf, und ich wußte, daß wir abgehoben hatten. Ich machte die erste Eintragung auf meinem Einsatz-Logblatt: »22.40 Uhr – abgehoben.« Wir stiegen langsam höher in einem weiten Kreis; Tony und »Boost«, der Bordingenieur,

führten ein langes Wechselgespräch über Temperaturen, Druckwerte, Umdrehungen und Schub. Als wir 1500 Meter erreicht hatten, befahl uns der Skipper, die Sauerstoffmasken aufzusetzen. Zwei Minuten, bevor es Zeit war, auf Kurs zu gehen, rief ich Tony über die Sprechanlage und gab ihm den Kurs. Er machte eine langsame Wendung und überflog unseren Flugplatz in 2100 Meter Höhe, als er rief: »Auf Kurs, Null sechs null.« Meine nächste Log-Eintragung lautete: »22.52 Uhr. Basis, auf Kurs Cromer.« Wir waren auf dem Weg nach Hamburg, noch immer auf Steigflug in der zunehmenden Dunkelheit. (Flight Sergeant E. J. Insull, 218. Squadron)

Es gab nur einen Zwischenfall beim Start. Flight Sergeant Nicolas Matich, ebenfalls Neuseeländer, hatte keinen Erfolg mit seinem ersten Versuch, auf dem Rollfeld der 35. (Pathfinder-)Squadron in Graveley mit seiner Halifax zu starten. Ein Triebwerk war ausgefallen, aber es war Matich gelungen, zu bremsen, bevor er das Ende der Startbahn erreicht hatte. Das schadhafte Triebwerk schien sich wieder besonnen zu haben, und nach einer raschen Besprechung mit seiner Besatzung war Matich wieder an den Anfang der Startbahn gerollt, um es noch einmal zu versuchen. Bei diesem zweiten Startversuch blieb in dem Augenblick, als die Halifax vom Boden abhob, bei beiden äußeren Triebwerken der Sprit aus. Matich gelang es, einen Zusammenprall mit dem Kontrollwagen am Ende der Startbahn zu vermeiden, und nach Durchbrechen des Abgrenzungszauns schlitterte der Bomber über das benachbarte Feld und kam schließlich zum Stillstand. Er hatte zwei Zielmarkierungen und vier 1000-lb-Sprengbomben an Bord. Pilot und Bordingenieur schalteten Zündung und Brandhahn ab und setzten die Feuerlöscher in Betrieb, aber »die allgemeine Flucht der Besatzung in das umliegende Gelände kam dennoch einem Laufweltrekord gleich«. Als klar wurde, daß die Halifax nicht in Flammen aufgehen werde, blieb die Besatzung stehen und brach vor Erleichterung in ein befreiendes Gelächter aus. Niemand war verletzt.

Die letzten Bomber hoben kurz nach 23.00 Uhr ab. 791 Bomber waren erfolgreich von 42 Rollfeldern gestartet. Das war ein ausgezeichneter Anfang. Die Bomber flogen hinaus über die Küste und gewannen dabei stetig an Höhe. Die Flugzeuge verließen britisches Gebiet jeweils bei einer Küstenstadt – die 4. und 6. Group bei

Hornsea, die 1. und 5. bei Mablethorpe und die 3. und 8. Group bei Cromer. Es unterliegt keinem Zweifel, daß die Stimmung der Männer in den Bombern an diesem Abend besser war, als es normalerweise in diesem Stadium eines Fluges der Fall war. Sie waren es müde geworden, immer und immer wieder zurück an die Ruhr fliegen zu müssen, immer aufs neue »die Trümmer umpflügen« zu müssen. Viele waren auch froh, nach so vielen ausgefallenen Einsätzen endlich wieder unterwegs zu sein. Nur wenige waren schon einmal über Hamburg gewesen, und die Abwechslung eines längeren Fluges über der See und hin zu einem Ziel in einem gänzlich anderen Teil Deutschlands war hoch willkommen. Aber es gab außerdem das Gefühl, daß dieser Angriff wirklich wichtig war. Vor ein paar Stunden, bei der Einsatzbesprechung, war eine Botschaft von Sir Arthur Harris an alle Besatzungen verlesen worden, in der er erklärte, daß die völlige Zerstörung dieses wichtigen Zieles beabsichtigt sei, und daß es sich bei diesem Einsatz nur um den ersten einer ganzen Serie von Angriffen handele, die sich auf Hamburg konzentrieren würden, bis die Stadt vernichtet sei. Und dann gab es ja Window, dieses neue Verfahren, dessen Zweck auf den Besprechungen bekanntgemacht worden war. Allerdings hatten etliche der erfahrenen Besatzungen gewisse Zweifel hinsichtlich der Erfolgsaussichten. »Nachdem so ein Nichtflieger die Sache in schwelgerischen Ausdrücken erklärt hatte, sprachen die alten Knochen nicht ohne Skepsis darüber, denn sie hatten schon Flüge hinter sich, vor denen man ihnen in ähnlich rosigen Farben ausgemalt hatte, wie gerade dieser Angriff ein Zuckerlecken sein werde.«

Die üblichen technischen Schwierigkeiten machten sich bemerkbar, als die schwerbeladenen Bomber das letzte hergeben mußten bei dem langen Steigflug über der Nordsee. Fünfundvierzig Maschinen fielen aus, bevor sie die deutsche Küste erreicht hatten; diese Zahl, die 5,7 Prozent der Bomber-Gesamtzahl ausmachte, war ungefähr Durchschnitt für einen Angriffsflug dieser Art. Die Lancaster, von denen zwölf (3,5 Prozent) umkehrten, hatten die niedrigste Versagerrate, die Halifax-Bomber mit zwanzig (8,1 Prozent) umkehrenden Maschinen die höchste. Der Stadt Hamburg blieben die 129 Tonnen Bomben erspart, die diese Flugzeuge trugen und die zum größten Teil über der Nordsee abgeladen wurden. Eine Halifax, die mit einem ausgefallenen Triebwerk heimkehrte, machte eine Bruchlandung auf ihrem Rollfeld in Holme am Spalding Moor, aber auch hier wurde niemand verletzt.

Die Flugbedingungen blieben auch weiterhin perfekt. Eine niedrige Wolkendecke lag über der Nordsee, aber in der Flughöhe der Bomber war es klar. Gee gab den Navigatoren eine Serie zuverlässiger Funkpeilungen, bis die Impulse in einer Entfernung von 500 Kilometer von der englischen Küste schwächer zu werden begannen. Die üblichen deutschen Störsendungen kamen spät und waren nicht sehr wirkungsvoll; in dieser Nacht hatten die Deutschen sich dafür entschieden, die falsche von mehreren zur Auswahl stehenden Gee-Ketten zu stören, und einigen Bomber-Navigatoren gelang es, während des ganzen Fluges eine wenn auch beschränkte Hilfe von Gee zu beziehen. Die Gee-Peilungen, die man jetzt vornahm, zeigten, daß nur ein leichter Wind aus Nord herrschte. Ernstliche Navigationsprobleme gab es nicht. Die Bomber flogen in unterschiedlichen Höhen zwischen 4500 und 5400 Meter und gewannen noch stetig weiter an Höhe. Ihre volle Einsatzhöhe sollten sie erst nach Überfliegen der deutschen Küste erreichen. Sie flogen, wie ihre Fartmesseranzeige ergab, mit gleichbleibenden 260 km/h, aber ihre tatsächliche Geschwindigkeit in der dünneren Höhenluft betrug mehr als 320 km/h. Es wurde jetzt ganz dunkel; das bißchen Mond, das es geben sollte, war noch nicht aufgegangen. Die meisten Bomberbesatzungen bekamen von den vielen anderen Flugzeugen am Himmel überhaupt nichts zu sehen. Ein Lancaster-Navigator allerdings »erinnert sich noch heute an den Auspuff der armen alten Stirlings unter uns, die über viele Kilometer hin zu sehen waren«.

Die erste Vorwarnung, daß die RAF kommen würde, hatten die deutschen Nachtjagd-Einsatzplätze wahrscheinlich schon am frühen Abend erhalten, nachdem das Codewort »Fasan« vom Stab des XII. Fliegerkorps von General Kammhuber im holländischen Zeist an die Einheiten durchgegeben worden war. Kammhuber selbst war nicht in Zeist; er war in Berlin. Und dort sollte er auch den Zusammenbruch seines Verteidigungssystems erleben. Kammhubers Stab hatte den Tag damit verbracht, routinemäßig Volumen und Art des RAF-Funkverkehrs zu analysieren, hatte die Wetter- und vor allem auch die Mondlage studiert und war sehr wahrscheinlich zu dem Schluß gelangt, daß die RAF in dieser Nacht irgendwo zuschlagen werde.

Das »Wassermann«-Frühwarngerät bei Ostende faßte dann, kurz vor 23.00 Uhr, die Bomber als erste auf. Bei diesen ersten Radarkontakten wurden wahrscheinlich die Pathfinder-Maschinen der 8. Group erfaßt, wie sie 200 km weiter im Norden über der englischen Küste an Höhe gewannen. Die sehr günstig gelegene Radarstation auf der holländischen Insel Texel hatte vermutlich wenig später die weitere Überwachung übernommen, und die Bomber waren während ihres Fluges über die Nordsee ständig von den Meßfunkstellen beobachtet worden, die sich in weitgespannter Kette auf den Friesischen Inseln Hollands und Deutschlands befanden.

Die Ergebnisse waren an alle die unterirdischen Korps- und Divisions-Gefechtsstände weitergegeben worden. Von besonderem Interesse war dies während der Anflugs-Phase des Angriffs für die 1. Jagd-Division im holländischen Deelen. Während ihres Fluges über die Nordsee konnten die britischen Bomber in jedem Augenblick nach Süden einschwenken und Kurs auf die Ruhr nehmen, wie sie es in den letzten Monaten so oft getan hatten. Die Gruppen des berühmten NJG 1 waren alarmiert worden. Sie hatten Befehl erhalten, Jäger zur Besetzung der Küsten-Nachtjagdräume starten zu lassen. Aber während die Bomber parallel zu den Friesischen Inseln weiter auf Ostkurs flogen, wurden auch die Gruppen der 2. Jagd-Division in Stade bei Hamburg alarmiert, und auch hier starteten die Jäger. Das alles geschah, bevor die britischen Bomber mit dem Abwurf von Window begannen.

Aber an der ersten Kampfhandlung war kein Bomber beteiligt. Annähernd 25 Mosquitoes des RAF Figther Command hatten Befehl erhalten, Störeinsätze zu fliegen – einige nach Frankreich hinein, die meisten aber über den Einsatzplätzen der Nachtjäger in Norddeutschland – doch die Gefahr, daß sich Nebel auf ihre Einsatzbasen in Südengland legte, hatte dazu geführt, daß mit zwei Ausnahmen alle diese sogenannten Intruder Squadrons ihre Flüge abgesagt hatten. Nur vier Mosquitoes waren gestartet. Irgend jemand hatte dann entschieden, daß auch sie zurückgerufen werden sollten – möglicherweise, um die Premiere des Window-Einsatzes gegen die deutschen

Nachtjäger nicht zu »verwässern«. Die Besatzungen von drei der Mosquitoes empfingen den Rückruf und kehrten um, aber die vierte, eine Maschine der 25. Squadron mit Flight Lieutenant E. R. F. Cooke und Flight Sergeant F. M. Ellacott als Besatzung, machte weiter. Noch am Nachmittag dieses Tages hatten diese beiden Flieger an Sportveranstaltungen des Stützpunkts auf dem Flugplatz Church Fenton teilgenommen. Es ist verzeichnet, daß es »ein höchst angenehmer Nachmittag« war: »Helle Sonne und Sommerkleider ließen das ganze zu einem sommerlichen Fest werden, das Friedenserinnerungen weckte. Die Präsenz eines Eiskremverkäufers hätte die Illusion perfekt gemacht. Nach dem Abendessen setzten sich ernstere Gedanken durch.«

Jetzt befand sich diese Mosquito über dem deutschen Nachtjäger-Fliegerhorst bei Westerland auf Sylt, und die Besatzung beobachtete ein deutsches Flugzeug mit eingeschalteten Navigationslichtern beim Start. Der Deutsche stieg einigen niedrigen Wolken entgegen, und Flight Lieutenant Cooke ging rasch zum Angriff über. Er eröffnete das Feuer auf die relativ große Entfernung von 550 Meter – unmittelbar bevor seine Beute die Wolken erreichte. Das deutsche Flugzeug erschien sogleich wieder mit brennendem linken Motor, und Cooke ging auf knapp 200 Meter heran, um den letzten Stoß zu führen. Die deutsche Maschine trudelte ab ins Meer. Es war ein Junkers Ju 88-Nachtjäger der 4. Staffel des NJG 3. Leutnant Wilhelm Töpfer und Obergefreiter Reinhold Hostmann waren die ersten Todesopfer der Schlacht um Hamburg. Die Mosquito flog zurück nach England. Dieser Zwischenfall fand kurz vor Mitternacht statt, als die Spitze der Bomber noch in einiger Entfernung vor der deutschen Küste stand, und es war die einzige Stör-Aktion der Nacht.

Die britischen Bomber hatten bald Feindberührung, und zwar in den deutschen Nachtjagdräumen an der holländischen Nordküste, die für den Fall besetzt worden waren, daß sich die Bomber nach Süden in Richtung Ruhrgebiet wendeten. Nachdem eine solche Schwenkung ausblieb, lagen beim Weiterflug die Routen der Bomber zeitweilig nur 100 km von den Friesischen Inseln entfernt. Die deutschen Nachtjagdräume an der Küste waren nach See hin offen, und Nachtjäger konnten so weit auf die offene See hinausgeschickt werden, wie ihre Leitoffiziere mit ihren Radargeräten »sehen«

konnten. Die Würzburg-Geräte hatten zwar nur eine maximale Reichweite von 70 km, die Freya-Geräte jedoch konnten dem Kurs der Bomber auf sehr viel größere Entfernung folgen. Window wurde in diesem Gebiet nicht abgeworfen.

Offenbar hat es vier Gefechte gegeben, in allen Fällen zwischen Messerschmitt Bf 110 des NJG 1 und britischen Bombern des Typs Lancaster.* Die beiden ersten Luftkämpfe waren kurz und endeten unentschieden. In beiden Fällen waren es aufmerksame Bordschützen in den Bombern, die zuerst die Jäger ausmachten. Pilot Officer Bill Benton von der 207. Squadron war einer der beteiligten Flugzeugführer:

> Einer der Bordschützen sah einen Nachtjäger, der von achtern zum Angriff ansetzte. Wir machten wilde Korkenzieherbewegungen und beide Bordschützen eröffneten das Feuer. Da wir auf unserem ersten Trip waren, glaubte ich, daß sie wie mit einem Gartenschlauch quer durch die Gegend sprühten; in dem Abschnitt unserer Laufbahn waren wir alle, glaube ich, in einem Zustand äußerster Panik. Ich glaube, wir haben ihn als beschädigt gemeldet, aber der Bursche vom Auswertedienst hat, glaube ich, gesagt, das sei ein unechter Anspruch, und wir haben die Anerkennung nie bekommen.

Der zweite Luftkampf, an dem eine Lancaster der 61. Squadron beteiligt war, hatte den gleichen Ausgang. Wahrscheinlich haben die Bomber keinen Treffer erzielt, und beide Nachtjäger kamen nicht einmal dazu, das Feuer zu eröffnen.

* Es ist wichtig, hier eine Anmerkung über Quellen und die beim Vergleich von Luftkämpfen angewandten Methoden einzufügen. Erhebliche Mühe ist von mir und wertvollen Helfern in Deutschland auf die Analyse der vielen Luftkämpfe verwandt worden, die während der Schlacht um Hamburg stattfanden. Die Informationsquellen sind zahlreich, aber keine ist allesumfassend. Auf der Seite der RAF gibt es die Berichte heimgekehrter britischer Besatzungen, die Berichte von Männern, die abgeschossen wurden und in Kriegsgefangenschaft gerieten, und die Berichte der RAF-Vermißten-Suchgruppen, die nach dem Krieg in Europa harte und mühsame Arbeit geleistet haben. Aber es gibt Lücken in diesen Informationen, besonders in jenen Abschnitten der Schlacht von Hamburg, die über der offenen See ausgefochten wurden und in deren Verlauf Flugzeuge spurlos verschwanden. Die deutsche Seite ist weniger gut abgedeckt, da die Einsatzberichte der Einheiten, die soviel wertvollen Aufschluß hätten geben können, fast vollständig fehlen. Das einzige einigermaßen umfassende deutsche Dokument, das zur Verfügung steht, ist der

Tagesbericht des Generalluftzeugmeisters, in dem angeblich alle deutschen Flugzeugverluste sowie Fälle von Beschädigungen von mehr als 10 Prozent verzeichnet sind. Bedauerlicherweise scheint dieses Dokument nicht vollständig zu sein, und es ist möglich, daß bis zu 15 Prozent der Luftwaffen-Verluste nicht dokumentiert sind.

Es gibt Möglichkeiten, einige der Lücken auszufüllen. Einige Tote aus RAF-Maschinen, die ins Meer gestürzt waren, wurden später an den Küsten angespült; Daten und Orte dieser Leichenfunde ergeben zusammen mit einer Analyse der vorherrschenden Strömungen und Winde gewisse Anhaltspunkte für die Koordinaten des Absturzortes – eine traurige Methode, gewiß, aber sie ergibt wertvolle Daten von historischem Interesse. Das Fehlen von Dokumenten deutscher Verbände kann zu einem Teil wettgemacht werden durch die Prüfung von Papieren wie privaten Kriegstagebüchern und offiziellen Luftwaffe-Abschußbestätigungen. Ein Teil der Dokumente des ehemaligen Luftgaukommandos Holland ist ebenfalls erhalten geblieben. Derartige Dokumente enthalten oft wertvolle Daten von Ort und Zeit der Luftkämpfe. Sie befinden sich meist in Privathand, doch besteht Hoffnung, daß die Ergebnisse jahrelangen Studiums dieser Dokumente eines Tages veröffentlicht werden; die für die Schlacht um Hamburg relevanten Teile sind mir liebenswürdigerweise zugänglich gemacht worden. Es gibt andere nützliche deutsche Dokumente im Bundesarchiv einschließlich gewisser Dokumente von Einheiten der Flak sowie die interessanten Dokumente der Flugzeug-Bergungseinheiten des Luftgaukommandos XI, die für einen großen Teil des Gebiets zuständig waren, über dem die Luftschlacht um Hamburg stattgefunden hat.

Der »Y«-Dienst der RAF, der den deutschen Funkverkehr zwischen Jägerleitoffizieren und ihren Nachtjägern abhörte, schrieb Berichte über die Operationen jeder Nacht und jedes Tages. Sie wurden im Jahre 1972 nicht zusammen mit den Dokumenten des Zweiten Weltkrieges dem Public Record Office übergeben, aber Exemplare vieler Berichte des »Y«-Dienstes, die der USAAF zugänglich gemacht worden waren, tauchten in den Einsatzberichten des amerikanischen VIII. Bomberkommandos wieder auf. Bedauerlicherweise ist der Bericht über diese äußerst interessante erste Nacht der Schlacht um Hamburg von den Amerikanern nicht zu den Akten genommen worden, aber die Berichte über alle weiteren Nacht- und Tagangriffe der Schlacht sind verfügbar.

Aus allen diesen verschiedenen Quellen läßt sich ein partielles, wenn auch gelegentlich widersprüchliches Bild der Feindberührungen in der Luft während der Angriffe auf Hamburg zusammenfügen. Wird hier ein Luftkampf als vollständig den Tatsachen entsprechend beschrieben, darf der Leser sich darauf verlassen, daß sich der Bericht auf zuverlässige dokumentarische Beweise stützt. Werden die Berichte durch die Wörter »wahrscheinlich« oder »möglicherweise« qualifiziert, so ist den Berichten genau diese Nuance der Zuverlässigkeit beizumessen. Ich bin überzeugt, daß das allgemeine Bild der Luftkämpfe während der Schlacht um Hamburg den Tatsachen entsprechend gezeichnet werden kann, während einige der genaueren Details niemals mehr ans Licht kommen werden.

Handfestere Resultate erbrachten die beiden anderen frühen Luftkämpfe. Beide fanden so dicht unter der holländischen Küste statt, daß sie noch innerhalb der Würzburg-Reichweite und damit im Gebiet der vom Boden aus geleiteten Nachtjagd ausgetragen wurden. Oberleutnant Ernst-Georg Drünkler fing eine Lancaster im Raum »Tiger« ab und schoß sie mit einem einzigen Feuerstoß ins Meer. Ein anderer deutscher Flugzeugführer, wahrscheinlich war es Hauptmann Rudolf Sigmund, fing eine andere Lancaster ab und schoß sie im Raum »Salzhering« ab. Der Ort dieser britischen Verluste ist mit einiger Genauigkeit bekannt. Die beiden Bomber waren 100 bzw. 160 km weit von ihrem Flugweg abgekommen; sie hätten zur Zeit ihres Abschusses viele Meilen weiter westlich sein sollen. Es kann nur vermutet werden, daß an Bord beider Maschinen mechanische Defekte aufgetreten waren, als sie sich der deutschen Küste näherten, und daß sie im Begriff waren, zum nächsten Punkt der englischen Küste zurückzukehren. Es ist verzeichnet, daß Drünklers Opfer zur Zeit des Abschusses in nur 1600 Meter Höhe flog. Diese Luftkämpfe zeigen, wie effektiv das deutsche System der Jagdräume war, wenn es galt, einen Bomber zu erfassen, der sich weit von dem großen Bomberstrom entfernt hatte. Zufälligerweise gehörten beide Lancaster der 103. Squadron an, die mit der größten Zahl von Bombern dieser Nacht von ihrem Flugplatz in Eldham Wolds gestartet war. Zwölf Engländer und zwei Kanadier starben.

Auf der Karte jedes Bomber-Navigators war »Position A« eingetragen, und zwar bei 54.45° N, O7.00° O, ein 130 km landeinwärts gelegener Punkt, an dem sich die verschiedenen Wege der Bomber trafen und wo sich der große Bomberstrom zum Endanflug sammelte. Position A war rund 465 km von England entfernt, und die ersten Maschinen erreichten sie ungefähr zwanzig Minuten nach Mitternacht. In der Theorie sollte der Strom nach seiner Formierung genau 325 km lang sein, eine Distanz, die auf einer geplanten Dauer von dreiundfünfzig Minuten für den Angriff und auf der Geschwindigkeit der Bomber bei Erreichen der Stadt basierte. Theoretisch sollten auch die Bomber in dem Strom alle mit genau der gleichen Geschwindigkeit und von Position A an auf genau der gleichen Strecke fliegen, allerdings jeweils in den Höhen, die die verschiedenen Flugzeugmuster erreichen konnten. Aber der Bomberstrom erreichte diese adrette und kompakte Form nur auf dem Papier. In der Praxis war es ein unregelmäßiger Haufen von Flugzeugen, der etwa den gleichen Kurs und mit ungefähr gleicher Geschwindigkeit flog, jedoch mit zunehmender Auswirkung der falscheingeschätzten Faktoren sowie unterschiedlichen Fähigkeiten der Besatzungen, mit den Tücken der Koppelnavigation fertig zu werden.

Fünf Minuten nach Passieren des Sammelpunktes begann das erste Flugzeug des Bomberstroms mit dem Abwurf der ersten im Einsatz verwendeten Window-Pakete. Diese Maschine hatte einen 55 km vom nächstgelegenen deutschen Territorium – in diesem Falle den Inseln Helgoland und Sylt – entfernten Punkt erreicht, an dem nach Ansicht der Wissenschaftler die Würzburg-Geräte der deutschen Küsten-Nachtjagdräume ihre volle Effizienz erlangten. Es ist nicht bekannt, welche Maschine die ersten Window-Bündel abwarf; aber es ist so gut wie sicher, daß es ein Pathfinder war. Binnen zwanzig Sekunden hatten sich die 2200 Stanniolstreifen in der Luft verteilt und bildeten eine tanzende, flatternde kleine Wolke, die mit einer Geschwindigkeit von 90 bis 120 Meter pro Minute zur Erde sank. Diese eine kleine Wolke würde auf dem Schirm eines deutschen Würzburg-Geräts als Echo eines Bombers erscheinen und für die Dauer von mindestens fünfzehn Minuten wirksam bleiben. Jeder Bomber würde von nun an jede Minute ein derartiges Bündel abwerfen, bis er in etwa zwei Stunden beim Heimflug die gleiche Entfernung von der deutschen Küste erreicht haben würde.

Als der Window-Einsatz später zur Routine geworden war, sollte der Bombenschütze jeder Besatzung die Aufgabe des Window-Abwurfs ständig übernehmen, und zwar unter Benutzung eines eigens dafür eingebauten Schachtes in der unmittelbaren Reichweite seines regulären Platzes im Bug des Bombers. In dieser ersten Nacht jedoch waren die Staffeln angewiesen worden, jeweils dasjenige Besatzungsmitglied einzusetzen, das am geeignetsten erschien. Die meisten Staffeln entschieden sich für den Bordingenieur als den besten Mann, allerdings wurden manchmal auch Funker und Bombenschützen dafür eingeteilt, und zumindest in einer Staffel auch der Bordschütze des oberen MG-Standes, eine Entscheidung, die von den meisten betroffenen Besatzungen für schlecht gehalten wurde, da nun einer der Abwehr-Stände des Bombers während der gesamten Dauer des Fluges über feindlichem Territorium unbesetzt blieb. Das eingeteilte Besatzungsmitglied begab sich zum Leuchtbombenschacht unten im kalten, dunklen und leeren Rumpf, oder es wurde eine der verschiedenen Klappen, ein Schiebefenster oder eine der kleinen Luken des Bombers benutzt. Der Mann richtete sich da häuslich ein, ausgerüstet mit einer Taschenlampe und einer Stoppuhr, um die Bündel hinauszuschieben; es war eine ungemütliche und von allen wenig geliebte Aufgabe.

Ich hatte meinem Skipper erklärt, daß mein Platz als Bordmechaniker im Cockpit sei, daß ich ihm zu helfen hätte, das Flugzeug in Gang zu halten, besonders in einem etwaigen Notfall. Er drückte mir die neue Aufgabe mit dem geflügelten Wort aufs Auge: »Auch jene Männer dienen dem Vaterlande, die da in Streifen geschnittene Metallfolie die Leuchtbombenschächte hinabschieben.« (Sergeant F. G. Miller, 467. Squadron)

Es gibt eine ganze Menge Geschichten über allerlei Pannen, die dabei passierten. Ein Soldat fand, daß die Bündel zu dick und sperrig seien, um sie glatt durch den Schacht zu schieben, also zog er einen seiner Fliegerstiefel aus und trat Window mit einem Fuß ins Freie, wobei der Fuß »ziemlich kalt« wurde. Ein anderer schob aus Versehen seine Mütze in den feindlichen Luftraum, und wieder ein anderer hielt krampfhaft ein Paket Window mit einer Hand fest und warf mit der anderen seine Stoppuhr hinaus, »was längere Erklärungen erforderlich machte, als wir wieder zu Hause waren«. Im Kriegstagebuch einer Staffel steht verzeichnet, daß zwei Maschinen ohne Funkantenne zurückkehrten; sie waren von noch nicht aufgeplatzten Bündeln getroffen und abgerissen worden. Ein noch unerfahrener Bordingenieur verlor seinen Sauerstoffanschluß und schaltete die Rumpfbeleuchtung ein, um ihn wiederzufinden, was zur Folge hatte, daß ein darob sehr unglücklicher Bordschütze in der oberen MG-Kanzel saß, »die in die Nacht hinein leuchtete wie eine riesige Glühbirne«. Der mattschwarze Überzug der einen Seite der Streifen färbte leicht ab. Mehrere obere MG-Kanzeln wurden geschwärzt, und die meisten der Männer, die mit Window hantieren mußten, sahen bei ihrer Rückkehr nach England »schwarz wie Othello« aus.

Unser Bombenschütze warf Window aus einer Klappe an der Unterseite der Bugkanzel hinaus. Als er die Klappe öffnete, fuhr ein mächtiger

Luftzug durch den ganzen Rumpf, und die meisten Window-Streifen, so schien es uns, fegten wieder in den Bomber zurück anstatt hinaus in die Nacht. Ich sehe mich noch heute auf dem Funkerplatz hocken mit nur dem Glimmen einer winzigen Lampe am Gerät und einen Strom dieser kleinen Streifen beobachtend, wie sie an mir vorbeiflatterten und über den Hauptholm nach achtern im Dunkel verschwanden – es war ein bißchen so, als sähe man einem Schwarm von Flußfischen zu, die in ziemlich trübem Wasser hin- und herflitzten. (Pilot Officer R. Clarke, 12. Squadron)

Ich nehme für mich in Anspruch, der einzige Bordschütze zu sein, der von Window verwundet worden ist. Der Bordmixer hatte vergessen, das Gummiband von einem Bündel zu entfernen, und plötzlich gab es einen ungeheuren Krach, einen Schwall von Luft in meiner Kanzel, und ich wurde seitlich an Kopf und Auge von einem noch fest gepackten Window-Paket getroffen, daß das Blut nur so spritzte. Ich glaubte, das Kanzeldach würde abheben. Ich hielt mich deshalb am ersten besten Ding fest, das mir in die Hand kam, und das war der MG-Abzug. Ein paar Sekunden lang war die Hölle los, das schiere Chaos regierte, als ich so an die hundert, zweihundert Schuß abgab. Zum Glück geschah außer meinem Kratzer am Kopf sonst niemandem ein Leid. (Sergeant O. Roberts, 49. Squadron)

Ich erhielt von unserem Flugzeugführer Befehl, sechzigmal »Lancaster« zu sagen und beim sechzigsten Mal irgend etwas in einem Bündel durch den Leuchtbombenschacht hinauszuschieben. Man erwürgte sich dabei beinahe selbst, weil sich der Sauerstoffschlauch immer um den Schacht verhedderte, und wegen der Temperatur konnte man sich auch nicht auf den Fußboden hocken. Man stand also tief gebückt über dem Schacht, zählte seine sechzig »Lancaster« ab und warf ein Bündel hinaus. Ausweichmanöver – und schon polterten die verdammten Bündel kreuz und quer durch die Gegend. Man stieß sich das Schienbein wund, man kriegte nur noch mühsam Luft – aber Junge, Junge – die Sache war es wert! (Flight Sergeant A. J. O'Brien, 460. Squadron)

Es muß gesagt werden, daß alle diese Mißgeschicke die Mehrheit der britischen Bomber nicht daran hinderten, ihre Window-Bündel fachgerecht abzuwerfen, und es war, wie Flight Sergeant O'Brien sagte, durchaus der Mühe wert.

Die ersten Vorposten des Himmelbett-Systems, das Hamburg vor dem Bomberanflug schützen sollte, waren die Räume »Auster« und »Hummer«, deren Radarstationen sich auf den Inseln Sylt und Helgoland befanden. Ihre Freya-Geräte waren der Spitze des sich nähernden Bomberstroms schon seit einiger Zeit und ohne Schwierigkeiten gefolgt. Es ist nicht bekannt, wer in jener Nacht Jägerleitoffizier bei Auster und Hummer war, aber man darf davon ausgehen, daß es sich bei den Männern, denen diese wichtigen Räume anvertraut waren, um erfahrene und zuverlässige Leute handelte. Ebensowenig ist bekannt, welche deutschen Nachtjäger an den Nordwest-Rändern der Räume patrouillierten, aber auch in diesem Fall darf man davon ausgehen, daß es sich um die erfahrensten Besatzungen handelte, die aufzutreiben waren. Es war ständige Gepflogenheit der Nachtjagd-Räume an der Küste, so weit wie irgend möglich hinauszugreifen und zu versuchen, den Kopf eines Bomberstroms so früh wie möglich zu attackieren.

Window war ein sofortiger Erfolg für die Briten. Binnen zwanzig Minuten nach dem ersten Abwurf der Streifen durchflog der Bomberstrom drei der Haupt-Nachtjagdräume an der Küste – Hummer, Auster und Pelikan – und außerdem vier kleinere Binnenland-Räume – 1 C, 2 A und die Räume Hummel A und Hummel C. Es gab weitere Räume am Rande der Bomberroute, die normalerweise Ziele an den Flanken des Bomberstroms aufgefaßt hätten. Wegen des Window-Einsatzes war nicht ein einziger dieser Räume imstande, normal zu fungieren.

Wir brauchen hier nicht ausführlich das zu beschreiben, was die Deutschen später den »Düppelschock« nannten. Die Freya-Geräte der Bodenstationen waren nicht so sehr betroffen, aber die Würzburg-Geräte um so stärker, und sie waren unentbehrlich für das direkte Heranführen der Nachtjäger an ihr Ziel. Es läßt sich berechnen, daß zu jedem beliebigen Zeitpunkt des Angriffs jeweils die von 7000 Window-Bündeln erzeugten Echos effektiv waren. Es gab also für jedes echte Bomber-Echo auf den Würzburg-Schirmen jeweils zehn falsche. Die deutschen Nachtjäger wurden kreuz und quer über den Nachthimmel geschickt und mußten Bomber jagen, die es überhaupt nicht gab. Es gab Perioden, in denen sich die langsam zu Boden sinkenden Streifen so ineinander verwirbelten, daß die deutschen Radargeräte mit falschen Signalen förmlich überschwemmt wurden und die Jägerleitoffiziere jeden Versuch aufgeben mußten, ihre Nachtjäger überhaupt noch zu führen. Oberleutnant Joachim Wendtland, ein erfahrener Jägerleitoffizier, befand sich damals nicht in seinem Raum, sondern im Stab der 2. Jagdflieger-Division in Stade, wo er andere Leitoffiziere ausbildete. »Es war genauso, als wollte man eine Glasmurmel in einem Faß Erbsen wiederfinden, nur – man mußte sie sofort finden. Zeit, lange zu suchen, hatte man nicht, denn der Schirm veränderte sich ständig.«

Nicht minder frustrierend war es in der Luft, wo sich Window als ebenso wirksam gegen die Lichtenstein-Geräte erwies, mit denen die Nachtjäger ausgerüstet waren.

Mein Funker hatte plötzlich mehr Ziele als überhaupt da sein konnten. Ich weiß, daß von meinem Funker Kursanweisungen kamen, die mich fast verzweifeln ließen, weil ich – falls es richtige Bomber waren – diese gar nicht so schnell hätte überholen können. Man sah überall Ziele, die nicht vorhanden waren, man war hinter Zielen, ohne Propellerwirbel zu spüren. Unter diesen Umständen war für mich klar, nicht einen Erfolg, d. h. Abschuß, zu erzielen, zumal es am 25. 7. 1943 mein erster Feindflug war. Dann wurde nach dem Einsatz besprochen, was da überhaupt verrückt gespielt haben könnte. Das soll nicht heißen, daß nicht evtl. doch Erfolge in diesen Nächten erzielt worden sind. Alte Hasen, die einen entsprechenden Riecher hatten, die waren eben mit allen Wassern gewaschen. Meine Besatzung und ich mußten noch viel Erfahrung sammeln. (Unteroffizier Otto Kutzner, 5./NJG 3)

Otto Kutzners Erlebnis war typisch für viele andere. Dieser Mann war Bordmeßfunker in einem Jäger, der ursprünglich dazu eingeteilt war, in einem Raum unmittelbar südlich von Hamburg Patrouille zu fliegen:

Als wir unseren Raum erreicht hatten, erfuhren wir sogleich von unserem Leitoffizier, daß alles gestört sei und daß wir einfach in Richtung Hamburg fliegen sollten. Das war ungewöhnlich; so einen Befehl hatte ich vorher noch nie gehört. Ich war sehr verdutzt. Wir flogen also in Richtung Hamburg und hatten bald viele Ziele auf meiner Sichtröhre. Wir dachten, wir wären mitten im Bomberstrom selbst. Der erste Eindruck war, daß die Bomber genau auf uns zukamen. Deshalb kurvten wir ab, um uns hinter einen von ihnen zu setzen, aber nach der Kurve kamen sie noch immer viel zu schnell. Ich sagte: »Langsamer, noch langsamer, Sie sind zu schnell!« Der Flugzeugführer sagte, es müsse irgendwas nicht in Ordnung sein, denn er habe schon die Landeklappen ausgefahren und fliege so langsam wie möglich. Wir faßten ein Ziel nach dem anderen auf, aber nicht ein einziges davon war hart. Wir hörten über Funk, daß auch der Offizier am Boden Ärger hatte.

Das ging eine gute Stunde lang so weiter. Hier und da sahen wir, wie jemand feuerte, aber ich konnte nicht erkennen, ob irgendwo ein Flugzeug abgeschossen wurde. Wir landeten in Stade, nicht auf unserem eigenen Platz Vechta. Ich glaube, wir hatten deshalb Befehl erhalten, dort zu landen, damit der Gruppenstab uns genau über den Verlauf des Fluges befragen konnte. Mein Flugzeugführer ging hinein zum Stab und hatte ein Gespräch mit Major Lent, den er sehr gut kannte. Er kam zurück und sagte irgend etwas wie: »Sie sind alle ziemlich ratlos und verwirrt.« (Unteroffizier Rolf Angersbach, 3./NJG 3)

Jeder britische Bomber-Funker bekam normalerweise eine Frequenz mit auf den Weg, von der man wußte, daß sie für den Funksprechverkehr zwischen den deutschen Jägerleitoffizieren am Boden und ihren Nachtjägern benutzt wurde. Der Funker hörte diese Frequenz ab, bis er deutsche Stimmen empfing. Dann schaltete er einen kleinen Sender ein, der das Brüllen eines der Bombermotoren übertrug. Man wollte so versuchen, die deutschen Stimmen in dem Lärm untergehen zu lassen. In dieser Nacht jedoch erhielten die Bordfunker Befehl, dieses Störverfahren nicht anzuwenden, um klarer mithören zu können, wie sich Window auf die deutsche Verteidigung auswirkte. Auch in den drei Stationen des »Y«-Abhördienstes der RAF in England hörte man den deutschen Stimmen zu. Die Reaktion der deutschen Leitoffiziere war äußerst befriedigend für die RAF-Leute. »Wir gewannen den Eindruck von Panik und Verwirrung bei den deutschen Leitoffizieren. Die waren außer sich.« »Ihren Stimmen konnte man Überlastung, Angst, Wut und Ratlosigkeit anhören.«

In Deutschland gelangte die schlechte Nachricht von der Störung, die Window verursachte, sehr schnell nach »ganz oben«. General Kammhuber in Berlin hatte binnen einer Stunde davon erfahren. Er sagt: »Die ganze Abwehr war mit einem Schlag blind.« Walter Knickmeier, einer der besten und erfahrensten Jagdleitoffiziere in

Holland, sagt: »Düppel war das Todesurteil für die geführte Raumnachtjagd.«

Hundert Kilometer, das sind fünfzehn Minuten Flugzeit nach dem ersten Window-Abwurf, starrten die Navigatoren und Bombenschützen der sechs Pathfinder-Maschinen an der Spitze des Bomberstroms angespannt auf die flackernden Schirme ihrer H2S-Radargeräte. In dem Augenblick, als die Silhouette der deutschen Küste durch das Zentrum des Schirms glitt, klinkte jede dieser Maschinen eine Zielmarkierungs-Bombe aus. Zielmarkierungen wurden in drei Standardfarben hergestellt – in Rot, Grün und Gelb. Die über der Küste ausgeklinkten Bomben waren gelb. Durch Luftdruckzünder wurde ihr Leitwerk in einer Höhe von 1000 Meter weggesprengt, und sechzig hell leuchtende Feuerwerkskerzen stürzten wie ein Wasserfall aus jeder Bombe und sanken langsam zu Boden. Das wunderschöne Feuerwerk, goldleuchtend, war auf viele Kilometer hin zu sehen. Das waren die »Kursmarkierungen«. Sie wurden von den erfahrenen Pathfinder-Besatzungen abgeworfen, damit die Bomber, die ihnen folgten, sich zu einem möglichst dicht formierten Strom nach ihrem langen Flug über die konturlose Nordsee zusammenfinden konnten. Es war jetzt vierzig Minuten nach Mitternacht, und spätere Pathfinder-Besatzungen erneuerten die Markierungen, bis der letzte Teil des Bomberstroms die Küste überquert hatte.

Die gelben Kursmarkierungen wurden über einer kleinen Halbinsel an der Westküste Schleswigs abgeworfen, unmittelbar nördlich der kleinen Ferienstadt Büsum und westlich der größeren Stadt Heide. Dieser Punkt befand sich genau 80 Kilometer südlich der dänischen Grenze, und die Bomberrouten sollten während der Schlacht um Hamburg nie näher an die südliche Grenze dieses befreundeten Landes heranreichen. Trotz dieser Tatsache finden sich in den Briefen und Tagebüchern ehemaliger Mitglieder des Bomber Command viele Hinweise auf Zwischenfälle, die sich »über Dänemark« oder »an der dänischen Küste« abgespielt haben sollen. Einer erwähnt sogar »Heide in Dänemark« in seinem Tagebuch. Der Fehler wird in den Tagebüchern mehrerer RAF-Squadrons wiederholt. Offenbar war für viele Briten alles, was nördlich von Hamburg lag, schon Dänemark, obwohl die Navigatoren jeder einzelnen

Besatzung Karten hatten, auf denen der tatsächliche Grenzverlauf deutlich zu erkennen war. Es wäre ganz interessant, zu erfahren, warum dieser Irrtum so weite Verbreitung finden konnte. Zwei Bomber mit Pannen nutzten die Gelegenheit, um ihre Bomben sogleich nach Überfliegen der Küste abzuladen; der Bombenabwurf über deutschem Gebiet gestattete es den Besatzungen, diesen Flug als Einsatzflug zu verbuchen. Ein Mensch in Heide fand den Tod.

Die Kursmarkierungen waren von einigem Nutzen für die Deutschen. Eine sechzehn Kilometer entfernte Luftschutzwache in Meldorf meldete ihre Beobachtung der 2. Jagdflieger-Division in Stade, und diese Meldung ging von dort aus weiter an alle interessierten Einheiten. Auch die deutschen Nachtjäger in diesem Gebiet sahen die Markierungen, und etliche hielten an diesem Punkt Ausschau nach Bomberzielen. Auch hier wieder gibt es Lücken in unserer Kenntnis, aber ein recht zuverlässiges Bild läßt sich dennoch zeichnen. Unerwarteterweise geschah dreißig Minuten lang überhaupt nichts, während die Kursmarkierungen ständig erneuert wurden und mehr als 500 Bomber sie ungefährdet überflogen. Dann erfaßte ein Nachtjäger, der auf der Seeseite der Markierungen herumsuchte, endlich doch einen Bomber. Ein langer Feuerstoß aus seiner Bordkanone reichte aus. Das Feuer wurde nicht erwidert, und viele andere Besatzungen sahen, wie der Bomber brennend stürzte und dann über der See auseinanderbrach oder explodierte. Es handelte sich wahrscheinlich um eine Halifax der 76. Squadron, die in der fünften Angriffswelle flog. Die Identität des deutschen Nachtjägers ist unbekannt. Es war der einzige deutsche Erfolg an der Küste.

Zum nächsten Luftkampf kam es genau fünf Minuten später. Die Besatzung von Sergeant A. Fletcher in einer Halifax der 51. Squadron befand sich auf ihrem ersten Feindflug. Ein deutscher Jäger machte die Halifax aus und griff sie genau von hinten an, aber der Heckschütze des Bombers war wachsam und erwiderte das Feuer sofort. Der Feuerstoß des Deutschen ging daneben, der des Bombers aber nicht, und der Jäger, dessen Typ von der Bomberbesatzung nicht identifiziert werden konnte, ging steil nach unten weg mit einem roten Glühen, das auf einen Brand schließen ließ. Dieser Luftkampf paßt ungefähr zu einer deutschen Meldung über den Absturz einer Dornier Do 217 der 5./NJG 3 in der Nähe von Flensburg, nachdem sie in einem Luftkampf beschädigt worden war. Oberfeldwebel Wilhelm Ziegler suchte wahrscheinlich seinen heimatlichen Flugplatz bei Schleswig, als er abstürzte. Er selbst und sein Bordmechaniker wurden getötet, aber sein Funker blieb unverletzt. Es ist möglich, daß Ziegler gerade die Halifax der 76. Squadron abgeschossen hatte; die beiden Luftkämpfe fanden im selben Gebiet statt.*

Der Bomberstrom flog weiter, seinem nächsten Wendepunkt entgegen, der sich dreiundvierzig Kilometer nordnordwestlich von Hamburg befand. Einige Bomber warfen Flugblätter in der Nähe der deutschen Ortschaften entlang der Route ab, weitere wurden über Hamburg selbst und auf der Rückkehr-Route abgeworfen. Diese Flugblattaktion war Teil des alliierten Propagandakrieges. Das Bomber Command hatte sich bereit erklärt, Flugblätter über Deutschland abzuwerfen, aber nur an den Routen, die seine Flugzeuge ohnehin auf seinen Bombeneinsätzen zurücklegen mußten. Amerikanische Bomber versahen den gleichen Dienst bei Tage.** Man traf auf Flak und Scheinwerfer, deren stärkste Konzentration sich entlang des Nord-Ostsee-Kanals befand, den der Bomberstrom überflog. Es war ein höchst unbeliebtes Revier, und den Besatzungen gefiel es gar nicht, wenn ihre Routen über den Kanal führten. Der konzentrierte Flak- und Scheinwerfer-Einsatz in diesem Raum führte zur Vernichtung eines weiteren Bombers. Eine Stirling der 75. Squadron, die sich in geringerer Höhe dahinschleppen mußte als die besseren Typen, geriet in einen Scheinwerferkegel und wurde heftig von der Flak beschossen. Der Pilot entschloß sich zu einem Sturzflug und kurvte, um aus dem Scheinwerferlicht herauszukommen, aber er verließ dabei den Bomberstrom und den Schutz des Window-Verfahrens.

* Der Erfolg der Besatzung Fletchers hatte ein trauriges Nachspiel. Sie flogen in den folgenden fünf Nächten drei weitere Einsätze, aber beim letzten wurden sie von einem deutschen Nachtjäger nur wenige Kilometer vom Ort dieses Erfolges der ersten Nacht abgeschossen und stürzten ins Meer. Es gab keine Überlebenden.

** Die beiden alliierten Luftwaffen warfen allein im Jahre 1943 548 Millionen Flugblätter ab, die Hälfte davon über Deutschland. Im Bericht des Polizeipräsidenten der Freien und Hansestadt Hamburg sind die Titel elf verschiedener Flugblattveröffentlichungen verzeichnet, die während der Schlacht um Hamburg abgeworfen wurden. Die Texte machten sich den jüngsten deutschen Kollaps in Nordafrika und neuere Erfolge in der Bekämpfung deutscher U-Boote in der Atlantik-Schlacht zunutze.

Der Bordmeßfunker von Feldwebel Meissner, dessen Maschine sich im Raum Kiebitz C ein wenig weiter im Norden aufhielt, faßte die Stirling auf seiner Sichtröhre auf, und bald war der Bomber erledigt. Drei Besatzungsmitgliedern gelang es, auszusteigen und mit dem Fallschirm sicher den Boden zu erreichen. Sie wurden die ersten Kriegsgefangenen der Schlacht um Hamburg.

Nur noch ein weiterer Luftkampf wurde von einem Bomber während dieses Flugabschnitts registriert; es war ein ergebnisloses Scharmützel zwischen einer anderen Stirling und einem Jäger, der als Messerschmitt Me 109 angesprochen wurde. Der gesamte Bomberstrom – mehr als 320 Kilometer lang und bestehend aus mehr als 700 Flugzeugen – hatte sämtliche Nachtjagd-Räume, die die nördlichen Zugänge nach Hamburg schützten, unter dem Verlust von nur zwei Bombern auf der vorgeschriebenen Route oder in ihrer Nähe passiert. Wahrscheinlich war nicht ein einziger Luftkampf das Resultat des normalen, bodengeführten Abfang-Verfahrens. Schon jetzt hatte Window vielen Männern der RAF das Leben gerettet. Aber Window war außerstande, das Leben der Männer in jenen Bombern zu schützen, die sich zu weit vom Bomberstrom entfernten, und zwei weitere dieser Bomber waren ebenfalls entdeckt und in kurzer Zeit zu Boden geschickt worden. Beides waren Halifax-Bomber, und beide waren weit vom Kurs nach Norden abgekommen. Im Raum Kiebitz A bei Schleswig errang Leutnant Böttinger seinen ersten Luftsieg als Nachtjäger, als er eine Maschine der 158. Squadron abschoß, die fünfzig Kilometer vom Kurs abgekommen war, und über der dänischen Grenze wurde eine Maschine der 51. Squadron abgefangen, die den Nachtjagd-Raum Ameise mit dem korrekten Kurs, aber 100 Kilometer vom Bomberstrom entfernt durchflog. Der Verlust dieser beiden Bomber war ein typisches Beispiel für den Erfahrungsmangel neuer Besatzungen; sie befanden sich auf ihrem ersten bzw. zweiten Einsatz.

Auf die Beschreibung dieser frühen Luftkämpfe ist einiger Raum verwendet worden, weil sie die schützende Wirkung des Window-Verfahrens für diejenigen Maschinen verdeutlichen, denen es gelang, im Bomberstrom zu bleiben, und die Gefahren für jene anderen, die das nicht konnten. Die überwiegende Mehrheit der Bomber war unbehelligt weitergeflogen und hatte den letzten Wendepunkt vor dem Ziel erreicht. Die Spitze des Bomberstroms erreichte jetzt diesen Punkt über dem Dorf Kellinghusen, nur sieben Flugminuten von der Hamburger Stadtmitte entfernt. Sie waren die Vorläufer eines Stroms von 740 Bombern, der sich jetzt darauf vorbereitete, die Stadt anzugreifen.

Zwei Flieger, beide auf ihrem ersten Einsatzflug, haben diese Augenblicke des Anflugs auf Hamburg aufgezeichnet:

> Ich erinnere mich noch, wie verloren ich mich auf dem Hinflug fühlte, wie ich darüber nachgrübelte, was wohl vor uns lag, wie mulmig das Gefühl in der Magengrube war, wie man aber gleichzeitig entschlossen war, den anderen, abgehärteten alten Kriegern gegenüber sich nichts davon anmerken zu lassen. Als wir dann den Kieler Kanal nach Süden überflogen, traten bei der Besatzung gewisse Änderungen ein. Das Atmen, das man über die Bord-Sprechanlage hörte und das bisher ziemlich gleichmäßig gewesen war, wurde jetzt spürbar schneller und lauter; die Worte wurden knapper, abgehackter, und dann und wann flackerte gereizte Stimmung auf, nicht salonfähige Ausdrücke waren immer öfter zu hören, je mehr wir uns dem Zielgebiet näherten. Was mir aber an Warrant Officer Haywood und seiner Besatzung imponierte – und heute noch imponiert – ist die Tatsache, daß zu keiner Sekunde Disziplin oder Leistungsfähigkeit verloren gingen, und später, als alles vorbei war, da war ich sehr dankbar dafür, daß ich meine ersten Gehversuche bei so einer Besatzung machen durfte. (Flight Sergeant F. H. Tritton, 100. Squadron)

> Ich stellte die letzten Berechnungen zur Kursänderung an, so daß wir die Stadtmitte Hamburgs überfliegen würden. Nach einer doppelten Gegenkontrolle rief ich den Skipper. »In vier Minuten schwenken wir auf das Ziel ein, Kurs Eins Sechs Null. Ich rufe zurück.« Ich nahm die Zeit, und nach vier Minuten rief ich: »O. K. Gehen Sie auf Eins Sechs Null.« Tony bestätigte, und die Maschine legte sich in die Kurve. Ich rief dem Bombenschützen zu: »In dreieinhalb Minuten bist du an der Reihe, Dennie.« Bill übernahm den Abwurf der Window-Pakete, und ich konnte Dennies schweres Atmen hören, als er sich flach auf den Bauch legte und in das Bombenzielgerät starrte. (Flight Sergeant E. J. Insull, 218. Squadron)

Sehr oft verliefen Angriffe des Bomber Command auf deutsche Städte enttäuschend. Schlechtes Wetter konnte die Bomber aufhalten oder auseinandertreiben: Pathfinder-Markierungen fielen weit ab; starke deutsche Abwehr konnte selbst die tapfersten Bombenschützen abschrecken. Einige Angriffe verliefen scheinbar erfolgreich, mit offensichtlich zielgenauer Markierung und konzentrierter Bombardierung, aber spätere Luftaufnahmen zeigten, daß der wichtigste Teil der Zielstadt verfehlt worden war, daß die Bomben vielleicht in offenes Gelände gefallen waren oder auf Schein-Ziele. Aber in dieser Nacht gelang es dem Bomberstrom – dank Window –, so gut wie intakt den Nordteil einer wichtigen deutschen Stadt zu erreichen, einer Stadt, die bei ihrer Lage an dem breiten Fluß, der Elbe, auf den H2S-Geräten der Pathfinder deutlich auszumachen sein würde. Keine Wolken waren am Himmel, es wehte nur ein leichter Wind. Nicht oft boten sich dem Bomber Command so günstige Bedingungen für einen Bombenangriff.

An der Spitze des Bomberstroms flogen die Pathfinder. Achtundfünfzig von ihnen sollten es sein – achtundzwanzig Markierungs-Flugzeuge und dreißig »Nicht-Markierer«. Bei ihnen handelte es sich um Pathfinder-Besatzungen in der Ausbildung, die noch nicht für die Markierungsaufgabe eingesetzt wurden; sie hatten nur Bomben und Leuchtbomben an Bord und waren da, um die Vorhut des Bomberstroms zu »füllen«, damit die ersten Markierungsmaschinen nicht allein der deutschen Verteidigung ausgesetzt waren. Keine einzige Maschine dieser ersten Spitze war abgeschossen worden, aber vier hatten wenden müssen, und sechzehn weitere erreichten Hamburg entweder mit Verspätung, oder sie waren sich ihrer genauen Position nicht sicher und markierten und bombardierten deshalb nicht rechtzeitig. In der Theorie sollten die ersten Pathfinder-Maschinen alle an genau der gleichen Position, dreiundvierzig Kilometer nord-nordwestlich von Hamburg, einschwenken, aber aus dem späteren Verlauf der Dinge läßt sich die Annahme ableiten, daß seit Überfliegen der deutschen Küste noch eine gewisse Streuung stattgefunden hatte. Kurz nach der Kursänderung wurden die Bombenschächte geöffnet, und die Maschinen setzten zum Zielanflug an.

Die deutsche Luftabwehr verhielt sich ruhig. Die Flak-Kommandeure der deutschen Städte befahlen ihren Scheinwerfern und Flak-Batterien gelegentlich, nicht in Aktion zu treten, in der Hoffnung, daß es den Bombern nicht gelingen werde, die Stadt zu finden, und auch dieses Mal herrschte eine seltsame Flaute. Das war von großem Nutzen für die führenden Bomber. Sie konnten den gesamten äußeren Ring der Hamburg-Verteidigung überfliegen, ohne beschossen zu werden, und diese Pause reichte aus, um die abgeworfenen Window-Bündel effektiv werden zu lassen.

Die für diesen Angriff gewählte Pathfinder-Methode hieß »Newhaven Groundmarking«, die »Bodenmarkierung Newhaven«. Der Zeitplan für die Eröffnung des Angriffs lautete:

00.57 20 Blind-Markierer und -Beleuchter werfen je 2 gelbe Markierungen und 16 Leuchtbomben ab.
30 Nicht-Markierer werfen Sprengbomben und Leuchtbomben.

00.58–01.00 8 Sicht-Markierer werfen je 5 rote Markierungen.

01.00 Null-Zeit.

01.02 Lancaster der 1. Welle beginnen mit dem Bombenwurf.

Die zwanzig Blindmarkierer sollten versuchen, den Zielpunkt durch H2S-Radar auszumachen und dort ihre gelben Zielmarkierungen abzuwerfen; gleichzeitig sollten sie weiße Leuchtbomben ausklinken. Mit diesen gelben Zielmarkierungen als Orientierungshilfe und den weißen Leuchtbomben als Beleuchtung sollten dann die Bombenschützen der Sichtmarkierer-Maschine den Zielpunkt mit dem Auge finden und ihre roten Zielmarkierungen über ihm absetzen. Diese roten Markierungen – vierzig an der Zahl, wenn alles nach Plan ging – hatten dann Priorität vor den gelben, wenn das Gros mit dem Bombenwurf begann. Alle diese Pathfinder-Maschinen – Markierer und Nicht-Markierer – warfen außerdem auch Bomben ab, jedoch ausschließlich Sprengbomben. Vor der Null-Zeit war kein Brandbomben-Abwurf erlaubt, um jede Verwechslung von ersten Bränden mit Zielmarkierungen auszuschließen.

Vierundfünfzig Flugzeuge waren eingetroffen und hätten während der ersten drei Minuten des Angriffs bombardieren sollen; einundvierzig bombardierten dann innerhalb der ersten *fünf* Minuten. Die Ehre, den Angriff zu eröffnen – auf die Sekunde genau um 00.57 Uhr – teilten sich drei Maschinen: Lancaster der 83. und 97. Squadron sowie eine Halifax der 405. Squadron. Der größere Teil des Verdienstes sollte vielleicht der von Pilot Officer A. C. Shipway geführten Maschine der 83. Squadron zugeschrieben werden. Bei dieser Maschine waren kurz nach dem Start die meisten Instrumente des

Flugzeugführers ausgefallen; zuverlässig geblieben war nur der künstliche Horizont. Anstatt kehrt zu machen, setzte Shipway den Einsatzflug fort. Höhe und Geschwindigkeit ermittelte er durch Schätzungen. Er hatte Hamburg sechs Minuten zu früh erreicht und war um die Stadt herumgeflogen. Dabei studierten sein Navigator und sein Bombenschütze die Lage Hamburgs auf ihren H2S-Geräten. Dann hatte Shipway gesagt: »Jetzt ist es aber Zeit, daß irgend jemand diese Party eröffnet«, und er hatte seine gelben Zielmarkierungen und seine Bombenfracht ausgeklinkt. Die beiden anderen Maschinen, die zu dieser Zeit bombardierten, setzten keine Markierungen ab.

Die deutschen Scheinwerfer und die Flak waren genau in dem Augenblick in Aktion getreten, als Pilot Officer Shipway seine Bomben warf. Sein Flugzeug bekam ein kleines Loch von einem Flak-Granatsplitter ab, doch kehrte er wohlbehalten nach Hause zurück und wurde mit dem Distinguished Flying Cross ausgezeichnet. Auch mehrere andere der führenden Pathfinder-Maschinen wurden getroffen. Die Flak konnte während der Eröffnungsphase eines Angriffs sehr erfolgreich und gefährlich sein. Am schlimmsten scheinen die Halifax betroffen gewesen zu sein, die etwas niedriger flogen als die Lancaster. Pilot Officer Harry Gowan war der kanadische Pilot einer Halifax der 405. Squadron:

> Als Pathfinder war ich mir sehr der Verantwortung dafür bewußt, das Ziel genau zu markieren. Ein gerader und ebener Zielanflug war wesentlich. Als wir uns dem Ziel näherten, wurden wir von Scheinwerfern aufgefaßt. Das Gefühl der Nacktheit im grellen Scheinwerferlicht war sehr entnervend, und das Licht blendete uns in seiner Intensität. Die Flak schoß außerordentlich genau. Granaten krepierten rings um uns her, und wir erhielten mehrere Treffer. Ein Sprengstück kam durch die Windschutzscheibe vor mir und flog zwischen mir und dem Mechaniker durch, so nah, daß ich den Luftzug beinahe spüren konnte. Es durchschlug das Schott und verfehlte knapp den Navigator, der über seine Karten gebeugt dahockte. Mein Gesicht wurde mit Glassplittern bepfeffert, aber glücklicherweise gab es keine größeren Schnittwunden, und meine Augen blieben unversehrt.
>
> Plötzlich hörte ich in der Bordsprechanlage einen Schmerzensschrei. Durch Abfragen stellte ich fest, daß es der obere Bordschütze war. Ich

schickte den Funker, damit er sich um diesen Verwundeten kümmere, während wir unseren Zielanflug fortsetzten. Der Bombenschütze stellte fest, daß die Elektroanlage ausgefallen war. Er mußte also die Bomben manuell ausklinken. Die Erleichterung, als sie endlich fielen, war unermeßlich. Ich flog sofort Ausweichmanöver und konnte schließlich auch den Scheinwerfern entwischen.

Der Funker hatte den Verwundeten aus der Kanzel geholt und ihn im Rumpf auf den Boden gelegt. Er sagte mir, daß er schwer getroffen sei und große Schmerzen habe. Ich sagte, er solle ihm eine Morphiumspritze geben, aber Mac – der Bordschütze – wollte nichts davon wissen, deshalb sagte ich zu dem Funker, er solle es ihm so bequem und so warm machen wie irgend möglich und bei ihm bleiben. Wir nahmen Kurs auf unseren Stützpunkt und flogen so schnell, wie es mit unserer beschädigten Maschine möglich war.

Der obere Bordschütze überlebte den Flug nach England, aber er starb acht Tage später.

Die Pathfinder hatten ihre erste Aufgabe gelöst, aber viele Markierungen waren nicht genau geworfen worden. Mindestens zwei Blindmarkierer und ein Sichtmarkierer hatten ihre Zielmarkierungen schon vor der Stadt abgeworfen, und die restlichen Markierungen waren in vier Gruppen gefallen. Sie bezeichneten die Ecken eines grob vermessenen Rechtecks von sechseinhalb mal fünf Kilometer mit nur einigen wenigen Markierungen, die eine fünfte Gruppe in der Mitte dieses Rechtecks bildeten. Neununddreißig gelbe und rote Zielerkennungszeichen schwebten in hübschen Kaskaden auf Hamburg hernieder. Die Pathfinder, die den Angriff eröffnet hatten, flogen nach Süden davon. Keiner war abgeschossen worden.

Die erste Welle der Hauptmacht, sämtlich Lancaster-Bomber, folgten den Pathfinders dicht auf den Fersen, und ohne einen Augenblick der Verzögerung regneten ihre schweren 4000 lb-Sprengbomben und die tausend und abertausend Brandbomben auf die von den Pathfinders markierten Gebiete. Es war der Augenblick, zu dem Window seine volle Effektivität zeigte. Hamburgs Flak- und Scheinwerferverteidigung – beide wurden ja von Würzburg-Radargeräten geleitet – waren nahezu unbrauchbar geworden. Alle Zweifel, die die Bomberbesatzungen vielleicht hinsichtlich der Wirksamkeit der Bündel von

Streifen gehegt haben mochten, die sie unter so großen Mühen abwerfen mußten, waren hinweggefegt. Die lebhafteste Erinnerung dieser Männer an diesen ersten Angriff auf Hamburg gilt der Wirkung, die Window auf die Verteidung des Ziels hatte.

Der Anblick des näherkommenden Hamburgs war durchaus phantastisch. Es war, als ob eine schwarze Schneise durch ein Meer von Licht und Blitzen gelegt worden wäre. Die wenigen Lichter und Mündungsblitze von Geschützen in der schwarzen Zone, die es noch gab, waren vollständig außer Kontrolle, die Scheinwerferstrahlen wanderten schnell und willkürlich über den Himmel. Die Scheinwerfer und Geschütze zu beiden Seiten der Schneise waren unter Kontrolle, aber sie waren zu weit entfernt, um uns Schwierigkeiten zu machen. Mein Navigator rief mir zu, daß ich leicht vom Kurs abgewichen sei, aber mir war es nur recht, die Maschine durch die Mitte dieses dunklen Korridors hindurchzusteuern. Es war ganz offensichtlich sicherer, die Mitte der Straße einzuhalten. (Flight Lieutenant V. Wood, 12. Squadron)

Bis zu diesem Augenblick hatten wir uns ziemlich lustig gemacht über Window – über alle diese Bündel in unserem Flugzeug. Aber die Wirkung war die reine Magie. Ich habe das noch lebhaft vor Augen. Die Flak und die Scheinwerfer fuhrwerkten kreuz und quer in der Gegend herum. (Flight Lieutenant S. Baker, 7. Squadron)

Unsere Neulingsbesatzung war in der Schlacht über der Ruhr gleich ins tiefe Wasser geworfen worden; unsere fünf Einsatzflüge hatten alle in das »glückliche Tal« geführt. Bei nicht weniger als vier Einsätzen hatten wir Flak-Schäden an unserer Maschine davongetragen. Diese außerordentliche Zielgenauigkeit war für mich das Merkmal der deutschen Flak – bis zum 24./25. Juli.
Mit großer Erleichterung beobachtete ich von meiner Kanzel die desorganisierte Verteidigung Hamburgs. Über dem gut beleuchteten Ziel konnte ich Dutzende unserer Maschinen sehen, die ihren Zielanflug in einer Weise absolvierten, die ich nur als »äußerst ruhig und gesittet« bezeichnen kann. Das war neu für mich, und zum ersten Mal in der kurzen Geschichte meiner Einsatzflüge fühlte ich mich über einem Ziel einigermaßen sicher. (Sergeant S. Bethell, 467. Squadron)

Die Leitscheinwerfer und alle anderen wedelten ziellos umher am Nachthimmel wie ein Mann, der eine Flugameise in einem Schwarm mit einer Fliegenklatsche treffen will. Die ganze Besatzung war begeistert. Mein Bombenschütze erklärte, seine verdammten Hände seien zwar beim Window-Abwurf beinahe erfroren, aber es habe sich gelohnt, und ob wir nicht bitteschön versuchen könnten, in den nächsten Wochen so viele Trips wie möglich hinter uns zu bringen, um unsere Tour vollzukriegen, bevor der Feind eine Lösung findet. (Flight Lieutenant G. F. Pentony, 429. Squadron)

Der Angriff durch das Gros sollte fünfzig Minuten dauern, und dieses eine Mal war er in kürzerer Zeit abgeschlossen, als geplant gewesen war. Die guten Flugbedingungen und die Wirkung, die Window auf die deutsche Verteidigung hatte, ermöglichten es vielen Besatzungen, Hamburg vor der Zeit zu erreichen, und diese Besatzungen nutzten das aus, um ihre Bomben früher als geplant abzuwerfen und sich auf den Heimflug zu begeben. Die Tabelle gibt einen Überblick über den Verlauf der Bombenwürfe durch das Gros:

Welle	Geplanter Bombenwurf	Tatsächlicher Bombenwurf
1. Welle	118 Lancaster, 1. und 5. Geschw.	151 Gros
01.02–01.10	10 Folge-Pathfinder	14 Pathfinder
2. Welle	43 Lancaster, 3. und 5. Geschw.	131 Gros
01.10–01.18	70 Halifax, 4. Geschw.	13 Pathfinder
	9 Folge-Pathfinder	
3. Welle	117 Stirling, 3. und 8. Geschw.	116 Gros,
01.18–01.26	9 Folge-Pathfinder	10 Pathfinder
4. Welle	73 Wellington, 1., 4. und 6. Geschw.	79 Gros,
01.26–01.34	34 Halifax, 4. Geschw.	11 Pathfinder
	9 Folge-Pathfinder	
5. Welle	105 Halifax, 4. und 6. Geschw.	119 Gros,
01.34–01.42	9 Folge-Pathfinder	7 Pathfinder
6. Welle	121 Lancaster, 1. und 5. Geschw.	13 Gros,
01.42–01.50	7 Folge-Pathfinder	3 Pathfinder

1 Halifax des Gros warf ihre Bomben mit Verspätung, um 01.55.

Unbehelligt von der deutschen Abwehr und unter perfekten Bedingungen konnten die meisten Bomber des Gros ihren Zielanflug schulgerecht fliegen, wobei das Licht von den herumtastenden Scheinwerfern und den sich ausbreitenden Bränden in der Stadt die Nacht beinahe zum Tage machte. Die Männer erinnern sich an den

Anblick vieler anderer Flugzeuge, die dicht an dicht das Ziel anflogen. Es gab die üblichen Geschichten von Männern, die nach oben sahen und voller Entsetzen einen Bomber mit geöffneten Bombenschächten genau über sich sahen, aber es gab kein Unglück. Es gab auch die üblichen Fälle von Besatzungen, bei denen es im ersten Anlauf nicht geklappt hatte und die noch einmal zurückkamen, in einem Falle gegen den Strom, um ein zweites Mal ihr Glück zu versuchen. Der Marineoffizier, der in einer Halifax der 78. Squadron als Bombenschütze flog, verblüffte seine Besatzung, als er seinen ersten Anflug zur Generalprobe erklärte und seinen Flugzeugführer bat, »noch mal rumzufliegen«. »Bis dahin hatte ich den Namen ›der Admiral‹ gehabt, aber nach Hamburg nannten sie mich alle ›Nochmalrum-Robertson‹.« Eine Halifax flog über die ganze Stadt, konnte aber ihre Bomben nicht loswerden, weil der Bombenschacht sich nicht öffnen wollte. Die Bomben wurden schließlich über einem Schiff abgeladen, das vor der deutschen Küste gesichtet wurde. Eine Besatzung verdient wegen ihrer Standhaftigkeit besondere Erwähnung. Pilot Officer Clintons Halifax von der 405. Squadron, einer der ersten Pathfinder, hatte schon 80 Kilometer ihres Heimfluges hinter sich, als die Besatzung entdeckte, daß drei 1000-Pfünder sich im Bombenschacht »verklemmt« hatten. Clintons Besatzung beförderte die Bomben zurück nach Hamburg.

Ein erfolgreicher Angriff des Bomber Command sah, von einem Standort über dem Ziel aus betrachtet, wie ein gigantisches Feuerwerk aus. Die gelben und roten Zielmarkierungen der ersten Pathfinder wurden durch die grünen der Folge-Pathfinder ersetzt; mehr als 200 dieser schönen »Grünen« wurden während des Angriffs der Hauptmacht über Hamburg abgesetzt. Zwischen den Markierungen und rings um sie herum konnte man die grellen, aufzuckenden Blitze der normalen Sprengbomben sehen oder die größeren, langsameren Explosionen der 4000-Pfünder, beschrieben als »riesige Sonnenblumen, die sich öffneten, während sie zerbarsten«, »explodierend als weiße Einschlagkreise, die sich nach dem Aufschlag ausbreiteten und dann langsam wieder ihre ursprüngliche Flammenfarbe annahmen«, »nicht ein plötzlicher Blitz, wie man hätte annehmen sollen, sondern wie eine Leuchtkugel, die heller wird und dann verschwindet, ungefähr so wie der Lichtstrahl eines Leuchtturms«. Und ununterbrochen die blinkenden kleinen weißen Lichter von Tausenden von Brandbomben, die sich über der gesamten bombardierten Fläche entzündeten. Brände, einige davon sehr groß, begannen sich am Boden auszubreiten, rotglühend zunächst, aber bald verdunkelt und verschwimmend unter den dichten Qualmwolken, die sie hervorbrachten.

Am Himmel wedelten die meisten deutschen Scheinwerfer weiter ziellos herum; andere Scheinwerfer standen starr aufrecht, »wie ein Wald amerikanischer Kaliforniaholz-Bäume«, sagt ein Zeuge. Die Hamburger Flak jagte ohne Unterlaß ungeheure Mengen von Granaten in den Himmel, aber den Männern in den Bombern wurde rasch klar, daß es sich jetzt um wildes »Sperrfeuer« handelte, nicht um jene radargesteuerte Flak, die so gefährlich werden konnte. In vielen privaten und Dienst-Kriegstagebüchern finden sich Hinweise auf neue Arten von Flakgranaten, die man in dieser Nacht über der ganzen Stadt krepieren sah. Am spektakulärsten waren Granaten, die »wie ein Feuerrad explodierten, kreiselnd, mit weißen Lichtpunkten, die daraus hervorschossen« oder wie anderes flammendes, federndes, kreiselndes Feuerwerk. Einige Besatzungen meinten, es müsse sich um schwere Granaten handeln, die von Kriegsschiffen im Hamburger Hafen abgefeuert wurden.

Die deutschen Nachtjäger konnten kaum mehr tun als die Flak, um Hamburg vor den schweren Schlägen zu schützen, die die Stadt so offensichtlich hinnehmen mußte. Ein paar Jäger wurden gesichtet, aber sie taten wenig mehr, als sich am Nord- und Südrand der Stadt herumzutreiben, immer in der Hoffnung auf eine günstige Zufallsbegegnung mit einem Bomber. In mehreren Berichten ist die Rede von einmotorigen deutschen Jägern, die gesichtet worden seien. Man weiß, daß die Wilde Sau-Einheit, das JG 300, in dieser Nacht nicht in ihrer Gesamheit eingesetzt wurde, aber es ist möglich, daß einige Maschinen der Wilde Sau-Gruppe in Oldenburg, nur 120 Kilometer entfernt, auf eigene Initiative der dortigen Einheit entsandt worden waren. Eine Bestätigung dafür gibt es nicht, aber bei den Feuerrad-Granaten, die über Hamburg gesichtet wurden, handelte es sich zweifellos um einen Typ deutscher Granaten, die in verschiedenen Kombinationen als »Wegweiser« für die Wilde Sau-Jäger über deutschen Städten abgefeuert wurden.

Das Gros verlor nur drei Bomber über dieser Stadt, die zu den am besten verteidigten Städten des Reiches gehörte. Eine Halifax der zweiten Welle und die Stirling eines Squadron Commander der dritten Welle fielen am Süd- und am Nordrand des Zielgebietes; von jeder Besatzung überlebte nur je ein Mann, und beide berichteten später, daß ihre Maschine von einem deutschen Jäger abgeschossen worden sei. Eine andere Stirling flog Ausweichmanöver, um Scheinwerfern zu entkommen, und dabei stieß sie frontal mit einem anderen Flugzeug zusammen. Man nimmt an, daß es sich um eine Junkers Ju 88 handelte. Ein 1,20 Meter langes Teil der Steuerbord-Tragfläche der Stirling verschwand, aber der kanadische Pilot, Flying Officer Geoff Turner, brachte sein Flugzeug im übrigen wohlbehalten wieder nach England. Die andere Maschine wurde gesehen, wie sie sich im Sturzflug der Erde näherte, und es wurde Anspruch auf Zerstörung eines deutschen Jagdflugzeugs erhoben, aber in den Dokumenten des Generalluftzeugmeisters findet sich keine Bestätigung dafür. Der einzige Erfolg für die Flak war die völlige Zerstörung einer Wellington der 166. Squadron. Viele Besatzungen sahen, wie sie in einen Scheinwerferstrahl geriet und wie sich sofort ein Kegel anderer Scheinwerfer mit dieser Maschine im Schnittpunkt bildete. Die Wellington entkam dem Hagel von Flakfeuer nicht, das auf den Kegel gerichtet wurde, und es gab keine Überlebenden, als sie südlich von Hamburg auf freies Feld stürzte.

NEUNTES KAPITEL

Unter den Bomben

Es war ein schöner Sommerabend gewesen in Hamburg. Eine Hausfrau aus den Vororten weiß noch, wie sie und ihre Familie lange im Garten gesessen und wie sie darüber debattiert hatten, ob man jetzt ins Bett gehen oder aufbleiben und warten solle, ob es vielleicht Fliegeralarm gab. Die Sirenen heulten um 21.20 Uhr, aber die Entwarnung war schon zehn Minuten später gekommen. Die Ursache dieses falschen Alarms ist nicht bekannt. Als die Bomber sich näherten, funktionierte das Warnsystem der Hamburger Luftschutzstellen reibungslos, und die verschiedenen Grade des Fliegeralarms wurden alle mit reichlich bemessener Zeit gegeben. Luftgefahr 30, eine telephonische Warnung an die gesamte Flak, an Scheinwerfer- und Luftschutzeinheiten und auch an die Eisenbahn und Fabriken, wurde pünktlich um 00.19 Uhr gegeben. Diese Warnung bedeutete unter anderem, daß jegliche noch erlaubte Außenbeleuchtung zu löschen sei. Zu dieser Zeit war der Bomberstrom noch achtunddreißig Flugminuten entfernt.

Diese Vorwarnung brachte viele Menschen aus den Betten. Traugott Bauer-Schlichtegroll, Schüler und Luftwaffenhelfer einer in Wendlohe bei Schnelsen am nördlichen Stadtrand stationierten schweren Flakbatterie, gehörte dazu:

Verschlafen taumeln wir, durch den Befehlslautsprecher geweckt, aus den Betten. »Was für ein Unsinn«, sagt einer, »ewig diese Feuerbereitschaften, und nie passiert was. Quatsch, sich so den Schlaf um die Ohren zu schlagen.« Plötzlich kommt ›Alarmstufe II‹. Und später: »Feindverbände sammeln sich bei Brunsbüttel, voraussichtliches Angriffsziel Hamburg.« Angestrengt blickt alles über die Schutzumhüllungen nach Westen, wo in der Ferne gleich das erste Flakfeuer zu sehen sein muß. »Fliegeralarm Flugzeug 9« kommt der Befehl vom Kommandogerät, die Scheinwerfer tasten suchend über den Himmel, von wo sich ein Brummen wie von tausend Hummeln hören läßt. Fieberhaft war die Erwartung von manchen von uns, die wir erst einige Tage in der Stellung waren. Manche machten es sehr dramatisch und meinten, das Trommelfell flöge einem weg, andere »alte Hasen« beruhigten: »Ist alles nicht so schlimm!«

Die Befehlsstände der verschiedenen Dienststellen in Hamburg waren schnell besetzt. Die Parteiführung begab sich auf ihre Posten in dem Betonbunker, der sich im Garten des Hauses von Gauleiter Kaufmann befand. Die Polizei-, Feuerwehr- und anderen Luftschutzführer saßen an einem großen Tisch in ihrem bombensicheren Befehlsstand unter dem Polizeipräsidium am Neuen Wall in der City; von dort waren es nur 400 Meter Luftlinie bis zum Zielpunkt der Pathfinder. Die Flak und ihre Scheinwerfer wurden von den Luftwaffenoffizieren des Luftgaus XI in einem der Flaktürme auf dem Heiligengeistfeld befehligt. Theoretisch hatte Gauleiter Kaufmann den Oberbefehl, aber die meisten der ihm Unterstellten und seiner Mitarbeiter kannten ihre Aufgaben genau, und noch brauchten keine großen Entscheidungen getroffen zu werden.

Es gibt Anzeichen dafür, daß man anfangs glaubte, die Bomber würden weiter nach Osten, in Richtung Lübeck, fliegen und nicht in Richtung Hamburg. Dieser Fehler war zum Teil eine Folge der Störung der deutschen Radargeräte durch Window, ergab sich aber zum Teil auch aus der Erfahrungstatsache, daß bisher noch kein Angriff auf Hamburg von Norden her vorgetragen worden war. Diese anfängliche Verwirrung verhinderte aber nicht, daß weitere Warnungen rechtzeitig hinausgingen. Dreiunddreißig Minuten, bevor die ersten Bomben fielen, wurde Luftgefahr 15 gegeben, und der öffentliche Voll-Alarm wurde um 0.33 Uhr gegeben, bevor die ersten Bomber noch die deutsche Küste überflogen hatten.

Zu den schwierigsten Aufgaben der Behörden gehörte es, die anderthalb Millionen zivilen Einwohner der Stadt dazu zu bewegen, bei Fliegeralarm ihren Luftschutzraum aufzusuchen. Die meisten Fliegeralarme hatten sich als Fehlalarm erwiesen, und kam doch einmal ein richtiger Angriff, erwies er sich meist als nicht sehr schwer.

Viele Menschen blieben lieber am Fenster oder unten im Hauseingang stehen, um zusammen mit ihren Nachbarn der Dinge zu harren, die da vielleicht kommen würden. Luftangriffe konnten ein großartiges Schauspiel sein, vorausgesetzt natürlich, daß keine Bomben in der unmittelbaren Nachbarschaft einschlugen.

Aufmerksam hörten die Hamburger Radio. Das erste Anzeichen dafür, daß der Stadt Gefahr drohen könnte, war das Verstummen aller regulären Sender des Hamburger Gebiets gewesen. Die nachfolgende Stille wurde unterbrochen durch die Ansage, daß der Reichssender Hamburg jetzt den Sendebetrieb übernommen habe, und dann hatte man eine Stimme gehört, die allen Hamburgern vertraut war. »Starke Anflüge auf Hamburg. In wenigen Minuten fallen die ersten Bomben. Suchen Sie die Luftschutzkeller auf.« Es war die Stimme von Staatssekretär Georg Ahrens, der in Gauleiter Kaufmanns Bunker saß und durch Direktleitung mit dem Reichssender Hamburg verbunden war. Ahrens war immer für diese Aufgabe zuständig, und viele Leute erinnern sich noch an ihn. Man vertraute ihm, weil die Informationen, die er über den Sender sprach, immer zuverlässig waren, und er war beliebt, weil seine Stimme so beruhigend klang. In Hamburg nannte man ihn nur »Onkel Baldrian«.

Die ersten Bomber hörte man um 00.51 Uhr über der Stadt. Es waren zu früh eingetroffene Pathfinder, die nun Kurven flogen und versuchten, ihre genaue Position zu ermitteln, bevor es in sechs Minuten Zeit wurde, die ersten Markierungen zu setzen. Das Motorengeräusch wurde prompt der Befehlszentrale im Polizeipräsidium gemeldet und dort zu Protokoll genommen:

Fliegeralarm Nr. 319
00.51 Uhr Feindflugzeuge treffen aus Richtung Hensmoor Heide ein.
00.53 Uhr Drei oder vier Maschinen über Altona, fliegen Kurs Nordwest Richtung Stadtrand.

Die Hoffnung, daß die Bomber vielleicht doch keinen Großangriff auf Hamburg vorhatten, war kurzlebig. Sie erstarb, als die ersten Meldungen von Bombeneinschlägen in der Stadt eintrafen.

Es ist nicht möglich, eine vollständige und umfassende Beschreibung dessen zu geben, was sich in Hamburg während dieser Serie von Angriffen abspielte. Wenn man sich mit einer Stadt von beinahe zwei Millionen Menschen befaßt, auf die in einem kurzen Zeitraum nahezu zehntausend Tonnen Bomben abgeworfen werden, ist das Ausmaß der Ereignisse so ungeheuer groß, daß es nicht in einem Buch vollständig behandelt werden kann. Verschiedene Autoren werden verschiedene Methoden anwenden, um mit diesem Problem fertigzuwerden. Dieses Buch gibt eine allgemeine Beschreibung und Zusammenfassung – beides beruhend auf zuverlässigen Quellen – sowie persönliche Berichte von Überlebenden. Ereignisbeschreibungen journalistischer Art werden nicht unternommen; ich war nicht dabei, und ich ziehe Augenzeugen vor, die am Ort der Ereignisse waren und Eindrücke aus erster Hand wiedergeben können. Der Leser wird um zweierlei gebeten, was zu einem besseren Verständnis dieser Ereignisse beitragen wird. Er möge bedenken, daß diese Angriffe nicht ein geschlossenes Ereignis waren; sie hatten eine Unmasse hochindividueller Zwischenfälle zur Folge, erlebt von normalen Durchschnittsmenschen. Wer die von einem Menschen gegebene Beschreibung liest, sollte versuchen, sich eine ganze Schar ähnlicher Erlebnisse vorzustellen, die viele andere Menschen hatten. Man möge bitte auch bedenken, daß hier nur die Überlebenden zu uns sprechen. Die Toten erlitten noch entsetzlichere Schrecken. Leser, die selbst einen schweren Luftangriff erlebt haben, werden eine gewisse Vorstellung von dem haben, was sich in Hamburg ereignet hat. Für die Glücklichen aber, die nie ein solches Erlebnis hatten, kann dieses Buch nicht mehr sein als ein partieller Ersatz.

Die Zielbeleuchtung war schön, aber angsteinflößend. Die amtlichen Beobachter waren die auf den verschiedenen Wassertürmen der Stadt postierten Polizeibeamten. Der Polizeibeamte Kretschmer befand sich auf dem Rothenburgsorter Turm.

> Ganz Rothenburgsort war von den Leuchtbomben grell erleuchtet. Nachdem der Feind diese Illumination gesetzt hatte, begannen die ersten »Tannenbäume« zu fallen. Unmittelbar danach wurden in rascher Folge die Brand-, Spreng- und Phosphorbomben geworfen. Ich habe auch beobachtet, daß allem Anschein nach Phosphor abgeregnet wurde. Zuerst zeigte sich ein großer Feuerball am Himmel; nach einiger Zeit löste er sich in herabströmende Streifen auf, die sich über Häuser ergossen, die zum größten Teil schon brannten. Überall sah man jetzt Feuer, sogar auf dem Wasser, wo Schiffe und Boote brannten. Das war Gegenstand meiner

letzten Meldung an Abschnitt IV, bevor unsere Verbindung unterbrochen wurde.

Kurz nach meiner letzten Meldung wurde der Wasserturm rechts vom Eingang von einer Sprengbombe getroffen. Die Tür wurde in den Turm hineingeworfen, und eine gewaltige Druckwelle ging durch den Bau nach oben. Der Feuersturm war inzwischen so stark geworden, daß ich kniend hinter der Brüstung Deckung suchen mußte.

Stabsarzt Dr. Walter Luth war ein Marinearzt, dessen Patrouillenboot sich nach langem Einsatz im Finnischen Meerbusen zur Neuausrüstung in Hamburg befand. Auch er beobachtete den Beginn des Angriffs:

Es war eine warme, klare Sommernacht. Scheinwerfer tasteten wie Geisterarme den klaren Sternenhimmel ab – in der Ferne vereinzelt Flakabschüsse – dann plötzlich gelbe Fackeln am Himmel und Motorengebrumm, das immer näher kam. Es folgten rote und grüne Leuchtbomben. Sie schwebten langsam zur Erde – »Markierungszeichen des Todes!« – Das Motorengeräusch über uns wurde immer stärker und die Flak von Hamburg und den Schiffen schoß aus allen Rohren – aber noch immer keine Bomben! – Was wir allerdings damals nicht sehen konnten, war, daß bündelweise silberne Stanniolpapierstreifen vom Himmel regneten, die die Ortungsgeräte unserer Flak irritierten – Bomber vortäuschten – die in Wirklichkeit ganz woanders standen und planmäßig ihr Vernichtungswerk durchführen konnten. Durch die vielen Leuchtbomben war die Nacht taghell, so daß wir ohne Mühe das »Hamburger Tageblatt« hätten lesen können. Und dann ging es los!

Frau Alma Zeiher, Hausfrau aus Winterhude, berichtet:

Wir sind nicht in den Luftschutzkeller gegangen; wir wollten die Eröffnung des Angriffs sehen. Zu viert standen wir auf dem flachen Dach unseres Wohnblocks. Wir konnten diese Dinger am Himmel brennen sehen – wie brennendes Gold – eigentlich war es kein Brennen, es war ein Glühen in vielen Streifen. Es war das erste Mal, daß wir so etwas gesehen hatten, und wir fragten uns, was das wohl sein könnte. Keiner wußte es. Nach zehn Minuten sind wir dann in den Keller runtergegangen. Die Bomben fielen jetzt, noch nicht dicht bei uns, aber wir hatten Angst.

Am nächsten Tag sprachen die Leute auf der Straße über die goldenen Farben, die wir gesehen hatten. Sie sagten, das sei Phosphorregen gewesen.

Zielmarkierungszeichen waren schon vorher im Gebiet von Hamburg verwendet worden, aber die Massen, die in dieser Nacht abgeworfen wurden, waren für viele Einwohner Hamburgs ein neuer Anblick. Die meisten Deutschen nannten sie »Christbäume«, aber in Hamburg gebrauchte man das dort gebräuchlichere Wort »Tannenbäume«. Zwei unserer Zeugen – der Turmbeobachter aus Rothenburgsort und die Hausfrau aus Winterhude – reden von einem »Phosphorregen«. Die erste Erwähnung ist verständlich, denn sie findet sich in einem Bericht, der kurz nach dem Ereignis abgefaßt wurde, aber die zweite Erwähnung fiel in einem Gespräch mit der Dame während der Vorbereitung dieses Buches. Frau Zeihers Meinung, daß die Zielmarkierer Phosphor über der Stadt »abregneten«, ist eine noch immer von vielen Hamburgern gehegte Meinung. Selbst nach einer längeren Unterhaltung sträubte sie sich gegen die wahre Erklärung. Es stimmt, daß die RAF große 30 lb-Brandbomben einsetzte, um das Erdgeschoß deutscher Gebäude zu erreichen. Das war die berüchtigte »Phosphorbombe«, zu deren Füllung auch fünf Kilogramm Phosphor gehörte, gewöhnlich in fester Form, aber manchmal infolge von Produktionsschwierigkeiten auch in flüssiger Form. Phosphor ist eine Chemikalie, die mit heller Flamme brennt, wenn sie der Luft ausgesetzt wird. Sie ist sehr schwer zu löschen und entzündet sich oft selbst wieder in dem Augenblick, wo ein darauf gerichteter Wasserstrahl versiegt. Die Deutschen haßten diese Bomben, und jede Art von Brandwunden wurde und wird auch heute noch oft genug auf Phosphor zurückgeführt, obwohl die Zahl echter Phosphorbrandwunden verschwindend gering war.

In Hamburg herrscht die Überzeugung vor, daß die Stadt einer besonders großen Zahl dieses Bombentyps ausgesetzt worden ist. Es wird nicht versucht werden, die irrigen Vorstellungen über Phosphor zu korrigieren, die in den persönlichen Berichten der Überlebenden vorkommen – das würde ihrer Frische und Originalität abträglich sein – aber es muß kategorisch erklärt werden, daß die RAF Hamburg keinem »Phosphorregen« ausgesetzt hat, und eine Prüfung der Dokumente des Bomber Command ergibt sogar, daß die während der Schlacht um Hamburg abgeworfenen 30-lb-Brandbomben an Zahl etwas geringer waren als bei anderen deutschen Zielen in dieser Zeit. Andererseits muß erklärt werden, daß die moralzerstörende

Wirkung der 30-lb-»Phosphor«-Brandbombe im Hauptquartier des Bomber Command durchaus bekannt war.

Der Anblick der »Tannenbäume« und das Pfeifen der Bomben, das darauf folgte, veranlaßte die Menschen, die noch gezögert hatten, in die Luftschutzkeller zu gehen, dies jetzt schleunigst zu tun. Die Menschen hasteten die Kellertreppen hinab oder rannten durch die Straßen zum nächsten öffentlichen Luftschutzraum, einige nur notdürftig bekleidet, die meisten mit dem Koffer in der Hand, der vollgestopft war mit Papieren und Wertsachen und den jede Familie für den Gang in den Schutzraum bereitstehen hatte. Niemand konnte ja sicher sein, daß der Rest der Habe in einer Stunde noch existierte.

Frau Otti Schwarze wohnte in Harvestehude:

Als mein Mann und ich aus dem Haus kamen, konnten wir schon die Tannenbäume fast über unserem Kopf sehen; sie waren weißlich-gelb. Sie erleuchteten die Straße so hell, daß wir ein Buch dabei hätten lesen können. Wir wußten, was die Dinger bedeuteten, und wir hatten große Angst. Wir liefen zum öffentlichen Luftschutzraum, nicht mitten auf der Straße, sondern schön dicht an der Wand entlang. Ein kleiner Junge lief auf der Mitte der Straße, und es war so hell, daß wir ihn erkennen konnten. Wir konnten das laute Brummen der Motoren hören, und wir wollten nicht, daß die Männer in den Bombern uns sahen. Es war dunkler an der Straßenseite unter den Balkons. Noch fielen keine Bomben – wenigstens noch nicht in unserer Nähe. Wir kamen heil und gesund im Bunker an und zeigten dem Bunkerwart unsere Platzkarte, auf der für jede Person Raum und Platznummer vermerkt waren. Ich habe noch heute meine Karte für Raum Nummer 229.

Frau Rosa Todt war in der Neustadt, nicht einmal einen Kilometer vom Zielpunkt entfernt:

Am 25. Juli 1943 hatte mein Mann Nachtschicht auf der Veddel in einer Düngemittelfabrik. Ich war mit meinem Sohn Peter (1 Jahr alt) allein in der Wohnung. Ich hatte mein Kind ins Kinderbett gelegt und alle Vorbereitungen getroffen, um mit Sack und Pack bei Fliegeralarm schnell in den Luftschutzbunker »Michel« (Michaeliskirche) zu laufen, da die Tommys Flugblätter abgeworfen hatten »Heute ist die City daran«. Der Wortlaut war nicht so, aber von uns so aufgefaßt worden.

Als die Fliegeralarm-Sirenen heulten, half mir meine Nachbarin, Frau Gabriel, damit ich mit dem Kinderwagen und Peter besser und schneller

die Treppen herunter konnte. Die Familie Gabriel blieb grundsätzlich immer in der Wohnung, waren noch nie in einen Bunker gegangen.
Ich saß eine ganze Weile allein, mit meinem Sohn beschäftigt, ringsherum war alles so, wie es immer war, wenn Fliegeralarm war.
Plötzlich gab es einen lauten Knall, einen Bumms, wie ich ihn noch nie gehört hatte. Plötzlich wollten unzählige Menschen, die teils auf der Straße, teils vor dem Eingang zum Bunker plauderten, in den Bunker hinein. Über den Köpfen der Leute waren urplötzlich viele Flugzeuge, die Bomben, Phosphor-Kanister, Brandbomben und Luftminen abwarfen.
Die Häuser brachen auseinander. Die Straßen brannten von Phosphor.
Leute, die Phosphor-Spritzer abbekamen, sahen im Gesicht fürchterlich aus. Die Haut war knallrot, Wasser lief aus den Poren. Nase, Ohren eine ekelerregende Maske, das ganze Gesicht.
Die Menschen trommelten mit den Fäusten gegen das Bunkertor, das wegen Überfüllung geschlossen war. Die Menschen liefen herum, um ihr Leben zu retten.

Als der Angriff richtig in Gang gekommen war, gab es nur sehr wenige Menschen in Hamburg, die mit eigenen Augen sehen konnten, was da geschah. Alle Zivilisten hatten Deckung gesucht und auch viele Angehörige der verschiedenen Luftschutzorganisationen, bis man sie zur Hilfeleistung herausrufen würde. Die Straßen lagen meistens leer und verlassen da. Die Menschen von Hamburg saßen in ihren Luftschutzräumen und lauschten auf die Bomben – manchmal weit in der Ferne, manchmal mit lauten Detonationen, die die Luftschutzräume erbeben ließen. Die öffentlichen Luftschutzbunker wurden oft getroffen, aber meistens hielten sie das aus, angeschlagen, aber intakt. Für den Fall, daß der Strom ausfiel, standen Aggregate für Notbeleuchtung und Entlüftung bereit. Verwundbarer waren die Menschen, die in den Kellern von Wohnblocks Zuflucht gesucht hatten. Etliche dieser Räume wurden unter den Trümmermassen begraben, wenn Sprengbomben die Häuser darüber zerstörten, aber viele Leute durchschlugen die dünnen Mauern und gelangten so in benachbarte Schutzräume, oder sie wurden nach dem Angriff freigeschaufelt. Feuer war die häufigere und größere Gefahr, aber es kündigte sich an, wenn das Haus über ihren Köpfen Feuer gefangen hatte, und die Insassen der Luftschutzkeller hatten meistens noch Zeit, ins Freie zu gelangen. Dann liefen Hausfrauen und Kinder durch die Straßen, klammerten die Luftschutzkoffer mit ihren Wertsachen an sich und suchten einen anderen Schutzraum. Hier sind weitere Beispiele für Einzelerlebnisse während dieser Periode des Angriffs. Wieder sollte der Leser bedenken, daß derartige Zwischenfälle sich tausendfach abgespielt haben können.

Hier wieder Frau Schwarze:

Kaum waren wir im Bunker angelangt, als in einer nahen Straße eine Sprengbombe explodierte. Sie zerstörte unsere Stromleitung und blies Staub und Dreck durch die Belüftungsanlage. Dann, glaube ich, fiel eine kleine Bombe auf den Bunker, denn er wankte und bebte. Es gab einen kleinen Dieselgenerator, und irgend jemand schaffte es, wieder Licht zu machen.

Während des Angriffs kamen mehr Menschen in den Bunker, und bald war er überfüllt. Die Neuankömmlinge waren ganz verdreckt, und einige hatten große Blutflecken. Der Bunkerwart wußte, daß mein Mann Polizist war, und er durfte hinaus. Zwischen zwei Angriffswellen ging er hinaus, um nach unserem Haus zu sehen, und er sah, daß der erste und der dritte Stock in Flammen standen. Er glaubte schon, daß unsere Wohnung im zweiten Stock wie durch ein Wunder gerettet werden würde, aber während er noch das Haus anstarrte, sah er, wie ein Stück Verdunkelungspapier in unserem Fenster in Flammen aufging. Er konnte dann sehen, wie brennende Trümmerstücke durch die Decke in unsere Wohnung stürzten, auf unsere Möbel fielen, und die auch an zu brennen fingen. Er war entsetzt, weil wir alles verloren, was wir besaßen. Er kam zurück in den Bunker, um den Familien, die da hockten, zu berichten, daß die ganze Straße in Flammen stand. Sein Gesicht war ganz schwarz, und er zitterte am ganzen Leibe. Er sagte: »Es ist alles aus.«

Der Angriff ging weiter. Jedes Zeitgefühl hatte man verloren.

Hanni Paulsen war Schülerin in Altona. Die Familie hatte schon die Koffer gepackt, um am nächsten Morgen in die Ferien zu fahren. Es sollten die ersten richtigen Ferien werden, die ihre Eltern je gehabt hatten. Als der Angriff anfing, war die Familie in ihren Luftschutzkeller gegangen und hatte das gesamte Feriengepäck mitgenommen. Die Ferienkleider hingen auf ihren Bügeln von dem Stahlträger, der die Kellerdecke stützte.

Die Leute aus einigen brennenden Häusern in der Nähe kamen in unseren

Keller, und bald waren da vierzig bis fünfzig Menschen. Diese Neuankömmlinge waren ganz verstört. Sie hatten gesehen, wie ihre Häuser niederbrannten und ihre ganze Habe sich in Rauch auflöste. Einige konnten sprechen; einige weinten; andere litten unter dem Schock. Wir versuchten, sie zu beruhigen, weil eine Menge Kinder im Keller waren.
Als wir sahen, daß diese Menschen ihren ganzen Besitz verloren hatten, nahmen wir uns vor, unsere Sachen zu retten. Obwohl noch immer Bomben fielen, gingen wir deshalb hinauf. Wir rafften unsere wertvollsten Sachen aus den Schränken in einem Bettlaken zusammen und schleppten das Ganze in den Keller. Meine Mutter hatte furchtbare Angst, aber Papa und ich gingen ein paar Mal rauf und wieder runter. Es war uns gar nicht klar, daß wir unser Leben in diesem alten Haus riskierten, das vollsteckte von ausgetrocknetem Holz; wie Zunder würde das brennen. Wir sahen, daß die Fensterscheiben alle zersplittert waren. Die Vorhänge flatterten hinaus. Mein Zimmer war ganz voller Qualm von den brennenden Häusern in der Nähe. Wir machten unsere Taschentücher naß, aber wir konnten sie uns nicht vor Mund und Nase halten, weil wir beide Hände brauchten, um unsere Sachen zusammenzuraffen. Wir hatten kein Zeitgefühl mehr; ich weiß nicht, wie lange das alles dauerte.
Während wir so beschäftigt waren, fielen einige Brandbomben in den Dachboden. Einige alte Männer waren hinaufgestiegen, um zu löschen. Aber es gelang ihnen nicht, sie alle zu löschen, und sie kamen herunter zu uns und sagten, daß sie mehr nun nicht tun könnten. Wir mußten alle den Keller verlassen. Der Ausgang war versperrt, und wir mußten die Wand zum Nachbarkeller durchschlagen und durch das Loch klettern. Der Luftschutzwart dieses Hauses wartete schon und sagte, wir sollten zum nächsten öffentlichen Luftschutzraum im Polizeirevier laufen, aber daß wir alle unsere Sachen zurücklassen müßten, denn »Menschenleben sind wichtiger als die Sachen«.
Ich dachte: »Ich habe so gut wie alles verloren. Warum soll ich das bißchen, was ich noch habe, im Stich lassen? Schließlich ist das mein Gepäck!« Ich quetschte mich an dem Wart vorbei und rannte mit meinen Koffern los. Ich glaube, ein paar andere haben es genauso gemacht. Wir kamen alle heil in dem neuen Keller an, aber als wir da waren, merkte ich, daß es gar nicht meine Koffer waren, die ich da geschleppt hatte. Ich war furchtbar enttäuscht, aber die, denen die beiden Koffer gehörten, waren hocherfreut; eine von ihnen war meine Schwester. Die Leute, die vor uns

in diesen Keller gekommen waren, hatten alle ihre Haustiere mitgebracht – Hühner in Körben, die aber jetzt frei im Keller herumliefen, Katzen, Hunde und Kaninchen. Alles, was eine Frau gerettet hatte, war ihr Kanarienvogel in seinem Bauer.

Später merkte ich, daß der Luftschutzwart alles gerettet hatte, was ihm gehörte; er muß mehrere Male zwischen dem alten und dem neuen Keller hin- und hergelaufen sein. Als meine Mutter ihn später am Evakuierungs-Sammelplatz mit seinem ganzen Gepäck sah, waren sie und die andere Frau, die auf seine Anordnung alle ihre Koffer zurückgelassen hatten, ganz außer sich vor Wut. Daß sie ihn nicht ohrfeigten, lag nur daran, daß er Parteigenosse war.

Nach den Angriffen ging ich wieder in unseren Keller zurück. Alle unsere Koffer waren zu Asche verbrannt. Und von den Ferienkleidern, die ich an den Träger gehängt hatte, fand ich nur noch die Metallhaken der Kleiderbügel wieder.

Irena Chmiel war die fünfzehnjährige polnische Arbeiterin in Eppendorf:

Die Deutsche, die bei uns die Aufsicht führte, hatte uns verlassen, ohne ein Wort zu sagen; sie schloß die Tür hinter sich ab und verschwand. Wir nahmen an, daß sie in den Bunker gegangen war und uns Mädchen eingesperrt hatte. Die Flugzeuge konnte man beinahe »fühlen«; sie hörten sich richtig schwer an mit ihren Bomben.

Sie fielen sofort. Das Haus erzitterte, und wir fingen an zu schreien, weil wir eingesperrt waren. Wir hämmerten an die Tür und schrien, daß uns jemand herausholen sollte. Dann kamen ein Polizist und ein anderer Mann vorbei, und die schlugen unsere Tür ein. Sie brachten uns eine nach der anderen in den Luftschutzraum im Nachbarhaus. Erst als wir schon draußen waren, merkten wir, daß das Oberschoß unseres Gebäudes in Flammen stand. Als ich zum Schutzraum hinüberlief, kam ein heißer Ziegelstein herunter und traf mich gerade noch am Bein. Das machte mir wirklich Angst, und als ich im Luftschutzkeller war, fiel ich in Ohnmacht. Dieser Polizist hatte uns das Leben gerettet, denn als wir am nächsten Morgen hinauskamen, war das Haus ganz abgebrannt, und wir hatten unsere ganze Kleidung verloren. Wir haben nie erfahren, ob er wußte, daß wir Polinnen waren.

Hamburgs Luftschutzkräfte standen vor ihrer größten Bewährungsprobe. Der Angriff war schwerer als jeder vorangegangene, weil die Lademenge des Bomber Command sich seit dem Frühjahr so bedeutend vergrößert hatte. Es steht außer jedem Zweifel, daß die Männer vom Luftschutz noch während des Angriffs ins Freie kamen und mit großer Tapferkeit arbeiteten, aber es steht ebenso fest, daß die Zahl der Notfälle, zu denen sie gerufen wurden, viel zu groß war. Sie konnten nicht überall und gleichzeitig helfen. Es ist ganz einfach so, daß die RAF mit ihrer Taktik Erfolg hatte und der Zivilschutz überwältigt wurde. Zwei oder drei kleine Brandbomben schlugen im Dach eines Mietshauses ein, oder eine größere Brandbombe drang tiefer in das Gebäude ein. Luftschutzwarte riefen dann Männer aus den Kellern heraus, und sie versuchten, diese Bomben zu löschen, bevor das Feuer sich ausgebreitet hatte, aber es fielen fortgesetzt Sprengbomben, die sehr oft diese tapferen Männer töteten, und es fielen neue Brandbomben, die noch mehr Brände verursachten. Die ersten Brandbekämpfer am Schauplatz waren oft die Schnellkommandos, motorisierte Trupps, die gewöhnlich aus Männern vom Sicherheits- und Hilfsdienst und etwa vier Hitlerjungen bestanden. Auch deren Aufgabe war es, kleine Brände im Keim zu ersticken, bevor sie sich ausbreiten konnten, aber auch sie erlitten Verluste, während sie von einem Einsatz zum nächsten fuhren, oder sie kamen an unpassierbar gewordene Straßen, und immer wieder gab es zu viele Brände. Sie schafften es nicht, sich um alle zu kümmern. Auch die voll ausgerüsteten regulären Feuerwehreinheiten waren den Bomben ausgesetzt, auch sie waren überwältigt von der Überzahl der Brände. Bald standen Hunderte von Wohnblocks, Läden und Büros in Flammen. Meistens brannten zuerst die oberen Stockwerke, und das Feuer fraß sich dann langsam nach unten durch den Rest des Gebäudes vor. Nach einer späteren Schätzung gab es in dieser Nacht allein im westlichen Teil Hamburgs brennende Gebäude entsprechend einer zusammenhängenden Straßenfront von 86 Kilometer Länge. Nach dem Eintreffen von Verstärkungen aus der näheren und weiteren Umgebung arbeiteten schließlich sechsundachtzig Feuerwehreinheiten in Hamburg, und sie setzten nicht weniger als 692 Löschzüge in der Stadt ein, aber alle diese Einheiten brauchten viele Stunden, bis sie endlich die Brände unter Kontrolle hatten, die während dieses Angriffs ausgebrochen waren.

Gauleiter Kaufmanns Parteibunker war von den Bomben nicht in Mitleidenschaft gezogen worden, obwohl er sich am Rande der Fläche befand, die die RAF hatte zerstören wollen. Kaufmanns Stab empfing Meldungen aus zwei Quellen – von der Polizei und von untergeordneten Parteidienststellen; einer, der dabei war, sagte, daß die Polizeimeldungen schneller eintrafen und genauer waren. Es dauerte nicht lange, dann hatten alle Anwesenden erkannt, daß ihre Stadt einem ganz außergewöhnlich schweren Angriff ausgesetzt war. Gauleiter Kaufmann erledigte alles sehr ruhig und gewissenhaft, wie Leute bestätigen, die ihn beobachten konnten. Es dauerte nicht lange, da kam ein Meldegänger herein mit einem »Stanniolstreifen«, den er draußen gefunden hatte. Als noch andere Exemplare abgeliefert wurden, begriff man bald, daß es sich hier um eine Sache von einiger Bedeutung handeln müsse und daß die Streifen vermutlich etwas mit dem verbreiteten Ausfall der Funkmeßgeräte zu tun haben mußten, der von allen Seiten gemeldet wurde.

Solange der Angriff dauerte, war die wichtigste Stelle in Hamburg die Befehlsstelle in dem bombensicheren Bunker unter dem Polizeipräsidium, das sich in der Nähe des Zielpunktes befand und genau in einer Linie mit dem einkalkulierten Rückwärts-Kriecheffekt der Bombardierung lag. Zwei Zeugen können die Szene an diesem Ort beschreiben.* Bei den früheren Angriffen waren Nadeln, die jeden einzelnen Einsatzfall bezeichneten, sorgsam in eine große Tischkarte gesteckt worden, um die herum alle Einsatzleiter der verschiedenen Organisationen saßen. Aber in dieser Nacht brach dieses System bald zusammen, als die Flut der Meldungen von den Turmbeobachtern losbrach. Es kamen so viele Meldungen, daß man anfangs glaubte, die Beobachter müßten betrunken sein, »denn es war bekannt, daß sie nachts immer eine Flasche Schnaps dabeihatten, um sich warmzuhalten«. Es dauerte aber nicht mehr lange, dann kamen keine Meldungen mehr von den meisten Beobachtungstürmen. Die Beobachter waren tot, oder der Bombenhagel hatte sie in die Bunker

* Die beiden Männer in der Polizeileitstelle waren Heinz Bumann, Adjutant des Polizeipräsidenten Kehrl, und Otto Müller, ein ehemaliger Motorradrennfahrer, der viele Rennen in England gefahren hatte und jetzt als Hauptsturmführer die meisten Katastrophen-Einsatzstaffeln der Stadt, also die Kradmelder, führte. Der Zeuge in der Parteileitstelle war Hermann Matthies, Leiter der NS-Volkswohlfahrt Hamburg.

getrieben, oder ihre Telefonleitungen waren unterbrochen. Jetzt war die Zeit gekommen, um Otto Müllers Kradmelder aus ihrer sicheren Deckung zu holen und sie in die Stadt zu schicken, damit sie Berichte einholten. Aus den amtlichen Aufzeichnungen geht hervor, daß diese Männer in den folgenden Stunden die Hauptinformationsquelle waren, und mehrere von ihnen fielen bei der Erfüllung ihrer gefährlichen Pflicht.

Auch im sorgfältig ausgearbeiteten Feuermeldesystem der Stadt kam es zu einem schwerwiegenden Ausfall. Das Stadtgebiet nördlich der Elbe war in zwei Hauptzonen aufgeteilt – in die Gruppe West und die Gruppe Ost. Fünfzehn Minuten nach dem Einschlag der ersten Bomben wurde die Telefonleitung von der Leitstelle der Gruppe West zum Kontrollraum der Polizei unterbrochen. Die Gruppe West war zuständig für jenen Teil der Stadt, der in dieser Nacht das Hauptangriffsziel der RAF bildete, aber es kamen von ihr auch lange nach dem Ende des Angriffs noch immer keine Meldungen. Ein Strom von Meldungen dagegen kam von der Gruppe Ost herein und von der Gruppe Hafen im Süden der Elbe. In beiden Gebieten kam es nur zu verstreuten Bombenwürfen. Wegen des Telefonausfalls wurden Löschzüge aus den nicht betroffenen Stadtteilen und die bald von außen eintreffenden Verstärkungen alle in die östlichen und die Hafengebiete entsandt. Erst zwei Stunden später erkannte man, daß sich der Schwerpunkt des Angriffs auf das von der Gruppe West abgedeckte Gebiet gerichtet hatte – auf die Stadtteile St. Pauli, Altona, Eimsbüttel und Hoheluft. Viele Brände wüteten in diesen Stadtteilen, ohne daß irgend jemand sie bekämpfte. In einem Bezirk der Gruppe West, nämlich im Bezirk XI (West-Altona), wurden nur sieben von 320 Bränden gemeldet.

Ein weiteres lebenswichtiges Glied der Nachrichtenkette wurde zerstört, als die Obergeschosse des Telefonfernamts am Rothenbaum Feuer fingen und alle Verbindungen zum übrigen Deutschland unterbrochen wurden. Die einzigen Verbindungslinien, die jetzt noch aus der Stadt hinausführten, war die reichsbahneigene Telefonleitung und eine Leitung der NSDAP zu einem kleinen »Hamburg-Büro« in Berlin. Diese kargen Nachrichtenverbindungen sollten in den nächsten Stunden bis zum äußersten belastet werden.

Diese Wirkungen der Bombardierung – Unterbrechung der Nachrichtenverbindungen, versperrte Straßen, das große Durcheinander und die hoffnungslose Überforderung der Feuerwehren – waren gewolltes Ziel der Flächenbombardierungstechnik des Bomber Command, und wir wissen, daß sie in der Leitstelle im Polizeipräsidium tiefe Niedergeschlagenheit ausgelöst haben. Feuerwehrchef Otto Zaps beschloß, den unterirdischen Bunker zu verlassen, um selbst zu erkunden, was sich draußen abspielte. Müde und schmutzig kehrte er zurück und berichtete, daß es ihm nicht gelungen sei, die Leitstelle in dem am schwersten betroffenen Gebiet zu erreichen. Nicht sehr viel später mußte dann diese Hauptleitstelle selbst geräumt werden. Schwere Brände wüteten in den umliegenden Straßen und im Gebäude des Polizeipräsidiums über dem Bunker. Alle Abteilungsleiter, die mit Luftschutzaufgaben befaßt waren, mußten in einen Reservebefehlsstand im Gestapo-Hauptquartier in der Feldbrunnenstraße umziehen. Das sorgte für weitere Verwirrung.

Der Stab des Luftgaues XI war sicher untergebracht in seinem Flakturm-Befehlsstand auf dem Heiligengeistfeld, aber die ihm unterstellten Flak- und Scheinwerfereinheiten in der Stadt und rings um die Stadt waren durch den Ausfall ihrer Würzburg-Kommandogeräte völlig desorganisiert. Zwei junge Flakhelfer haben ihre Erinnerungen an diese Nacht aufgezeichnet:

> Die nächsten 90 Minuten halten uns so in Anspannung, daß wir gar nicht zu Bewußtsein kommen, und nur der Feuerschein von der Stadt und die immer wieder niedergehenden Tannenbäume und Zielmarkierungsbomben lassen etwas von der Schwere des Angriffs vermuten. Die 160 Schuß Munition im Geschützstand sind bald verschossen, und so muß von den Reservebunkern außerhalb des Standes Nachschub geholt werden. Wir 17jährigen Spiddelfinken sind froh, wenn wir auf beiden Schultern je eine Granate tragen können.
>
> Im Eifer des Gefechtes fällt es uns nicht auf, daß die Geschütze später, obwohl von der Kommandostelle geleitet, in ganz verschiedene Richtungen schießen. Das Funkmeßgerät, bei dem auf einem grünen Bildschirm die Flugzeuge als Zacken erscheinen, ist vollkommen verrückt geworden. Der ganze Leuchtschirm ist von Zacken übersät, und es ist einfach unmöglich, ein Ziel klar aufzufassen. Was war geschehen? Der Feind hatte durch Abwurf von Stanniolstreifen den Einsatz dieser damals modernsten Geräte mit einem Schlage zunichte gemacht . . .

Nach einer Stunde kündet blutroter Feuerschein an, daß die Stadt schwer getroffen sein muß. Von der Tragweite der Geschehnisse haben wir keine Ahnung. (Traugott Bauer-Schlichtegroll, 267. Schwere Flak-Abteilung)

Wir lagen auf einer Höhe bei Neu-Wulmstorf im Süden der Stadt, und wir hatten einen Panoramablick auf den Bombenangriff. Ich weiß, es klingt jetzt einigermaßen töricht, aber es war ein wunderschöner Anblick. Wir konnten das Fallen der Bomben nicht hören, weil eine Flakbatterie ganz in unserer Nähe feuerte. Wir sahen die Wirkung der Bomben nicht, nur dieses großartige Feuerwerk. Anders zumute wurde mir, als ich ein paar Tage später die Verwüstung sah.

Es war ein heilloses Durcheinander. Der 200-cm-Scheinwerfer mit seinem Kommandogerät war unbrauchbar, und die gewöhnlichen 150-cm-Scheinwerfer mußten sehen, wie sie zurechtkamen. Das war ungefähr so, als ob man mit einer Taschenlampe durch ein finsteres Zimmer geht und versucht, eine Fliege zu finden. Nach dem Angriff fanden wir überall die Stanniolstreifen. Zuerst glaubten wir, daß sie giftig seien. Diese Angriffe auf Hamburg waren schon vorüber, als wir endlich den Zusammenhang zwischen den Streifen und der Störung des Kommandogeräts begriffen. Eine offizielle Erklärung dazu hat es nie gegeben. (Albert Hartung, 608. Flakscheinwerfer-Abteilung)

Der Hamburger Flak blieb nichts anderes übrig, als blind in den Raum am Himmel zu feuern, den die Bomber vermutlich durchfliegen mußten. Aber der Himmel ist ein ungeheurer Raum. Es gibt einen deutschen Bericht mit Angaben über die Zahl der Granaten, die bei den Hamburger Flakbatterien während der Schlacht um Hamburg ersetzt werden mußten. Auf der Grundlage dieses Dokuments läßt sich berechnen, daß die schwere Flak in jener ersten Nacht annähernd 50 000 Schuß abgegeben hat. Jedes 8,8-cm-Geschütz feuerte im Durchschnitt wahrscheinlich knapp mehr als 200 Schuß, die 10,5-cm-Geschütze 150 Schuß und die 12,8-cm-Flak auf den Flaktürmen je 110 Schuß. Das einzige mit Sicherheit feststehende Opfer der Flak war eine Wellington, die abgeschossen wurde, nachdem sie in einen Scheinwerferkegel geraten war. Außerdem wurde eine kanadische Pathfinder-Halifax schwer beschädigt; ein Mann ihrer Besatzung wurde getötet.

Weil es eine klare Nacht war, konnte die Einsatzforschung des

Bomber Command später den Verlauf dieses Angriffes aufgrund einer genauen Untersuchung der Blitzlichtaufnahmen rekonstruieren, die während des Bombenwurfs von jedem Bomber gemacht wurden. 647 derartige Aufnahmen lieferten ausreichende Einzelheiten über die verschiedenen Phasen des Angriffs. 114 dieser Fotos zeigten Bodenmerkmale, die identifiziert werden konnten, und der Rest wurde geographisch bestimmt durch die Relation des Bildes zu bekannten Bränden am Boden. Bekannt war ebenfalls die Zeit, zu der jedes Foto gemacht worden war. Diese Daten genügten für eine Rekonstruktion des Angriffsverlaufs. Der Versuch einer Pathfinder-Maschine, von diesem Angriff einen Farbfilm mit nach Hause zu bringen, endete mit einer Enttäuschung. Sergeant K. Miller von der 83. Squadron flog während des ganzen Angriffs kreuz und quer über das Ziel, aber der Film wurde beim Entwickeln verdorben.

Es steht fest, daß die Pathfinder bei Eröffnung des Angriffs fünf separate Flächen der Stadt markierten, und daß die ersten Wellen der Hauptmacht alle diese Flächen bombardierten. Diese Streuung in der Markierung verdeutlicht die Schwierigkeiten, mit denen die Pathfinder zu kämpfen hatten, wenn sie einen Zielpunkt in einer großen Stadt finden wollen, selbst dann, wenn diese Stadt an einem breiten Fluß lag und wenn es mitten in der Stadt einen großen See gab – beides Merkmale, die auf den Bildschirmen der H2S-Geräte zu erkennen gewesen sein müssen, mit denen die Blindmarkierer ausgerüstet waren. Sie können auch für das Auge der Sichtmarkierer zu sehen gewesen sein. Die Pathfinder gaben in der Besprechung nach dem Einsatz die Schuld an dem anfänglichen Ausbreiten der Markierung dem Einsatz von künstlichem Nebel durch die Deutschen sowie der Tatsache, daß die Leuchtbomben-Pathfinder zeitlich zu weit voneinander getrennt waren, so daß das Licht ihrer Leuchtbomben für die Sichtmarkierer nicht konzentriert genug war.

Zwei der früh markierten Flächen befanden sich im Gebiet des Hamburger Hafens südlich der Elbe, und es gibt einige Hinweise darauf, daß hier zwei Schiffswerften getroffen wurden. Auf der Werft von Blohm & Voss wurde ein erst drei Tage vorher übergebenes U-Boot getroffen und so schwer beschädigt, daß es nie mehr repariert werden konnte; zwei weitere U-Boote auf den Ablaufbahnen der Helgen wurden getroffen, und ihre Fertigstellung wurde verzögert.

Auf der Deutschen Werft am Reiherstieg wurden ein kleines Schwimmdock und ein kleines Dampfschiff versenkt, ein weiteres kleines Schiff brannte aus. Mehrere Schuppen mit Nahrungsmitteln und Rohstoffen an den Hafenbecken dieser Gegend wurden ebenfalls in Brand gesteckt, und es wird vermutet, daß ein Öltank an der Peute in die Luft geflogen ist. Aber die Bombenwürfe auf diese Industriegegend waren zu keinem Zeitpunkt schwer, und sie dauerten auch nicht lange. Ein vielfach zitierter Bericht, daß der Elbtunnel, in dem mehrere tausend Zivilisten Schutz gesucht hätten, von schweren Bomben getroffen und eingestürzt sei, entbehrt jeder Grundlage.

Die drei Bombenflächen nördlich des Flusses zogen eine viel größere Zahl von Bomben auf sich. Das östlichere dieser Gebiete deckte den Stadtteil Wandsbek ab, ein reines Wohngebiet fünf Kilometer östlich des Zielpunktes. Viele Lancaster-Besatzungen der 1. und 5. Group – diese beiden Einheiten stellten die Maschinen für die erste Welle des Angriffs der Hauptmacht – brachten Bombardierungsfotos aus diesem Gebiet mit. Das taten auch drei Besatzungen von Pathfinder-Markierern. Es gab einige zielgenaue Markierungen und auch einige Bombenwürfe rings um den Zielpunkt. Dort wurde die Nikolaikirche teilzerstört, das Dach des Rathauses wurde in Brand gesetzt, einige andere Gebäude wurden getroffen. Aber das Abschluß-Bombardierungsgebiet der ersten Phase, der Stadtteil Eimsbüttel, drei Kilometer nordwestlich des Zielpunktes, wurde in der ersten Phase des Angriffs am schwersten getroffen. Der Stadtteil befand sich innerhalb der geplanten Bombardierungsfläche, aber hier sollten Bomben erst in der Endphase fallen, nämlich dann, wenn der einkalkulierte Kriecheffekt dieses Gebiet erreicht hatte. Diese verstreuten Markierungs- und Bombardierungsflächen waren schwerlich ein verheißungsvoller Anfang für den beabsichtigten konzentrierten Schlag gegen die westlichen Teile der Stadt.

Der Angriff nahm seinen geplanten Verlauf, die Folge-Pathfinder versuchten, die Bomben in das geplante Gebiet zu lenken, Welle um Welle von Bombern des Gros trafen ein, wählten eine Markierungsgruppe, klinkten ihre Bomben aus. Aus den Bombardierungsfotos läßt sich ablesen, daß die Bombenwürfe bald mit einer Ausnahme in sämtlichen Erst-Bombardierungsgebieten nachließen und die nachfolgenden Pathfinder insofern Erfolg hatten, daß sich die Bombenwürfe mehr auf die westliche Hälfte des Hauptteils der Stadt konzentrierten. Allerdings hielten die Bombenwürfe im Nordosten, in Wandsbek, noch etwas länger an, und viele Brände brachen aus, jedoch die schlimmste Phase der Bombardierung wurde hier gestoppt, bevor noch die Hälfte des Angriffs vorüber war. Diese wirkungsvolle Konzentration ist wahrscheinlich einer bemerkenswert zielgenau gesetzten Gruppe von fünf roten Zielmarkierungen zu verdanken, die, wie später berechnet wurde, knapp 300 Meter jenseits des Zielpunkts niederging. Das war die Leistung von Sergeant D.W. Burt, Bombenschütze in der von Flight Lieutenant S. Wareing geführten Lancaster der 97. Squadron. Jetzt also, nachdem der Hauptangriff zu etwa einem Drittel des Plans vorüber war, konzentrierten sich die Bombenwürfe schließlich auf die wichtigsten und am dichtesten bebauten Gebiete Hamburgs westlich der Alster, besonders in den Stadtteilen Neustadt, St. Pauli, Altona, Ottensen, Eimsbüttel und Hoheluft. Hier wurde dann auch die Telefonverbindung zwischen dem Bezirks-Luftschutzzentrum und der Hauptleitstelle der Stadt unterbrochen, was zur Folge hatte, daß keine Feuerlöschverstärkungen zu der immer größer werdenden Zahl von Bränden in diesem Teil der Stadt geschickt wurden. Noch sollte mehr als die Hälfte des Gros seine Bomben abladen, und es sah jetzt alles danach aus, daß die RAF im Begriffe war, dieser Hälfte Hamburgs einen vernichtenden Schlag zu versetzen.

Dazu kam es nicht. Die Prüfung der während der Bombenwürfe gemachten Luftaufnahmen ergab, daß die Markierungen und die Bombenwürfe sehr schnell um elf Kilometer nach hinten drifteten, anstatt sich innerhalb der 5-km-Zone zu halten, in der sich der am dichtesten bebaute Teil des westlichen Hamburg befand. Eine große Anzahl Bomben fiel in und um Niendorf, Schnelsen, Lokstedt und Eidelstedt. Heute sind es dicht bebaute Vororte Hamburgs, aber 1943 waren das viel kleinere Gemeinden, umgeben von freiem Ackerland und Gehölzen. Insgesamt wurden 617 Bombenwurffotos von der Einsatzforschung des Bomber Command analysiert und geographisch bestimmt; nur 275 von ihnen ergaben, daß die betreffende Maschine jeweils innerhalb von fünf Kilometern vom Zielpunkt aus bombardiert hatte; 342 Bombenwürfe lagen außerhalb dieser Distanz. Ein solches Resultat war enttäuschend, aber keineswegs ungewöhnlich. Wie gesagt, es war außerordentlich schwierig, die Würfe während eines Nachtangriffs zu konzentrieren. Die Einsatzforschung des Bomber Command führt die mißlungene Konzentration auf die Streuung der frühen Markierungen zurück. Den Sichtmarkierern der Folge-Maschinen war eine zu große Auswahl an Markierungen zur Erneuerung angeboten worden, und sie waren der Tendenz gefolgt, ihre Zielmarkierungen über den ersten abzusetzen, die sie ins Visier bekamen, was den Kriecheffekt wesentlich beschleunigte. Elf »Neu-Zentrierer«-Pathfinder-Maschinen mit diesem Spezialauftrag wurden zum ersten Mal eingesetzt; sie hätten diese Fehler korrigieren können, aber ihre mit Hilfe von H2S-Radar gezielten Markierungen hatten die gleiche Farbe wie die der Folge-Sichtmarkierer, und bei nur vier dieser Maschinen hatten die H2S-Geräte fehlerfrei gearbeitet. Ihre begrenzte Zahl genauer gesetzter Markierungen wurde ignoriert.

Es kamen andere Faktoren hinzu. Erfahrene Pathfinder meldeten, daß etliche der von ihnen gesichteten roten Markierungsbomben nicht so gut gewesen seien wie die echten Pathfinder-Markierer. Es waren von den Deutschen gesetzte Täuschungs-Markierer. Dreiundneunzig Bomber des Gros erklärten, sie hätten ihre Bomben auf rote Zielmarkierungen gesetzt – nach der Zeit, zu der die letzten echten Pathfindermarkierungen abgeworfen worden waren. Bei diesen »Markierungen« hat es sich mit größter Wahrscheinlichkeit um Imitationen gehandelt, die von den Deutschen an einem auf freiem Gelände angelegten Täuschungsfeuer gezündet worden waren. Viele deutsche Städte verfügten über mehrere derartige Anlagen, deren Zweck es war, Bomber in die Irre zu führen. Dies hat sehr wahrscheinlich vielen Hamburgern das Leben gerettet und viele Bauten vor der Zerstörung bewahrt.

Es gab noch einen weiteren Faktor, der zu dem erweiterten Kriecheffekt beigetragen hatte. Im Jahre 1943 erstreckte sich der Hamburger Stadtkern über eine Entfernung von rund zehn Kilometer von einem Ende bis zum anderen, ganz gleich, von welcher Seite man sich ihm näherte, aber die Scheinwerfer- und Flakstellungen reichten über eine Distanz von annähernd vierzig Kilometer. Sobald ein Bomber in dieses Verteidigungsgebiet eingedrungen war, ging seine Besatzung davon aus, daß sie sich »über dem Ziel« befinde. Es schien durchaus in Ordnung zu sein, jede Markierung der richtigen Farbe, die sich in diesem Gebiet befand, zu bombardieren, und die Besatzungen waren nun einmal froh, ihre Bomben endlich abladen und das Zielgebiet so schnell wie möglich wieder verlassen zu können. Eine grundsätzliche Schwäche – die Tatsache nämlich, daß weder die Pathfinder noch die Bombenschützen des Gros den Boden sehen konnten – war der Preis, den das Bomber Command dafür zahlen mußte, daß es bei Nacht operierte und nicht bei Tage.

In seiner Zusammenstellung der Schäden, die während der Schlacht von Hamburg angerichtet wurden, behandelte der Polizeipräsident leider die ganze Angriffsserie als ein einziges Ereignis, und es werden nur wenige Einzelheiten angeführt, die sich auf einen ganz bestimmten Einzelangriff beziehen. Man kann jedoch sagen, daß die Stadtteile Altona, Eimsbüttel und Hoheluft in dieser ersten Nacht schwere Schäden erlitten, die schwersten in den besonders dicht bebauten Wohngebieten. Auch umliegende Bezirke hatten erhebliche Schäden erlitten, und vollständig unversehrt war kein Hamburger Bezirk nördlich des Flusses davongekommen, wobei Wandsbek die schwersten Schläge im östlichen Teil der Stadt hatte hinnehmen müssen. Wie schon erwähnt, wurde auch einiger Schaden im Hafengebiet südlich des Flusses verursacht, obwohl es nicht Zielgebiet dieser Bombardierung war.

Eine große Vielfalt verschiedenster Bauwerke wurde getroffen, von den öffentlichen Gebäuden, Hotels, Warenhäusern, Büros, Kinos und Krankenhäusern der Innenstadt bis hin zu einer Vielzahl privater Wohngebäude in den Wohnbezirken. Ich kann dem Leser nur vorschlagen, sich einmal die Bebauung im inneren Kern irgendeiner Stadt anzusehen, die noch nicht modernisiert worden ist; was er da an bebauten Grundstücken jeder Art sieht, entsprach genau dem, was in den Straßen Hamburgs während dieses Angriffs in großer Zahl in die Luft gesprengt werden oder ausbrennen sollte. Einige berühmte Hamburger Wahrzeichen waren getroffen worden. Das Rathaus, die Nikolaikirche, das Polizeipräsidium und das Telefonfernamt haben wir schon erwähnt. Der Ufa-Palast brannte aus. Die von vielen sehr geliebte Wandsbeker Kirche geriet in Brand, und brennend stürzten Dach und Turm in das Kircheninnere. Das alte Haus in der Speckstraße, in dem Johannes Brahms vor 110 Jahren auf die Welt gekommen war, wurde zerstört.

Der berühmte Tierpark Hagenbeck wurde von vier überschweren »Luftminen« getroffen, von sechzehn anderen Sprengbomben und vielen Brandbomben. Es war das Gebiet, in dem die Telefonverbindungen zerstört worden waren, und die Angestellten des Zoos, die Brandwache hatten, mußten ohne Hilfe von außen mit der Katastrophe fertig werden. Vier von ihnen fanden den Tod, außerdem fünf Angestellte des Tierpark-Restaurants, die im Zebra-Haus Zuflucht gesucht hatten. Viele wertvolle Tiere starben durch die Bomben, andere mußten später erschossen werden. Alles in allem starben annähernd 140 Tiere. Es fiel auf, daß nur wenige der angeblich »wilden« Tiere zu fliehen versuchten, als ihre Käfige weggesprengt waren, und daß viele schwerverletzte Tiere geduldig dastanden und warteten, bis man sich um sie kümmern konnte. Ein notorisch lebhafter Hengst verlor ein Auge, nutzte aber die neugewonnene Freiheit zum Spiel mit einer Zirkus-Stute, die ihm begegnete. Am schwierigsten wieder einzufangen waren die Affen, die durch die Straßen der Nachbarschaft jagten. Sechs Wochen später druckte eine Hamburger Zeitung einen Artikel über die Bombardierung des Tierparks Hagenbeck, der mit diesen Worten endete:

> Was machte diese Stätte der Forschung, der Bildung und der Erholung, in der ganzen Welt bekannt und ein Vorbild für viele ausländische zoologische Gärten, zu einem lohnenden Ziel für den Feind? Das ist eine Frage, auf die uns die Anglo-Amerikaner eine Antwort schuldig sind.

Über die Verluste an Menschen gibt es keine genauen Zahlen. Nach Schätzung des Polizeipräsidenten hatte es 1500 Tote gegeben, sehr viel mehr Verletzte und viele, viele tausend Obdachlose. Mindestens siebzehn Menschen wurden durch Streuwürfe außerhalb Hamburgs getötet – neun in Ellerbek, vier in Halstenbeck, je einer in Friedrichsgabe, Heide und Fleestedt. Um dieses Ausmaß des Schadens und diese Zahl von Verlusten zu verursachen, hatte das Bomber Command 184 Leuchtbomben abgeworfen, 263 Zielmarkierungen, annähernd 1346 Tonnen Spreng- und 938 Tonnen Brandbomben. Es ist offensichtlich, daß ein hoher Prozentsatz dieser Bomben Hamburg nicht getroffen hatte, aber nach allem, was vorangegangen war, mußte dieser Angriff auf die Stadt als sehr schwerer Angriff gelten, und er war doch nur das Eröffnungsscharmützel der eigentlichen Schlacht um Hamburg.

Der letzte Bomber, der in jener Nacht Hamburg überfliegen sollte, war eine von Flight Sergeant E. M. Cartwright geführte Halifax der 102. Squadron, deren Besatzung sich auf dem ersten Einsatzflug befand. Diese Maschine warf ihre Bomben um 01.55 Uhr ab, volle fünf Minuten nach dem Bombenwurf der vorletzten Maschine. Die Halifax wurde von Scheinwerfern aufgefaßt und war bald in einem Lichtkegel gefangen, aber sämtliche Flakbatterien Hamburgs verfehlten diesen Bomber. Cartwright tauchte weg und war in Sicherheit. Hinter sich ließ er eine brennende, qualmende Stadt zurück, und die RAF-Männer, die nun auf dem Heimflug waren, konnten noch lange auf ihrem Weg nach England hinter sich die Glut am Himmel sehen.

Der erste Teil des Rückflugplans der Bomber sah eine kurze Strecke von 35 Kilometer auf Südkurs nach Verlassen des Zielgebiets vor, dann eine scharfe Kurve nach Steuerbord, um die deutsche Küste südlich der Elbe zu überqueren und hinaus in die Helgoländer Bucht zu fliegen. Sobald der Bomberstrom einen bestimmten Punkt 200 Kilometer jenseits der deutschen Küste erreicht hatte, sollte er sich auflösen, und die einzelnen Bomber waren frei, die englische Küste irgendwo in der Nähe ihrer Stützpunkte anzufliegen. Der ganze Flug von Hamburg bis zur englischen Küste ging theoretisch über 726 Kilometer, zurückzulegen in zwei Stunden elf Minuten Flugzeit. Das Wetter blieb klar und ruhig; ein Halbmond ging auf, als die Bomber Hamburg verließen. Etliche Mitglieder der Besatzungen führten weiterhin die ungemütliche Aufgabe aus, Window abzuwerfen; sie setzten diese wichtige Arbeit fort, bis die Küste 100 Kilometer weit hinter ihnen lag.

Die Verwirrung unter den deutschen Nachtjägern infolge des Window-Einsatzes hielt an. Der Bomberstrom hatte noch fünf weitere Nachtjagdräume zu durchfliegen, bevor er seinen letzten Wendepunkt draußen über der Helgoländer Bucht erreicht hatte. Man darf davon ausgehen, daß es erfahrene Nachtjäger-Besatzungen waren, die in diesen Räumen bereitgehalten wurden, aber auf dem ganzen Weg von Hamburg bis zur Küste ist es wahrscheinlich nur zu einem einzigen Luftkampf gekommen. Eine Stirling der 214. Squadron zog ruhig dahin, auf richtigem Kurs und mit zwei anderen Stirlings in Sicht. Diese Stirlings, der am niedrigsten fliegende Bombertyp, hätten eigentlich den stärksten Schutz von Window empfangen müssen, aber die Maschine der 214. Squadron wurde plötzlich von einem unverhofft aufgetauchten Jäger angegriffen. Zwei Feuerstöße aus seiner Bordkanone fügten dem Bomber schwere Schäden zu. Sehr kurze Zeit darauf stand er in Flammen und stürzte ab. Nur zwei Mann konnten sich mit dem Fallschirm retten. Der deutsche Pilot und die Umstände seines Auftauchens sind nicht bekannt; möglicherweise hatte er den Bomber zufällig optisch aufgefaßt.

Der Bomberstrom überquerte die deutsche Küste an einem Punkt, der auf halbem Wege zwischen Bremerhaven und Cuxhaven lag. (Bremerhaven hieß damals noch Wesermünde.) Die Pathfinder warfen an der Küste weitere Kursmarkierungen ab, um zu verhindern, daß der Bomberstrom über die starken Flakstellungen der beiderseits der Route gelegenen Städte geriet. Den Bombern gelang es, die Abwehr Bremerhavens zu umgehen, aber es gab Schwierigkeiten über Cuxhaven, einem berüchtigten Flak-Gebiet. Eine Lancaster der 460. Squadron geriet über Cuxhaven und war sofort in einem Scheinwerferkegel gefangen. Viele im Süden vorbeifliegende Besatzungen beobachteten, wie der Bomber sich eine ganze Zeitlang abmühte, aus dem Scheinwerferlicht hinauszukommen, aber dann erhielt er einen Flaktreffer und ging nach unten. Er stürzte auf die kleine, sandige Insel Neuwerk unmittelbar vor der Küste, und es gab keine Überlebenden. Zwei andere Bomber meldeten kurze Feindberührung mit einem einmotorigen deutschen Nachtjäger nahe Cuxhaven. Das mag eine Wilde Sau-Maschine vom Fliegerhorst Oldenburg auf freier Jagd in der Nachbarschaft der Cuxhavener Scheinwerfer gewesen sein.

Mit dem Verlust von nur zwei Maschinen seit Verlassen des Zielgebietes verließen die Bomber den deutschen Luftraum, steuerten den letzten Wendepunkt an und schwenkten dann nach West-

Süd-West, um den Flug über die Nordsee nach England zu beginnen. Für alle, bis auf eine der Bomberbesatzungen erwies sich das als der friedliche Flug, auf den sie alle gehofft hatten. Oberleutnant Hermann Greiner befand sich ziemlich weit draußen über See in dem Nachtjagdraum Tiger, dessen Radarstation sich auf der niederländischen friesischen Insel Terschelling befand.

Für den Rückflug haben viele Bomber auf ihre »windows« verzichtet und sie vermutlich als Ballast vorher – für mich nicht zu begreifen – abgeworfen. Wie anders ist es zu verstehen, daß ich ohne jede Störung an die Halifax herangeführt werden konnte. Ein Bomber wird doch durch ein paar Kilo »windows« mehr an Bord nicht wesentlich langsamer und unbeweglicher und es wird doch selbst bei Ausfall des Heckschützen noch ein Besatzungsmitglied verfügbar gewesen sein, um gegebenenfalls beim Rückflug »windows« – geradezu eine Lebensversicherung – abzuwerfen. Oder sollten die Belastungen eines Bombenfluges über Deutschland so groß gewesen sein, daß nach einer gewissen Zeit beim Rückflug Kräfte und Konzentration auf dem Nullpunkt waren? Beim ersten Ansatz (Radarbodenführung) überflog ich die Halifax, weil sie so langsam war. Der Grund war, daß zwei Motore standen und noch dazu auf einer Seite. Ich überlegte für eine Kampfsituation ziemlich lange, ob ich dieses bisherige Glück in solcher Lage (Kurs England und schon über der Nordsee) und diese Leistung nicht vollständig werden lassen sollte. Dann aber brachten andere Überlegungen die Entscheidung, aber ich hatte bei diesem Abschuß kein gutes Gefühl. Ich habe jedoch hierbei – wie auch meist sonst – in die Flächentanks geschossen und zwar mit besonderer Sorgfalt, um der Besatzung eine Chance zu geben.

Oberleutnant Greiner war überzeugt davon, daß es sich bei seinem Opfer um eine Halifax handelte, und allem Anschein nach hatte er reichlich Zeit, um den Bomber zu betrachten. Er äußert sich erstaunt darüber, daß dieser versprengte Bomber ohne Window-Schutz flog, aber die Maschine befand sich sechzig Kilometer südlich der Route des Bomberstroms. Weil der Bomber ins Meer stürzte und es keine Überlebenden gab, bestehen hier die üblichen Schwierigkeiten bei der Identifizierung der Maschine. Es muß jedoch in Wirklichkeit eine Lancaster gewesen sein, und sehr wahrscheinlich handelte es sich um die dritte Maschine, die die 103. Squadron während des Angriffs verlor. Alle drei waren in die Nordsee gestürzt.

Diese Beschreibung der Umstände, unter denen drei Bomber während des Rückflugs verloren gingen, mag von Interesse sein. Wichtiger aber ist die Feststellung, daß – hauptsächlich dank Window – mehr als 700 Bomber ohne Schwierigkeiten durch das deutsche Verteidigungssystem hindurch nach Hause flogen.

Die ersten Bomber waren vor 3.30 Uhr zu Hause und begannen zu landen. Die erste Maschine am Boden war vermutlich die Lancaster des Warrant Officer G. Denwood von der 156. Squadron, die um 3.19 Uhr in Warboys landete. Es gab drei Landungsunfälle. Am ersten war die Lancaster von Wing Commander J. H. Searby beteiligt, Kommandeur der 83. (Pathfinder-)Squadron. Er kreiste über seinem Einsatzflugplatz bei Wyton und wartete, bis er mit der Landung an der Reihe war. Der Warteraum von Wyton war demjenigen des benachbarten Warboy sehr nahe, und Searby hatte seiner Besatzung befohlen, sorgfältig Ausschau zu halten. Squadron Leader Norman Scrivener, der Navigator, stand unmittelbar hinter seinem Flugzeugführer, und er beschreibt den Zwischenfall:

> Dann passierte das Unmögliche. Wahrscheinlich war ich der erste, der das dunkle Etwas sah, das mit einer relativen Geschwindigkeit von 800 km/h frontal auf uns zuraste. Ich brüllte und zeigte nach vorn, aber ich kann nicht mehr sagen, ob mein Mikrophon an- oder abgeschaltet war. Es kam jedoch ein kurzer Ausruf von Wing Commander Searby – höchst ungewöhnlich, denn er war immer unerschütterlich ruhig und geriet nie in eine Panik.
>
> Ich weiß noch, daß es mich von den Beinen riß, als Searby den Knüppel nach vorn stieß und wir an Höhe zu verlieren begannen. Aber das passierte alles viel zu schnell, man hatte keine Zeit, etwas zu denken oder zu tun. Die furchterregenden Umrisse einer anderen Lancaster rasten über uns hinweg, und wir hörten einige dumpfe Stöße – wie Flak, die zu nah explodierte. Kalte Luft stürzte herein, und wir hielten eine Sekunde oder zwei voller Entsetzen den Atem an, aber wir stürzten nicht. Der Captain forderte Meldungen an, aber Jerry Coley, der im oberen MG-Stand gewesen war, hatte Schwierigkeiten, Worte herauszubringen. Der Propeller des anderen Bombers hatte einen Teil der Plexiglaskuppel sauber abgetrennt, und er hatte ein Stück von Jerrys Helm abrasiert, ohne seinen Kopf zu berühren. Knapper wird er wohl niemals wieder davonkommen.

Searby war die Ruhe selbst, aber Jerry Coley ist mit seiner Geschichte noch jahrelang hausieren gegangen.

Die Lancaster machte eine sichere Landung, ebenso wie die andere Maschine, mit der sie kollidiert war; allerdings waren zwei Motoren dieser Maschine beschädigt. John Searby, dieser alterfahrene Bomberpilot, war um Haaresbreite dem Tode entronnen, aber er lebte und konnte drei Wochen später die wahrscheinlich wichtigste Aufgabe ausführen, die einem einzelnen Bomberpiloten im ganzen Krieg gestellt worden ist. Er flog als Chef-Bombenschütze während des Angriffs auf die deutsche V-Waffen-Station Peenemünde. Searby hat den Krieg überlebt.

An den beiden anderen Lande-Zwischenfällen waren Wellingtons der Polnischen 305. Squadron beteiligt. Die Maschine des Sergeant Stefan Grzeskowiak war in Schwierigkeiten, als sie die Küste von Lincolnshire überflog, und der Pilot war zur Bruchlandung in einem Feld bei Skegness gezwungen. Es war sein erster Flug als Flugzeugführer. Die Wellington mußte nach dieser Landung abgeschrieben werden, aber kein einziges Mitglied seiner Besatzung wurde ernstlich verletzt. Sergeant Grzeskowiak fiel bei seinem zweiten Einsatz in der Schlacht um Hamburg.

Das Pech, das die andere Wellington der 305. Squadron heimsuchte, hatte eine etwas humoristischere Seite. In der Nähe des Heimatflugplatzes der Polen befand sich eine vollständige Rollfeld-Befeuerung, die zur Täuschung des Feindes auf freiem Ackerland installiert worden war. Flight Sergeant K. Ignatowski machte einen sorgfältigen, schulgerechten Landeanflug auf den »Scheinflughafen«, empfing aber nicht die rote Leuchtrakete, die ein dort ständig postierter Flieger hätte abfeuern sollen, um ihn vor der Landung zu warnen.

Nach der Landung, als die Motoren abgestellt waren, wurde die vordere Luke geöffnet und der Funker, der als erster hinauskletterte, schrie zur Belustigung der gesamten Besatzung, daß er in einem Kornfeld stehe und daß das Korn ihm bis zum Hals reiche. Als ich die Maschine verlassen hatte, mußte ich das bestätigen, und zu meinem fassungslosen Staunen sah ich, daß die Rollfeld-Lichter hoch über meinem Kopf waren – die elektrischen Lampen brannten auf zwei Meter hohen Masten und nicht auf dem Boden. Ich und die Besatzung konnten das alles überhaupt nicht begreifen, und wir hatten nicht die geringste Ahnung, wo wir uns befanden. Wir begriffen aber, daß wir mehr Glück als Verstand gehabt hatten, und wir wußten nicht, ob wir lachen oder weinen sollten. Bald erschien ein Posten ganz außer Atem auf dem Schauplatz. Er entschuldigte sich sehr wortreich, erklärte uns, daß wir auf einem Scheinflugplatz gelandet seien, und zu seinem größten Bedauern hätte er uns nicht gewarnt, da er zu der Zeit gerade einer Einladung seitens einer einsamen Witwe in einem benachbarten Bauernhaus nachgekommen sei.

Um 5.15 Uhr, genau siebeneinhalb Stunden nach dem ersten Start zur Eröffnung der Schlacht um Hamburg, fand die letzte Landung statt. Es war die Halifax eines kanadischen Flugzeugführers, des Sergeant R. L. Henry von der 427. Squadron. Sie landete sicher auf dem Flugplatz Leeming. Diese erfolgreichen Landungen – nur ein Flugzeug war durch Bruchlandung verlorengegangen, und es hatte keine Verluste unter den Besatzungen gegeben – vollendeten einen für das Bomberkommando höchst erfolgreichen Einsatz. Die Besatzungen gingen zu den Abschluß-Besprechungen, vielleicht steif in den Knochen und todmüde, aber in glänzender Stimmung wegen der Wirkung des Windowverfahrens.

Von den 792 Bombern, die gestartet waren, hatten 732 – also 92,4 Prozent – ihre Bomben irgendwo im Hamburger Gebiet abgeladen, und nur zwölf – 1,5 Prozent – wurden vermißt; ein weiterer war nach seiner Bruchlandung abgeschrieben worden, und einunddreißig Maschinen waren mit unterschiedlich schweren Beschädigungen zurückgekehrt. Das waren ausgezeichnete Resultate. Aus einem deutschen Bericht geht hervor, daß achtundsiebzig deutsche Nachtjäger von fünf Gruppen die Nachtjagdräume entlang der Bomberrouten nach und von Hamburg besetzt hatten. Bei günstigster Schätzung hatte dieses Nachtjäger-Aufgebot wahrscheinlich zehn Bomber abgeschossen, von denen fünf erheblich vom Kurs abgekommen und somit ohne Window-Schutz waren, zwei hatten sich an den Rändern des Zielgebiets befunden, und ein Abschuß erfolgte, als der Bomber in einen Scheinwerferkegel geriet. Damit blieben nur zwei Bomber, die im Bomberstrom aufgrund normaler Abfangmethoden abgeschossen worden waren. Die deutschen Jagdflieger hatten mit Sicherheit zwei Verluste erlitten und einen möglichen dritten, für den es keinen dokumentarischen Beweis gibt. Die deutsche Flak, in gleicher

Weise von Window gestört, hatte nur zwei Opfer gefunden – eins über Hamburg und eins bei Cuxhaven.

Aus einer Aufstellung der Typen der britischen Bomber, die verloren gingen, lassen sich keine besonderen Erkenntnisse ableiten. Es waren vier Lancaster (alle der 1. Group), vier Halifax (alle der 4. Group), drei Stirling (alle von der 3. Group) und eine Wellington der 1. Group. Die Geschwader 5., 6. (Kanadische) und 8. (Pathfinder) Group hatten 328 Flugzeuge eingesetzt, ohne ein einziges davon zu verlieren. Ungewöhnlich war die Tatsache, daß viele der verlorenen Besatzungen aus Männern von reicher Erfahrung bestanden. Sechs von ihnen hatten mindestens zehn abgeschlossene Einsätze hinter sich, und eine siebente Besatzung hatte sich auf dem neunten Einsatz einer zweiten Tour befunden. Das war die Stirling-Besatzung von Wing Commander D. T. Saville, D.S.O., D.F.C., des 39 Jahre alten australischen Kommandeurs der 218. Squadron. Auch hieraus lassen sich keine Lehren ableiten; diese alten und erfahrenen Besatzungen hatten ganz einfach nur Pech gehabt. Achtzig Flieger der RAF und aus Empire-Ländern waren gefallen, sieben waren in Kriegsgefangenschaft geraten.

Die anderen RAF-Einsätze der Nacht waren alle erfolgreich und ohne Verluste abgeschlossen worden – sechs Wellington hatten Minen in der Elbmündung gelegt, sechs Spezialflugzeuge für Funk-Abwehr hatten Radar- und Funksignale der deutschen Nachtjagdräume rings um Hamburg ausgewertet und vermessen, Ablenkungs-Mosquitoes hatten Lübeck, Kiel und Bremen bombardiert, etliche hatten sich über der Ruhr lästig gemacht, dreiunddreißig Lancaster der 5. Group hatten auf dem Heimflug von Nordafrika den italienischen Hafen Livorno bombardiert, andere Maschinen hatten Flugblätter sowie Nachschub für Widerstandsgruppen nach Frankreich gebracht. Die einzige deutsche Angriffshandlung war ein Flug von schätzungsweise zehn Minenlegern in die Humbermündung gewesen.

So endete die erste Nacht der Schlacht um Hamburg.

ZEHNTES KAPITEL

Nach den Bomben

Wir hörten dieses schreckliche Brummen, es war genau wie ein Bienenschwarm, aber es wurde allmählich schwächer und erstarb. Die Entwarnung kam um 3.01 Uhr. Wir versammelten uns auf dem Achterdeck. Es wurde eine Ration Rum ausgegeben. Wir saßen herum und redeten, während rings um uns her Hamburg taghell brannte. Im Hafen gingen Treibstofftanks und Zeitzünderbomben noch immer mit lautem Krachen hoch.

Besonders glücklich waren wir, als Wind aufkam und den Rauch wegblies. Der Michel, das Wahrzeichen unserer alten Hansestadt, wurde sichtbar. Wie wir, hatte er die Bomben überlebt. (Leutnant z. S. Walter Luth)

Die Zivilisten kamen aus ihren Kellern und Bunkern in angstvoller Erwartung. Wie war es ihren Wohnungen ergangen? Auf den Straßen fanden sie die ersten Stanniolstreifen, die sie je gesehen hatten. Aufgeregt warnten die Menschen einander davor, die »Aluminiumstreifen« zu berühren; es lief das Gerücht um, daß diese Streifen mit Bakterien behandelt worden seien, um Infektionskrankheiten in die bombardierte Stadt zu tragen. Ein anderes Gerücht, das bald die Runde machte, besagte, daß die Deutschen selbst diese Streifen von den eigenen Sperrballons aus abgeworfen hätten, um auf irgendeine geheime, unbekannte Art und Weise die Bombenwürfe durch die RAF zu stören. Die Dame, die mir diese Geschichte erzählte, erfuhr den wahren Zweck der Window-Streifen erst, als ich ihr im Jahre 1978 davon berichtete. Aber an jenem frühen Sonntagmorgen im Jahre 1943 war sehr bald entdeckt, daß die Streifen harmlos waren, und bald sammelten die Kinder ganze Bündel als Spielzeug und als Kriegsandenken ein.

Aber in den am schwersten bombardierten Gebieten hatten die Menschen wenig Sinn für diese Streifen. Otto Mahncke beschreibt seinen Weg mit einer Nachbarin durch die zerbombten Straßen nahe der Stadtmitte. Sie suchten Verwandte und Nachbarn, die während des Angriffs in einen öffentlichen Luftschutzraum gegangen waren.

Die Straßen waren voller Ruß, die Tränen kamen einem nur so aus den Augen. Mit Taschentüchern, die wir in Wassereimer tauchten, die die Menschen hingestellt hatten, wuschen wir laufend die Augen aus. Eine Frau schrie, die von einer Geburtstagsfeier zurückkam: »Mein Kind, mein Kind, da oben!« Keiner der Männer oder Frauen wagte, in das brennende Haus einzudringen, um das Baby zu retten in der Elbstraße/Marienstraße.
Ich rannte mit Fräulein Köppen, die nun wie eine Klette an mir hing, mir nicht von der Pelle rückte, zum Michel (Michaeliskirche), wo ich meine Mutter und meine Schwester Rosa mit Kind und Verwandten vermutete. Wir kamen einfach nicht hin. Die ganzen Straßenbahn-Oberleitungen waren zerstört, lagen noch unter Strom auf der Straße, in der Mühlenstraße–Michaelisstraße.
In der Martin-Luther-Straße war ein kleines Milchgeschäft. Die einzige resolute Frau, die ich im ganzen Getümmel sah, schenkte frei und kostenlos Milch aus, so lange der Vorrat reichte, verschenkte Butter und Wurst. Auf dem Schaarmarkt sahen wir, wie Matrosen lebende Menschen aus dem brennenden Haus holten und von Balkon zu Balkon weiterreichten. Einige wurden gerettet. Dann brach mit einemmal das Haus wie ein Kartenhaus zusammen. Alles, was dort auf den Balkonen stand, fiel mit den Trümmern des zusammenstürzenden Hauses. Es war ein schrecklicher Anblick.
Beim Michel angekommen, riefen wir so laut wir konnten: Rosa Todt. Frau Todt. Frau Mahncke. Frau Blumenthal (meine Tante). Nichts. Auch der so sichere Michel bot ein grausiges Bild. Überall zerschundene Menschen, die aus ihren brennenden Häusern geflüchtet waren und hier Platz suchten.
Zum Großneumarkt zurück, um nach dem Hochhaus am Karl-Muck-Platz zu kommen, das auch als Luftschutzbunker viele Menschen aus der Neustadt aufnahm. Wir erlebten ein zweites schreckliches Geschehen. Eine alte Frau (70) rief aus dem brennenden Fenster eines Fachwerkhauses im dritten Stock um Hilfe. Lichterloh brannte die Stube. Einige Männer und ich rannten, um eine Leiter zu holen. Ein paar hatten es

geschafft, eine große Leiter herbeizuholen. Viele rannten die Leiter hinauf, um die Frau aus dem Fenster zu retten. Alle kamen nach dem zweiten Stock wieder zurück. Zu heiß. Auch ich versuchte es, kam aber nur wenige Stufen unter dem Fenster zurück. Die Hitze war zu gewaltig. Als ich wieder herunterkam, sah ich noch, wie die Frau mit irren Augen herunterschaute, zurückfiel und unter den Flammen den Tod fand. Die Polizeiwache, keine 30 Meter weit entfernt, kümmerte sich wenig um das Geschehen. Sie hatte wohl andere Aufgaben.

Elsbeth Tisch befand sich in einem brennenden Teil von Eimsbüttel:

Dann waren die wohl 800 Maschinen vorbeigeflogen, und wir lösten uns und rannten die paar Stufen weiter ins Freie (unsere Straße liegt direkt am Isebeckkanal). Dort brannten am Ufer die Bäume, die Sträucher, die Menschen hatten versucht, einige Habe auf die Kanalseite zu retten, die Häuser Nr. 1 bis 4 (wir wohnten Nr. 5) waren zerstört, die Reste brannten lichterloh mit bläulichen Phosphorflammen, Haus Nr. 1 war, von einer Sprengbombe getroffen, in sich zusammengesackt.

Und plötzlich kam durch die enorme Hitzeentwicklung ein unvorstellbarer Feuersturm* auf, unsere Haare standen geschwärzt zu Berge, und wir versuchten, mit irgendwelchen Fetzen an der Kanalböschung Wasser zu schöpfen, aber die Hitze war so groß, daß die Lappen sich von selbst auflösten.

Aber irgendwie war dann plötzlich Feuerwehr da, vom Kanal aus wurde ein großer Wasserschlauch in unser Haus gelegt, das bis zur dritten Etage zerstört war. Bis morgens 6 Uhr versuchten wir, zu retten, was möglich war. Und plötzlich, ganz plötzlich, standen, wie zu einer Parade, gestiefelt und gewachst, SS in voller Uniform vor uns, um uns auf ankommende Lastwagen zu verfrachten, irgendwo hin, aber wir wehrten uns und nur dem Umstand, daß der Angriff eben beendet war, verdankten wir es, daß uns die SS nicht verhaftete, als wir sie verfluchten und beschimpften. Sie standen da in vollem Wichs und ich höre noch heute meine Mutter zu ihnen sagen: »Verschwinden Sie, aber sofort, denn hier ist weder Ort noch Stunde für solche SS-Paraden!«

* Das Wort »Feuersturm« konnte Frau Tisch zu dieser Zeit noch nicht gekannt haben. Das plötzliche Auflodern der Brände, das sie in dieser Nacht erlebte, war nicht das später als Feuersturm bezeichnete Phänomen.

Mit der Stunde der Morgendämmerung kam nicht das Tageslicht. Eine dicke Decke aus Rauch trieb von den noch brennenden Feuern über die Stadt. Der Qualm kam vor allem von den vielen Bränden in den westlichen Vierteln, die noch immer nicht bekämpft wurden. Eine Schülerin erinnert sich daran, wie sie an diesem Tag aufwachte. »Es war dunkel, aber ich war nicht mehr müde. Ich konnte es nicht verstehen, aber ich mußte genug Schlaf gehabt haben. Als ich hinausging, begriff ich, daß Rauch die Finsternis verursachte – es war eine große, schwarze, graue Wolke, sehr niedrig, ganz so wie eine Gewitterwolke, die mitten im Sommer heraufzieht.« Ein anderer weiß noch, daß es »alles sehr gespenstisch aussah«. In den Straßen wimmelte es von Menschen, die über die Trümmer kletterten, einige suchten nach Verwandten, sie wollten sehen, ob sie noch lebten. Andere, die unterwegs gewesen waren, suchten ihre Häuser und Wohnungen. Bruno Lauritzen hatte Brandwache gehabt in einem Lagerschuppen im Hafen:

> Wir alle, die wir auf Wache waren, hatten nur einen Wunsch: Heraus aus dem Freihafen und heim zur Familie. Durch das brennende Rothenburgsort, über die Veddel, Hamm, Friedrichsberg, Barmbek erreichte ich nach einem dreistündigen Marsch meine Wohnung und konnte meine Frau wohlbehalten in die Arme schließen.

Viele von den Leuten, die durch die Straßen zogen, waren Ausgebombte, jene Unglücklichen, denen die Bomben die Geborgenheit ihres Heims genommen hatten. Herbert Heinicke war Kaufmann in Hamburg, der jetzt in der Wehrmacht diente und normalerweise in seiner Heimatstadt in Garnison lag. Er hatte eine Dienstreise nach Ostpreußen hinter sich und kehrte an jenem Sonntagmorgen nach Hamburg zurück.

> Der Zug ging nur bis Bergedorf. Das war die letzte Station vor Hamburg. Ein Lkw der Luftwaffe nahm mich in die Stadt mit. Er gehörte zum Jagdgeschwader Udet, das wegen der Boeing-Angriffe der letzten Zeit von Rußland auf einen Flugplatz in der Nähe Hamburgs verlegt wurde.
>
> Zwischen Bergedorf und Hamburg kamen uns viele Flüchtlinge entgegen. Es gab einige merkwürdige Szenen, Menschen, die alles schleppten, was sie hatten retten können, einige waren wie benommen. Ich erinnere mich noch an einen kleinen Jungen, zwölf Jahre alt mochte er gewesen sein. Er trug einen Rucksack, aus dem ein Kopf heraushing. Wir hielten an und

sprachen mit ihm. Wir erfuhren, daß es der Kopf seines toten Bruders war. Ich erinnere mich auch an ein Mädchen mit einer Brandwunde, die über einen ganzen Arm reichte, aber die Wunde war nicht verbunden. Aber sie hatte ihren Freund wiedergefunden, einen Soldaten, und sie hatten die Arme umeinander gelegt und küßten sich. Ich hatte den Eindruck, daß alle diese Menschen unter schwerem Schock standen. Mein erster Gedanke war: Das ist der höchste Grad an Barbarei.
Über die Hammer Landstraße gelangten wir nach Hamburg hinein. Trümmer und Tote lagen auf den Straßen. Ein Kino brannte lichterloh. Die Flammen schienen hundert Meter lang zu sein, sie reichten über die ganze Straße weg. Unser Lkw huschte drunter durch. Die Männer von der Luftwaffe, die die Lkws in die Stadt fuhren, sagten zu mir, daß sie so etwas noch nie in ihrem Leben gesehen hätten, nicht einmal in Rußland.

Herr Heinicke fand seine Familie wohlbehalten vor.

Das leistungsfähige deutsche Luftschutz-System war bald in voller Tätigkeit, und aus vielen Teilen Norddeutschlands kam Hilfe nach Hamburg, von den freiwilligen Dorffeuerwehren aus der unmittelbaren Umgebung der Stadt bis hin zu den schweren motorisierten Feuerlösch-Einheiten der Luftwaffe, die auf den Autobahnen über weite Strecken herangebraust kamen. Jede Wehrmachtseinheit in und um Hamburg wurde aufgeboten, und bald waren mindestens 35 000 Mann hart an der Arbeit in der zerbombten Stadt. Das Tagebuch der Hamburger Feuerwehr vermittelt einen Eindruck von den Anforderungen, die an jenem frühen Sonntagmorgen an die Feuerwehr gestellt wurden.

3.02 Uhr Entwarnung. Meldung: Alle Häuser An der Alster brennen. Krankenhaus Ecke Richardstraße und Eilbeker Weg: 200 Menschen eingeschlossen. Löschzüge reichen nicht aus zur Bekämpfung des Feuers.

3.22 Feuerlösch-Abt. III zur Dresdner Bank, Jungfernstieg.

3.29 Großbrände Schenkendorfstraße, Schillerstraße, Kanalstraße, Zimmerstraße und Reeperbahn. Fünf weitere Löschzüge angefordert.

3.45 Folgende Einheiten der Gruppe West zugesagt: Ein Einsatz-Zug aus Kiel, einer aus Neumünster, einer aus Lübeck, zwei aus Oldenburg, fünf aus Bremen. Oberstleutnant Westphal

	zur Gruppe Hafen. Großfeuer im Schuppenbereich droht auf Pickhuben überzugreifen.
	Bittet um Zuweisung zweier Züge von der zweiten Einheit. Genehmigt.
4.00	Einheit vom Ukrainischen Ausbildungskorps VIII für den Hafen eingeteilt. Sämtliche Luftschutzeinheiten der Betriebe in den Hafen befohlen.
4.05	Feuer in der Dresdner Bank, Befehlsstelle Division III. Feuerwache III ins Hapag-Reisebüro verlegt.
4.10	Katastrophen-Alarm ausgelöst.
4.45	Zwei auswärtige Einheiten sollen binnen einer halben Stunde eintreffen.
5.45	Leutnant Müßfeld zum Rathaus; sofort zwei Züge zum Rathaus.
6.15	Wehrmachtkaserne Bundesstraße: Explosionsgefahr infolge brennender Munition.
6.20	Feuerwache IX hat Volltreffer erhalten.
6.45	Einheit aus Kiel trifft Feuerwache III ein. Eingeteilt für Innenstadt.
7.00	Drei Einheiten treffen aus Eidelstedt ein. Drei Einheiten treffen aus Bremen ein. Zwei Einheiten an Gruppe Ost überstellt, eine an Parteileitung.
8.50	Acht große Feuerzonen noch ohne Feuerwehrkräfte.

Mit der Auslösung des Katastrophenalarms um 4.10 Uhr trat ein umfassender Plan in Kraft, der in jenem Jahr auf Befehl von Gauleiter Kaufmann ausgearbeitet worden war. Es ist nicht nötig, sich mit den Einzelheiten des Plans für die Bekämpfung der Katastrophe zu befassen. Er bedeutete lediglich, daß jeder, der in der bombardierten Stadt arbeitete, sowie sämtliche Angelegenheiten, die das zivile Leben in der Stadt betrafen, noch strikterer Kontrolle durch die Partei unterstellt wurden. Damit soll nicht etwa angedeutet werden, daß ausgedehnte repressive Maßnahmen eingeleitet wurden. Das angestrebte Ziel war eine energische zentrale Leitung aller Arbeiten, die in der Stadt ausgeführt werden mußten, und das wurde, jedenfalls eine Zeitlang, auch erreicht. Wie wir bereits gesehen haben, war die SS sehr bald auf der Straße, und es findet sich in den Dokumenten der Hamburger Feuerwehr eine interessante Anmerkung, aus der hervorgeht, daß die SS während der Brandbekämpfung »mit äußerstem Nachdruck« das Verbleiben sämtlicher Feuerwehren im Einsatz verlangte, um für den Fall, daß die RAF in der nächsten Nacht wiederkommen sollte, sicherzustellen, daß jeder einzelne Brand bis Mitternacht gelöscht werden konnte. In dem Dokument heißt es dann jedoch weiter, daß diese Befehle nicht befolgt werden konnten, weil die Brände zu zahlreich waren. Viele Feuer brannten mehr als vierundzwanzig Stunden lang.

Neu war das alles nicht. Unglückliche Zivilisten waren schon vorher in vielen anderen Städten in zerbombten und brennenden Häusern eingeschlossen, hatten auf der Straße gestanden und zugesehen, wie ihr in einem ganzen Leben erworbener Besitz verbrannte, waren in Angst und Elend aus ihrer Heimat geflohen.

ELFTES KAPITEL

Der amerikanische Stil

Dieser Bericht muß jetzt in der Zeit um einen Tag zurückgehen und auch den Schauplatz wechseln. Die Zeit, für die wir uns interessieren, war annähernd 9.30 Uhr am Samstag, dem 24. Juli. Der Schauplatz unseres Berichts ist ein ehemaliges Mädcheninternat in der englischen Grafschaft Buckinghamshire, das jetzt dem VIII. Bomber Command der Vereinigten Staaten als Hauptquartier diente. Brigadier-General Fred Anderson hatte soeben die Morgenbesprechung im Hauptquartier des RAF Bomber Command verlassen. Es war die Besprechung gewesen, auf der die endgültige britische Entscheidung gefallen war, mit der Schlacht um Hamburg zu beginnen. Anderson war zu seinem eigenen, nur fünf Kilometer entfernten Hauptquartier in der Mädchenschule von Wycombe Abbey zurückgefahren worden. Es war Zeit für Andersons eigene tägliche Planungskonferenz, die in einem Einsatzraum stattfand, der tief in die Flanke eines Hügels hineingegraben worden war, auf dessen Gipfel sich das Haus eines englischen Aristokraten befand. Die Offiziere seines Stabes erwarteten ihn.

Sie waren eine bunt gemischte Gruppe. Die meisten hatten ihr Offizierspatent im Krieg erhalten, und sie waren von Major-General Eaker ausgewählt worden, als er vor einem Jahr einen neuen Stab zusammenstellte, mit dem er nach England gehen wollte, um die Eighth Air Force zu schaffen. Vor Pearl Harbor waren diese Männer Universitätslehrer gewesen, Geschäftsleute, Anwälte, Verleger, Architekten. Wenn sie Verstand hatten und wußten, etwas mit ihrem Verstand anzufangen, dann waren sie gut genug für General Eaker. Jetzt waren sie Captains, Majors und Lieutenant-Colonels in der

USAAF, und sie waren an der Planung und Vorbereitung von schweren Bomber-Einsätzen über dem von Deutschen besetzten Teil Europas beteiligt.

Es muß hervorgehoben werden, daß die an jenem Morgen in Wycombe Abbey geplanten amerikanischen Einsätze nicht vor dem nächsten Tag, Sonntag, dem 25. Juli, geflogen werden sollten. Während ein RAF-Angriff in weniger als vierundzwanzig Stunden beschlossen, vorbereitet und ausgeführt wurde, gehörte zur Lebensdauer eines amerikanischen Angriffs wegen seiner Eigenheit als Tageslicht-Angriff ein zusätzlicher halber Tag. Während also an jenem Samstag die B-17 die Angriffe gegen Norwegen flogen, machten Brigadier-General Anderson und sein Stab bereits Pläne für den Sonntag.

Der wichtigste Faktor im amerikanischen Entscheidungsprozeß war die Wetterlage, und zweifellos stimmte Andersons Meteorologe mit der RAF-Vorhersage überein, daß ein Hochdrucksystem beharrlich die Wolken in Norddeutschland beiseite schob und die dortigen Ziele freilegte; die »Wetterfrösche« der RAF und der USAAF bezogen ihre Informationen aus der gleichen Quelle. Ein weiterer Faktor, nicht ganz so wichtig für die amerikanische Entscheidung, aber dennoch äußerst nützlich, war die von Fred Anderson aus High Wycombe mitgebrachte Information, daß jeder amerikanische Einsatz am nächsten Tag als direkte Folgemaßnahme, anschließend an einen RAF-Großangriff in der Nacht zuvor auf Hamburg, zu betrachten sei, bei dem ein wichtiges neues Verfahren eingesetzt werden sollte, das mit Sicherheit die Boden- und Luftabwehr der deutschen Luftwaffe desorganisieren werde. Die Hauptentscheidung – ob größere Operationen durchgeführt werden sollten oder nicht – war bald getroffen; sie fiel angesichts der Aussicht auf schönes Wetter fast automatisch. Die amerikanischen schweren Bomber sollten am folgenden Tag gegen Ziele in Norddeutschland eingesetzt werden.

Die nächste Entscheidung, nämlich die Zielauswahl, verdeutlicht einen erheblichen Unterschied zwischen den von den alliierten Luftstreitkräften angewandten Methoden. Während das RAF Bomber Command seine 800 Bomber auf ein einziges Ziel konzentrierte, machte sich die Eighth Air Force daran, ihre Streitmacht von geringfügig mehr als 300 Bombern in Angriffe auf vier verschiedene

Ziele an drei verschiedenen Orten aufzuspalten. Die Amerikaner hatten lange Listen von Zielen, die sie bombardieren wollten und die sich von Norwegen bis hin nach Frankreich erstreckten. Nach den vielen Verzögerungen des langsamen Aufbaus ihrer Streitmacht und nach den schlechten Flugbedingungen, die in jenem Frühsommer über Europa geherrscht hatten, warteten sie ohne Zweifel voller Ungeduld auf die Chance, endlich diese lange Liste etwas kürzen zu können. Zuerst, entschied Fred Anderson, würde er auf den Hamburg-Angriff der RAF einen Angriff auf Ziele in eben dieser Stadt folgen lassen, und von seinen Ziellisten wählte er die U-Boot-Werft von Blohm & Voss aus sowie das Klöckner-Flugmotorenwerk. Alles sprach dafür, daß die Amerikaner sich diese schwer verteidigten Ziele nur wenige Stunden nach dem RAF-Angriff auf die Stadt vornahmen, und es entsprach auch dem Ersuchen von Sir Arthur Harris, die Amerikaner möchten sich an der Schlacht von Hamburg beteiligen. Aber es wurde ebenfalls beschlossen, die U-Boot-Werft Deutsche Werke in Kiel und die Jagdflugzeugwerke von Focke-Wulf in Warnemünde an der Ostsee anzugreifen. Die Auswahl dieser Ziele folgte streng der kürzlich erlassenen Pointblank-Weisung – deutsche Jagdflugzeug-Fabriken und U-Boot-Werften standen an der Spitze der Pointblank-Liste – aber zweifellos waren die Amerikaner unangemessen optimistisch, wenn sie meinten, mit der bescheidenen Streitmacht, die ihnen zu jener Zeit zur Verfügung stand, vier Ziele an einem einzigen Tag auslöschen zu können. Einer der amerikanischen Stabsoffiziere, der an der Besprechung teilgenommen hatte, sagt: »Wir waren in diesem Stadium des Spiels doch ziemlich naiv und wundergläubig.«

Was den taktischen Plan betraf, so waren die ausgewählten Ziele alle weniger als 160 Kilometer voneinander entfernt, und die zu jedem der Ziele ausgesandten amerikanischen Formationen konnten, was Kurs und Zeiten betraf, so eingesetzt werden, daß die deutsche Jagdverteidigung aufgesplittert wurde. Die amerikanischen schweren Bomber mußten bei diesen Zielen auf Jagdschutz verzichten, aber es wurden Vorkehrungen getroffen, um kleine Formationen leichter Bomber der RAF und der USAAF mit gewaltigen RAF-Jäger-Eskorten über Holland, Belgien und Frankreich operieren zu lassen, um einen Teil der deutschen Jagdflieger nach Süden zu locken. Es wurde ferner beschlossen, so spät wie nur irgend möglich an diesem Tag anzusetzen, teils, um abzuwarten, bis das sich aufklarende Wetter noch mehr Wolken vertrieben hatte, zum Teil aber auch, um den Qualm von der RAF-Bombardierung Hamburgs weiter abziehen zu lassen. So kam es, daß die gewaltigen Anstrengungen der Hamburger Feuerwehren und des Luftschutzes, auf Weisung der SS alle Brände zu löschen, auch den amerikanischen Bombenschützen gute Dienste leisten sollten.

Die amerikanischen schweren Bomber hatten ihre Ziele hoch gesteckt. Zum ersten Mal wurde ein so schwer verteidigtes Ziel wie Hamburg angegriffen; allerdings war schon vor einem Monat ein Angriff versucht worden, aber schlechtes Wetter hatte die Maschinen zum Abdrehen gezwungen. Zum ersten Mal wurde ein so fernes Ziel wie Warnemünde angegriffen. Und es war das erste Mal, daß 300 schwere Bomber nach Deutschland geschickt wurden.

Die Nachricht, daß am nächsten Tag ein Angriff geflogen werden sollte, wurde sofort an die Hauptquartiere der beiden US-Bombardment Wings durchgegeben und von dort an die Einsatz-Flugplätze. Aber während die Einheiten sich schon auf den Angriff vorbereiteten, war noch eine Menge Detailplanung zu erledigen. Das Hauptquartier des VIII. Bomber Command mußte entscheiden, welche Bomberkräfte jeweils welches der Ziele angreifen sollten. Gängige Einheit für diese Arbeit war der Combat Wing, mindestens 54 B-17, gestellt von drei Bomb Groups, die in hoher, in Führungs- und in niedriger Position flogen. Dieses »Kampfgeschwader« wurde von der größten Zahl von Bombern gebildet, die nach bisheriger Erfahrung zu einer sich selbst verteidigenden Formation zusammengeschlossen werden konnten. Es fügte sich gut, daß Brigadier-General Frank Armstrongs 1. Bombardment Wing neun Bomb Groups umfaßte und Colonel Curtis LeMays 4. Wing sechs Groups. Der 1. Wing erhielt Befehl, zwei Combat Wings für die beiden Hamburger Ziele und einen dritten für Kiel zu bilden. Der 4. Wing, ausgerüstet mit der Langstrecken-Ausführung der B-17, sollte Combat Wings für das entferntere Ziel Warnemünde stellen. Die B-24 »Liberator« Groups des 2. Bombardment Wing befanden sich noch in Nordafrika.

Routen und Zeiten für die verschiedenen Angriffe wurden vom Planungsstab in Wycombe Abbey festgelegt. Man hoffte, den Einsatz

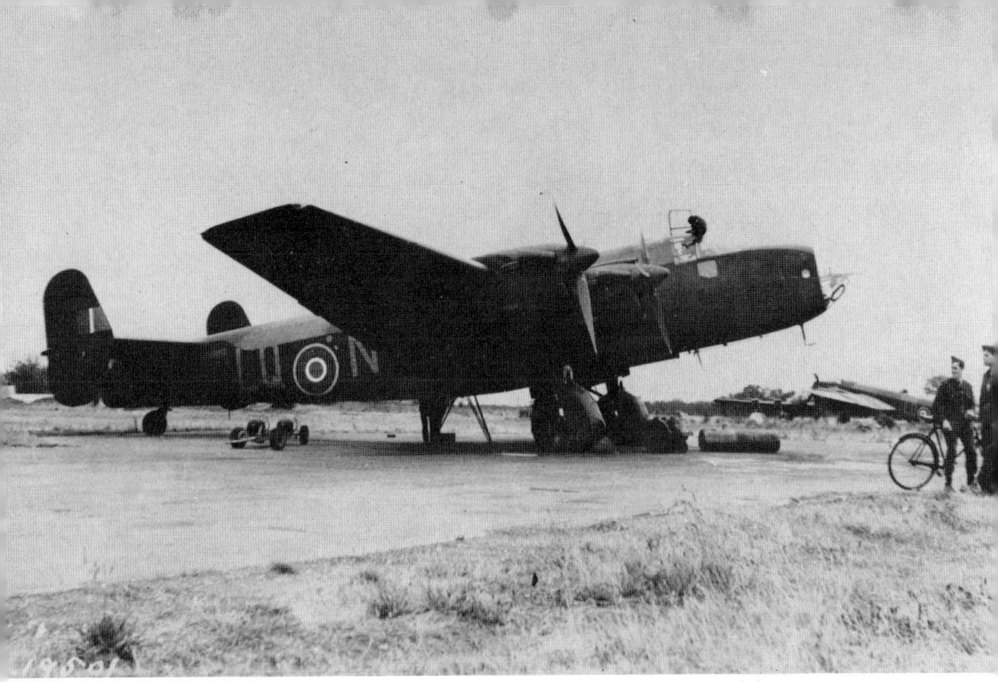

1 Eine Halifax Mark II einer kanadischen Pathfinder Squadron. Die hier abgebildete Maschine, HR 723, wurde dreimal bei der Schlacht um Hamburg eingesetzt.

2 Besatzungen der neuseeländischen 75. Squadron warten hier auf ihren Einsatz.

3 Die 381. Bomb Group bereitet sich in Ridgewell auf ihren Start vor.

4 Eine B-17 dieser Group über Deutschland.

5 Die Messerschmitt Bf 110 bewährte sich nach Umbau als Nachtjäger.

6 Mit der Dornier 217, einem umgerüsteten Bomber, waren viele Nachtjagdeinheiten in der Gegend von Hamburg ausgerüstet. Diese Maschine wurde gleich nach dem Start in Westerland/Sylt von einer Mosquito getroffen und mußte in den Dünen notlanden.

7 Eine »Wilde Sau«, Messerschmitt Bf 109, im Nachteinsatz.

8 Eine deutsche 88 mm Flakbatterie. Die Aufnahme entstand vermutlich bei der Ausbildung.

9 Der Reflektor eines Würzburg-Geräts. Dieses war das Radar-Gerät der Bodenstationen der Nachtjäger und der Flak. Die Luftwaffenleute im Vordergrund gehören zum 122. Eisenbahn-Flak-Regiment.

10 Air Marshal Sir Arthur Harris, Commander in Chief des RAF Bomber Command.

11 Brigadier-General Fred L. Anderson, Commanding General des VIII Bomber Command der US Army Air Force.

12 Hitler bei einem Hamburg-Besuch im Jahre 1935 im Gespräch mit Bürgermeister Karl Krogmann.

13 Hamburg vor dem Kriege: Nikolaifleet mit dem Turm der Nikolaikirche in der Altstadt. Im Hintergrund der Rathausturm. Diese Gegend war Zielgebiet der Bomber-Angriffe.

14 Ein Blick vom Turm der Nikolaikirche in Friedenszeiten. Im Mittelpunkt das Rathaus mit seinem Kupferdach. Weiter hinten die Binnenalster und die Außenalster.

15 Eine Lancaster empfängt ihre Bombenlast. Von diesen Viertausend-Pfund-Bomben hatte jedes Flugzeug nur eine an Bord.

16 Brandbomben ergänzten die tödliche Ladung.

17 Norweger, Briten und Angehörige des britischen Empire stellten die Besatzungen der 76. Squadron. Hier warten sie darauf, ihre Halifax-Bomber in Richtung Hamburg zu besteigen.

18 Nach dem Einsatz werden hier Männer der amerikanischen 381. Bomb Group befragt.

der deutschen Jäger durch geschickte Wahl der Zeiten und der Ablenkungsmanöver zum Teil schwer zu behindern, und es wurde große Mühe auf die Ausarbeitung eines taktischen Plans verwendet, der auf dieser Grundvorstellung beruhte. Der Plan sah vor, daß die beiden Warnemünde-Combat Wings vierzig Minuten vor den Hamburg- und Kiel-Wings über die Nordsee hinausfliegen sollten. Sobald sie einen achtzig Kilometer von der deutschen Küste entfernten Punkt erreicht hatten, sollten die führenden Wings nach Norden umschwenken und ein Täuschungsmanöver fliegen, in der Hoffnung, daß die deutschen Jäger in diesem Gebiet veranlaßt worden waren, zu früh zu starten. Sobald dann die drei restlichen Wings vierzig Minuten später eingetroffen waren, sollten alle fünf Wings direkten Kurs auf ihre Ziele aufnehmen. Diese Manöver mochten geeignet sein, den amerikanischen Bombern während ihres Anflugs auf die Ziele allerschwerste deutsche Jagdangriffe zu ersparen, aber weil die deutschen Jäger in kürzester Zeit wieder aufgetankt werden konnten, war kaum etwas dagegen zu tun, daß die amerikanischen Formationen auf dem Rückflug Jagdflieger-Angriffen ausgesetzt sein würden. Die deutschen Jägerführer waren geschickte Leute, die sich allmählich an die amerikanische Taktik gewöhnten, aber diese amerikanische Bomberstreitmacht war nicht nur die größte, die bisher über Deutschland eingesetzt worden war, sondern der Täuschungsplan war auch der am weitesten entwickelte aller derartigen Pläne, die bisher von den Amerikanern ausgearbeitet worden waren. Das Resultat dieser Operationen sollte äußerst interessant werden.

Jedem Combat Wing wurden Ausweichziele zugewiesen für den Fall, daß die Primärziele aus irgendeinem Grund nicht erreicht werden konnten oder aber unter Wolken lagen. Das Sekundärziel für die Hamburg- und Warnemünde-Wings war Kiel; das Zweitziel für den Kiel-Wing ist nicht bekannt. Erwiesen sich auch die Sekundärziele als unmöglich zu bombardieren, dann war für diesen Tag »jedes sich anbietende industrielle Ziel« als »Ziel der letzten Möglichkeit« vorgesehen.

Am Spätnachmittag waren alle Planungsdetails zu formellen Befehlen zusammengefaßt, und als Field Order No. 171 gingen sie per Fernschreiber an die beiden Bombardment Wings. Die geplanten Operationen wurden nicht wieder aufgehoben und sollten schließlich als Einsatz Nr. 76 in den Protokollen des VIII. Bomber Command erscheinen. Der Unterschied in der Numerierung zeigt, daß fünfundneunzig andere Einsätze geplant, aber dann gestrichen worden waren, seit das Kommando seine Operationen aufgenommen hatte.

Wir müssen uns in unserem Bericht jetzt im Detail auf die Tätigkeit der für den Flug nach Hamburg ausgewählten amerikanischen Einheiten konzentrieren. Die Operationen der anderen Einheiten, die am Sonntag, dem 25. Juli, fliegen sollten, mögen noch so wichtig oder interessant gewesen sein – sie sind nicht Thema dieses Buches. Die folgenden neun Bombergruppen des 1. Bombardment Wing wurden für den Angriff auf Hamburg ausgewählt:

Combat Wing Ziel: Blohm & Voss U-Boot-Werft

Hohe Position: 303. Bomb Group
Führungsposition: 379. Bomb Group
Niedrige Position: 384. Bomb Group
Führer des Combat Wing: Lieutenant-Colonel Maurice A. Preston, Kommandeur der 379. Bomb Group

Combat Wing Ziel: Klöckner Flugmotoren-Werk

Hohe Position: 381. Bomb Group
Führungsposition: 91. Bomb Group
Niedrige Position: 351. Bomb Group
Führer des Combat Wing: Major David G. Alford, Einsatz-Offizier der 91. Bomb Group.

Aus praktischen Gründen werden wir in diesem Bericht diese beiden Formationen als »Blohm & Voss-Wing« und als »Klöckner-Wing« bezeichnen, obwohl sie damals diese Namen nicht führten. Die Zuweisung der Groups zu den einzelnen Combat Wings geschah automatisch; die gleichen drei Groups flogen in diesen Wings immer gemeinsam miteinander. Die Zuweisung der Positionen der einzelnen Groups innerhalb der Wings war Routine; die hohe, die Führungs- und die niedrige Position wechselten in genau festgelegter Folge zwischen den einzelnen Groups. Es galt allgemein als ausgemacht, daß die niedrige Position die gefährlichste sei, die Führungsposition die sicherste und die hohe Position als diejenige, in der es am schwierigsten war, die Formation zu wahren, weil die Maschinen sich hier in der Nähe ihrer äußersten Flughöhe bewegten.

Der durchschnittliche amerikanische Angriff stellte weit geringere Anforderungen als derjenige des RAF Bomber Command. Nahezu jeder RAF-Angriff war ein Unternehmen »maximaler Leistungsfähigkeit«, den jedes einsatzfähige Flugzeug mitzufliegen hatte. Die Amerikaner setzten nur selten ihre Maximalstärke ein. Ihre Standard-Formation sah den Einsatz von nur drei der vier Squadrons einer Group vor. Ein Viertel der Maschinen und Besatzungen hatte also bei jedem Angriff Ruhe, so daß die Eighth Air Force an mehreren aufeinander folgenden Tagen operieren konnte, wenn sich einmal eine der seltenen Perioden längeren klaren Wetters einstellte. Die beste Periode solchen Wetters im Jahre 1943 stand jetzt gerade bevor.

Es gab viel Arbeit zu tun auf den amerikanischen Rollfeldern – Arbeit in den Schreibstuben, in den Werkstätten, den Bombendepots und draußen auf den asphaltierten Standplätzen der B-17. Ein großer Teil dieser Arbeit wurde in der Nacht bewältigt, aber weil der Start erst für den frühen Sonntagnachmittag angesetzt war, stand das Boden- und das Schreibstubenpersonal dieses Mal nicht unter dem üblichen starken Zeitdruck. Allzu sehr brauchen wir nicht in Einzelheiten zu gehen, aber einiges ist doch wichtig. Jede Fliegende Festung wurde mit zehn 500-lb-Sprengbomben beladen, wenn ihre Gruppe in der hohen oder der Führungs-Position flog, oder mit sechzehn 250 lb-Brandbomben für die niedrige Position. Wahrscheinlich hätten die Flugzeuge, die diese leichteren Brandbomben-Lasten trugen, in der hohen Position sein sollen; es mag ein gewisses Durcheinander in der Befehlsgebung an diesem Tage geherrscht haben. Annähernd 1850 US-Gallonen Treibstoff wurden in die Tanks einer jeden der nach Hamburg bestimmten Maschinen gepumpt.*

Insgesamt wurden 323 B-17 für die Operationen am 25. Juli betankt und armiert. Die Namen von 3230 Fliegern erschienen auf den »Loading Lists« – dem USAAF-Äquivalent zu der »Battle Order« der RAF. Sie sollten in diesen Maschinen fliegen. 123 dieser Maschinen und ihre Besatzungen sollten nach Hamburg fliegen und die ersten amerikanischen Bomben auf diese Stadt werfen.

* 1 US-Gallone = 3,7854 Liter.

Der Einsatzbefehl, der da besagte, daß wir am nächsten Tag fliegen sollten, bedeutete in den meisten Fällen die Streichung etwaiger Pläne, die man hatte, sich mit Mädchen zu treffen oder eine Bierreise durch die Pubs zu machen, oder es sich ganz einfach in der Messe des Offizierskasinos wohlsein zu lassen. Aber es gab manch einen »letzten Schluck« am Abend vor einem Einsatz. Die Folgen stellten sich am nächsten Tag ein. Man nahm dann etliche sehr tiefe Sauerstoff-Züge, um das Katzenjammer-Gefühl zu vertreiben. (Lieutenant Carl B. Stackhouse, 351. Bombergruppe)

An jenem Sonntagmorgen startete um 7.55 Uhr eine weitere Mosquito der Wetterstaffel der RAF in Oakington und flog hinaus auf die Nordsee. Es war zur regulären Aufgabe der RAF geworden, Wetterflüge für die Amerikaner durchzuführen. Das Codewort im Logbuch der RAF-Wetterflieger für die amerikanische Eight Air Force war »Pinetrees«. Die Mosquito sichtete Land über der deutschen Insel Sylt unweit der dänischen Grenze, wandte sich dann nach Süden und flog über die Helgoländer Bucht bis hin nach Helgoland selbst, bevor sie wieder auf Heimatkurs ging. Die Besatzung hatte Befehl, die hohen und niedrigen Wolken in diesem Gebiet zu beobachten und die Einzelheiten über Funk an ihren Stützpunkt durchzugeben. Der Flug wurde erfolgreich durchgeführt, und etwa gegen 9.30 Uhr wußten die Amerikaner, daß ihre beabsichtigten Flüge nach Kiel und Hamburg unter relativ wolkenfreiem Himmel stattfinden konnten. Der über eine größere Entfernung nach Warnemünde führende Flug mußte ohne eine entsprechend genaue Vorhersage angetreten werden. Diese RAF-Wettermeldung war das Startsignal zum Beginn der letzten Vorbereitungen für die amerikanischen Angriffe.

Während der Einsatzbesprechungen machte sich bei den Besatzungen ein unbehagliches Vorgefühl breit. Sie teilten Angriffe in »Milchrunden« und »dicke Hunde« ein; die heutigen Ziele gehörten ganz entschieden zur letzteren Kategorie. Hier die Erinnerungen einiger Männer in den Gruppen, die Befehl erhalten hatten, nach Hamburg zu fliegen.

Als das Tuch von der Einsatztafel gezogen wurde, wäre ich am liebsten unter meinen Stuhl gekrochen. Guter Gott, das Kursband lief ja quer über die ganze Gegend – und meistens auch noch nach Deutschland hinein! Als das Tuch von der Tafel genommen wurde und uns klar wurde, welcher Einsatz uns bevorstand, hörte man, wie jeder von uns scharf einatmete. Dann – Totenstille vier oder fünf Sekunden lang. Unser Bordingenieur, der neben mir saß, stieß ein in die Länge gezogenes »Goddamm« aus, während Hauptmann Joe nur ein stilles »Sch . . . ei . . . ße« von sich gab. Von den Angaben zum Einsatz bekam ich nicht viel mit, weil ich vollauf damit beschäftigt war, mein Herz wieder runterzuschlucken, das mir dauernd in die Kehle hüpfte, und außerdem mußte ich meinen Magen daran hindern, kreuz und quer durch meinen Bauch zu springen. Ich hatte wirklich Angst! (Staff Sergeant George H. Orin, 381. Bomb Group)

Als Pop Dolan, der Einsatzoffizier, den Vorhang zog, sagte er erst einmal gar nichts. Die Sache sprach für sich. Es herrschte eine Stimmung der Angst – der Bestürzung wäre vielleicht ein passenderes Wort – denn noch nie hatten wir so tief nach Deutschland eindringen müssen. Als wir die Striche auf der Karte sahen nach dem erfolgreichen Norwegen-Einsatz vom Tag zuvor, empfanden wir nicht die geringste Vorfreude auf diesen Tiefenvorstoß. Wir erwarteten ungeheuren Widerstand. Gemurmel war zu hören. Man verstand Dinge wie: »Junge, Junge. Das wird hart diesmal.« »Ein langer Flug.« Alles blieb ruhig, jeder sagte leise etwas zu seinem Nachbarn. (Second Lieutenant Paul H. Gordy, 384. Bomber Group)

Diese Einsatzbesprechung fand ganz entschieden in einer Atmosphäre unbehaglicher Vorahnungen statt. Der Gedanke will mir nicht aus dem Kopf, daß jeder Navigator in der Gruppe nach Bekanntwerden des Ziels heimlich einen Kurs nach dem nächstgelegenen befreundeten Land ausarbeitete. Ich glaube, an diesem Tag war es Schweden. (Lieutenant Howard L. Cromwell, 384. Bomber Group)

Die Amerikaner setzten sich nach der Einsatzbesprechung zum Mittagessen. Ein Funker erinnert sich: »Es gab ein wunderbares Roastbeef. Ich habe es später in der Erinnerung noch sehr oft verspeist, in den Monaten, die ich als Kriegsgefangener verbrachte.« Die Besatzungen wurden zu ihren Maschinen hinausgebracht und standen da herum. Sie warteten auf den Befehl, an Bord zu gehen und die Motoren zu starten. Die Szene glich ganz genau derjenigen auf einem Flugplatz der schweren RAF-Bomber vor einem Angriff, mit dem einzigen Unterschied, daß sich hier alles an einem wunderschönen Sommertag abspielte. Die eleganten B-17 polterten über die Rollbahnen am Rande zu den eigentlichen Startbahnen, und die rund achtzehn Bomber, die sich auf das Abheben vorbereiteten, gaben ein höchst imposantes Bild der Stärke ab. Diese Szene wiederholte sich auf fünfzehn Flugplätzen.

Sobald die Hamburg-Groups sich kurz nach 13.00 Uhr in die Luft erhoben hatten, begann einer der schwierigsten Teile des Einsatzes – die Formierung der Combat Wings. Es war relativ leicht, die drei Squadrons einer Group über dem Heimatflugfeld zu versammeln, aber schwieriger war es, die Maschinen von drei Groups, die auf drei verschiedenen Flugplätzen gestartet waren, in die korrekte Formation zusammenzufügen, besonders bei wolkigem Wetter. An diesem Nachmittag gab es nur einige niedrige Wolkenfetzen, aber es herrschte erheblicher Dunst in den Höhen, in denen sich die Combat Wings versammelten. Während ein RAF-Bomber in der Dunkelheit starten und schnurstracks nach Deutschland fliegen konnte, ohne auch nur einen Gedanken an die anderen Flugzeuge am Himmel verschwenden zu müssen, mußten die Amerikaner mit ihren großen Formationen am Himmel über East Anglia herumkurven und nach einander Ausschau halten. Das theoretische Verfahren sah vor, sich über dem Flugplatz desjenigen Combat Wing zu treffen, der jeweils die obere Position im Verband hatte, und dann einen direkten Kurs zu steuern, zunächst weg von der Küste und dann wieder mit Richtung auf die Küste, immer an einer Reihe von Funkfeuern entlang, um so die Zusammenstellung des Wing zustande zu bringen. Groups, die dem Combat Wing voraus waren, reduzierten ihre Geschwindigkeit ein wenig – was nicht leicht ist mit einem voll beladenen Flugzeug in geringer Höhe – oder sie flogen in flachen S-Kurven ihren Generalkurs. Groups, die hinterherhinkten, mußten ihre Geschwindigkeit heraufsetzen, auch das war nicht leicht, wenn man nicht zu viel Treibstoff verbrauchen wollte.

Während an jenem Sonntagnachmittag Tausende englischer Familien da unten in ihren gepflegten Gärten saßen, fanden die drei Groups, die die Werft von Blohm & Voss bombardieren sollten, ihre Formation ohne allzu große Schwierigkeiten, und bald nahmen sie von derselben Küstenstadt Cromer aus, die am vorigen Abend für etliche RAF-Bomber die letzte Landsichtung gewesen war, ihren Kurs hinaus auf die Nordsee auf. Dieser Combat Wing verließ die englische Küste genau zur festgesetzten Zeit und in guter Formation. Das Klöckner-Kampfgeschwader war nicht so erfolgreich. Die führende Group – die 91. – war eine Minute zu früh am Treffpunkt und konnte eine Zeitlang keine der beiden anderen Groups finden. Sie durchflog ihre Linie der Funkfeuer, und als keine anderen Flugzeuge sich ihr zugesellten, kreiste sie zurück und feuerte dabei rote Leuchtraketen ab, um auf sich aufmerksam zu machen. Das brachte die niedrige Group – die 351. – herbei, aber es war noch immer keine Spur von der hohen Group zu entdecken. Major David Alford, der Wing Leader, hatte jetzt schon mehrere Minuten verloren, und er beschloß, Kurs auf Deutschland zu nehmen. Nach Verlassen der Küste wurde die fehlende Group – die 381. – voraus gesichtet. Jetzt kreiste diese Group, um in die korrekte Formation zu gelangen, aber sie verlor an Boden bei der Wendung und hängte sich schließlich recht weit hinten an. Dieser Combat Wing flog verspätet auf die Nordsee hinaus in mangelhafter Formation, und die drei Groups sollten in den nächsten zwei Stunden viel Mühe auf Versuche zu verwenden haben, doch noch vorschriftsmäßig zusammenzufinden.

Während diese komplizierten Formationsmanöver stattfanden, hatte eine Anzahl von Maschinen wegen technischer oder anderer Schwierigkeiten kehrtgemacht. Die Frage des »Abbruchs« war eine heikle Angelegenheit, und ebenso wie in der RAF wurde keine Mühe gescheut, um die »Abbruch«-Zahl zu reduzieren. Viele Groups leisteten sich »Luft-Ersatz«, bis zu drei zusätzliche Maschinen, die bis zur englischen Küste mitflogen, um an die Stelle von Frührückkehrern treten zu können. Die beiden Hamburg-Formationen verloren dreizehn Maschinen, die früh zurückkehrten, zwölf wegen technischer Störungen und eine, deren Flugzeugführer meldete, daß er krank sei. Diese Abbruch-Rate von 10,4 Prozent war beinahe doppelt so hoch wie die der RAF in der vorigen Nacht, aber die Amerikaner verfügten ja auch hier wie in so vielen operativen Dingen über eine sehr viel geringere Erfahrung. Es sollte besser werden bei den Amerikanern. Die beiden Combat Wings, 112 Maschinen stark, flogen hinaus über die Nordsee. Der Blohm & Voss-Wing hatte neunundfünfzig Maschinen. Das waren fünf mehr als die Standard-Formation eines Combat Wing; einige ihrer Squadrons flogen in Formationen von sieben anstatt der üblichen sechs.

Es war ein Nachmittag mit strahlendem Sonnenschein, sobald die Fortresses durch den Dunst hindurch aufgestiegen waren. Die Formationen beruhigten sich jetzt für ihren langen Flug über die Nordsee. Die Überquerung sollte 110 Minuten dauern, genauso lange wie die Flugzeit der RAF-Nachtbomber für diese Teilstrecke. Die Kenntnisse der Amerikaner in europäischer Geographie waren oft nicht ganz hieb- und stichfest; eine ganze Anzahl amerikanischer Flieger glaubt heute noch, es habe sich bei diesem Flug um die »Überquerung des Ärmelkanals« gehandelt. Dieser Teil des Fluges war sehr wichtig für die Navigatoren in den Führungsmaschinen der Wings. Von ihrem Können hing es ab, ob die deutsche Küste an der richtigen Stelle überquert wurde und der Anflug aufs Ziel fachgerecht erfolgte. Den Navigatoren stand die Hilfe von Gee zur Verfügung, bis dieses nützliche Verfahren nach etwa zwei Dritteln der Nordsee-Überquerung gestört wurde. Alle anderen Navigatoren konnten nichts weiter tun als dem Vordermann zu folgen. Ihr Können wurde erst richtig auf die Probe gestellt, wenn ihre Maschine aus der Formation hinausgedrängt wurde. Das Klettern auf die volle Einsatzhöhe wurde wegen der niedrigen Temperaturen und der schwierigeren Manövrierbedingungen in dieser Höhe so lange wie möglich hinausgezögert. Der erste Teil der Nordseeüberquerung wurde in sanftem Steigflug auf 4000 Meter zurückgelegt, wo die Außentemperatur −4 Grad Celsius betrug; später wurde der Steigflug steiler, um die Einsatzhöhe zu erreichen, die für die hohen Positionen 8600 Meter betrug. In dieser Höhe herrschten grimmige −35 Grad. Der Bugteil jeder B-17 war beheizt, aber die vier Männer weiter achtern – der Heckschütze, der Schütze im Bauch der Maschine und die beiden mittleren Schützen – führten einen unablässigen Kampf gegen die Kälte, trotz ihrer beheizten Flugkombinationen. Die mittleren Schützen hatten an ihren offenen Seitenfenstern in der »Taille« des Bombers die allerkältesten Positionen. Es war ein ganz alltäglicher Anblick, mittlere Schützen zu sehen, wie sie mit den Fingern auf ihren Waffen trommelten oder auf Munitionskisten, um die Blutzirkulation nicht erstarren zu lassen.

Die Flugzeugführer arbeiteten schwer, um ihre Position in den Formationen zu halten. Der Formationsflug war immer schwierig, und oft war er gefährlich. Kein amerikanischer Pilot wird jemals das scheußliche Gefühl vergessen, das man hat, wenn man in die unsichtbaren Propeller-Wirbel eines anderen Bombers hineinfliegt. »Man wird einfach zur Seite geschleudert, ungefähr so, als rase man mit dem Auto plötzlich von der Fahrbahn herunter.« Diese Schilderung stammt von einem Piloten, der eine Kette von drei Maschinen in einer Group der hohen Position anführte:

> Am frischesten ist bei den meisten Bomberpiloten die Erinnerung an die extreme körperliche Anstrengung, die der dicht geschlossene Formationsflug in den Turbulenzen erforderte, die von so vielen Propellern verursacht wurden. Normale Steuerungsbewegungen reichten für Kurskorrekturen in diesen Turbulenzen nicht aus. Nach Erreichen großer Höhen, wo die Luft dünner ist, mußten die Vorhaltezeiten für Korrekturen verlängert werden, weil die Maschine in diesem Element nur langsam reagierte. Obwohl die Lufttemperatur zwanzig bis dreißig Grad unter Null betrug, waren die Piloten immer schweißgebadet. Je weiter hinten man in der Formation flog, um so schwieriger war es, die Position zu halten; das ergab sich aus der Tatsache, daß jeder Pilot dauernd die Motorenleistung usw. korrigierte. Das ganze war ungefähr so wie Schleudern und Rasen des Schlußmannes beim Schlangenschleuderspiel der Kinder. (Lieutenant Jack H. Owen, 381. Bomb Group)

Nach Passieren des Wendepunkts 200 Kilometer vor der deutschen Küste schwenkten die Combat Wings auf den südöstlichen Kurs um, der sie in die Helgoländer Bucht führen sollte und weiter über den Punkt bei Cuxhaven, an dem die Küste überflogen wurde, und schnurgerade weiter bis zu der Position südwestlich von Hamburg, an der ihr Zielanflug begann. Die letzten Kampfvorbereitungen wurden getroffen. Der Bombenschütze jeder Maschine mußte in den Bombenschacht hinunterklettern. Dort balancierte er über die schmale Planke zwischen den Bomben, in der einen Hand seine tragbare Sauerstoff-Flasche, und zog die Sicherungsbolzen aus seinen Bomben. Bordschützen erprobten ihre Waffen. Die Flugzeugführer riefen nacheinander sämtliche Besatzungs-Positionen an, um sicherzustellen, daß jeder Mann bereit war für die Dinge, die da kommen mochten. Die Besatzungsmitglieder, die sich die Mühe gemacht hatten, sie überhaupt mitzunehmen, setzten ihre Stahlhelme wegen der Flak auf; Flak-Kombinationen waren zu dieser Zeit noch nicht ausgegeben worden.

Ein Resümee des Zustandes, in dem die verschiedenen amerikanischen Formationen die deutsche Küste erreichten, ist unentbehrlich. Einer der Hamburger Combat Wings überflog zur vorgeschriebenen Zeit an der richtigen Stelle die deutsche Küste; es verlief bei ihm alles nach dem amerikanischen taktischen Gesamtplan, und die Maschinen flogen in guter Formation. Der andere Hamburg-Wing hatte sich verspätet und war noch immer nicht in Kampf-Formation versammelt. Die beiden nach Warnemünde beorderten Combat Wings, die vierzig Minuten voraus geflogen waren, hatten ihren Teil des taktischen Plans gut ausgeführt. Sie hatten ihren Täuschungsflug vor der deutschen Küste zwischen Helgoland und der dänischen Küste absolviert, und während der führende Hamburg-Wing die deutsche Küste überquerte, hatten diese Fortresses 160 Kilometer weiter im Norden bereits die dänische Küste überquert. Aber der Combat Wing, dessen Ziel die Stadt Kiel sein sollte, war nicht da. Ihm war die Versammlung zur Formation gänzlich mißlungen; obwohl seine Groups getrennt bis in Sichtweite der deutschen Küste weitergeflogen waren, hatte der Führer des Combat Wing der gesamten Streitmacht von neunundfünfzig Bombern die Rückkehr nach England befohlen.

Der erste Teil des amerikanischen taktischen Plans war partiell erfolgreich. Der Anflug der beiden amerikanischen und britischen leichten Bomber-Formationen mit sehr starkem Jagdschutz war bei der Annäherung an Holland vom deutschen Langstrecken-Radar entdeckt worden und hatte mit Erfolg die Aufmerksamkeit auf sich gelenkt. Deutsche Jägerführer hatten vierundzwanzig Messerschmitt Me 109 vom Flughafen Schiphol aufsteigen lassen und ihnen befohlen, »eine Gruppe schwerer Bomber« anzugreifen. Erst als die deutschen Jagdflieger Sichtkontakt zu den Eindringlingen hatten, bemerkte man, daß es sich nicht um Fliegende Festungen B-17 handelte. Es war zu einem kurzen, aber wilden Kampf gekommen, in dessen Verlauf sieben Spitfire und zwei deutsche Jäger abgeschossen wurden. Dann waren 250 Kilometer weiter nördlich die beiden Combat Wings des 4. Bombardment Wing beim Anflug auf die deutsche Küste in der Helgoländer Bucht entdeckt worden. Wieder reagierten die Deutschen, dieses Mal mit größerer Stärke. Zwanzig bis dreißig zweimotorige Jagdmaschinen starteten im holländischen Leeuwarden, und weitere einmotorige Jäger – wahrscheinlich ungefähr fünfzig an der Zahl – wurden von den norddeutschen Einsatzplätzen Jever, Helgoland und Husum aus in den Himmel geschickt. Aber als diese B-17 nicht geradeaus nach Deutschland hineinflogen, sondern nach Norden schwenkten und zwanzig Minuten lang parallel zur deutschen Küste flogen, fand nur eine der fünf Staffeln, die hinaufgeschickt worden waren, die Bomber. Die anderen mußten zu ihren Stützpunkten zurückkehren, um aufzutanken. Die deutschen Jäger, denen es gelungen war, die amerikanischen Bomber zu finden, hatten nur vier Minuten lang Berührung mit ihnen. In dieser Zeit flogen sie zwei Angriffe, aber die B-17-Combat Wings flogen beide in eng aufgeschlossener Formation, und keine Bomber wurden abgeschossen. Eine Messerschmitt Me 109 stürzte ab und gesellte sich den Scharen zerstörter Flugzeuge hinzu, die weit verstreut auf dem Grund der Nordsee ruhen.

Das Resultat dieser frühen Aktionen bestand darin, daß ein großer Teil der einsatzfähigen deutschen Jäger zu vergeudeten Alarmflügen verlockt worden war und jetzt nach Hause flog, um aufzutanken. Die starke neue amerikanische Streitmacht, nur noch dreißig Flugminuten von Hamburg entfernt, wurde jetzt von den Deutschen als große Gefahr erkannt und alle, oder so gut wie alle der noch zur Verfügung stehenden Jäger erhielten jetzt Befehl, zu starten und zu versuchen, die Bomber abzufangen. Der Anfangserfolg des amerikanischen Plans hatte der Bomberflotte eine ausgezeichnete Chance beschert, ohne ernsthaften Widerstand bis zu ihrem Ziel vorzudringen. Der Heimflug würde dann eine ganz andere Sache sein.

Die Hamburg-Combat Wings näherten sich der deutschen Küste unter perfekten Flugbedingungen. Keine Wolke, weder hoch noch niedrig, stand am Himmel. Die Sicht zum Boden wurde auf sechzehn Kilometer geschätzt, aber in der Höhe, in der die Bomber flogen, herrschte CAVU – »ceiling and visibility unlimited« (klare Höhe und Sicht unbegrenzt). Die Fortresses ließen an diesem Tag nur ganz schwache Kondensstreifen hinter sich, und vom Boden mußten die amerikanischen Bomber nur als winzigste silberne Pünktchen erscheinen. Der Blohm & Voss-Combat Wing überquerte die deutsche Küste auf die Minute genau, aber 450 Meter unterhalb der befohlenen Höhe. Der Wing Leader Lieutenant Colonel Preston, war in der letzten Phase des Fluges über die Nordsee langsamer gestiegen, um es seinem Wing zu ermöglichen, wirklich dicht aufzuschließen. Diese letzten 450 Meter Höhe sollten noch vor dem Eintreffen in Hamburg erreicht werden. Das Erreichen des Festlandes an der deutschen Küste war ein wichtiger Augenblick. Das deutlich erkennbare Cuxhaven am Südufer der Elbmündung war bei dieser Gelegenheit als Küsten-Überfliegungsort ausgesucht worden, und der Führungsnavigator, Lieutenant Andrew K. Dutch, hatte für eine perfekte Ankunft über der Stadt gesorgt. Weniger präzise erreichte der Klöckner-Combat Wing die Küste, aber ihm gelangen die Korrekturen rasch und es folgte dem ersten Combat Wing mit annähernd sieben Minuten Abstand. Allerdings hatte seine hohe Group, die 381., den Anschluß an den Rest des Kampfgeschwaders noch immer nicht geschafft.

Kurz vor Überquerung der Küste waren einige deutsche Jäger gesichtet worden, aber zu einem Angriff war es nicht gekommen. Wahrscheinlich handelte es sich um Jäger, die auf der Suche nach der früheren B-17-Formation draußen gewesen waren und jetzt zu ihren Fliegerhorsten zurückkehrten. Unmittelbarer war eine andere Gefahr, nämlich das wilde Flakfeuer, das die Fliegenden Festungen an der deutschen Küste begrüßte. In diesem Gebiet lagen viele schwere Flakbatterien, und allem Anschein nach befanden sich auch Flakschiffe im Hafen von Cuxhaven. Die beiden Combat Wings waren bald umgeben von den schwarzen Rauchwölkchen explodierender Flak-Granaten.

Die amerikanischen Flieger haßten die Flak; der einzelne Mann fühlte sich ihr nahezu wehrlos ausgesetzt. Der Combat Wing mußte auf seinem Hauptkurs bleiben, wenn auch die Führungspiloten der Einheiten es mit einer Serie sehr flacher Kurven versuchen durften, immer in der Hoffnung, der radarberechneten Flugbahn der Geschosse auszuweichen, die ja dreißig Sekunden benötigten, um die Höhe der Bomber zu erreichen. Die einzelnen Flugzeugführer neigten ganz natürlich dazu, ein wenig auf Distanz zu ihren Nachbarn zu gehen, um den deutschen Kanonieren kein allzu kompaktes Ziel zu bieten. »Wenn die Flak losgeht, schüttelt man sich ein bißchen los. Wenn die Jäger auf einen zurasen, schließt man alles eng zusammen – und betet.« Aber dieses »Ausschütteln« unter Flakfeuer wurde nicht gebilligt. Es war das Kennzeichen einer guten Group, daß ihre Maschinen jederzeit dicht aufgeschlossen blieben, stets bereit, einen Jagdangriff abzuwehren.

Die Flak hatte einigen Erfolg. Direkte Treffer gab es nicht, aber eine der B-17 in der Führungsgruppe des Blohm & Voss-Wing erlitt bei Cuxhaven die Beschädigung eines ihrer Motoren. Der Bomber blieb hinter der Formation zurück und sein Pilot, Lieutenant Ashley, beschloß, umzukehren. Sein Bombenschütze warf die zehn 500 lb-Bomben auf zwei Handelsschiffe ab, die in der Elbmündung zu sehen waren. Dieses Flugzeug traf wohlbehalten wieder in England ein. Tiefer über deutschem Gebiet wurden mehrere andere Bomber von Granaten-Sprengstücken getroffen und trugen ernstliche Schäden an Motoren davon. Drei B-17, sämtlich aus dem Blohm & Voss-Wing, begannen, hinter ihrer Formation zurückzubleiben – ein typisches Beispiel für das Resultat des Flakfeuers, das einzelne amerikanische Bomber lahmschlagen und sie zu einsamen Nachzüglern machen konnte.

Zu den deutschen Jagdeinheiten, die hinaufgeschickt wurden, um die Hamburg-Bomber anzugreifen, gehörte die II/JG11 – die zweite Gruppe des Jagdgeschwaders 11 – dessen Einsatzplatz sich in Jever befand, nur siebzig Kilometer südwestlich der von Cuxhaven aus landeinwärts führenden Route der Bomber. Die genaue Zahl der Messerschmitt Bf 109 dieser Gruppe, die jetzt starteten, ist nicht bekannt – wahrscheinlich waren es zwischen dreißig und vierzig – aber man weiß, daß der Gruppenkommandeur, Hauptmann Günther Specht, seine Einheit in den Kampf führte. Viele deutsche Einheiten flogen Einsätze an jenem Sonntagnachmittag, aber es ist möglich, einen Teil der Aktion dieser Einheit, also einer Tagjäger-Einheit, herauszuheben, ein guter Zeuge der deutschen Seite steht zur Verfügung, und es gibt ausreichend dokumentarische Belege als solide Basis für den folgenden Bericht.

In »Schwärmen« von je vier Maschinen fliegend, begann die Gruppe mit einer Reihe von Frontalangriffen gegen den Blohm &

Voss-Wing. Sobald jeder Schwarm seinen Angriff geflogen hatte, tauchte er im Sturzflug, mit dem Bauch nach oben, weg, kurvte nach vorn und setzte zum nächsten Angriff an. Die Second Lieutenants James E. Armstrong und Paul H. Gordy waren Pilot und Ko-Pilot in zwei Maschinen der 384. Bomb Group, die in der angegriffenen amerikanischen Formation flog.

Natürlich behielt ich stets die Maschine des Kettenführers im Auge, damit wir uns so eng wie möglich an ihn klammern konnten, aber ich konnte dabei doch sehen, wie die Jäger nach vorn davonzogen und dann wieder zum Angriff von vorn ansetzten. Die meisten von ihnen kippten nach dem Angriff nach unten weg; einer aber tat das nicht. Er fegte schnurgerade durch unsere Squadron hindurch. Zum ersten Mal konnte ich eine Me 109 ganz aus der Nähe sehen, keine dreißig Meter war sie von uns entfernt. Deutlich konnte ich das schwarze Balkenkreuz an der Seite sehen und den Piloten an seinem Steuerknüppel. Ich sehe ihn noch heute vor mir, wie er da durch unseren Verband hindurchbrauste. Es war die erste richtige Schlacht, in die wir hineingeraten waren, und ich fand, daß dieser Deutsche richtig tollkühn war. Er schoß, aber ich weiß nicht, auf welches Flugzeug er zielte. Uns jedenfalls hat er nicht getroffen. Ich glaube nicht, daß unsere Bordschützen auf ihn geschossen haben. Sie mußten ja fürchten, eine unserer eigenen Maschinen zu treffen.

Ich kann mich noch daran erinnern, daß ich eine Gruppe von etwa fünfzehn Maschinen rechts von uns gesehen habe, und einige Bordschützen meldeten noch andere. Noch nie hatte ich so viele gesehen, und ich hatte das gleiche Angstgefühl wie jedesmal seit meinem ersten Einsatz – die Angst, nicht zu wissen, was einem bevorstand. In jenem Abschnitt des Krieges hatte der amerikanische Flieger größten Respekt vor dem Können und dem Gerät der Luftwaffe.

Jetzt richteten sich Jägerangriffe auch gegen uns, und man konnte das Feuern unserer Bordwaffen hören. In einer Maschine wie der unsrigen herrschte ein ganz erhebliches Getöse, wenn sechs oder acht Maschinenwaffen vom Kaliber fünfzig das Feuer eröffneten und den normalen Motorenlärm und die Windgeräusche, an die man sich gewöhnt hatte, noch übertönten. Das Herz schlägt schneller, weil man weiß, daß sie auf uns zukommen. Da kam es schon vor, daß die anderen an Bord ganz aufgeregt wurden, und wenn einer vergaß, sein Mikrophon abzuschalten, konnte kein anderer etwas sagen. Derjenige von uns beiden, der nicht gerade die Maschine flog, mußte die Meldungen von der Besatzung abhören und immer wieder irgend jemandem zurufen, daß er aus der Leitung gehen sollte, damit Meldungen von den anderen nach vorn durchgegeben werden konnten.

Der Angriff hatte schon etwa fünf Minuten gedauert, als es einen lauten, lärmenden Schlag gab und der erste Pilot, Floyd Edwards, der gerade die Maschine flog, sich umwandte, mich mit seiner rechten Hand auf die Schulter schlug und einfach nur sagte: »Übernimm.« Er packte dann sofort ein Messer, beugte sich vor und zerfetzte seine Fliegerkombination am linken Bein. Ein Geschoß hatte die Wade durchschlagen und er litt unter erheblichen Schmerzen. Ich hatte alle Hände voll damit zu tun, in der Formation zu bleiben. Wir sagten nichts mehr über das Bordverständigungssystem; die Besatzung brauchte nicht zu wissen, daß irgend etwas im Cockpit nicht in Ordnung sei. Alles war unter Kontrolle, und wir wollten ja nur, daß jeder seine Arbeit macht.

Paul Gordy flog seine Maschine wohlbehalten nach Hause, sollte aber vier Tage später in Kriegsgefangenschaft geraten.

Zu den deutschen Flugzeugführern, die an diesem Einsatz teilnahmen, gehörte Leutnant Wolfgang Gloerfeld. Gloerfelds Maschine war mit zwei schweren 3 cm-Kanonen ausgerüstet worden anstelle der Standard-2-cm-Kanonen der Messerschmitt Bf 109. Weil diese schwerere Armierung seine Maschine weniger manövrierfähig machte, flog er alleine, unmittelbar über und hinter einem der Schwärme. Leutnant Gloerfelds Bericht soll unverändert wiedergegeben werden; darin enthaltene Irrtümer, verständlich in einem frontal bei hoher Geschwindigkeit geführten Kampf, sollen später korrigiert werden.

Ich folgte den anderen nach ihrem zweiten Angriff. Mir taten die amerikanischen Piloten leid, die in diesen Feuerhagel hineinfliegen mußten. Wenn auch nur ein Prozent unserer Schüsse getroffen hätte, dann hätten wir den ganzen Pulk abgeschossen. Aber sie hatten Glück; das gelang uns nicht. Ich hatte das Gefühl, daß die amerikanische Formation nicht so fest geschlossen war wie bei unserem ersten Angriff, und ich suchte mir die am weitesten rechts fliegende Boeing aus, die ich sehen konnte. Sie kam schulmäßig in mein Visier, aber ich hatte mich mit der Zeit verkalkuliert; ich war schon zu nahe dran, als ich das Feuer eröffnete. Obwohl ich nur eine halbe oder höchstenfalls eine Sekunde lang feuerte,

fiel die linke Tragfläche des Bombers einfach ab. Ich sah sie vor mir, die ganze Fläche mit beiden Motoren. Ich weiß nicht, was aus dem Bomber geworden ist, denn ich muß die zu Boden stürzende Tragfläche mit meiner eigenen rechten Tragfläche berührt haben, die sofort abbrach, und als meine Maschine herumgerissen wurde, löste sich auch die linke Tragfläche. Es war sehr günstig, daß beide abbrachen, denn das verhinderte, daß der Rumpf sich um die eigene Achse drehte.
Ich versuchte, auszusteigen, aber das Kabinendach klemmte. Normalerweise flog das ganze Ding weg, aber dieses Mal kam der hintere Teil nicht frei, und mein Fallschirm war darin verklemmt. Natürlich stemmte ich mich mit aller Kraft mit den Beinen ab, und dabei muß ich wohl den Steuerknüppel verrissen haben, jedenfalls schüttelte sich die ganze Maschine und schleuderte mich hinaus. An irgend etwas anderes erinnere ich mich nicht, aber ich kam in der Nähe einer Flakstellung auf freiem Feld unmittelbar südlich der Elbe zu Boden. Später erzählten mir die Soldaten, sie hätten gesehen, wie ich in nur tausend Meter Höhe ausgestiegen sei, und mein Fallschirm habe sich erst kurz vor meinem Aufprall geöffnet. Mein Flugzeug ist nie gefunden worden; ich glaube, es ist in ein Moor gestürzt.

Gloerfeld hatte einen doppelten Schädelbruch, mehrere gebrochene Rippen, einen Wangenbein- und einen Kieferbruch und gebrochene Unterarmknochen. Im November 1943 flog er wieder Jagdeinsätze, aber am 11. Januar 1944 wurde er wieder abgeschossen – zum dritten Mal von einer B-17 – und dieses Mal wurde er so schwer verletzt, daß er nie wieder geflogen ist.

Die »Tragfläche«, die Leutnant Gloerfelds Messerschmitt getroffen hatte, war in Wirklichkeit einer der Stabilisatoren vom Heck der Fliegenden Festung des Second Lieutenant Philip A. Mohr, der als »Schlußlicht« in der niedrigen Formation der 379. Bomb Group geflogen war. Gloerfelds schwere 3 cm-Granaten hatten den Stabilisator sauber von der Fortress abgetrennt. Mohrs Bomber flog noch einige Zeit weiter, hielt sich möglicherweise sogar während des Fluges durch das Zielgebiet in der Formation, blieb aber später zurück, wurde aufs Neue von Jägern angegriffen und stürzte schließlich vierzig Kilometer westlich von Hamburg ab. Vier Mann der Besatzung fanden den Tod. Eine andere Fortress derselben Staffel, geführt von Lieutenant Frank Hildebrandt, wurde ebenfalls beim ersten Jägerangriff beschädigt. Sie ging schneller zu Boden und stürzte in dem Hamburger Stadtteil Wandsbek ab, aber erst, nachdem alle zehn Mann ihrer Besatzung mit dem Fallschirm abgesprungen waren. Eine dritte Maschine dieser Squadron, die von Lieutenant Willis Carlisle, erhielt auch einen Treffer. Eine Granate aus einer Jäger-Bordkanone explodierte im Cockpit und tötete Carlisle. Sein Ko-Pilot, Lieutenant Bigler, übernahm das Steuer und hielt den Bomber an seinem Platz in der Formation, und zwar während des ganzen Rückflugs bis nach England, obwohl das Sauerstoffsystem beschädigt worden war. Drei Mann seiner Besatzung waren schon bewußtlos, als die Maschine in England landete.

Auch die Deutschen erlitten Verluste. Außer dem Verlust der Jagdmaschine von Leutnant Gloerfeld war eine weitere Me 109 abgeschossen worden, und eine dritte erlitt erhebliche Beschädigungen, als ihr Pilot eine Bruchlandung machte. Als die Bomber sich Hamburg näherten, hatte die Gruppe noch Treibstoff in den Tanks und blieb in Kontakt mit den Bombern, um die Angriffe wieder aufzunehmen, sobald die Amerikaner die Hamburger Flaksperren durchflogen haben würden.

Diese mit wildem Mut geführten Kämpfe machen mehrere interessante Punkte deutlich. Mehr als dreißig schwer bewaffneten deutschen Jägern, die je zwei Angriffe geflogen hatten, war es nicht gelungen, diesen Combat Wing auseinanderzubrechen. Zwei B-17 waren so schwer beschädigt worden, daß sie ihre Formation verlassen mußten und am Ende abstürzten, aber ihre solide Konstruktion hatte sie vor der plötzlichen Explosion oder dem schweren Brand bewahrt, die zur Zerstörung so vieler angegriffener RAF-Bomber führten. Der zweite der beiden Combat Wings, die Hamburg ansteuerten, wurde auf dem Flug nach dem Ziel überhaupt nicht angegriffen. Diese Resultate zeigen erstens, daß der amerikanische taktische Plan in den Anfangsstadien gut funktioniert und vielen Bombern einen schweren Jagdangriff erspart hatte, und zweitens, daß eine gut geführte, fest geschlossen geflogene B-17-Formation ein sehr schwieriges Angriffsziel für deutsche Jagdverbände darstellte.

Während der gesamten deutschen Jagdangriffe waren die B-17 stetig vorangeflogen mit einer Eigengeschwindigkeit von 344 km/h und Höhen von jetzt zwischen 7800 und 8550 Meter. Die Führungs-

Navigatoren leisteten Schwerarbeit. Ständig beobachteten sie den Boden, um sicherzustellen, daß sie sich genau auf Kurs befanden. Auch die Führungs-Bombenschützen hatten sehr viel zu tun. Sie berechneten Geschwindigkeiten und Windstärken. Diese entscheidend wichtigen Daten wurden für die letzte Feineinstellung der Bombenzielgeräte benötigt.

Sechsundneunzig Kilometer landeinwärts von Cuxhaven und dicht an der Autobahn Hamburg–Bremen liegt das kleine Dorf Hollenstedt. Im Jahre 1943 überquerte hier die Eisenbahnstrecke Buchholz–Bremervörde die breite Autobahn – eine markante Kreuzung, mühelos zu sehen für die Männer in den amerikanischen Bombern. Dies war der »Initial-Punkt«, eine wichtige Position im amerikanischen Bombardierungsplan, die nach sorgfältiger Überlegung ausgesucht worden war. Von diesem Punkt aus sollten die Bomber ihren eigentlichen Zielanflug zum Bombenwurf beginnen. Bis jetzt waren die beiden Kampfgeschwader auf südöstlichem Kurs geflogen, ganz so, als hätten sie die Absicht, Hamburg im Süden zu passieren und einen Schlag gegen tiefer im Reichsgebiet gelegene Ziele zu führen. Aber eine scharfe Linkswendung über dem Initialpunkt brachte die Bomber auf einen direkten Kurs für den Anflug auf ihre Ziele in Hamburg, die nur vierundzwanzig Kilometer oder vier Flugminuten entfernt waren. Die Amerikaner hofften, daß dieser plötzliche Kurswechsel die Flakverteidigung unvorbereitet treffen werde.

Die Straßen-Eisenbahn-Kreuzung wurde geraume Zeit, bevor sie erreicht war, erfolgreich geortet und identifiziert, aber die scharfe Wendung an diesem Punkt war kein leichtes Manöver. Major Clinton Ball war der Führungspilot in der niedrigen Gruppe – der 351. – der Klöckner-Wing.

> Beim Anflug auf den I. P. (Initial Point) starren die Führungsnavigatoren und die Bombenschützen aus der Bugkanzel und geben sich alle Mühe, die Führungspiloten einzuweisen. Der Führer des Combat Wing schwenkte erst ein wenig nach Süden und flog dann die Autobahn hinauf, bis er die Straßen-Eisenbahn-Kreuzung überquerte. Er muß sorgfältig darauf achten, daß seine Kurve weder zu knapp noch zu weit ausfällt. Seine Group folgt ihm, und die hohe ebenso wie die niedrige Group gleiten im Verbandsflug über den Punkt hinweg und nehmen oben und unten auf neuem Kurs ihre Position ein.

Unmittelbar über dem I. P. übernimmt der Bombenschütze in der Führungsmaschine jeder Group die Führung; man hätte die übrigen Bombenschützen und Navigatoren ebenso gut auch zu Hause lassen können. Der Führungspilot schaltet auf AFCE – die automatische Kurssteuerung – und von nun an heißt es »Finger weg« für ihn. Die sämtlichen Steuerungsfunktionen des Flugzeuges werden jetzt direkt von den Einstellungen des Bombenzielgeräts durch den Bombenschützen betätigt. Die Führungspiloten verabscheuten diese Phase; wir hatten keine Kontrolle mehr über unser Flugzeug. Das ging entschieden gegen jeden Instinkt eines Piloten.

An diesem Nachmittag fanden beide Kampfgeschwader den Initialpunkt ohne Schwierigkeit, korrekt führten sie die Kursänderung aus und begannen ihre getrennten Zielanflüge. Der Blohm & Voss-Wing befand sich noch immer annähernd sieben Flugminuten vor dem Klöckner-Wing und damit unmittelbar jenseits der Möglichkeit eines Sichtkontakts.

Lieutenant-Colonel Prestons Maschine führte seine 379. Bomb Group auf den Kurs, der direkt auf sein Ziel zuführte. Die beiden anderen Groups in diesem Wing blieben ein wenig zurück, hintereinander, um zu einer »Kolonne von Groups« zu werden, so daß der Führungs-Bombenschütze jeder Group direkt das Zentrum der Blohm & Voss-Werft überfliegen konnte. Sobald sie ihre Bomben geworfen hatten, sollten sich die Groups wieder zu ihrer Combat Wing-Formation zusammenschließen. Die amerikanischen Flieger erblickten jetzt ein phantastisches Bild – die noch brennende Stadt Hamburg, über der ein gewaltiges Leichentuch dunklen Rauches hing, verursacht durch die RAF-Bomben, die vierzehn Stunden zuvor auf die Stadt gefallen waren. Keiner der Amerikaner hatte jemals zuvor eine deutsche Stadt derart brennen gesehen. Ein Pilot dachte zuerst, er fliege auf ein Gewitter zu, und vielen der Amerikaner war nicht klar, daß der Rauch von Bränden herrührte. Die Tagebücher einer Group enthalten diese Eintragung: »Das Zielgebiet war von einer sehr schweren und intensiven künstlichen Rauchwand bedeckt... Wirksame Vernebelung behinderte die Sicht auf die Zielgebiete und erstreckte sich auf annähernd 130 Quadratkilometer.« Dieser Rauch, mit dem niemand gerechnet hatte, sollte erhebliche Auswirkungen auf die Bemühungen der amerikanischen Bombenschützen haben.

Die volle Gewalt der starken Hamburger Flakverteidigung wurde jetzt auf die amerikanischen Formationen losgelassen. Offenbar hat die Flak eine Serie aufeinander folgender »Raum-Sperren« gefeuert, Feuerzonen, die die B-17 zu durchfliegen hatten, wobei jedesmal neue Sperrfeuerzonen vor die Groups gelegt wurden, je weiter sie sich der Stadt näherten. Das war ein gefährliches und höchst beängstigendes Erlebnis für die amerikanischen Flieger. Nach ihrer Erklärung war es das weitaus dichteste Flakfeuer, dem sie bis dahin begegnet waren, schwerer als über dem U-Boot-Stützpunkt von St. Nazaire in Frankreich.

Vierzig Sekunden vor dem Abwurfpunkt wurden die Bombenschächte geöffnet. Alle amerikanischen Flugzeuge waren mit Kameras bestückt, die nach dem Ausklinken der Bomben eine Serie von Aufnahmen machten. Die so entstandenen zahlreichen Luftbilder ermöglichen es, eine zuverlässige Darstellung der amerikanischen Bombenwürfe jenes Nachmittags zu geben. Die drei Gruppen von Lieutenant-Colonel Prestons Wing warfen ihre Bomben während einer vierminütigen Periode ab, dic um 16.34 Uhr begann. Zu ihrem Unmut fanden die Bombenschützen schwierige Bedingungen vor. Zwischen den Bombern und dem Boden wehte ein leichter Wind aus Nordwest. Die dichten Rauchwolken, die noch immer aus den RAF-bombardierten Gebieten nördlich der Elbe kamen, insbesondere im Stadtteil Altona gegenüber der Werft von Blohm & Voss am anderen Ufer der Elbe, quollen empor, stiegen auf und wurden dann vom Wind genau über die Werft hinweggetragen. Während ihres Anflugs konnten die amerikanischen Bombenschützen ihr Ziel klar erkennen, aber je näher sie kamen und je stärker der Sichtwinkel sich änderte, um so mehr versperrten die Qualmwolken die Sicht. Die Bombenschützen konnten nur, so gut es eben ging, auf die allmählich verschwindende Werft zielen. Aus den amerikanischen Luftbildern wird deutlich, daß zu dieser Zeit keine künstlichen Nebelwände gelegt wurden. Die Bombenladungen der drei amerikanischen Groups stürzten zu Boden. Der Bombenschütze jeder Maschine klinkte seine Ladung aus, sobald er die Bomben seines Group Leaders aus dem Schacht stürzen sah. Es wird davon ausgegangen, daß neunundvierzig Maschinen des führenden Wing das Hauptziel bombardiert haben, und zwar mit 340 Stück 500 lb-Spreng- und 272

Stück 250 lb-Brandbomben. Man sah die Bomben krepieren, zum Teil nur ganz schwach durch den Rauch über der Blohm & Voss-Werft hindurch. Sobald sie ihre Bomben geworfen hatten, drehten die amerikanischen Flugzeuge nach Osten ab, um wenigstens das schlimmste Flak-Feuer zu vermeiden, aber die schwerfälligen Kurven der Groups führten sie doch über das Zentrum und dann über die östlichen Bezirke der Stadt.

Waren die Zielbedingungen für den Blohm & Voss-Wing schwierig, so waren sie für den nachfolgenden Klöckner-Wing ganz unmöglich. Dieser Wing hätte unmittelbar hinter dem Blohm & Voss-Wing fliegen sollen, so daß die beiden Combat Wings im selben Zeitabschnitt sich Hamburg nähern und das Zielgebiet durchfliegen konnten, was zu einer Aufspaltung des Feuers der Hamburger Flak geführt hätte. Da er zu spät eintraf, mußte dieser Wing die ganze Gewalt der Flak allein über sich ergehen lassen. Schlimmer noch, die hohe Group des Wing hatte noch immer nicht aufgeschlossen und hinkte eine oder zwei Minuten hinterher. Dieser Wing benutzte denselben Initialpunkt wie der frühere, hätte dann aber einen leicht östlicheren Kurs auf die Klöckner-Werke fliegen sollen. Aber als Major Alfords Führungsmaschine sich dem Südteil Hamburgs näherte, sah sein Bombenschütze, daß das Gebiet, in dem sich die Klöckner-Werke befanden, vollständig von Rauch bedeckt war. In diesem Augenblick wurden die Maschinen des vorausfliegenden Wing zum ersten Mal während des ganzen Fluges gesichtet. Der Bombenschütze traf die schnelle Entscheidung, den Versuch einer Bombardierung der Klöckner-Werke aufzugeben und dem Führungs-Wing zu folgen in der Hoffnung, ein geeignetes Ziel zu finden. Die Führungsmaschine erreichte bald das Gebiet, das gerade erst von den vorausfliegenden Maschinen bombardiert worden war, aber der Bombenschütze hatte keine Zeit, seine Karten zu studieren, die ihm Aufschluß darüber gegeben hätten, welche anderen wertvollen Ziele es dort noch geben mochte. Gerade in diesem Augenblick begannen die Deutschen, künstliche Nebelwände zu legen, aber sie hatten sich noch nicht entwickelt, und die Sicht war über der nicht von der Rauchwolke verdunkelten Fläche gut. Das kunstvolle Netz der Kais und Hafenbecken in einem Teil des Hamburger Hafengebiets war deutlich zu erkennen. Eine auffällige Gruppe von Gebäuden mit roten Dächern auf einem Landstreifen zwischen zwei Wasserstraßen erregte die Aufmerksamkeit des Bombenschützen. Die 500 lb-Bomben der achtzehn Maschinen der 91. Bomb Group wurden auf diese Gebäude abgeworfen, und nach der Zeit, die sie für ihren Fall benötigten, war zu sehen, wie die Bomben in einer Gruppe rings um die Gebäude explodierten. Dann war zwischen den Bombenexplosionen eine große, weiße Explosion zu sehen, die prompt von der Kamera eines der Bomber photographiert wurde.

Die mit der 91. fliegende Group war die 351. Bomb Group, die von Major Ball geführt wurde und Brandbombenladungen an Bord hatte. Wahrscheinlich hatte Major Ball infolge der Verwirrung, die der in letzter Minute erfolgte Zielwechsel mit sich brachte, keine Befehle vom Führer seines Kampfgeschwaders erhalten, oder, falls das doch der Fall war, hatte er lediglich Anweisung erhalten, sich ein möglichst lohnendes Ziel auszusuchen. Die von Major Balls Group gemachten Aufnahmen zeigen, daß sein Bombenschütze dem Weg der 91. Bomb Group gefolgt, aber dann weiter geflogen war, um die Bomben seiner Group in die Rauchwolke hinein abzuwerfen.

Die arme 381. Bomb Group hatte bislang während des ganzen Fluges nichts als Ärger gehabt. Sechs ihrer Maschinen hatten den Einsatz abgebrochen, darunter die des designierten Gruppenführers, und seither hatte der stellvertretende Führer, Captain George Shackley, sich erfolglos abgemüht, Anschluß an die beiden anderen Groups seines Wing zu finden, die er weit voraus sehen konnte. Während des Anflugs auf Hamburg beschloß Captain Shackley, die anderen einzuholen, indem er am Initialpunkt drastisch die Kurve schnitt. Deshalb hatte er sich der Stadt von Westen her genähert anstatt, wie vorgesehen, von Südwesten. Er führte seine Group allein quer über den südlichen Teil Hamburgs hinweg, wo er damit rechnete, den Rest seines Wing bei der Bombardierung der Klöckner-Werke anzutreffen. Aber da waren die beiden anderen Groups nicht zu entdecken, und durch den dichten Rauch hindurch war keine Spur des Klöckner-Werks zu sehen. Shackley befahl seinem Bombenschützen, seine Bomben an Bord zu behalten und die Bombenschächte wieder zu schließen. Er flog weiter in der Hoffnung, seinen Wing am Sammelpunkt östlich von Hamburg einholen zu können, und er hoffte außerdem, während des Rückflugs an die deutsche

Küste irgendein anderes Ziel zu finden, das er bombardieren könnte. Die siebzehn Maschinen dieser Group fanden während ihres einsamen Fluges über die Stadt die Aufmerksamkeit des größten Teils der Hamburger Flak. Sechzehn der siebzehn Fliegenden Festungen wurden von Fla-Granaten beschädigt.

Diese amerikanische Bombardierung Hamburgs hatte zwölf Minuten gedauert. Wäre der zweite Combat Wing pünktlich gewesen, hätten die Bombenwürfe nicht mehr als sechs Minuten in Anspruch nehmen können. Dies als Vergleich zu den achtundfünfzig Minuten des RAF-Angriffs der vorangegangenen Nacht. Neunzig B-17 hatten 186 Tonnen Bomben so zielgenau, wie der Rauch es zuließ, abgeworfen, verglichen mit den 2290 Tonnen, die von 733 RAF-Bombern während ihres Angriffs nach den Grundsätzen des Flächenbombardements abgeworfen worden waren. Dank des Window-Verfahrens waren die RAF-Bomber in der vergangenen Nacht kaum von der Flak behelligt worden, die B-17 aber hatten im hellen Sonnenschein dieses Nachmittags erheblich gelitten. Nicht weniger als 78 der 109 Maschinen, die Hamburg in ihrer Formation überflogen, hatten in der einen oder anderen Form Flakschäden erlitten. Spektakuläre Explosionen von Bombern hatte es nicht gegeben, aber mehrere Maschinen hatten schweren Schaden an Motoren oder lebenswichtigen Anlagen davongetragen und begannen, hinter ihren Formationen zurückzubleiben. Das Schicksal dieser angeschlagenen Nachzügler werden wir später beschreiben.

Die sechs B-17-Gruppen steuerten den vorgesehenen Sammelpunkt, den »Rally Point«, vierzig Kilometer östlich von Hamburg an. Dort hofften sie, ihre Defensiv-Formationen wieder aufstellen zu können, bereit für den Kampf mit den deutschen Jägern, mit dem man während des Rückfluges im Norden um Hamburg herum und dann zurück zur Küste rechnete.

Hamburg war vorher noch nie von den Amerikanern bombardiert worden. Es hatte sehr oft Fliegeralarm am Tage gegeben, aber nie waren Bomben gefallen. Die städtischen Behörden hatten an jenem Sonntag alle Hände voll zu tun, um mit den Folgen des RAF-Nachtangriffs fertig zu werden, und das plötzliche Auftauchen der amerikanischen Bomber war zweifellos eine böse Überraschung. Die

Flak war bereit gewesen und hatte den Bombern den bereits beschriebenen heißen Empfang bereitet, aber die üblichen Luftgefahr-Vorwarnungen, die telephonisch an Industrie, Eisenbahn und Luftschutz-Einheiten gegeben wurden, waren dieses Mal ausgeblieben, und die öffentlichen Fliegeralarm-Sirenen heulten erst um 16.26 Uhr auf, vier Minuten, bevor die ersten Bomben außerhalb der Stadt einschlugen, und acht Minuten vor der Bombardierung des Blohm & Voss-Geländes.

Deutsche Dokumente und die zahlreichen amerikanischen Bombardierungs-Luftbilder ermöglichen eine zuverlässige Darstellung der Wirkung dieser Bombenwürfe. Daß mehrere amerikanische Flugzeuge ihre Bomben schon vor Erreichen des Ziels abluden, lag wahrscheinlich an früh erlittenen Flakschäden. Im Bericht des Hamburger Polizeipräsidenten befinden sich Photographien mehrerer Kühe, die auf Weiden südlich der Stadt getötet worden waren. In Hamburg selbst waren die Bombenwürfe der drei Gruppen von Lieutenant-Colonel Prestons Combat Wing – zuerst über dem Ziel – am konzentriertesten. Aber das Zentrum der Bombenkonzentration lag, wahrscheinlich wegen des allmählichen Vordringens der Rauchwolke über Blohm & Voss, etwa 350 Meter vor dem Zentrum des Ziels. Einige Bomben waren in der Ostecke der Werft gefallen, aber dort befand sich nicht die große Phalanx der U-Boot-Hellinge. Mehrere wichtige Gebäude waren zerstört, und in der werfteigenen Gießerei war ein schwerer Brand ausgebrochen. Blohm & Voss war die einzige Hamburger Werft, die ihre eigene Gießerei hatte. Niemand in der ganzen Werft war verletzt worden. Ein Posten auf einem Beobachtungsturm hatte die amerikanischen Bomber herankommen sehen, und seine Warnung war gerade noch rechtzeitig genug gekommen, um den Arbeitern, die sich an diesem Sonntagnachmittag in der Werft befanden, das Erreichen der Luftschutzräume zu ermöglichen. Der angerichtete Schaden muß den Bau einiger U-Boote verzögert haben, aber es ist nicht möglich, die Wirkung dieses Angriffs genau zu messen, weil auch RAF-Bomben in der vorangegangenen Nacht die Werft getroffen hatten.

Nicht alle amerikanischen Bomben, die schon vor der Blohm & Voss-Werft einschlugen, waren vergeudet. Im Süden der Werft befanden sich die Kais und sonstigen Anlagen des Kuhwärder Hafens und des Kaiser-Wilhelm-Hafens. Obwohl die meisten Bomben harmlos im Wasser explodiert waren, hatten zwei bedeutende Schiffe mit Sicherheit Volltreffer erhalten. Das erste dieser Schiffe war das 36 000 BRT große Passagierschiff »Vaterland«, das wegen des Kriegsausbruchs nie fertiggestellt worden war. Die Leitung von Blohm & Voss wußte, daß die Bauholzlager der Firma bei Luftangriffen besonders brandgefährdet waren. Sie hatte deshalb das gesamte Bauholz auf dieses Schiff verladen lassen, das dann in den Kuhwärder Hafen hinter der Werft verholt wurde, wo es fortan als ständiges Holzlager diente. Die Explosion einer 500 lb-Bombe hatte das Vordeck der »Vaterland« aufgerissen und es zurück gegen die Brücke geschleudert. Dann hatte das Bauholz im Schiff Feuer gefangen, und der größte Teil wurde zu Asche. Ein kleineres, in der Nähe liegendes Passagierschiff, die 11 254 BRT große »General Artigas«, war ebenfalls getroffen worden und gesunken. Dieses Schiff hatte der deutschen Kriegsmarine als Wohnschiff gedient. Unbekannt ist, ob deutsche Matrosen dabei ums Leben gekommen sind. Als wahrscheinlich gilt, daß die schweren Schäden an zwei in diesem Gebiet liegenden Schwimmdocks ebenfalls von den amerikanischen Bomben verursacht worden sind.

Major Alfords 91. Bomb Group hatte ihre Bomben auf eine Gruppe auffälliger Gebäude mit roten Dächern gezielt, die kurz vor der rauchverhüllten Zone gesichtet worden war. Diese Bauten befanden sich in Neuhof, Teil des Bezirks Wilhelmsburg; bei den »rotgedeckten Gebäuden« handelte es sich zweifelsohne um das Elektrizitätswerk Neuhof – das größte in Hamburg –, um die Hansa-Mühle, in der pflanzliche Öle gewonnen wurden, und um einige sehr große Arbeiter-Wohnblocks in der Köhlbrand- und der Nippoldstraße, nur 150 Meter vom Elektrizitätswerk entfernt. Die Bomben, die hier einschlugen, fielen nicht so konzentriert wie diejenigen der Führungsgruppen; die Einschläge waren über ein 2000 Meter langes Gebiet verstreut. Aber man muß bedenken, daß es sich hier um die Würfe einer Group handelte, die gezwungen gewesen war, auf das ihr zugewiesene Ziel – die Klöckner-Flugmotorenwerke – zu verzichten und dieses neue Ziel unter sehr schwierigen Bedingungen zu finden. Auch hier wieder waren viele Bomben wirkungslos in Hafenbecken und Kanäle gefallen, aber zwei hatten die Arbeiterwohnungen getroffen, eine Bombe hatte einen Öltank im Elektrizitätswerk in die Luft gesprengt und dabei die große Explosion ausgelöst, die von den amerikanischen Fliegern beobachtet worden war, und mindestens eine Bombe hatte die Hansa-Mühle getroffen, ein großes Öl-Feuer verursacht und sieben Mann der Belegschaft getötet – vier Russen, zwei Deutsche und einen Holländer. Mehrere Bomben waren in die ein wenig weiter nördlich gelegene Werft der Howaldtswerke gefallen. Die Howaldtswerke bauten ebenfalls U-Boote, und es entstand hier schwerer Sachschaden. In einem Diesel-Motorenwerk der MAN, das sich auf dem Gelände der Howaldtswerke befand, wurden erhebliche Zerstörungen angerichtet.

In dem Wohnblock mit dem roten Dach, der von zwei Bomben getroffen wurde, hatten die zivilen Bewohner zwar die Luftschutz-Sirenen gehört, aber viele hatten angenommen, daß es sich wohl nur um den routinemäßigen Besuch des RAF-Aufklärers handeln könne, der die Resultate des Bombenangriffs der vergangenen Nacht photographieren wollte. Erst als der Blockwart das Schießen der in der Nähe stationierten Flakbatterien hörte, war er aufgeregt umhergerannt und hatte die Bewohner veranlaßt, in die Luftschutzkeller zu gehen. Frau Maria Stanke, die ein Kind erwartete, war dabei, das Abendbrot für ihren Mann, einen Eisenbahner, zuzubereiten, der gerade von der Arbeit nach Hause gekommen war. Ihre Schwiegermutter sagte zu ihr, sie solle doch mit ihren drei Kindern in den Luftschutzkeller gehen; sie werde sich um das Kochen kümmern. Herr Stanke und seine Mutter waren die beiden einzigen der rund 1000 Einwohner dieser Blocks, die bei dem Angriff den Tod fanden. Der Luftschutzwart wurde später belobigt, weil es nur ihm zu verdanken sei, daß nicht noch sehr viel mehr Menschen ums Leben gekommen waren.

Die letzten amerikanischen Bomben dieses Angriffs waren die Brandbomben, die Major Balls 351. Bomb Group in die Rauchwolke hinein abgeworfen hatte. Tief vergraben in den Anhängen des Berichts des Hamburger Polizeipräsidenten findet sich ein interessanter Absatz über die Tätigkeit der Werksfeuerwehr der Rhenania Ossag, die eine kleine Raffinerie am Grasbrook auf dem Südufer der Elbe, genau gegenüber dem Zentrum der Hamburger City, besaß. Die Brandbomben hatten hier zwei Öltanks und ein Werkstattgebäude in Brand gesetzt. Es darf angenommen werden, daß andere Bomben ebenfalls dieses Industriegelände trafen, aber es liegen keinerlei andere Berichte vor, aus denen man Einzelheiten entnehmen könnte.

Nur wenige Bomben waren in der eigentlichen City nördlich des Flusses eingeschlagen. Vereinzelte Zwischenfälle wurden aus den Stadtteilen Harvestehude, Hamm und Wandsbek gemeldet. Sie sind möglicherweise auf einige der Brandbomben der 351. Group zurückzuführen; in Wandsbek allerdings handelte es sich um Sprengbomben, die möglicherweise aus Lieutenant Hildebrandts Fliegender Festung stammten, die nach dem Fallschirmabsprung der gesamten Besatzung in der Nähe des Bahnhofs Wandsbek aufgeschlagen war. Der Bericht des Polizeipräsidenten enthält auch einen kurzen Hinweis darauf, daß drei Eisenbahnwaggons mit Tieren aus Hagenbecks Tierpark, die nach dem Wiener Zoo evakuiert werden sollten, irgendwo in der Nähe des Hamburger Hauptbahnhofs getroffen wurden. Alle Tiere wurden getötet.

Im eigentlichen Stadtgebiet waren nur sehr wenige Menschen von dem amerikanischen Angriff betroffen worden, ja, einige mögen nicht einmal bemerkt haben, daß ein Angriff stattgefunden hatte. Wahrscheinlich hatten sie die winzigen, silbrigen Punkte acht Kilometer hoch am Himmel nicht gesehen. Das Flak-Feuer und die Explosionen der amerikanischen Bomben auf dem Südüfer der Elbe hatten sich vermischt mit den Explosionen der RAF-Zeitzünderbomben. Sie waren den ganzen Tag über hochgegangen. Auch das krachende Einstürzen der Häuser, die seit der vergangenen Nacht gebrannt hatten, mag den fernen Bombenlärm übertönt haben.

Die Entwarnung kam um 17.22 Uhr, eine halbe Stunde nach dem Abdrehen der amerikanischen Bomber. Zwei Hamburger U-Boot-Werften und verschiedene weniger bedeutende Industrieanlagen waren beschädigt worden. Welche Auswirkungen das auf ihre Produktion hatte, läßt sich nicht feststellen. Aber die amerikanische Methode des Bombenkrieges hatte zum Tod von möglicherweise nicht mehr als zwanzig Menschen, mehrerer Kühe und einiger Tiere des Zoos geführt.

Die Amerikaner hatten wirklich Pech gehabt. Ihre beiden Primärziele waren von der Rauchwolke betroffen, die auf das RAF-

Bombardement zurückzuführen war. Hätten ihre Zielplaner die Howaldtswerke als Primärziel ausgewählt, hätten sie nach allen Regeln der Kunst mit Bomben bepflastert werden können, wenn auch die U-Boot-Fertigung dieser Werft nur etwa ein Siebtel der Blohm & Voss-Produktion betrug. Ein noch besseres Ziel lag nur sechs Kilometer weiter westlich. Hier lieferte die Deutsche Werft in Finkenwerder jeden Monat zwei Fern-U-Boote des großen Typs IXC ab. Dieses Ziel wäre völlig frei von Rauch und weniger stark flakgeschützt gewesen. Aber das sind realitätsferne Anmerkungen. Die Amerikaner hatten sich kühn und entschlossen auf die überragend wichtige Blohm & Voss-Werft gestürzt, die nahezu fünf U-Boote pro Monat fertigte. Die Amerikaner sollten nicht zum letzten Mal in Hamburg gewesen sein.

ZWÖLFTES KAPITEL

Der Kampf um die Rückkehr

Die Amerikaner erreichten bald den Sammelpunkt östlich von Hamburg und schwenkten dann nach Nordwesten ein, um Hamburg weiträumig im Norden zu umfliegen und dann die deutsche Küste zu erreichen – ein Flug über genau 160 Kilometer, für den die jetzt um ihre Fracht erleichterten Bomber genau achtundzwanzig Minuten benötigen würden. Es bestand jede Aussicht, daß die deutschen Jäger sich ihnen in dieser nächsten Phase ihres Fluges entgegenwerfen würden, und die Kampfformationen der Fliegenden Festungen schlossen sich so eng wie nur irgend möglich zusammen. Die anfangs geflogenen Täuschungsmanöver des amerikanischen taktischen Plans hatten inzwischen ihre Wirksamkeit eingebüßt. Die deutschen Leitoffiziere hatten sich dafür entschieden, von all den verschiedenen amerikanischen Formationen, die jetzt Norddeutschland überflogen, ihre Jäger auf die Bomber zu konzentrieren, die soeben Hamburg angegriffen hatten. Die deutschen Jäger, die zu Beginn des amerikanischen Anflugs vergeblich aufgestiegen waren, hatten genügend Zeit gehabt, zu landen und aufzutanken – ein Vorgang, der manchmal nicht mehr als zwanzig Minuten insgesamt in Anspruch nahm – und sie befanden sich wieder in der Luft. Einmotorige Jäger von fünf Einsatzplätzen – Husum, Helgoland, Jever, Nordholz und Oldenburg – sollten versuchen, die Hamburg-Formationen während ihres Fluges an die Küste abzufangen und sie, so weit der Treibstoff es erlaubte, auf See hinaus zu verfolgen. Ein zweiter Angriff sollte dann von zweimotorigen Nachtjägern vom holländischen Leeuwarden aus geflogen werden; sie sollten versuchen, die amerikanischen Bomber während ihres Rückfluges über die Nordsee abzufangen.

Zu Beginn waren jedoch nicht die Fliegenden Festungen innerhalb der Formationen in Gefahr. Nicht weniger als elf Bomber waren jetzt dabei, aus ihren Formationen auszuscheren und zurückzubleiben, zehn wegen schwerer Beschädigung durch die Flak und einer, weil der Höhenlader einer seiner Motoren ausgefallen war. Derart lahmende Flugzeuge aus der hohen und der Führungsposition konnten manchmal Schutz finden, indem sie sich einer tiefer fliegenden Gruppe anschlossen, aber das war in aller Regel nur ein sehr befristeter Schutz. Mußte eine Maschine der unteren Gruppe erst einmal ihre Formation verlassen, war ihre Besatzung ganz auf sich allein gestellt. Das war jedes Mal eine verzweifelte Lage, und es gab für sie gewöhnlich nur ein Ende. Von nicht wenigen wurde die Meinung vertreten, daß es für einen Nachzügler auf jeden Fall das Beste sei, sofort im Sturzflug wegzutauchen und zu versuchen, im Tiefflug nach Hause zu gelangen, aber das war ein langer, einsamer Sturzflug von 7800 Meter auf praktisch Bodenhöhe, und jeder Instinkt veranlaßte die amerikanischen Piloten, so nahe wie nur irgend möglich bei ihren Formationen zu bleiben.

Die deutschen Jäger, die die Hamburg-Groups vor Erreichen des Zielgebiets angegriffen hatten, waren noch in Fühlung. Sie machten sich sofort daran, den amerikanischen Nachzüglern den Rest zu geben, eine Aufgabe, an der sich bald auch frisch gestartete Jäger beteiligten. Nicht ein einziger der elf amerikanischen Nachzügler sollte England wieder erreichen. Eine der amerikanischen Groups wurde besonders schwer getroffen. Das war die 384. Bomb Group, die niedrige Group innerhalb des Combat Wing, das die Werft von Blohm & Voss angegriffen hatte. Jetzt waren fünf ihrer achtzehn Maschinen – vier davon aus der 544. Squadron, die in der allerniedrigsten Position flog – hinter den anderen zurückgeblieben. Die folgenden Zitate stammen sämtlich von Männern, die in jenen zum Untergang verurteilten Fliegenden Festungen flogen, sowohl aus der 384. Bomb Group als auch aus den anderen Hamburg-Groups.

Der Höhenlader gab in dem Augenblick den Geist auf, als wir am Initial-Punkt auf den neuen Kurs gingen, und wir begannen, allmählich hinter der Formation zurückzubleiben. Ich sah, wie der Ladedruck fiel, aber zu machen war da nichts. Ich schlug auf den Knopf, um den Propeller in Segelstellung zu bringen, und ich schaltete das Triebwerk ab. Ich tat, was ich in der Ausbildung gelernt hatte, und setzte die Drehzahlen herauf in der Hoffnung, daß wir die Formation wieder erreichen könnten, aber wir schafften es nicht. Ganz allmählich verloren wir an Höhe und Geschwindigkeit. Die Stimmung sauste in den Keller. Da hingen wir nun, allein auf uns selbst gestellt, im endlosen Himmelsraum.

Zehn bis fünfzehn Minuten flogen wir einsam und allein dahin. Ich hatte daran gedacht, tiefer zu gehen, wirklich tief, aber ich war ja noch ein junger Hüpfer ohne allzu gründliche Ausbildung, und da war es nicht leicht, Augenblicksentscheidungen zu treffen. Hätten wir das damals gemacht, wären wir vielleicht nach Hause gekommen, hätten später den Kampf wieder aufnehmen können. Aber wir sahen dann, wie der Druck beim Motor zwei zurückging. Wir konnten sehen, wie der Druckmesser das anzeigte, und gleichzeitig sahen wir, wie da tatsächlich das Öl aus dem Motor herauskam. Wir stellten den Propeller auf Segelstellung und schalteten den Motor gerade noch rechtzeitig genug ab, bevor er Feuer fing oder wir mit einem Propeller belastet waren, der wie eine Windmühle herumgedreht wurde. Mittlerweile befanden wir uns unter schwerem Jägerangriff. Die Schützen feuerten alle, aber ich habe keine Ahnung, wie viele Jäger es waren oder was für einen Angriff sie flogen. Sie trafen uns, ohne Frage; irgendwo hinter dem Kopf des Ko-Piloten gab es eine Explosion, aber er war nicht verletzt. Später hörte ich, daß der Drehturm-Schütze und der Funker beide verwundet wurden. Ich hatte ein Gespräch mit dem Ko-Piloten – wir hatten die letzten Minuten über unsere verschiedenen Schwierigkeiten gesprochen – aber dann rang ich mich zu der Entscheidung durch, daß es keine Chance mehr gab davonzukommen, und daß es für die Besatzung das beste sei auszusteigen.

Ich gab die Befehle und schaltete den Autopiloten ein. Der Ko-Pilot erzählte mir später, daß er das Öffnen seines Fallschirms verzögerte, aber ich riß meinen sofort auf. Ich gebe gerne zu, daß ich Angst hatte, er würde sich nicht öffnen, und daß es mir deshalb gar nicht schnell genug gehen konnte, die Reißleine zu ziehen. (Lieutenant Ralph J. Hall, 384. Bomb Group).

Die Granate platzte genau zwischen den Motoren drei und vier. Sie riß große Löcher in die Tragfläche und setzte den großen Treibstofftank hinter den beiden Motoren in Brand. Angeblich waren das Tanks, die sich selbst wieder dichteten, aber eine Explosion wie diese riß eben einfach

Riesenlöcher in den Tank. Der Ko-Pilot und ich machten, daß wir die Propeller in Segelstellung bekamen, und einer der Schützen rief über Bordsprechanlage, daß die Tragfläche brenne. Ich klinkte meinen Gurt aus, um aufzustehen und nachzusehen, wie schlimm es war, und ich konnte sofort sehen, daß das Feuer zu groß war, das Benzin brannte von der Fläche aus nach hinten, es gab keine Möglichkeit mehr, das Feuer durch Kurven vom Fahrtwind löschen zu lassen. Es war einfach zu groß, das war nicht mehr auszupusten.
Wir verloren an Höhe, und ich wußte, daß das Feuer in den unteren Luftschichten noch besser brennen würde, weil es da mehr Sauerstoff gab. Wir blieben hinter den anderen zurück und verloren rasch an Höhe. Die andern Maschinen der Gruppe machten sich davon, ganz so, als ob wir auf der Stelle stünden, und ich dachte: »Mein Gott, ihr fliegt alle nach England zurück, und hier sitze ich nun.«
Dann stürzten sich die Jäger auf uns. Ich sah mehrere auf beiden Seiten, die standen da geradezu Schlange, um uns ein paar hinzulangen. Ich beschloß, das Flugzeug aufzugeben, bevor es explodierte. Ich hatte der Besatzung vorher gesagt, daß ich bei einem Ausfall der Bordsprechanlage einen etwaigen Befehl zum Aussteigen durch Sturzflug und Hochziehen geben würde. Das tat ich und schaltete die Maschine auf Autopiloten. Kurz bevor ich meinen Sitz verlassen wollte, erschien direkt vor meinem Kopf mit lautem Krach ein Loch von der Größe 20 Millimeter in der Frontscheibe. Ich tastete mich von oben bis unten ab, um zu prüfen, ob es mich erwischt hatte, aber wie durch ein Wunder war ich nicht getroffen worden.
Als ich an der Reihe war auszusteigen, hielt ich es für klug, meine Reißleine schnell zu ziehen, bevor ich ohnmächtig würde, denn ich war ohne Sauerstoff im Flugzeug herumgeklettert. Zu meinem Pech führte die hohe Geschwindigkeit, mit der ich durch die dünne Luft segelte, zu einem gewaltigen Bremseffekt, als der Fallschirm sich öffnete. Ein paar Stoffbahnen wurden herausgerissen, und es fühlte sich an, als hätten sie mir den Unterleib aufgerissen. Mein erster Gedanke, als sich der Schirm öffnete, galt außer dem Schmerz der ungeheuren Stille und Kälte nach dem Lärm des Flugzeugs und dem Ballern der Waffen. Da wir Kurs von Hamburg nach Norden gehabt hatten, konnte ich aus der großen Höhe in einiger Ferne voraus die Ostsee sehen. (Lieutenant Jack H. Owen, 381. Bomb Group)

19 Der erste große Angriff auf Hamburg. Dieses Foto des Stadtzentrums im Bombenhagel wurde von einem Bomber aus aufgenommen.

20–23 Diese vier Bilder zeigen typische Szenen, wie sie sich nach den Angriffen in der Stadt abspielten.

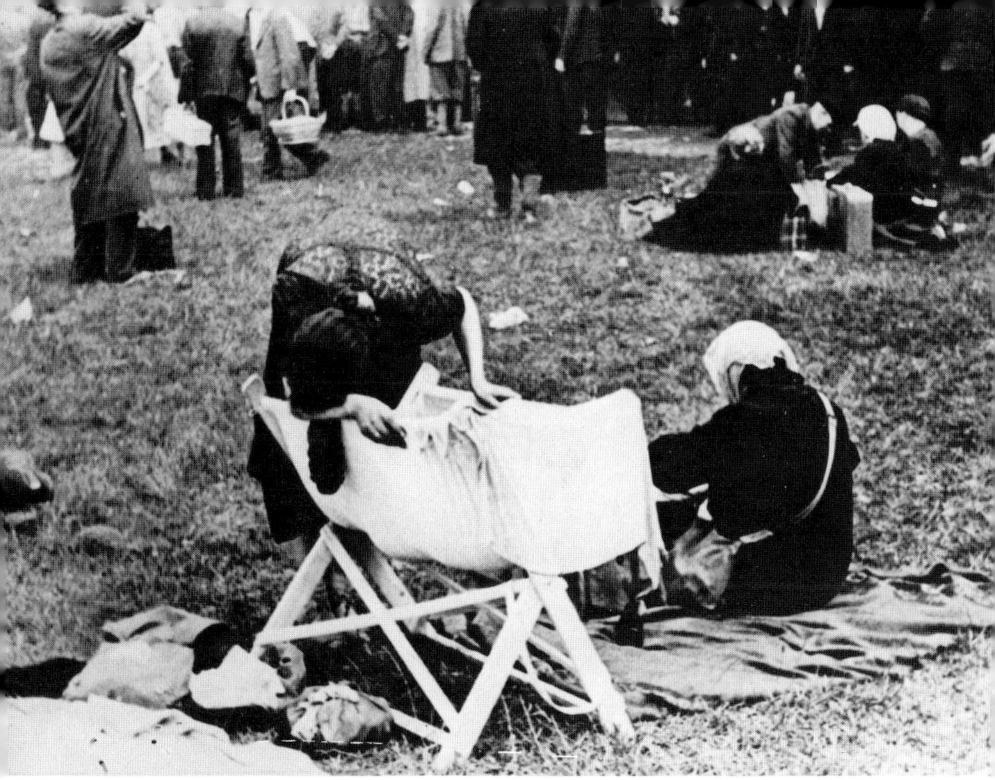

erhalten
Notquartiere
Lebensmittelkarten
Verpflegung
Schadenvergütung
usw.
bei der
Ortsgruppe

24 Abgestürzt.

25 Kriegsgefangen.

26 Maschinengewehre in einer B-17 der 91. Bomb Group.

28 Die ersten amerikanischen Bomben der Schlacht um Hamburg schweben hinab. Die Schraffierung deutet das Werftgelände von Blohm & Voss an. Der Rauch stammt von den britischen Bomben der vorangegangenen Nacht.

27 Diese hervorragende Aufnahme zeigt einen mit B-17 ausgerüsteten Combat Wing. Die typische Formierung der drei Bomb Groups ist gut zu erkennen.

29 Diese Aufnahme entstand einige Minuten später.

30 Nach dem Feuersturm.

31 Dieser große Baum wurde entwurzelt.

32–35 Die Opfer.

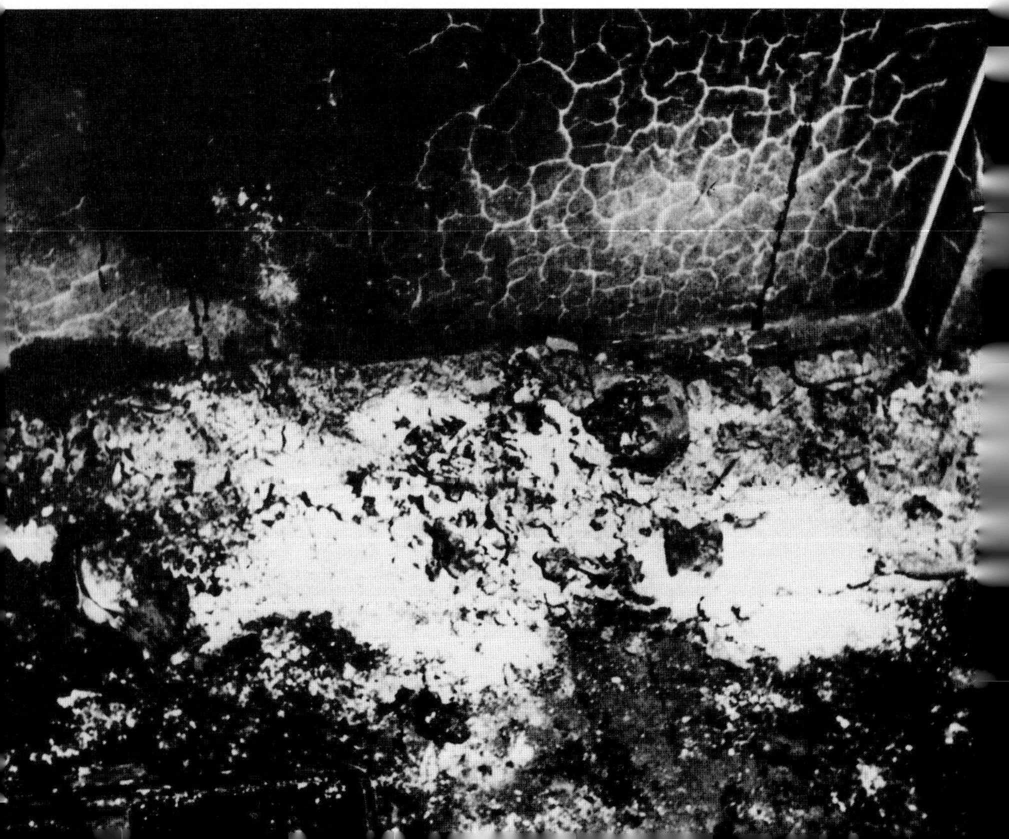

38 Die Suche nach Angehörigen und Freunden.

36 Bergung der Opfer.

37 Wirkung extremer Hitze auf einen Körper im Keller.

39 Total zerstört.

Ich stand in meiner Funkecke mit dem Gesicht zum Heck mit meiner Waffe. Ich sah die Flak nicht platzen, aber ich hörte sie. Die mußte verdammt nahe am Flugzeug gewesen sein, und zwar auf der linken Seite, denn es riß die Seite der Funkecke heraus – da waren plötzlich mehrere Löcher von ansehnlicher Größe – und ein paar Armaturen fielen aus. Ich kann mich noch daran erinnern, daß ich die Steuerseile für die Heckflossen sehen konnte, die durchschlagen waren. Zweifach waren die gelegt, einmal für den Piloten, einmal für den Ko-Piloten, und sie liefen an der Decke der Funkecke entlang. Ich bekam einen großen Flaksplitter in den Oberarm und viele kleinere Stücke den ganzen Arm entlang, aber es tat in dem Moment nicht weh. Wir wußten, daß wir im Dreck steckten. Der obere Turmschütze meldete, daß es ihn erwischt habe, und dann redeten alle auf einmal und versuchten, allen anderen zu erzählen, wo wir überall getroffen worden waren. Ich kann mich nicht daran erinnern, gehört zu haben, daß der obere Bordschütze etwas sagte; wir entdeckten später, daß er schwer verwundet worden war. Er ist dann gestorben.
Ich glaube, daß wir wegen der beschädigten Hecksteuerung sofort aus der Formation herausgeraten sind, obwohl die Motoren, soweit ich weiß, ganz normal weiterliefen. Dann kamen die Jäger genau auf uns zu – es waren Me 109. Die flogen einen ziemlich schweren Angriff, und wir feuerten alle wie der Teufel. Ich weiß nicht, wie viele uns angriffen, aber es war eine ganze Menge. Ich weiß noch, daß ich auf drei oder vier rings herum um uns geschossen habe. Ich erinnere mich nicht daran, daß irgend jemand brüllte: »Ich habe einen!« Also haben wir wohl keinen getroffen. Ich konnte von meiner Funkerbude aus nicht allzu viel sehen, aber ich hatte doch den Eindruck, daß sie uns ziemlich gründlich fertiggemacht haben. Über die Sprechanlage sagte dann irgend jemand: »Komm, bloß raus hier!« Das muß wohl der Flugzeugführer gewesen sein.
Ich ging durch den Rumpf nach hinten. Ich nahm die Sauerstoff-Flasche nicht mit, die wir mit uns herumtragen sollten, wenn wir unseren Platz verließen. Ich wußte einfach, daß ich es bis zum Heck-Luk schaffen würde. Als ich die mittleren Bordschützen passierte – die hingen noch an ihren Kanonen – schlug ich ihnen beiden auf die Schulter – jedem mit einer Hand – und winkte sie nach hinten an die Luke. Ich riß das stählerne Notausstiegskabel und beförderte die Klappe mit einem Fußtritt hinaus. Ich weiß noch, daß ich einen der mittleren Schützen dicht hinter mir gesehen habe, und ich nahm an, daß hinter ihm der andere stehen mußte. Ich tauchte

hinaus ins Freie, und zwar tief, damit die Heckflosse mich nicht erwischte, und sobald ich frei von der Maschine war, zog ich meine Reißleine. Später erfuhr ich, daß der zweite der mittleren Schützen es nicht mehr geschafft hat. (Technical Sergeant Edward R. Keathley, 384. Bomb Group)

Wir befanden uns in der hochfliegenden Squadron, konnten uns aber nicht mehr in der Formation halten. Wir gewannen ein bißchen an Geschwindigkeit, indem wir die Nase nach unten drückten und in die mittlere Squadron einfielen, aber wieder blieben wir zurück, als wir diese neue Höhe zu halten versuchten. Das Ganze wiederholte sich und es gelang uns, ein paar Augenblicke zu der niedrigen Squadron zu stoßen, aber wieder konnten wir nicht genügend Fahrt halten, um in Formation zu bleiben. Die Group stand mittlerweile unter unablässigem, schwerem Jagdangriff, und als wir hinter der niedrigen Staffel zurückblieben, wurden wir von vier oder fünf Me 109 angesprungen. Wir gingen bei gleichbleibendem Kurs auf Sinkflug in der Hoffnung, die Küste zu erreichen, aber nach ungefähr fünfzehn Minuten ständiger und schwerer Angriffe durch diese Jäger fuhr Lieutenant Pilert das Fahrgestell aus und ließ die Glocke zum Aussteigen schrillen. Als das Fahrgestell ausgefahren wurde, stellten die Jäger das Feuer ein und umkreisten unsere B-17, während wir absprangen.
Mein Fallschirm war im Bugteil verstaut. Wir waren während des Sinkfluges heftige Ausweichmanöver geflogen, und in dem Bugteil herrschte ein Chaos von Munitionskisten, Geschoßhülsen, Karten und einem reichhaltigen Sortiment an Ausrüstung und Gerät jeder Art. Ich hatte es nicht leicht, in dem Trümmerhaufen meinen Fallschirm zu finden, und meiner Schätzung nach waren sechzig bis siebzig Sekunden seit dem Absprungalarm verstrichen, als ich meinen Schirm sichtete. Ich ließ das Gurtzeug einschnappen und verließ die Maschine.
Später hörte ich, daß Lieutenant Pilert nach Einschalten der Kurssteuerung in die Rumpfmitte gegangen war, wo er den Turmschützen noch an Bord fand. Weil es in seinem Turm so eng war, hatte der Schütze seinen Fallschirm nicht getragen, und in dem wilden Durcheinander, das die Ausweichmanöver auch bei ihm angerichtet hatten, konnte er ihn nicht wiederfinden. Lieutenant Pilert, der einen Sitzfallschirm trug, schlug vor, daß sie einander mit den Armen umschlingen und gemeinsam abspringen sollten. Er zog die Reißleine seines Schirms noch im Flugzeug und schlang die Umhüllung um den Leib des Schützen. Pilert sprang dann aus der

Heckluke, den schon geöffneten Schirm an die Brust pressend. Der Fahrtwind riß ihm sofort den Fallschirm aus den Armen und er verfing sich an der Höhenflosse. Der Bordschütze wurde aus dem Flugzeug geschleudert und stürzte ohne Fallschirm. (Second Lieutenant Lawrence J. Connors, 91. Bomb Group)

Aus einem deutschen Bericht geht hervor, daß der Turmschütze schwer verletzt, aber noch lebend aufgefunden wurde. Er starb in der folgenden Nacht.

Zehn der elf Nachzügler wurden von deutschen Jägern abgeschossen, bevor die amerikanischen Formationen die deutsche Küste erreichten. Die Nachzügler hatten sich nicht leicht geschlagen gegeben, und gewöhnlich hatte es mehrerer deutscher Jägerangriffe bedurft, um jedem der Bomber den Rest zu geben. Wegen der großen Höhe, in der diese Kämpfe stattfanden, und weil die amerikanischen Piloten vor dem Fallschirmabsprung gewöhnlich die automatische Kurssteuerung einschalteten, flogen die Fliegenden Festungen gewöhnlich noch einige Zeit lang weiter, bis sie endlich abstürzten. Der Bomber des Lieutenant Pilert von der 91. Bomb Group flog noch nach dem Absprung seiner Besatzung bei Heide in Holstein 130 Kilometer weiter und ging schließlich in flachem Wasser auf der Höhe von Norderney nieder. Ein Nachzügler flog noch und schaffte es, die deutsche Küste zu erreichen. Davon soll später noch die Rede sein.

Unterdessen hatten die amerikanischen Kampf-Formationen ihren Flug in Richtung auf die deutsche Küste fortgesetzt. Viele Männer in den Formationen waren Zeuge geworden, wie die Lahmenden von den deutschen Jägern abgeschossen worden, aber es gab keine Möglichkeit, ihnen zu helfen. Jeder amerikanische Flieger wußte, daß der Besatzung eines Bombers, hatte er einmal den Schutz seiner Gruppenformation verlassen, kaum mehr zu helfen war. Außerdem waren die Formationen selbst auf dem ganzen Wege von Hamburg an die Küste und darüber hinaus ebenfalls Angriffen ausgesetzt. Es ist unbekannt, wie viele deutsche Jäger in dieser Phase im Einsatz waren, aber die Amerikaner hatten einem Angriff nach dem anderen standzuhalten. Der führende Combat Wing, bestehend aus der 303., 379. und 384. Bomb Group, der die Werft von Blohm & Voss bombardiert hatte, war das Ziel der meisten deutschen Jäger.

Die Führer der Combat Wings standen in Funkverbindung mit ihren Groups, aber diese Offiziere konnten wenig mehr tun, als die Groups immer wieder zu beschwören, dicht aufgeschlossen zu bleiben. Einzelne Piloten saßen an ihrem Steuer buchstäblich schweißüberströmt, beobachteten ihre Squadron oder Flight Leader, korrigierten ständig Höhe, Kurs und Geschwindigkeit, um so dicht wie nur irgend möglich bei den anderen zu bleiben. Diese Piloten sahen kaum etwas von der Schlacht. Acht der übrigen neun Mann in jedem Bomber bedienten Bordwaffen. Der einzige »Ersatz«-Mann war der Ko-Pilot, der, so gut er konnte, als »Jagdangriff-Koordinator« fungierte und einen laufenden Kommentar über den Anflug von Jägern an seine Schützen durchgab, obwohl jeder einzelne Bordschütze selbständig sein eigenes Ziel wählte. Das Innere der amerikanischen Flugzeuge war bald ein wildes Durcheinander von Geschoßhülsen und Munitionskisten. Erfahrene Bordschützen gaben kurze Feuerstöße ab; unerfahrene sprühten Geschosse wie mit der Gießkanne wild in die Gegend. Zwölf B-17 kehrten an diesem Tag heim mit Einschüssen, die amerikanische Bordschützen ihnen verpaßt hatten, und siebenundzwanzig hatten geringe Schäden davongetragen, weil sie von oben von den Tausenden leerer Geschoßhülsen getroffen worden waren, die die Bordwaffen anderer Bomber auswarfen oder die während einer Kampfpause von den Besatzungen aus den Fenstern gekippt worden waren. Später wurden die B-17 mit Auffangvorrichtungen ausgerüstet, die diese Hülsen sammelten und derartige Beschädigungen verhinderten. Die Protokolle einer Group, der 379., zeigen, daß die Bordschützen ihrer neunzehn Maschinen, die nach England zurückkehrten, an jenem Nachmittag insgesamt 63 544 Schuß abgegeben hatten. Sie meldeten den Abschuß von fünfzehn deutschen Jägern, zwei »wahrscheinliche« Abschüsse und die Beschädigung von vier Jägern. Auf die Bedeutung solcher Meldungen werden wir später eingehen.

Es mag überraschen, daß diese heftigen Jägerangriffe auf die amerikanischen Formationen während ihres Rückfluges den Deutschen nicht viel Erfolg einbrachten. Die Nachzügler waren erbarmungslos niedergemacht worden, aber es gibt viele amerikanische Berichte, in denen es heißt, daß die Deutschen ihren Angriff auf die Formationen in dieser Phase nur zögernd und recht unentschlossen vortrugen. Es muß berücksichtigt werden, daß die beteiligten deutschen Jäger den in Norddeutschland stationierten Gruppen angehörten, die nicht so große Erfahrung im Kampf gegen die amerikanischen Pulks hatten wie die »Jungs von Abbéville« in Frankreich. Nachdem sie unter den Nachzüglern aufgeräumt hatten, begnügten sich die deutschen Piloten damit, an den Rändern der amerikanischen Formationen zu bleiben, halbherzige Attacken zu fliegen – gewöhnlich von der Seite oder von hinten – sie aber frühzeitig wieder abzubrechen. Während des gesamten Kampfes um den Rückflug wurden nur zwei B-17 aus ihren Formationen herausgeschossen, und beide hatten zu der niedrigen Staffel der 384. Bomb Group gehört, die schon vier ihrer sieben Maschinen als Nachzügler verloren hatte.

Die deutschen Jäger konzentrierten sich auf diese Sammelstelle für Verwundetenabzeichen. Lieutenant Howard Cromwell war Staffel-Einsatzoffizier in der 384. und brauchte nicht oft selbst Einsätze zu fliegen:

> Sie schickten alles in den Himmel, was einen Propeller hatte. Die Einmotorigen flogen die Angriffe. Die ließen tatsächlich nichts unversucht, um uns an diesem Tag zu bremsen. Immer wieder kamen sie durch unser kreuz und quer abgegebenes Deckungsfeuer – sie flogen einfach da hindurch; es machte ihnen gar nichts aus. Sie kamen aus allen Richtungen – von vorn, von hinten, von beiden Seiten, von unten und von oben. Ich weiß wirklich nicht, warum sie nicht manchmal zusammengestoßen sind. Ich habe insgesamt nur drei oder vier Angriffe mitgemacht, aber dieser war, was die Jäger betraf, der schlimmste. Warum die mich ausgerechnet für diesen Angriff ausgewählt haben, weiß ich nicht. Ich wäre wirklich lieber zu Hause geblieben.

Eine Fliegende Festung, in der schon vier Mann gefallen waren, tauchte weg; wenig später sollte der Pilot sterben, als ein Propeller ihm beim Aussteigen ein Bein abtrennte. Der Bomber sackte im Gleitflug weg und stürzte in ein Gehölz südlich der Elbe. Der sechste Verlust der Squadron war das Führungsflugzeug, geführt von Lieutenant Thomas Estes. Zweien seiner Bordwaffen ging die Munition aus, aber die Schützen blieben auf ihren Posten und richteten ihre Waffen weiterhin auf die angreifenden Jäger. Schließlich mußte auch diese Maschine mit drei Motoren, die Treffer erhalten hatten, und vielen anderen Beschädigungen die Formation verlassen. Inzwischen war die deutsche Küste überquert, und es gelang Estes, die Maschine glatt auf dem Wasser aufzusetzen. »Ich habe gar nichts dazu beigetragen; ich bin nur etwa sieben Meter über dem Wasser in den Horizontalflug übergegangen und habe dem lieben Gott mitgeteilt, daß er jetzt Flugzeugführer sei, und der liebe Gott hat dann eine saubere Landung hingesetzt. Ein sehr angenehmes Gefühl war das nicht, aber ich war doch sehr zufrieden, daß wir glatt aufgesetzt hatten und niemanden von unserer Crew dabei verloren.« Was Estes und seiner Mannschaft dann widerfahren ist, werden wir später berichten. Als letzte der niedrigen Squadron überlebte die Maschine des Lieutenant Sprague, dessen Besatzung sich erst auf ihrem zweiten Einsatz befand. Diese Männer kehrten heil nach England zurück und überlebten eine Tour von fünfundzwanzig Einsätzen.

Bedauerlicherweise wird nie mehr festzustellen sein, wie viele deutsche Jäger während dieses Kampfes um den Rückflug abgeschossen worden sind. In den Akten der amerikanischen Groups finden sich ganze Stapel von »Gefechtsmeldungen« mit detaillierten Berichten über deutsche Jäger, die in der Luft explodierten oder abstürzten oder deren Piloten mit dem Fallschirm absprangen, sämtlich bestätigt von Augenzeugen. Die 91. Bomb Group hat so einen Bericht, mit allen Einzelheiten über eine Me 109, deren Abschuß einem Bordschützen der Mitte-Position gutgeschrieben wurde, nämlich dem Staff Sergeant Carl Gundersen; hier sein persönlicher Bericht über den Luftkampf:

> Ich sah nach unten und konnte die Elbe erkennen; wie eine silberne Schlange lag sie da. Ich sah diesen kleinen Punkt vor dem Silber des Flusses. Ich glaubte, mir flimmerte ein Pünktchen vor Augen, und ich begann, das eine Auge zu reiben. Aber dann kam der Punkt herauf zu uns – höher und immer höher – und mir wurde klar, daß es ein Jäger war, ungefähr dreitausend Meter unter mir. Ich wartete, bis ich ganz sicher war, dann rief ich Niedbalski, den anderen Bordschützen an der Rumpfmitte, und zeigte ihm den Punkt. Er schaute mir über die Schulter und gab mir einen Klaps auf den Rücken. Man kann sagen, daß zwischen uns so eine Art Konkurrenz bestand. Er war eifersüchtig, weil der Punkt nicht auf seiner Seite heraufgekommen war. Dann rief ich über die Sprechanlage: »Bandit. Neun Uhr tief.«
>
> Dann wartete ich, bis er auf unserer Höhe war und genau auf uns zukam.

Er war ganz alleine. Das war schon zum Staunen. Kein anderer weit und breit. Er eröffnete als erster das Feuer; ich konnte die kleinen Blitze sehen, das Mündungsfeuer seiner Kanonen in den Tragflächen.
Ich eröffnete das Feuer und hatte eine Wut, weil meine ersten drei Feuerstöße daneben gingen. Der andere schoß auf mein Flugzeug, aber er traf uns nicht. Er war ein verdammt schlechter Schütze. Dann mein nächster Feuerstoß, so um die fünf- bis sechshundert Meter, ich sah meine Leuchtspur genau in ihn hineingehen. Er muß es in die Nase bekommen haben, denn sein Motor begann sofort zu qualmen. Er ging schnurgerade nach unten ab, und Qualm, dichter Qualm kam heraus. Dann sagte ich: »Der verdammte Kerl, der nebelt sich ein.« Ich dachte tatsächlich, daß er uns täuschen wollte, wie sie das manchmal machen. Aber dann sah ich den Fallschirm. Ich rief: »Ich hab ihn! Ich hab ihn!« Ich schrie das in die Gegend, damit der Navigator sich die genaue Position für die Abschußmeldung notieren konnte. Niedbalski klopfte mir auf die Schulter und sagte irgend etwas wie: »Prima geschossen. Ein schönes Geburtstagsgeschenk.« Er wußte, daß es mein vierundzwanzigster Geburtstag war.
Mir schoß in dem Augenblick der Gedanke durch den Kopf, auf den Fallschirm zu schießen. Man war so aufgedreht, wissen Sie, und man war zu der Zeit so erfüllt von Haß auf sie. Aber dann beschloß ich, das nicht zu tun; er war ja wahrscheinlich sowieso außer Reichweite. In der Sekunde war ich wirklich entschlossen gewesen, ihn zu erledigen, aber später fand ich dann, daß er eigentlich verdammt viel Schneid gehabt hatte. Man wird mit der Zeit ruhiger, wissen Sie.

Es sollte vermerkt werden, daß Gundersens Zweikampf mit diesem einsamen deutschen Jäger nicht typisch war für die Schlacht, die an jenem Tag rund um die amerikanischen Formationen tobte. Die Identität des einsamen deutschen Jagdfliegers ist nicht bekannt.

Die letzten der einmotorigen deutschen Jäger brachen ihre Angriffe etwa hundert Kilometer jenseits der Küste über dem Meer ab und kehrten zu ihren Flugplätzen zurück. Andere Deutsche – zweimotorige Jäger – sollten später auftauchen, aber wir nutzen diese Gelegenheit, um zunächst einmal zu den Taten der 381. Bomb Group zurückzukehren, der es nicht gelungen war, sich vor Erreichen Hamburgs mit ihrem Combat Wing zu vereinigen, und die ihre Bomben nicht abgeworfen hatte, als sie die Stadt überflog. Die

Gruppe wurde von Captain George Shackley geführt, der das Kommando übernommen hatte, als der designierte Gruppenführer den Einsatz abbrach. Zwei Maschinen der Group waren abgeschossen worden, und eine dritte war hinter der Formation zurückgeblieben, wahrte aber noch einen gewissen Kontakt. Die Maschinen dieser Group hatten 150 Stück 500 lbs-Sprengbomben an Bord, und Captain Shackley hielt Ausschau nach einem geeigneten Ziel.

Es hatte anfangs einen vorläufigen Plan gegeben, das Ausweichziel Kiel anzufliegen, etwa achtzig Kilometer weiter nördlich, aber das wäre wirklich ein recht tollkühnes Unternehmen für diese alleinfliegende Group gewesen, die weit unter ihrer normalen Kampfstärke war, und der Plan wurde nicht weiterverfolgt. Der Flug zurück an die deutsche Küste führte sehr nahe an der Stadt Heide in Holstein vorüber, nur wenige Kilometer landeinwärts gelegen. Heide war die einzige Stadt von einiger Größe in der Nähe der Route. Der Bombenschütze des Führungsflugzeuges sah Heide vor sich heraufkommen. Er konnte einen Eisenbahnknoten erkennen und einen kleinen Verschiebebahnhof, und Captain Shackley beschloß, daß diese Bahnanlagen das Ziel werden sollten. Ein Direktanflug ohne vorherige Verfahrenskurve, und die Bomben stürzten aus den Schächten; sie detonierten mit dem üblichen eng geschlossenen Bündel brauner Explosionswolken 8400 Meter unter den Bombern. Die Kameras der Group brachten ihr Beweismaterial mit: Fünf Bombenexplosionen waren in der Stadt zu sehen, fünf in den Bahnanlagen, die übrigen unmittelbar vor den Gleisanlagen sowie Explosionen quer über der Hauptstraße von Heide nach Rendsburg und auf freiem Feld. Die Einwohner von Heide müssen rechtzeitig genug in die Luftschutzkeller gegangen sein. Die Dokumente der Stadt zeigen, daß nur vier Menschen getötet wurden, obwohl fünfundzwanzig Häuser zerstört und dreißig weitere beschädigt wurden.

Der Pilot der beschädigten Fliegenden Festung dieser Gruppe, der es gelungen war, in Kontakt zu bleiben, war Captain Joe Alexander, der zu den Originalen der Group gehörte, ein »Playboy«, der aber als einer der besten Piloten der 381. galt. Alexander flog eine alte B-17, nicht seine übliche Maschine. Sie war in der Nähe von Hamburg von der Flak beschädigt worden, und in zwei Motoren hatten sich dann Störungen entwickelt. Während die Group Heide hinter sich ließ und auf die offene Nordsee hinausflog, beobachteten die anderen Mannschaften, wie Alexander sich abmühte, Schritt zu halten, aber als man etwa fünfzig Kilometer weit auf das Meer hinaus gelangt war, sah man, wie die Motoren des beschädigten Flugzeuges stark vibrierten. Alexander drehte nach Süden ab und nahm wieder Kurs in Richtung Deutschland. Staff Sergeant George Orin, Funker der Mannschaft Alexanders, kann den Bericht an diesem Punkt aufnehmen:

> Das Vibrieren war schrecklich. Irgendwie gelang es Captain Joe, die Umdrehungszahlen zu reduzieren, und wir blieben zurück. Wir funkten der Formation viel Glück auf ihrem Weg nach. Insgesamt fünf Me 109 schlossen uns bald in kreisender Formation ein, ohne jedoch zu schießen. Wir ließen unsere Waffen los, und je ein Deutscher setzte sich zu beiden Seiten an die Spitze unserer Tragflächenenden, einer folgte, einer parkte sich genau über meiner Position – ich hätte geschworen, daß ich seinen Propeller berühren könnte – und einer setzte sich vor uns und machte uns durch Gesten begreiflich, daß wir ihm folgen sollten.
>
> Während ich die Funkausrüstung mit einem MG-Reservelauf zerschlug und den Rest sprengte, prüfte die Besatzung die Fallschirme und was man sonst zum Aussteigen brauchte. Der Navigator sagte, wir könnten weder Schweden noch Frankreich noch England erreichen, also – was tun? Wir stimmten ab, ob wir wassern, abspringen oder notlanden sollten. Die Notlandung siegte – die Chancen, daß wir alle unverletzt davonkommen, war bei einer Bruchlandung noch immer am größten. Während dann also die Besatzung einer nach dem anderen durch meine Funkerecke kam, um die Bruchlandungs-Positionen einzunehmen, gab ich den anderen die letzten meiner Reispapier-Funkdaten zusammen mit je einer angezündeten Zigarette, und dann setzte ich mich an meinen Tisch, um zu beschreiben, was ich von meinem Fenster aus sehen konnte.
>
> Ich war das einzige Besatzungsmitglied in der Funkerecke, das noch an der Bordsprechanlage hing. Captain Joe rief mich und sagte, er werde angewiesen, auf einem Flugplatz zu landen, der jetzt in Sicht komme. Die Anweisungen würden von einem deutschen Piloten erteilt, der jetzt, um Captain Joes Aufmerksamkeit zu finden, so dicht über unsere Tragfläche hinweg herankam, daß ich schon Angst hatte, er könne mit unseren stehenden Propellern kollidieren. Er lächelte und gestikulierte mit Nachdruck. Wir sollten ihm nach unten folgen. Captain Joe sagte, er würde zum Schein zur Landung ansetzen, dann aber unseren Gleitflug fortsetzen, bis

wir ein freies Feld in der Nähe eines großen Waldes erreicht hatten. Dort wollte er eine Bauchlandung machen, mit eingezogenem Fahrwerk, und sobald wir zum Stillstand gekommen seien, sollten alle außer mir die Maschine so schnell wie möglich verlassen, zum Wald hinüberlaufen und dann weiter nach Süden, Richtung Frankreich, marschieren. Ich sollte bleiben und bei den Brandsätzen helfen, die wir an Bord hatten, um das Flugzeug, falls nötig, in Brand setzen zu können.

Es war eine leichte Landung, der untere MG-Stand wurde in den Rumpf gedrückt, als das Flugzeug zum Stehen kam. Sobald das Rutschen zu Ende war, sprangen alle hinaus und rannten weg. Captain Joe und ich versuchten, unsere Fallschirme mit den Brandsätzen zu entzünden, aber sie waren feucht und wollten nicht brennen. Während wir wie gehetzt Zündhölzer anrissen, um damit weiterzukommen, trottete die ganze Besatzung wieder zum Flugzeug zurück. Im Wald befand sich ein getarntes Lager. Es gab nichts, wo man hinlaufen könnte! Nichts als freies Feld!

Wir sahen jetzt Leute, die auf uns zuliefen, meistens Zivilisten. Sie blieben in einiger Entfernung von uns stehen, und ein Deutscher mit einem Hund kam vorsichtig näher und befahl uns, still stehenzubleiben, nicht zu sprechen, unsere Schwimmwesten auszuziehen und sie vor unseren Füßen niederzulegen. Dieser Deutsche sah aus wie ein Zwilling von Filmschauspieler Victor McLaglan, und das verlieh der ganzen Episode etwas Unwirkliches. Mir kam es wie ein Film vor, und einen Wächter zu haben, der wie ein Filmstar wirkte, machte die Sache nur noch irrealer.

Captain Alexander war in der Nähe eines Lagers für polnische Arbeiter gelandet, nicht weit vom Luftwaffen-Stützpunkt Aurich unmittelbar nördlich von Emden. Hier hatte sich eine Mannschaft praktisch dem Feind ergeben, und das wirft die interessante Frage auf, was der Flugzeugführer eines Bombers tun sollte, der keine Hoffnung mehr hatte, England zu erreichen. Die Amerikaner wußten, daß die Luftwaffe bereits einen intakten und flugtüchtigen B 17-Bomber besaß und ihn benutzte, um deutsche Jagdflieger taktisch auszubilden. Es ist zu bezweifeln, daß es jemals offizielle Richtlinien gegeben hat, aber inoffiziell lautet der Grundsatz, daß der wichtigste Faktor das Überleben der Besatzung sei, und niemand hätte Captain Alexanders Handlungsweise mißbilligt. Leider hat Joe Alexander kurz nach dem Krieg bei einem Autounfall in seinem Heimatstaat Alabama den Tod gefunden.

Das nächste Ereignis, das während des Fluges der amerikanischen Hauptformationen eintrat, verdeutlicht einen anderen Aspekt der Flexibilität der Luftstreitkräfte, dieses Mal demonstriert von der deutschen Luftwaffe. Der Nachtjäger-Einsatzplatz bei Leeuwarden in Nordholland war nur 105 Kilometer von der Rückflug-Route der amerikanischen Bomber über die Nordsee entfernt. Einige Messerschmitt Bf 110 aus Leeuwarden waren früher an diesem Nachmittag gestartet, hatten aber keine Berührung mit den Amerikanern gehabt. Jetzt wurde ein stärkerer Verband, bestehend aus etwa sechzehn Maschinen, losgeschickt, um die Amerikaner auf ihrem Rückflug abzufangen. Die deutschen Nachtjäger-Besatzungen wurden nicht oft bei Tage eingesetzt, aber an diesem Tage mußten sie starten.

Die Messerschmitts waren gegen 16.45 Uhr gestartet – als die B-17 gerade Hamburg verließen – und sie erhielten zunächst Anweisung, über der deutschen Küste bei Wilhelmshaven auf eine Höhe von 7800 Meter zu gehen. Es war ein ungewöhnliches Erlebnis für die Nachtjäger-Besatzungen, im hellen Licht dieses Spätnachmittags im Sommer in dieser Höhe zu fliegen. Sie konnten die ganze Nordseeküste vom Ijsselmeer in Holland über die Helgoländer Bucht bis hin zur dänischen Küste sehen. Nachdem sie diesen Punkt erreicht hatten, erhielt eine Gruppe von Jägern Befehl, nach Norden zu fliegen, und bald hatte sie Berührung mit einem amerikanischen Kampfgeschwader, das gerade Kiel bombardiert hatte. Oberleutnant Drünkler erhielt die Bestätigung für den Abschuß der einzigen B-17 – von der 94. Bomb Group – die in dem Kampf, der sich jetzt entwickelte, abstürzte. Drünklers Sieg war für ihn die Krönung einer interessanten Tag- und Nacht-Doppelleistung; in den frühen Morgenstunden dieses Tages hatte er eine Lancaster der RAF abgeschossen, die auf dem Weg nach Hamburg war.

Die Hauptgruppe der Leeuwardener Jäger erhielt Anweisung, nahezu genau westlich von Wilhelmshaven aus, den amerikanischen Formationen entgegenzufliegen, die aus Hamburg zurückkehrten und deren Kurs noch immer von den deutschen Fernradarstationen an der Küste verfolgt wurde. Die deutschen Jäger hatten erst Feindberührung, als die Amerikaner schon Zweidrittel ihres Heimweges über die Nordsee zurückgelegt hatten und sich 225 Kilometer vor der englischen Küste befanden. Wären alliierte Jäger den Amerikanern entgegengeschickt worden, dann hätten die B-17 an diesem Punkt Geleitschutz gehabt, aber es zeigten sich keine alliierten Jäger.

Der Einsatz der Messerschmitt Bf 110 durch die Deutschen für den Angriff auf amerikanische Formationen war beinahe ein Akt der Verzweiflung. Diese schweren, zweimotorigen »Zerstörer« waren weder so schnell noch so wendig wie die einmotorigen Bf 109, und ihre Besatzungen waren nur flüchtig in der Taktik ausgebildet, die man anwenden mußte, wenn man es mit den Fliegenden Festungen aufnehmen wollte.

> Es war das erste Mal, daß ich Boeings von der Luft aus gesehen hatte. Aus fünf oder sechs Kilometer Entfernung sahen sie wie ein großer Haufen aus, wie ein großer Vogelschwarm. Einzelne Flugzeuge konnte man nicht erkennen, nur die ganz vorn. Man hatte uns gesagt, daß die Amerikaner sehr gefährlich seien, daß jeder Bomber achtzehn Bordwaffen habe. Wir hatten nur unsere kleinen, langsamen Nachtjäger. Wenn wir nachts einen Bomber sahen, freuten wir uns; aber am Tag war es ein seltsames Gefühl, weil man ganz genau wußte: Anstatt auf einen einzigen Bomber zu schießen, würden gleich viele Bomber auf uns schießen. (Unteroffizier Friedrich Abromeit, IV/NJG 1)

Die Deutschen hatten einen Vorteil auf ihrer Seite – die Amerikaner flogen genau in die niedrige Abendsonne hinein. Die Jäger flogen ein gutes Stück an der amerikanischen Formation vorbei, bis sie ihren Frontalangriff aus der Sonne heraus fliegen konnten. Die acht Deutschen flogen keinen massierten Angriff, sondern setzten einzeln und nacheinander zum Angriff an. Hatte er seinen Angriff geflogen, drehte jeder Jäger ab und setze sich wieder vor die amerikanische Formation, um von neuem anzugreifen. Sie konzentrierten ihre Angriffe auf eine B-17 der oberen Squadron der 303. Bomb Group, die ein wenig hinter den anderen zurückgeblieben war. Die erste Angriffsserie aus der Sonne kam überraschend für die Amerikaner, und sie erwiderten das Feuer nicht, aber jeder nachfolgende Angriff traf auf heiße Gegenwehr. Die Luftschlacht dauerte nicht lange; die Messerschmitts erhielten ein Rückruf-Signal, weil ihr Treibstoff zu Ende ging, und bis auf einen drehten alle Jäger nach Hause ab. Der letzte Angriff wurde von Leutnant Eberhard Gardiewski geflogen, dessen Bordfunker, Friedrich Abromeit, seinen Bericht wieder aufnimmt:

Wir führten unseren Angriff zu Ende, weil der Bomber, auf den wir schossen, zurückzubleiben begann und wir in günstiger Position waren. Wir konnten sehen, wie die Amerikaner das Feuer erwiderten. Sie schossen Leuchtspur, aber von vorn konnte man nur den kleinen Rauchring um das Geschoß erkennen. Ich glaube, daß derjenige, auf den wir es abgesehen hatten, nervös schoß, aber die anderen zielten sorgfältig.
Dann sahen wir, daß unsere beiden Motoren Treffer erhalten hatten und zu qualmen begannen. Ich glaube, es waren die anderen Boeings, die uns getroffen hatten. Wir konnten unsere eigenen Jäger sehen und versuchten, ihnen zu folgen, aber wir wurden immer langsamer, und am Ende waren sie verschwunden. Sie konnten auch gar nicht bei uns bleiben, dann wäre ihnen nämlich der Sprit ausgegangen. Unsere Motoren liefen noch, aber die Temperaturen stiegen. Wir wollten so nahe wie möglich an die Küste herankommen, deshalb drosselten wir das Tempo, um so viel wie möglich aus den Motoren herauszuholen. Natürlich funkte ich auf allen Frequenzen, sagte, daß wir Treffer abbekommen hätten, und bat, unsere Position aufzunehmen.
Schließlich mußten wir doch heruntergehen, bevor wir Land sehen konnten. Wir schlugen mit nahezu zweihundert Kilometer pro Stunde auf das Wasser auf – es war eine rauhe Landung. In einer riesigen Gischtwelle kamen wir zum Stillstand. Ich war verletzt, es war eine Schnittwunde am Kopf. Ich sah den Flugzeugführer ganz still dasitzen mit noch mehr Blut am Kopf; ich dachte, er sei tot. Das war der schlimmste Augenblick für mich. Aber dann klappte er seine Kanzel auf, lächelte und sprang hinaus. Ich machte alles verkehrt. Ich konnte nicht denken. Ich hatte noch immer den Fallschirm angeschnallt, als ich ins Wasser sprang, und ich hatte meine Schwimmweste nicht aufgeblasen. Schließlich krabbelten wir in unsere gelben Ein-Mann-Schlauchboote und begannen zu warten. Wir machten ein paar Witze. »Ruf den Stab an, die sollen uns einen Wagen schicken.« »Wie weit ist das Land?« »Fünfzig Meter – genau unter uns!«

Der Bomber, den die Deutschen angegriffen hatten – geführt von einem Lieutenant Baker – wurde nicht abgeschossen, aber er war erheblich beschädigt, und einer seiner Bordschützen war von einer Granate aus einer deutschen Bordkanone schwer am Arm verletzt worden. Die Bordschützen zweier anderer B-17, einer aus der oberen und einer aus der unteren Squadron der Group, erhoben Anspruch darauf, Leutnant Gardiewskis Jäger beschädigt zu haben. Weder

Freund noch Feind hatten den Absturz dieser Messerschmitt beobachtet.

Die beiden Deutschen saßen vier Stunden lang in ihren Schlauchbooten. Von Zeit zu Zeit schossen sie eine Leuchtrakete ab, um den Rettern den Weg zu zeigen. Daß Rettung unterwegs sei, davon waren sie überzeugt. Sie waren nur dreißig Kilometer von der holländischen Küste entfernt, aber die beiden Deutschen wurden dann schließlich von einem britischen Schnellboot, dem M.T.B. 621, aufgelesen. Das Boot gehörte zu einer kleinen britischen Einheit, die nach einem deutschen Geleitzug Ausschau hielt, der an jenem Abend angeblich aus Den Helder auslaufen sollte. Die beiden Deutschen wurden gut behandelt, überlebten ein Seegefecht, das sechs Stunden später stattfand und in dessen Verlauf M.T.B. 621 beschädigt wurde, und am nächsten Tag wurden sie in Great Yarmouth an Land gesetzt. Endstation für sie war ein Kriegsgefangenenlager in Kanada.

Dieser Luftkampf mit den Messerschmitt Bf110 war das letzte bedeutendere Ereignis des Tages. Die amerikanischen Formationen überflogen die englische Küste gegen 19.00 Uhr, und ein Mann in der 384. Bomb Group, die sieben Maschinen verloren hatte, war »sehr froh, Land zu sehen; am liebsten wäre ich gleich ausgestiegen und hätte meine Füße auf den festen Boden gesetzt«. Alle B-17 landeten wohlbehalten im Laufe der nächsten Stunde. Es gab keine Bruchlandungen, obwohl einige Maschinen wegen Treibstoffmangels in aller Eile auf fremden Plätzen landen mußten, andere wegen der Schäden, die sie im Kampf davongetragen hatten, wieder andere, weil sie Verwundete an Bord hatten, die dringend behandelt werden mußten.

Die Eighth Air Force hatte an diesem Tag ihr bisher ehrgeizigstes Unternehmen gewagt, und sie hatte den Preis dafür gezahlt. Die nach Hamburg entsandten Groups hatten die schwersten Verluste erlitten. Fünfzehn B-17 der 127 gestarteten Bomber waren abgeschossen worden. Sechsunddreißig Mann dieser Maschinen waren gefallen, 104 waren in Gefangenschaft geraten. Die restlichen zehn Mann sollten vier Tage später wohlbehalten nach England zurückkehren, denn die Besatzung des Lieutenant Estes, dessen Maschine auf See niedergegangen war, sollte das interessante Erlebnis haben, von einem dänischen Fischereifahrzeug, der »Ternan« aus Frederikshavn, an Bord genommen und bis auf fünfzig Seemeilen an die englische Küste gebracht zu werden, wo sie dann einem Bergungsfahrzeug der RAF übergeben wurde. Eine große Anzahl der aus Hamburg zurückgekehrten B-17 hatte Schäden im Kampf erlitten. Die Tagebücher der beteiligten sechs Bomb Groups weisen aus, daß mehr als die Hälfte ihrer Maschinen beschädigt worden war, einige davon schwer; von der unglücklichen 384. Bomb Group war nur ein einziger Bomber ohne jede Beschädigung heimgekehrt.

Diesen Verlusten an Menschen und Material stand auf der anderen Seite die Tatsache gegenüber, daß 225 B-17-Bomber lohnende Ziele für ihre Bomben gefunden hatten. Die Erlebnisse der Hamburg-Groups sind bereits geschildert worden. Die sechs Groups des 4. Wing, die die Flugzeugwerke in Warnemünde bei Rostock angreifen sollten, hatten Wolken über ihrem Ziel vorgefunden. Eine Group – die 385. – hatte durch diese Wolkendecke hindurch nach Koppelnavigation bombardiert, aber aus deutschen Dokumenten geht hervor, daß diese Bomben weitgehend vergeudet waren. Hier gab es einen Toten, nennenswerter Sachschaden entstand nicht. Die 388. Bomb Group hatte ein lohnendes »Gelegenheitsziel« mit dem weiter westlich an der Ostseeküste gelegenen Flugplatz Rerik gefunden. Die Bomben verursachten erhebliche Schäden an Flugzeughallen und anderen Flugplatzgebäuden. Vierundzwanzig Menschen, darunter fünfzehn Angehörige der Wehrmacht, wurden in Rerik getötet, vierzig weitere wurden verletzt. Die restlichen vier Groups – die 94., die 95., die 96. und die 100. Bomb Group – hatten Kiel angegriffen. Ihr zielgenaues Bombardement verursachte erhebliche Schäden in zwei U-Bootswerften – den Howaldtswerken und der Deutschen Werft – sowie in der Ausrüstungswerft der deutschen Kriegsmarine. Ein alter Kreuzer, der ausgerechnet den Namen »Hamburg« trug, und ein gerade vom Stapel gelassenes U-Boot wurden versenkt, viele wichtige Gebäude wurden zerstört. Neunzehn Menschen fanden in Kiel den Tod und siebenundzwanzig Wohnhäuser wurden von Bomben zerstört, die ihr eigentliches Ziel, die Werften, verfehlt hatten. Der 4. Bombardment Wing hatte nur vier Maschinen verloren – drei aus den Groups, die Kiel, und eine aus den Groups, die den Flugplatz Rerik angegriffen hatte. Die amerikanischen Gesamtverluste dieses

Tages betrugen neunzehn Flugzeuge. Es war der dritthöchste bisher von der Eighth Air Force erlittene Verlust.

Die amerikanischen Einheiten, die deutsches Gebiet überflogen hatten, erhoben Anspruch darauf, einundvierzig deutsche Jäger zerstört, sechs »wahrscheinlich« zerstört und siebenundzwanzig beschädigt zu haben. Bis auf sieben wurden alle diese Ansprüche von den Gruppen erhoben, die Hamburg bombardiert hatten. Nach den Aufzeichnungen des Generalluftzeugmeisters beliefen sich die tatsächlichen deutschen Verluste auf sechs zerstörte Jäger – fünf Messerschmitt Bf 109 und eine Messerschmitt Bf 110; fünf andere Jäger waren beschädigt worden. Ein deutscher Jagdflieger, der Gruppenkommandeur Major Karl-Heinz Leesmann von der III/JG 1, war gefallen, vier weitere wurden verwundet, und die Nachtjägerbesatzung war in Gefangenschaft geraten. Es ist möglich, daß die deutschen Aufzeichnungen nicht ganz vollständig sind, aber es bleibt auch dann noch eine gewaltige Lücke zwischen den amerikanischen Ansprüchen und den deutschen Verlusten. Ungewöhnlich war das nicht. Mehrere amerikanische Bordschützen erhoben oft den Anspruch, einen deutschen Jäger, dessen Absturz beobachtet worden war, abgeschossen zu haben. So zum Beispiel ließen Protokolloffiziere der 303. Bomb Group Ansprüche von vier verschiedenen Bordschützen zu, die sämtlich die genau gleiche Zeitangabe enthielten; wahrscheinlich hatte es sich hier um den Abschuß eines einzigen deutschen Jägers gehandelt und nicht um vier Abschüsse. Aber den Offizieren vom Bodendienst machte es nun einmal keine Freude, zu Tode erschöpften, aufgeregten und manchmal verwundeten Bordschützen zu erklären, daß ihre Abschußmeldung nicht akzeptiert werden könne. Außerdem war es gut für die Kampfmoral, wenn bei den amerikanischen Bomberbesatzungen der Eindruck entstand, daß sie die deutsche Luftwaffe nur so dahinmetzelten. Es gibt aber Anzeichen dafür, daß die Eighth Air Force ungeachtet der Tatsache, daß die übertriebenen Siegesmeldungen von der britischen und der amerikanischen Presse verbreitet wurden, intern sehr viel realistischer war. In einem Dokument, das später den Briten zur Aufnahme in den Bericht des RAF-Abhördienstes über die Operationen dieses Tages zugestellt wurde, bezifferten die Amerikaner die geschätzten deutschen Verluste auf zehn zerstörte Jäger, auf vier wahrscheinlich zerstörte und sieben beschädigte. In dem Einsatzbericht des VIII. Bomber Command jedoch, der als offizieller Bericht zu den Akten genommen wurde, waren die von den Gruppen gemeldeten höheren Zahlen aufgenommen worden, jedoch wurde zu Protokoll genommen, daß es sich hierbei um »Ansprüche« handelte.

Es war ein harter Tag für die Amerikaner gewesen. Second Lieutenant Paul Gordy beschreibt die Stimmung, die an jenem Abend im Offiziersclub der 384. Bomb Group in Grafton Underwood herrschte:

> Es herrschte eine gewisse übermütige Aufgeräumtheit an jenem Abend, aber das war nur gespielt. Die meisten von uns waren emotionell und körperlich völlig fertig. Wir hatten zwei lange Flugtage hinter uns, und wir hatten erlebt, wie auch unsere Group schwer mitgenommen wurde. Wir wanderten wie betäubt umher. Die hatten uns an dem Tag einfach fertiggemacht. Wir beklagten uns nicht offen und wir jammerten nicht, aber tief in seinem Herzen wußte jedes Mitglied einer fliegenden Besatzung, daß es statistisch beinahe unmöglich war, die Einsatz-Tour zu überstehen, ohne verwundet, getötet oder abgeschossen zu werden.
> Das war der einzige Abend meiner ganzen Karriere als Flieger, an dem der Arzt unserer Einheit herumkam, uns fragte, ob alles mit uns in Ordnung sei und ob wir irgend etwas wünschten.

DREIZEHNTES KAPITEL

Und wieder die Amerikaner

Während die amerikanischen Bomber unterwegs waren und Hamburg sowie ihre anderen Ziele angriffen, hatten die Staffeln des RAF-Bomber Command sich auf einen weiteren Angriff mit Maximalstärke vorbereitet, der in der folgenden Nacht, der Nacht vom 25./26. Juli, stattfinden sollte. Bei seiner Morgenbesprechung hatte Sir Arthur Harris die Entscheidung bekanntgegeben, den Druck auf Hamburg aufrechtzuerhalten, und er hatte wiederum diese Stadt zum Hauptziel der kommenden Nacht bestimmt. Es waren aber Nachteile damit verbunden, zweimal in zwei aufeinanderfolgenden Nächten nach Hamburg zu fliegen. Die Deutschen könnten mit einem weiteren Angriff auf die Stadt rechnen und zusätzliche Nachtjäger in diesem Gebiet konzentrieren. Außerdem bestand die ernste Gefahr, daß Hamburg noch immer unter einer Rauchwolke liegen würde, entweder von den Bränden herrührend, die die RAF in der Nacht zuvor verursacht hatte, oder von denjenigen des jüngeren amerikanischen Angriffs. Als Vorsichtsmaßnahme bestimmte Harris Essen zum Ausweichziel, und sämtliche Vorbereitungen für die kommende Nacht wurden so angelegt, daß eine sehr späte endgültige Zielauswahl getroffen werden konnte.

Am Spätnachmittag wurde ein Wetter-Aufklärungsflug unternommen, und eine Mosquito mit Flight Sergeant F. Clayton und Pilot Officer W. F. John flog mitten über vier deutsche Städte hinweg – Flensburg, Kiel, Lübeck und Hamburg. Ihre Hauptaufgabe war es festzustellen, wieviel Rauch über Hamburg lag; das Überfliegen der anderen Städte sollte die Aufmerksamkeit der Deutschen von dem Interesse ablenken, das man an Hamburg hatte. Die Mosquito-

Besatzung stellte fest, daß noch immer viel Rauch über Hamburg lag, als sie die Stadt gegen 18.30 Uhr überflog; insbesondere im Hafengebiet quollen dichte Rauchwolken aus einigen neuen Ölbränden empor. Pilot Officer John funkte diese wichtige Nachricht nach England. Der vorgesehene Angriff auf Hamburg wurde sofort aufgegeben, und die RAF-Bomber erhielten Befehl, die schon so oft bombardierte Stadt Essen anzugreifen.

Es ist nicht nötig, den Operationen jener Nacht viel Platz einzuräumen. Mehr als 600 Bomber warfen nahezu 2000 Tonnen Bomben auf den Teil Essens, in dem sich die großen Rüstungsfabriken von Krupp befanden. Die Zielmarkierung wurde von Oboe-geleiteten Mosquitoes besorgt, und zwar mit höchster Genauigkeit, was im allgemeinen immer dann der Fall war, wenn sich das Ziel innerhalb der Reichweite dieses Verfahrens befand. Sehr schwere Schäden wurden in den Kruppschen Werkshallen und in den benachbarten Wohngebieten angerichtet. 486 Menschen starben. Dreiundzwanzig Bomber gingen verloren. Der Verlust, gering für einen Angriff auf das Ruhrgebiet, wäre wahrscheinlich größer gewesen, wenn nicht in wenig mehr als vierundzwanzig Stunden zum zweiten Mal Window eingesetzt worden wäre, aber manches spricht dafür, daß sich die in Holland stationierten erfahrenen deutschen Nachtjäger-Besatzungen weniger stark von Window behindern ließen als ihre Kollegen in Norddeutschland in der Nacht zuvor.

Dieser Angriff auf Essen war in Wirklichkeit eine Verlängerung der Schlacht um die Ruhr, aber offizielle Historiker haben es nicht gern, wenn »Schlachten« sich überlappen. Deshalb gilt dieser Angriff jetzt als Teil der Schlacht um Hamburg.

Aber Hamburg wurde in dieser Nacht nicht vergessen, und sechs Mosquitoes der 139. Squadron wurden für einen Störangriff auf die Stadt eingeteilt. Alle sechs Besatzungen fanden Hamburg mühelos. Die dort immer noch brennenden Feuer waren schon aus 110 Kilometer Entfernung zu sehen. Die von den Mosquitoes abgeworfenen viereinhalb Tonnen Bomben verursachten wahrscheinlich nur geringen Schaden. Hauptzweck dieses kleinen Unternehmens war es, die Hamburger Sirenen heulen zu lassen, den Einwohnern der Stadt den Schlaf zu rauben und für eine weitere Ausbreitung von Angst und Verwirrung zu sorgen.

Einer der Mosquito-Piloten war Sergeant James Marshallsay, der zusammen mit seinem Navigator, Sergeant Nick Ranshaw, den ersten der fünfzig Einsätze einer Mosquito-Tour flog.

Bei der Einsatzbesprechung wurde eine Liste von Rüstungsfabriken in Hamburg verlesen. Auch U-Boot-Werften befanden sich darunter. Mein Navigator grinste und sagte, da hätte ich ja nun Gelegenheit, mich an den U-Booten zu rächen. (Auf der Heimreise von der Flugzeugführerausbildung war ich im Südatlantik torpediert worden. Nach dem Krieg stellte ich dann fest, daß wir von einem italienischen U-Boot versenkt worden waren!) Nach dem Wegtreten sahen wir uns die Bomben an, die schon in unser Flugzeug gehängt worden waren, und Nick zog die Sicherungsstifte heraus. Einen davon gab er mir. Ich habe ihn heute noch. Als wir uns Hamburg näherten, sahen wir im Brandgebiet eine Explosion. Ich kann mich an Feuer, Rauch und Wolken erinnern, nicht aber an Flak. Als wir die brennende Stadt überflogen, hatten wir das seltsame Gefühl, das einzige Flugzeug dort zu sein und unbeweglich am Himmel zu hängen. Wir luden unsere Bomben in die Brände hinein ab und drehten ab nach Hause. Nach der Landung rollten wir an unseren Platz, und als die Bremsklötze gelegt waren, öffneten wir den Bombenschacht. Ein Mann vom Bodenpersonal zeigte nach oben und wich dann schleunigst zurück. Ich stoppte den Motor. Nick kletterte die Leiter hinunter, und ich folgte ihm. Die 250 lbs-Brandbombe war noch da. Sie hatte sich verklemmt. Ein Waffenmeister sagte: »Ihr habt die Brandbombe wieder mitgebracht.« Nick erwiderte: »Nach allem, was wir von Hamburg gesehen haben, wird man sie da nicht sehr vermissen.«

Während die schweren RAF-Bomber noch auf ihrem Rückflug von Essen waren, liefen amerikanische Luftwaffensoldaten durch die Unterkünfte auf den amerikanischen Bomber-Flugplätzen und rüttelten schlafende Männer vom fliegenden Personal wach. Sie sollten sich fertigmachen für einen neuen Flugtag.

Für jede der fünfzehn Bombergruppen war Einsatzbereitschaft angesetzt. In der Frühe des 26. Juli, einem Montag, stand fest, daß dies der dritte aufeinanderfolgende Einsatz für die B-17 Bomber bedeutete. Von den vorgesehenen Besatzungen hatte allerdings nur ein Teil bereits an beiden vorausgegangenen Flügen teilgenommen – dank dem System der Amerikaner, jeweils einer vollen Squadron aus jeder Group einen Ruhetag zu gönnen.

Die Meteorologen blieben auch weiterhin bei ihrer Voraussage: klares Wetter im Norden Deutschlands, eine Ausdehnung des aufgerissenen Gebietes weiter nach Süden wahrscheinlich. Die Startzeit für die B-17 war bereits auf 9.00 Uhr festgesetzt. Trotzdem wurden nochmals zwei Mosquito-Wetteraufklärer losgeschickt, um über der Deutschen Bucht einen allerletzten Blick zu tun. Erwartungsgemäß konnten sie über Funk bestätigen, daß das gute Wetter anzuhalten schien.

Am Tag zuvor waren die Bomberverbände, bestehend aus fünf Combat Wings, auf zwei Ziele ausgerichtet. Zwei dieser Wings wurden nun ein zweites Mal genau für dasselbe Ziel wie am Vortag vorgesehen: die Blohm & Voss U-Boot-Werft und die Klöckner-Flugmotorenfabrik. Die andern drei Verbände sollten nach Hannover fliegen, um die Conti-Gummiwerke anzugreifen. Wieder lag ein komplizierter Plan vor, der die B-17 des 4. Bombardment Wing, dank ihrer größeren Reichweite, zuerst in Richtung Festland steuern ließ, dann jedoch eine Finte durch Verweilen vor der Küste auf Parallelkurs vorsah, um die deutschen Jäger zu einem verfrühten Start zu veranlassen. Alle fünf Kampfverbände sollten dann ungefähr gleichzeitig die deutsche Küste überqueren, ihre Ziele anfliegen und bombardieren und sich dann mit rasch wechselnden Kursen zurückziehen, deren richtige Beurteilung die Fähigkeit der geschicktesten deutschen Jägerführung strapazieren würde. Außerdem sollte es die üblichen Ablenkungsmanöver durch leichte Bomber mit starkem Geleitschutz geben, die dieses Mal Ziele in Belgien und Nordfrankreich angreifen sollten, um die Luftwaffe in diesen Gebieten vollauf zu beschäftigen.

So eindrucksvoll dieser Plan auf dem Papier ausgesehen haben mochte, so verhießen diese Operationen den amerikanischen Fliegern doch einen gefahrenreichen neuen Tag. Die Verteidigung Hamburgs hatte schon bewiesen, wie tödlich sie sein konnte, und in der vorangegangenen Nacht hatte es keine nennenswerten Bombenangriffe durch die RAF gegeben. Hannover, 110 Kilometer südlich von Hamburg gelegen, lag achtzig Kilometer tiefer im Binnenland; noch nie hatten die Amerikaner versucht, so tief in deutsches Reichsgebiet einzudringen. Die sechs für den Angriff auf Hamburg ausgewählten Bomb Groups waren dieselben, die die Stadt am

Vortag angegriffen hatten. Sie wurden wieder in die gleichen zwei Combat Wings aufgeteilt, aber jedes der beiden erhielt dieses Mal das jeweils andere Ziel. Das, was wir ein Blohm & Voss-Wing nennen können, setzte sich jetzt aus der 381. Bomb Group als der Führungsgruppe – mit Lieutenant Colonel Leland G. Fiegel, dem stellvertretenden Kommandeur dieser Gruppe, im Führungsflugzeug – aus der 351. Group in der oberen und der 91. Group in der unteren Position zusammen. Im Klöckner-Wing hatte die 303. Group – unter Major William R. Calhoun, einem Staffelführer – die Führung inne, während die 384. in der unteren und die 379. in der oberen Position flogen.

Es unterliegt keinem Zweifel, daß bange Vorahnungen die Stimmung bei denjenigen amerikanischen Fliegern beherrschten, die an jenem Tag für den Flug nach Hamburg eingeteilt worden waren. Diese Groups hatten am vorangegangenen Tag fünfzehn Flugzeuge verloren, während sie eben diese selbe Stadt angriffen, und außerdem war fast jedes andere Flugzeug mit dem einen oder anderen Schaden heimgekehrt. Nahezu die Hälfte der Männer hatte, als sie zur Einsatzbesprechung erschienen, nicht mehr als fünf Stunden Schlaf gehabt.

Die Hamburg-Groups begannen um 9.00 Uhr früh zu starten. Sie stiegen auf in den Morgen eines schönen englischen Sommertages. Obwohl es mehr Dunst und niedrige Wolken gab als am Vortag, stiegen die Fliegenden Festungen sehr rasch in einen ganz klaren Himmel auf. Die drei Gruppen des Blohm & Voss-Wing versammelten sich ohne größere Schwierigkeiten, aber die Formierung des Klöckner-Wing verlief chaotisch. Später wurde ein erheblicher Papierkrieg geführt, um die Gründe für dieses Versagen zu ermitteln. Allem Anschein nach begann der Ärger, als die Führungsgruppe, die 303., die sich in guter Ordnung über dem Flugfeld Molesworth versammelt hatte, genau eineinhalb Minuten zu früh auf den Sammelkurs einschwenkte. Es ist nicht nötig, allzu sehr auf die nun folgenden Ereignisse einzugehen. Die beiden anderen Groups dieses Wings tauchten auf und formierten sich um eine Group, die sie gesichtet hatten, die sich aber dann als eine Fremdgruppe erwies. Neun Bombergruppen tauchten schließlich über Cromer auf, aber nicht alle fanden sich zu den korrekten Formationen zusammen. Nach längeren Auflösungs- und Schwenkmanövern ganzer Formationen und dem Abfeuern verschiedenfarbiger Erkennungs-Leuchtzeichen machte sich der Blohm & Voss-Wing in seiner korrekten Ordnung auf den Weg. Eine der Klöckner-Groups, die 379., erkannte, daß sie mittlerweile dreißig Minuten hinter dem Zeitplan herhinkte, und ihr Führer beschloß, den Einsatz abzubrechen. Die gesamte Group kehrte zu ihrem Flugfeld zurück. Die 303. Bomb Group schloß sich dem Blohm & Voss-Wing als zusätzliche Kampfformation in der oberen Position an. Auch die 384. Group schloß sich einem anderen Wing an. Sie flog weit mehr als 300 Kilometer mit diesem Wing über die Nordsee hinaus, aber der Führungspilot dieser Group, Captain William F. Gilmore, konnte den Gedanken nicht loswerden, daß es sich bei den Maschinen des Wing, den er begleitete, um B-17 mit Tokio-Zusatztanks handeln und er mit seiner 384. zu einem Flug aufgebrochen sein könnte, für den seine Maschinen nicht genügend Treibstoff an Bord hatten. Ein Offizier, der seine Group zu einem Einsatz führte, der damit endete, daß achtzehn B-17 in der Nordsee notwassern mußten, würde ganz sicherlich in die Geschichte der United States Army Air Force eingehen. Innerlich widerstrebend und höchst ungern machte Captain Gilmore kehrt und nahm Kurs Heimat auf. Er sollte nicht mehr erfahren, daß die Maschinen des Combat Wing, dem er gefolgt war, Maschinen des gleichen Typs wie seine eigenen waren. Es handelte sich um die Bomb Groups 92, 305 und 306, eines der drei Combat Wings, die nach Hannover flogen. Gilmores Group hätte unter deutschem Jägerangriff einen schweren Stand gehabt, aber er hätte, wäre er weitergeflogen, ausreichend Treibstoff für den Rückflug gehabt.

Die vier Bomb Groups, die jetzt noch den Weg nach Hamburg fortsetzten, erlitten eine weitere Schwächung dadurch, daß eine große Zahl einzelner Maschinen aus den verschiedensten Gründen kehrtmachte. Von den zweiundachtzig Fliegenden Festungen, die gestartet waren, trennten sich nicht weniger als fünfundzwanzig aus ihren Formationen und kehrten nach England zurück. Es läge nahe, anzunehmen, daß die Maschinen, die sich zur Umkehr entschlossen hatten, nach den zwei vergangenen Einsatztagen an mechanischer Überstrapazierung litten, aber bei den neun anderen nach Hannover fliegenden Groups, für die es sich ebenfalls um den dritten aufeinanderfolgenden Flugtag handelte, brachen im Verhältnis zur Kampfstärke nur halb so viele Maschinen wie bei den Hamburg Groups den Einsatz ab. Es kann nicht bezweifelt werden, daß einige der für den Abbruch des Hamburg-Fluges genannten Gründe nur am Rande eine Rolle gespielt haben können. In den Tagebüchern des 1. Bombardment Wing finden sich einige dieser Gründe: »Fehlfunktion der Drehkanzel, Überprüfung am Boden ergibt keine Mängel.« »Flugzeugführer erkrankt.« »Fehlfunktion des Nachverdichtungs-Reglers; Überprüfung ergibt keine Mängel.« »Bajonettverschluß an Sauerstoff-Schlauch des Flugzeugführers gelockert.« Viele Motoren »stotterten«. Es scheint, daß die Aussicht, sich schon wieder der Flak und den Jägern in und um Hamburg stellen zu müssen, einigen der Amerikaner nicht erträglich war.

Die 91. Bomb Group, die Befehl erhalten hatte, innerhalb ihres Wing in der gefährlichen unteren Position zu fliegen, verlor auf diese Weise neun ihrer zwanzig Maschinen. Staff Sergeant Carl Gundersen war Bordschütze in einer der Fliegenden Festungen dieser Gruppe, die in Richtung Heimat abdrehten.

> Ich war ganz überrascht, als wir kehrtmachten, und nachher haben sie mir dann erzählt, daß wir ein Ölleck hatten, aber so schlimm kann das Leck meiner Meinung nach nicht gewesen sein. Meine eigene, persönliche Meinung ist, daß der Pilot sich einfach nicht schon wieder der Flak über Hamburg aussetzen mochte. Es war unser dritter Einsatz in drei Tagen, aber ich war ziemlich sauer darüber, daß wir kehrtmachten – ich hatte eine richtige Wut im Bauch.

Die Anfangsreaktion der Deutschen auf die Annäherung der amerikanischen Bomber glich beinahe aufs Haar derjenigen vom Vortag. Die unter schwerem Jagdschutz geflogenen Einsätze der mittelschweren Bomber nach Belgien und Frankreich zogen etliche der in Holland stationierten deutschen Jäger ab, und die Täuschungsmanöver der B-17 des 4. Bombardment Wing verlockten einige der norddeutschen Jäger zum verfrühten Start. Aber die deutschen Jägerführer, die die Helgoländer Bucht abdeckten, setzten das Gros ihrer Jäger nicht zu früh ein, und als die Combat Wings, die nach Hamburg und Hannover unterwegs waren, sich später der deutschen Küste näherten, trafen sie auf starken Jagdwiderstand.

Es gab jedoch einen interessanten Unterschied in der Taktik, die die deutschen Jäger gegen die beiden amerikanischen Haupt-Bomberkräfte anwandten. Die Jäger, die Berührung mit den Hannover-B-17 hatten, begannen sofort mit einer Serie vehementer Angriffe, meistens von vorn und geflogen mit äußerster Entschlossenheit. Die amerikanischen Flieger der 388. Bomb Group, die erst ihren vierten aktiven Einsatz flogen, sahen, wie eine Focke-Wulf einen flachen Sturzkampf-Bombenangriff auf ihre Formation zu flog. Eine Bombe explodierte auf der linken Tragfläche einer der Maschinen der Group, die prompt Feuer fing. Erst vier Mann der Besatzung waren am Fallschirm abgesprungen, als die Fliegende Festung explodierte. Mehrere andere Maschinen fielen konventionelleren Angriffen zum Opfer. Im Gegensatz dazu begnügten sich die deutschen Jäger, die Berührung mit dem Hamburg-Wing hatten, damit, neben oder über und hinter der B-17-Formation zu fliegen, beinahe so, als flögen sie deren Jagdschutz. Ein paar halbherzige Angriffe wurden gegen die Ränder der amerikanischen Groups geflogen, aber die wurden mühelos zurückgeschlagen, ohne daß es zu ernsten Schäden auf der einen oder der anderen Seite kam. Wahrscheinlich nahmen diese deutschen Jäger an, daß Hamburg wieder das Ziel sein sollte, und sie warteten wohl darauf, daß die Hamburger Flak die B-17 aus ihren Formationen hinauszwingen würde. Die amerikanischen Bomber und die deutschen Jäger, Distanz wahrend und einander sorgfältig beobachtend, flogen von der Küstenüberquerung bei Cuxhaven im hellen Sonnenschein bis zu demselben Initialpunkt über der Eisenbahn-Autobahnkreuzung dahin, an dem die amerikanischen Bomber schon am Vortag auf ihr Ziel eingeschwenkt waren. Das deutsche Flakfeuer war während des Fluges von der Küste bis zu diesem Wendepunkt nicht so schwer wie am Vortag, wahrscheinlich wegen der Anwesenheit der deutschen Jäger, und die vier amerikanischen Groups schwenkten unangeschlagen auf Hamburg ein.

Aber Hamburgs Flak begrüßte die Amerikaner wieder mit der vollen Wucht ihres Sperrfeuers. Major Elzia Ledoux, der die 351. Bomb Group in der oberen Position anführte, erinnert sich an die Flak:

> Die Flaksperre wurde vor uns in unseren Weg gelegt, bevor wir das Zielgebiet erreicht hatten. Die verfolgten keine einzelne Maschine; da war

nur dieser Himmelsraum, möglicherweise vierhundert Meter breit und vierhundert Meter tief, genau vor uns auf unserem Weg ins Ziel. Diese Flaksperre rückte immer wieder vor, erschien immer aufs neue vor einem. Man konnte die kleinen schwarzen Bälle überall in diesem Raum explodieren sehen. Ich persönlich hatte mich nie vor der Flak gefürchtet; mehr Sorgen machte ich mir wegen der Jäger. Wenn ich den Flak-Bausch sah, wußte ich, die Granate ist explodiert und konnte mich nicht mehr treffen. Aber ich wußte, daß etliche unserer Jungs die Flak nicht ausstehen konnten, besonders die Bordschützen. Gegen die Jäger konnten sie etwas tun, aber gegen die Flak nicht. Psychologisch war das so bei ihnen.

Am Vortag hatten die Amerikaner die deutschen Nebelwerfer-Einheiten unvorbereitet getroffen, nicht so an diesem Tag. Als die Bomber sich der Stadt näherten, konnten die Bombenschützen sehen, wie sich dichte Rauchströme von Dutzenden von Nebelgeneratoren am Boden ausbreiteten. Das Primärziel für dieses amerikanische Kampfgeschwader, die Blohm & Voss-U-Boot-Werft, war schon eingenebelt. Es gab sogar noch einigen Rauch, der noch immer aus den sechsunddreißig Stunden alten Bränden aufstieg, die die RAF in der eigentlichen City nördlich des Flusses verursacht hatte, aber die Luftaufnahmen, die die amerikanischen Bomber machten, zeigen, daß an diesem Tag der künstliche Nebel die Hauptrolle bei der Verhüllung der Bodenziele spielte. Die Führungs-Bombenschützen hatten die Wahl zwischen zwei Möglichkeiten. Sie konnten einen Stoppuhr-Bombenanflug vom Initialpunkt aus fliegen und hoffen, daß ihre Bomben das ursprünglich zugewiesene Ziel trafen, oder sie konnten den Plan ändern und versuchen, ein klarer sichtbares Ziel zu finden. Wie es scheint, wählten die Führungs-Bombenschützen aller vier Groups die zweite Möglichkeit. Die beiden Führungsgruppen, die 381. und die 351., wählten die U-Boots-Werft der Howaldtswerke aus, über der es keinen Rauch und keinen künstlichen Nebel gab, und die 91. und die 303. Bomb Group zielten auf die auffälligen Gebäude im Bereich des Elektrizitätswerks Neuhof. In beiden Fällen waren es die Ziele, die schon am Tag zuvor bombardiert worden waren. Die 303. Bomb Group hätte die sechseinhalb Kilometer weiter östlich gelegenen Klöckner-Flugmotorenwerke bombardieren sollen, aber da sie jetzt die letzte noch verbliebene Group des Klöckner-Wing war, hatte ihr Kommandeur, Major Calhoun, vernünftigerweise beschlossen, bei den anderen Groups zu bleiben. Die Bombenwurf-Periode der vier Groups erstreckte sich über nicht mehr als *eine Minute*, und zwar genau um 12.00 Uhr mittags; daraus wird deutlich, wie gut und dicht aufgeschlossen die vier Groups geflogen waren. Einundneunzig Tonnen Sprengstoff und siebenundzwanzig Tonnen Brandbomben wurden auf die Ziele geworfen, und weitere zehn 500 lbs-Bomben wurden von einem Flugzeug auf Hamburg geworfen, dessen Bombenschacht-Klappen von der Flak beschädigt worden waren und die sich deshalb nicht rechtzeitig geöffnet hatten.

Während der Zielanflüge kam es zu mehreren Zwischenfällen. Lieutenant Thomas J. Hester, der Bombenschütze in Lieutenant-Colonel Fiegels Maschine, die die gesamte Formation anführte, hatte den Handschuh von seiner rechten Hand abgestreift, um sicherzustellen, daß er sein Bombenvisier richtig einstellte, und er hatte sofort Erfrierungen erlitten, weil durch das winzige Loch eiskalte Luft eindrang. In einer der Maschinen der 351. Bomb Group hatte sich eine Brandbombe im Bombenschacht verklemmt. Der Bordingenieur, Technical Sergeant Norman Michel, erklärte sich freiwillig bereit, in den Bombenschacht zu klettern und sie durch einen Fußtritt hinauszubefördern. Der Flugzeugführer dieser Maschine erhielt vom Gruppenführer, Major Ledoux, Anweisung, den Mann anzuleinen, bevor er sich an seine schwierige Aufgabe machte, denn bei einem der früheren Angriffe war ein Offizier, der diese schwierige Aufgabe übernommen hatte, durch den Bombenschacht in den Tod gestürzt. Dieses Mal kam die Bombe durch den Fußtritt frei, aber Michel brach infolge Sauerstoffmangels zusammen und wurde im Innern des Bombenschachtes hin- und hergeschleudert, bevor es gelang, ihn – verletzt – wieder ins Flugzeug hineinzuziehen.

Das Flakfeuer folgte den B-17 durch das ganze Zielgebiet, aber mit weniger Wirkung als am Vortag. Allerdings wurde ein Mann, Lieutenant Sydney Novel, ein Navigator auf seinem ersten Einsatz, durch ein Flak-Sprengstück getötet. Nur zwei Maschinen, beide von der 91. Bomb Group, erlitten über Hamburg ernstere Flakschäden. Beiden gelang es, jedenfalls zu Anfang, Schritt zu halten mit ihrer Formation. Der Grund für diese Erfolglosigkeit der Hamburger Flak nach dem Gemetzel, das sie am Vortag angerichtet hatte, wird an einem interessanten Vergleich der Zusammensetzung der amerikanischen Formationen an den beiden Tagen deutlich. Am Vortag waren die amerikanischen Combat Wings dreifach geschichtet, wobei die unteren Maschinen in 7800 Meter Höhe flogen, und diese hatten am schwersten unter dem Flakfeuer gelitten. An diesem zweiten Tag jedoch hatte sich dieser aus vier Groups bestehende Combat Wing in zwei Teile gegliedert, die beide nur jeweils zwei Groups übereinander umfaßten. Hinzu kam, daß der gesamte Combat Wing so hoch wie möglich flog; kein Bomber flog niedriger als 8400 Meter. Das hatte die Flak-Batterien getäuscht, und ein großer Teil der Flak-Granaten war, ohne Schaden anzurichten, weit unter der amerikanischen Formation krepiert. Ein weiterer Faktor war die Tatsache, daß dieser dicht aufgeschlossene Verband das Zielgebiet gemeinsam durchflogen hatte. Die beträchtliche Lücke zwischen den beiden amerikanischen Wings am Vortag hatte der Hamburger Flak die doppelte Chance gegeben, Treffer zu erzielen.

Nach dem Bombenwurf schwenkten die Fliegenden Festungen ab nach dem Osten der Stadt, ganz wie sie es am Vortag gemacht hatten, aber dieses Mal setzten sie die Schwenkung nach Steuerbord fort, denn der Rückflug sollte im Süden an Hamburg vorbeiführen.

Dieser amerikanische Angriff wirkte sich auf die Mehrheit der Bürger Hamburgs noch weniger stark aus als der des vorangegangenen Tages. Die Luftschutzsirenen hatten so rechtzeitig Alarm gegeben, daß die Menschen reichlich Zeit hatten, die Keller und Bunker aufzusuchen. Nur wenige Menschen sahen die Bomber. Es hatte das Feuer der Flakbatterien gegeben und, einige Sekunden lang, das Grollen der Bomben südlich der Elbe, aber das war alles.

Die Bombardierung der Howaldtswerke richtete Sachschaden an, verursachte aber keine Verluste. Viele Arbeiter waren an diesem Montagmorgen nicht zur Arbeit erschienen; die Fehlenden hatten noch alle Hände voll zu tun mit den Nachwirkungen der Bombenwürfe auf ihre Wohnhäuser vor zwei Nächten. Außerdem gab es Störungen in der Stromversorgung der Werft, und an jenem Vormittag war nicht viel geschafft worden. Jeder Arbeiter, der auf der Werft erschienen war, hatte beim Aufheulen der Sirenen Deckung gesucht. Als sie nach der Bombardierung wieder auftauchten, stellten sie fest, daß mehrere Gebäude der Werft Treffer erhalten hatten und daß einige brannten, aber lebenswichtige Anlagen waren nicht zu Schaden gekommen. Viele Bomben waren in die Hafenbecken der Umgebung gefallen, und mindestens zwei kleine Schiffe waren getroffen und in Brand gesetzt worden.

Das zweite Bombardierungsgebiet hatte sehr viel schwerere Schäden davongetragen. Das Hauptkesselhaus des Kraftwerks Neuhof hatte einen Volltreffer erhalten, eine 500 lbs-Bombe, und die Stromerzeugung war mit einem Schlage beendet. Das war ein erheblicher Schlag für Hamburg. Das Werk Neuhof war mit seiner Leistung von 130 000 Kilowatt eines der beiden größten Elektrizitätswerke der Stadt. Es war jetzt vollständig ausgefallen und sollte mindestens einen Monat lang stilliegen. Damit war die in Hamburg verfügbare Elektrizitätsmenge um 40 Prozent gekürzt. Diese eine Bombe – geworfen von einer Maschine entweder der 91. oder der 303. Bomb Group – war der bedeutendste amerikanische Beitrag zur Schlacht um Hamburg.

Weitere Bomben in diesem Gebiet hatten zwei nahegelegene Industriewerke getroffen. In der Hansa-Mühle waren schwere Brände in einem Tank mit Sojabohnen-Öl und in Speichern voller Soja-Mehl und Sonnenblumenkernen ausgebrochen. In der zweiten Fabrik, Ritz & Co., einer Lanolinfabrik in der Brückerstraße, kam es zu einem beklagenswerten Verlust an Menschenleben. Ungefähr vierzig Arbeiterinnen und einige Arbeiter hatten den Schutzraum unter der Fabrik aufgesucht. Volltreffer auf das Hauptgebäude bewirkten zweierlei: Etwas Packmaterial fing Feuer, und einige Tanks mit Ölen und Fetten liefen aus. Das brennende Öl floß durch die Trümmer in den Luftschutzraum. Der Ausgang war verschüttet. Rettungsmannschaften gelang es nicht, zu den Eingeschlossenen vorzudringen. Die Arbeiterinnen und Arbeiter verbrannten in ihrem Schutzraum bei lebendigem Leibe.

Annähernd 150 Menschen fanden in Hamburg während dieses Bombenangriffs den Tod. Die meisten von ihnen waren Arbeiter, die an ihrem Arbeitsplatz starben.

Der über deutschem Gebiet liegende Teil des Rückfluges der vier Groups, die Hamburg bombardiert hatten, war zweimal so lang wie am Vortag. Es war ein langer und potentiell gefährlicher Heimflug durch ein Gebiet, das mit deutschen Jäger-Flugplätzen übersät war. Aber der Flug war zeitlich so gelegt worden, daß er mit dem der drei Combat Wings zusammenfiel, die Hannover hätten bombardieren sollen, und auch der festgelegte Kurs dieser weiteren amerikanischen Formationen führte durch dasselbe Gebiet. Die Hannover-Verbände zogen auch weiterhin die meisten und zugleich aggressivsten deutschen Jäger an, und der Heimflug der Hamburg-Formation erwies sich als leicht. Obwohl der Hamburg-Wing bis recht weit auf See hinaus von deutschen Jägern verfolgt wurde, taten die deutschen Piloten wenig mehr, als mit halbem Herzen an den Rändern der Formation herumzuknabbern und auf Nachzügler zu warten, die sie hätten aufs Korn nehmen können. Darin sollten die deutschen Piloten enttäuscht werden, denn sie sahen nur eine einzige B-17, die sich aus der Formation löste. Die Fliegende Festung von Lieutenant James W. Rendall von der 91. Bomb Group war eine der beiden Maschinen, die über Hamburg Flakschäden erlitten hatten, und Rendall blieb allmählich hinter der Formation zurück. Das Unvermeidliche geschah, und seine Maschine bekam den Fangschuß, wahrscheinlich von Oberleutnant Martin Drewes, einem Nachtjäger-Piloten, der Befehl erhalten hatte, sich solcher Nachzügler anzunehmen. Die Fliegende Festung stürzte südlich von Oldenburg ab. Vier Mann fanden den Tod.

Die deutschen Jäger drehten dann ab, und es kam zu keinen weiteren Verlusten, bis die englische Küste beinahe schon in Sicht war. Die zweite von der Flak getroffene Maschine der 91. Bomb Group hatte an dieser Stelle keinen Treibstoff mehr und mußte auf See niedergehen. Lieutenant Jack Hargis gelang eine perfekte Wasserung, und seine Besatzung ging wohlbehalten in die Schlauchboote. Zwei Walrus-Wasserflugzeuge der RAF waren sehr schnell zur Stelle und wasserten, aber die See ging so hoch, daß sie nicht wieder starten konnten. Es erschien dann ein Rettungsfahrzeug der RAF, nahm Hargis und seine Besatzung an Bord und schleppte die beiden Walrus-Maschinen in den Hafen von Yarmouth. Die anderen amerikanischen Maschinen landeten sämtlich wohlbehalten gegen 15.00 Uhr. Lieutenant Hargis und seine Mannschaft waren noch am Abend dieses Tages wieder auf ihrem Einsatzplatz Bassingbourn. Sie erhielten eine Woche Erholungsurlaub.

Die Gruppen, die nach Hamburg geflogen waren, kehrten also zurück mit dem Verlust von nur zwei Maschinen und einer vollen Besatzung. Die anderen amerikanischen Einheiten hatten nicht so viel Glück gehabt. Zwei aus sechs Groups bestehende Combat Wings hatten die Reifenfabriken in Hannover erreicht und bombardiert. Ihre zielgenauen Würfe hatten schwere Schäden und konzentrierte Brände verursacht. Ein großer Teil der hannoverschen Feuerwehren war nicht zur Stelle, sondern noch bei der Brandbekämpfung in Hamburg eingesetzt, und erst nach vielen Stunden gelang es, die Brände in der Reifenfabrik einzudämmen. Unter den 273 Zivilisten, die in Hannover getötet wurden, befanden sich viele Fabrikarbeiter. Aber sechzehn B-17 der sechs Bomb Groups – der 92., 95., 96., 305., 306. und 388. – wurden in heftigen und ausgedehnten Luftkämpfen abgeschossen. Der dritte der Hannover-Combat Wings – bestehend aus den Bomb Groups 94, 100 und 385 – hatte Schwierigkeiten beim Formieren gehabt, und diese Groups hatten getrennt voneinander Wilhelmshaven, Bremerhaven und einen Geleitzug vor den Friesischen Inseln bombardiert, aber nirgendwo hatten sie den Deutschen ernsthaften Schaden zugefügt. Deutsche Jäger hatten sechs ihrer Maschinen abgeschossen.

Die amerikanischen Gesamtverluste dieses Tages betrugen vierundzwanzig B-17. Ein gewisser Trost lag darin, daß vier vollständige Besatzungen von Rettungsflugzeugen und Bergungsfahrzeugen der RAF aus der Nordsee geborgen wurden. Diese RAF-Rettungseinrichtungen standen bei den Amerikanern in höchstem Ansehen. An diesem Tage hatten ihnen auch einige Fischerboote aus Norfolk geholfen. Aber sechsundneunzig Besatzungsmitglieder der anderen verlorenen Flugzeuge waren gefallen und 105 waren in Gefangenschaft geraten. Die Verlustrate betrug 11,5 Prozent derjenigen B-17, die die deutsche Küste erreicht hatten. Außerdem waren in zurückgekehrten Maschinen sechs Mann gefallen und mehrere andere schwerverwundet, und ein Bordschütze der 92. Bomb Group, dem ein Arm abgeschossen worden war, war mit dem geöffneten Fallschirm unter dem verbliebenen Arm über Deutschland aus der Maschine hinausgestoßen worden. Der Bordschütze, Staff Sergeant Weaver, wurde von den Deutschen gefunden, und er überlebte. Der Ko-Pilot derselben Maschine, Lieutenant John C. Morgan, erhielt die höchste amerikanische Tapferkeitsauszeichnung, weil er seine schwerbeschädigte Fliegende Festung nach England zurückgebracht hatte mit einem halb wahnsinnigen und sterbenden Piloten, der sich während des größten Teils des Fluges mit aller Kraft an die Steuersäule geklammert hatte. Solche Verluste waren der Preis, den die Einheiten der Eighth Air Force dafür zu zahlen hatten, daß die amerikanische Führung auf Präzisions-Bombenangriffen bei Tage bestand.

Vielleicht, um ihren arg mitgenommenen Besatzungen frischen Mut zu geben, akzeptierten die Befragungsoffiziere auf den amerikanischen Flugfeldern Erfolgsmeldungen über den Abschuß von sechzig deutschen Jägern sowie den »wahrscheinlichen« Abschuß von zehn weiteren und die Beschädigung von sechsunddreißig Jägern. In den Dokumenten des Generalluftzeugmeisters der deutschen Luftwaffe finden sich Angaben über nur vier abgeschossene deutsche Jäger – mit zwei gefallenen Piloten – und drei weitere beschädigte Maschinen.

VIERZEHNTES KAPITEL

Konzentrierte Bombenwürfe

Die dritte Nacht der Schlacht um Hamburg war ruhig. Das RAF-Bomber Command operierte selten in drei aufeinanderfolgenden Nächten. Weil es sich bei seinen Angriffen gewöhnlich um Einsätze mit »Maximalstärke« handelte, waren die meisten seiner Maschinen und viele seiner Besatzungen in den beiden vorangegangenen Nächten geflogen, nach Hamburg und nach Essen. Die Maschinen konnten die Belastung eines dritten Nachteinsatzes ertragen, nicht aber die Männer. Obwohl der Himmel über dem größten Teil Deutschlands ganz klar war, erging schon früh morgens am Montag, dem 26., der Befehl, eine Ruhepause einzulegen, und auf den britischen Bomber-Flugfeldern wurde am Abend und in der Nacht sehr viel geschlafen. Sechs Mosquitoes der 139. Squadron wurden nach Hamburg geschickt. Sie sollten dafür sorgen, daß die Bürger dieser Stadt nicht auch so eine ungestörte Nachtruhe bekamen. Der Hamburger Polizeipräsident vermerkte, daß diese »Störflieger« keinen nennenswerten Schaden anrichteten. Auch der nächste Tag, Dienstag, der 27., verlief ruhig. Jetzt waren die Amerikaner an der Reihe, sich auszuruhen; deren Einheiten hatten an den drei vorangegangenen Tagen große Einsätze geflogen, und auch sie brauchten Zeit zum Luftholen. Aber den alliierten Fliegern und den Menschen in Hamburg wurde nur diese eine vierundzwanzigstündige Pause zugestanden, und auf seiner Morgenbesprechung am Dienstag, dem 27., beschloß Sir Arthur Harris, die Schlacht um Hamburg wieder aufzunehmen. Die Wettervorhersage war gut; eine Mosquito, die losgeschickt wurde, um eine Bestätigung einzuholen, überflog später am Tag Hamburg und fand klares Wetter vor. Der leichte, noch verbliebene Rauchschleier würde nach Meinung der Piloten nicht ausreichen, um eine nächtliche Bombardierung zu verhindern. Wieder wurde ein Angriff mit Maximalstärke auf Hamburg befohlen. Dieser Angriff sollte der wichtigste der ganzen Schlacht werden.

In der nun folgenden Planung wurde der Ostteil der eigentlichen Stadt als Ziel ausgewählt. Der Zielpunkt sollte der gleiche sein wie beim ersten RAF-Angriff, aber der Anflug sollte von Ost-Nordost erfolgen, so daß sich der Kriecheffekt über den dichtbebauten Wohngebieten südöstlich der Alster und nördlich der Elbe entwikkeln würde. Die Nullzeit blieb die gleiche, nämlich 1.00 Uhr früh, aber die Dauer der Bombenwürfe für den Angriff des Gros wurde um fünf Minuten verkürzt, von fünfzig auf fünfundvierzig Minuten. Die Zahl der Angriffswellen blieb die gleiche, aber die ihnen zugewiesenen Zeiten wurden gestrafft. Diese Änderung wurde wahrscheinlich vorgenommen, um das Ausmaß des Rückwärts-Kriecheffekts zu verringern. Die für den Angriff gewählten Routen waren beinahe identisch mit denen des vorigen Angriffs, mit einer wichtigen Ausnahme. Die Bomber sollten nördlich von Hamburg die Halbinsel Schleswig-Holstein ganz überfliegen, dann nach Südosten einschwenken, Lübeck genau überfliegen und erst dann nach Westen in Richtung Hamburg einschwenken.

Diese Umgehungsroute war erforderlich, um die Bomber für den Zielanflug von Osten an die Stadt heranzuführen, aber sie würde auch dem nützlichen Zweck dienen, fast bis zur letzten Minute die Deutschen im unklaren darüber zu lassen, welches Ziel die Bomber eigentlich anflogen. Insbesondere war die absichtliche Überfliegung Lübecks, obwohl riskant wegen der Flakverteidigung dieser Stadt, geeignet, die Deutschen zu der Annahme zu verleiten, daß Lübeck das eigentliche Ziel sei.

Eine bedeutungsvolle Neuerung bei diesem Angriff war die Zusammensetzung der Bombenladungen. Obwohl der Einsatzbefehl des Bomber Command an die Geschwader keine grundsätzliche Änderung vorschrieb, stieg der Anteil der Brandbomben an der Gesamt-Bombenladung von 940 Tonnen beim vorigen Angriff auf jetzt mehr als 1200 Tonnen. Der Hauptgrund für diese Änderung lag im operativen Bereich. Wegen der längeren Strecke, die dieses Mal geflogen werden sollte, mußten die Halifax- und Stirling-Squadrons das Gewicht ihrer Bombenladung verringern. Das geschah, indem man ihnen überhaupt keine Sprengbomben mitgab und ihre Schächte ausschließlich mit der leichteren Brandmunition füllte.

Andere bedeutende Änderungen gab es nicht. Das Fighter Command wurde um Ablenkungseinsätze ersucht. Sechs Wellingtons sollten die Bombertätigkeit über Hamburg ausnutzen, um Minen in der Elbe zu legen, und es wurden die üblichen Mosquito-Störangriffe über der Ruhr sowie die Flugblatt-Flüge über Frankreich durch Maschinen von Ausbildungseinheiten befohlen.

Jener Dienstag war noch heißer als die vorangegangenen Tage, und viel Schweiß wurde auf den Bomber-Flugfeldern vergossen, als die Squadrons sich darauf vorbereiteten, wieder in den Krieg zu ziehen. 787 Bomber sollten nach Hamburg starten, fünf weniger als bei dem vorigen Angriff auf die Stadt. Ein Blick auf die Mannschaftslisten zeigt, daß Offiziere von zunehmend höherem Rang daran interessiert waren, mit eigenen Augen die Wirkung des Window-Verfahrens zu sehen. Fünf Stützpunkt-Kommandeure – normalerweise auf eine »Ration« von einem Einsatzflug pro Monat gesetzt – arrangierten für sich einen Platz als Besatzungsmitglied in der kommenden Nacht. Aber das Bomber Command sollte in jener Nacht einen noch viel prominenteren Passagier befördern. Brigadier General Fred Anderson, Kommandeur des amerikanischen VIII. Bomber Command, würde nach Hamburg fliegen, offiziell in den Listen geführt als zweiter Pilot in einer Lancaster der 83. Squadron. Es war schon Fred Andersons zweiter Flug mit dem Bomber Command; zwei Nächte zuvor war er über Essen gewesen. Wing Commander John Searby, Kommandeur der 83. Squadron, erinnert sich: »Wir haben sehr selten, eigentlich nie, einen General mit in die Schlacht genommen, und meine Besatzungen waren ganz aus dem Häuschen.« Die Mannschaft, die ausgewählt wurde, um diesen wichtigen Passagier zu befördern, und zwar nach Essen und nach Hamburg, war die Besatzung von Flight Lieutenant »Ricky« Garvey, einem kanadischen Piloten. Diese erfahrene Besatzung, die normalerweise als Sichtmarkierer bei der Eröffnung eines Angriffs flog, wurde bei diesen beiden Flügen als Markierungs-Erneuerer eingesetzt und konnte deshalb in der Mitte des Angriffs postiert werden, so daß ihr

Passagier diese RAF-Angriffe beobachten konnte, während sie in vollem Gange waren. General Anderson war wohlbehalten aus Essen zurückgekehrt. Dieser Angriff, sagte er, sei »so ziemlich das Eindrucksvollste« gewesen, was er je gesehen habe. Noch tiefer sollte ihn beeindrucken, was er jetzt über Hamburg zu sehen bekommen sollte. Ricky Garveys Besatzung kehrte heil mit ihrem Passagier aus Hamburg zurück, und es sollte der letzte Flug des amerikanischen Generals mit dem Bomber Command sein.

Es ist interessant, Vermutungen über den Grund anzustellen, der Anderson bewogen haben mag, bei diesen beiden Operationen des Bomber Command mitzufliegen, und ich habe in diesem Zusammenhang viele Fragen gestellt. Fred Anderson ist jetzt tot, und er hat allem Anschein nach keine Aufzeichnungen hinterlassen, die hierzu Aufschluß geben könnten. Er hatte gerade offiziell das Kommando über alle amerikanischen schweren Bomber in England übernommen, und die Briten drangen darauf, daß die Amerikaner zur Nachtbombardierung übergingen, weil es weniger verlustreich und zugleich wirkungsvoller sei. Wahrscheinlich hatte Anderson den Wunsch, sich diese Nachtbombardierung, auf die die Briten so stolz waren, selbst einmal ganz genau anzusehen. Möglicherweise dachte er daran, die B-24 »Liberator«-Groups, mit deren Unterstellung unter sein Kommando er für die nächste Zukunft rechnete, für nächtliche Bombenangriffe einzuteilen. Die »Liberator« war bislang bei europäischen Bombeneinsätzen nicht erfolgreich gewesen. Aber Andersons Vorgesetzter, General Ira Eaker, darauf angesprochen, erklärte: »Ich kann Ihnen versichern, daß es auf Seiten der politischen und militärischen Führung der USA zu keiner Zeit erwogen worden ist, die schweren Bomberkräfte der USAAF auf Nachtbombardierung umzustellen.« Weder Liberator-Bomber noch B-17-Festungen wurden jemals von den Amerikanern für nächtliche Bomber-Operationen eingesetzt.

Gewiß ist, daß Fred Anderson strenges Stillschweigen über seine beiden Flüge mit der RAF gewahrt hat. In einer Woche, in der die Bombereinheiten seines eigenen Kommandos ihre bis dahin hektischsten Einsätze erlebten, machte Anderson sich zweimal in aller Stille nach Wyton davon, um diese beiden Flüge zu unternehmen. Die Führung der Angelegenheiten des VIII. Bomber Command überließ er für die Dauer seiner Abwesenheit seinem Stabschef, den er sehr wahrscheinlich zur strengsten Geheimhaltung über seine Unternehmungen verpflichtet hatte. General Eaker war äußerst überrascht, als er von diesen Flügen erfuhr.

Man muß Fred Andersons Mut bewundern, Einsätze gegen zwei der am stärksten verteidigten Städte Deutschlands mitzufliegen, um sich aus erster Hand über die Methoden einer anderen Luftwaffe zu informieren.

Es ist nicht erforderlich, im Detail über die Anfangsphasen dieses zweiten RAF-Angriffs zu berichten. Die Bomber erhoben sich vor der schönen Kulisse von Zirrus-Federwolken in den Himmel, die von der untergehenden Sonne rosa gefärbt waren. Es gab keine Unfälle beim Start, wenn es auch einige Male sehr nahe daran war. Eine Wellington der 305. Squadron machte beim Start in Ingham eine heftige Schwenkung, weil eine Startklappe wieder einfuhr, und um ein Haar hätte sie das Dach eines Hangars gerammt. Dem polnischen Piloten, Flying Officer Z. Bobinski, wurde später erzählt, was sich am Boden abgespielt hatte: »Hohe Offiziere und andere glaubten, daß der Absturz und die Explosion der 4000 lbs-Bombe unweigerlich kommen müßten, und sie sprinteten davon, wie sie noch nie in ihrem Leben gesprintet waren – selbst die schon etwas beleibteren und älteren Herren; es dauerte einige Zeit, bis sie aus fernen Feldern zurückgekehrt waren und sich wieder versammelt hatten.« Auf dem Flugplatz West Wickham raste eine Stirling von der Startbahn herunter in ein Feld; die spätere Untersuchung ergab, daß eine Spinne die Staueröffnung blockiert hatte. Wie vielen Menschen in Hamburg mochte diese kleine Spinne das Leben gerettet haben?

Die Bomberbesatzungen überraschte es nicht, daß sie schon wieder nach Hamburg flogen. Man hatte ihnen schon vor dem ersten Angriff erklärt, daß sich konzentrierte Operationen gegen jene Stadt richten sollten, und bei den Einsatzbesprechungen für diesen Angriff war ein weiterer Tagesbefehl von ihrem Oberkommandierenden verlesen worden, in dem er ihnen zu dem Erfolg der kürzlichen Angriffe auf Hamburg und Essen gratulierte.

In dieser Nacht kehrten einundvierzig Flugzeuge – etwas weniger als der Durchschnitt – wegen Pannen um. Keine Besatzung flog zu weit abseits und wurde dadurch frühzeitig Opfer der Luftwaffe. 748 Bomber erreichten den achtzig Kilometer vor der deutschen Küste liegenden Punkt, an dem mit dem Window-Abwurf begonnen wurde. Viele Bomber waren inzwischen mit dem Window-Abwurfschacht ausgerüstet worden, und die meisten Schwierigkeiten, die sich bei der ersten Anwendung des Verfahrens ergeben hatten, waren überwunden. Window war zur Routine geworden und sollte es bis zum Ende des Krieges bleiben.

In dieser Nacht begann für die Luftwaffe ihr langer Kampf gegen Window. Die deutsche Nachtjäger-Versuchseinheit, die sich ganz auf die Entwicklung von Gegenmaßnahmen hätte konzentrieren können, gab es noch nicht, und die ersten Initiativen wurden zum größten Teil von Einsatz-Einheiten der ersten Linie ergriffen. Es waren sehr ernste Tage für die deutschen Nachtjagd-Kräfte, und jedes bißchen an Information darüber, wie man am besten dieser neuesten britischen Erfindung entgegenwirken könne, machte bemerkenswert schnell die Runde unter diesen Einheiten. Die »Radar-Männer« der Nachtjäger ermittelten, daß in größeren Höhen, wo die »Düppel« (Window-Streifen) sich noch nicht ausreichend zu einer einzigen, großen Wolke verteilt hatten, jedes abgeworfene Bündel noch aussah wie das Radar-Echo eines einzelnen Bombers. In diesen Höhen konnten die vielen Radar-Zacken, die im Entfernungsrohr des Lichtenstein-Radargeräts mit hoher Geschwindigkeit näher zu kommen schienen, als Düppel erkannt werden, während jeder sich langsamer nähernde Zacken sehr wahrscheinlich das Echo eines Bombers war. Am Boden wurden nun die weitreichenden »Freya«-Geräte stärker nutzbar gemacht, weil sie im Gegensatz zu den Naherfassungsgeräten des Typs »Würzburg« nicht von den Düppeln beeinträchtigt wurden. Doch viele Würzburg-Männer lernten es bald, in Marginalbedingungen Bomber zu erkennen, zum Beispiel an den Flanken, der Spitze und dem Ende von Bomberströmen.

Geändert wurden auch die Methoden der Nachtjagdführung. Nach wic vor blicb cin großcr Tcil dcr Jägcr auf ihrc Nachtjagdräumc beschränkt in der Hoffnung, daß es den Bodengeräten gelingen werde, einen Bomber nach hergebrachter Weise aufzufassen, aber mehr Jägern als bisher wurde die freie Nachtjagd erlaubt. Ihnen wurde nahegelegt, mit Scheinwerfern zusammenzuarbeiten, ihre eigenen Augen zu gebrauchen, ja, sich alles zunutze zu machen, was sie sahen oder hörten oder intuitiv spürten, um an einen Bomber heranzukommen. Außerdem kam es in dieser Nacht zur ersten ernsthaften Anwendung eines Hilfsmittels, das später berühmt werden sollte und das in den folgenden Monaten und Jahren zur wichtigsten Stütze der zweimotorigen Nachtjäger wurde: die »laufende Reportage«. Das war ganz einfach die ununterbrochene Sendung aller Informationen, die die Einsatzleiter in den Gefechtsständen am Boden über Höhe, Kurs, Geschwindigkeit und mögliche Absichten des Bomberstroms besaßen. Diese Informationen stammten aus vielen Quellen – sie kamen von Radargeräten jeder Art, von Bodenbeobachtern, es waren Informationen, die von anderen Jägern per Funk durchgegeben worden waren, und manchmal handelte es sich um Vermutungen. Diese laufende Reportage stand jedem freien Nachtjäger zur Verfügung, der in der Lage war, sie zu empfangen.

Der RAF-Abhördienst hörte in dieser Nacht mehrere laufende Reportagen. Wahrscheinlich kamen sie aus den Gefechtsständen der deutschen Nachtjagd-Geschwader, deren Einsatzleiter vor dem Erscheinen des Window-Verfahrens wenig mehr getan hatten, als Besatzungen in Nachtjagd-Räume einzuweisen und für Ersatz oder Verlegungen zu sorgen. Es muß jedoch hervorgehoben werden, daß noch viel Zeit vergehen sollte, bis das System der laufenden Reportage vervollkommnet war, und daß nur ein Teil der Nachtjäger es in diesen ersten Nächten seiner Anwendung nutzte.

Ein weiteres Mittel wurde angewendet. Der Leser erinnert sich, daß Major Hajo Herrmanns einmotorige »Wilde Sau«-Jäger Anfang Juli erfolgreich gegen die britischen Bomber über Köln erprobt worden waren und daß Herrmann daraufhin Befehl erhalten hatte, ein volles, kampfstarkes Geschwader solcher Jäger aufzustellen und auszubilden. Diese neue Einheit war noch im Entstehen, als die Schlacht um Hamburg begann. Angesichts der Tatsache, daß Hamburg vor drei Nächten schwer bombardiert worden war und Window die zweimotorigen Nachtjäger zur Verzweiflung brachte, wurde jedes verfügbare Mittel, das dazu beitragen konnte, den Bomberstrom zu stoppen, dringend benötigt. Hajo Herrmann beschreibt, wie seine neue Einheit zum Einsatz kam:

Während wir noch in Bonn mit Ausbildung und Aufstellung beschäftigt waren, erhielt ich plötzlich einen Telefonanruf von Göring. Er sagte, er wünsche, daß wir in der kommenden Nacht mit dem Einsatz beginnen. Ich sagte, daß ich das nicht könnte; meine Einheit sei noch nicht fertig. Göring rief noch ein paarmal an und erklärte mir, daß der erste Angriff auf Hamburg eine Katastrophe gewesen sei; er verglich ihn mit dem großen Erdbeben von Lissabon. Er forderte mich auf, mein Äußerstes zu tun.

Also flogen wir los in der Nacht des zweiten Angriffs auf Hamburg, obwohl unsere Ausbildung noch nicht abgeschlossen war. Es war sehr dramatisch. Ich teilte den Flugzeugführern mit, was Göring über Hamburg gesagt hatte. Ich sagte zu ihnen, daß ich fliegen würde und sie mir folgen sollten. Etwa zwanzig von uns waren aus Bonn, andere aus Rheine und Oldenburg. Viele von ihnen hatten Pannen und mußten auf ihre Einsatzplätze zurückkehren. Sehen Sie, es war das erste Mal, daß die Männer sich dieser Aufgabe gegenübersahen, daß sie nachts flogen, ohne zu wissen, wo und wann es möglich sein werde, wieder zu landen.

Es sollte erwähnt werden, daß einige Wilde Sau-Jäger schon während des ersten Angriffs auf Hamburg und beim jüngsten Angriff auf Essen im Einsatz waren, vermutlich auf Grund örtlicher Initiative, aber in der kommenden Nacht sollte zum ersten Mal die gesamte Wilde Sau-Organisation eingesetzt werden.

Diese Beschreibung der Gegenmaßnahmen der Luftwaffe gegen Window ist den Ereignissen vorausgeeilt. Zu der Zeit, als sich in den ersten Minuten des 28. Juli die RAF-Bomber der schleswig-holsteinischen Küste näherten, waren viele Nachtjäger des NJG 3 noch an ihre gewohnten Räume gebunden. Allerdings wurde einigen anderen erlaubt, freizügiger umherzustreifen. Weder die laufenden Reportagen noch der Einsatz des Hauptkontingents der Wilden Sau konnten beginnen, bevor die Bomber Hamburg erreicht hatten. Die Deutschen konnten noch nicht sicher sein, daß Hamburg überhaupt das Ziel sein werde; sie befanden sich in ständiger Sorge um Berlin, 250 Kilometer tiefer im Reichsgebiet gelegen, und viele Nachtjäger wurden für die Verteidigung der Reichshauptstadt in Reserve gehalten.

Als erstes fingen die deutschen Jäger eine Pathfinder-Lancaster ab. Es war ein Blindmarkierer, eine der ersten Maschinen, die eine gelbe

Zielmarkierung als Kursmarkierung abwarfen, als die Spitze des Bomberstroms die Küste über der markanten Halbinsel Eiderstedt passierte. Es ist nicht bekannt, welcher Jägertyp die Lancaster abschoß, aber die Bomber an der Spitze des Stroms genossen nicht den vollen Window-Schutz. Lichterloh brennend stürzte die Lancaster; der Rest ihrer Fracht an gelben Zielmarkierungen verbrannte wie ein Brillantfeuerwerk, bevor der Bomber in der Nähe der Kleinstadt Tönning in die Eidermündung stürzte. Keine Überlebenden!

Die gelben Kursmarkierungen, die andere Pathfinder an der Küste absetzten, zogen auch weiterhin die Aufmerksamkeit deutscher Jäger auf sich. Die Markierungen sanken in Kaskaden und brannten unterhalb einer dünnen Stratusschicht, die erleuchtet wurde »wie Milchglas«. Das mußte freie Nachtjäger anziehen, und eine weitere Lancaster, die in der Nähe dieser Markierungen abstürzte, mag das Opfer eines solchen Jägers gewesen sein. Es gab drei weitere Kämpfe in der Nähe der Leuchtzeichen, aber in jedem dieser Fälle gelang es, dem Jäger auszuweichen oder ihn zu vertreiben, und Bomber-Bordschützen erhoben später den Anspruch, einen Jäger zerstört und einen beschädigt zu haben. Nur drei weitere Bomber gingen während des Fluges über Schleswig-Holstein verloren – die Wellington eines kanadischen Squadron Leaders, eine Halifax einer kanadischen Squadron, deren Besatzung in dieser Nacht ihre Einsatztour vollendet hätte, wenn sie wieder nach Hause gekommen wäre, und eine andere Halifax mit einer neuen Besatzung, die in der Nähe von Kiel in Scheinwerfer geriet und prompt von einem deutschen Jäger abgeschossen wurde. In der ersten Schlacht um Hamburg waren sechs Bomber verloren, bevor das Ziel erreicht war. Im entsprechenden Abschnitt dieses zweiten Angriffs gingen nur fünf Bomber verloren. Das Window-Verfahren erwies sich wieder als wertvoller Schutz für die Kampfflugzeuge des RAF Bomber Command.

Es gab kaum andere Zwischenfälle, bevor die Bomber Hamburg erreichten. Sechs Bomber gerieten in die eine oder andere geringfügige Schwierigkeit und waren gezwungen, ihre Bomben über kleineren Zielen oder dem freien Feld auszuklinken. Eine dieser Maschinen, eine Stirling der 15. Squadron, hatte so schwerwiegenden Motorschaden – ein Triebwerk geriet sogar in Brand – daß der Pilot überzeugt war, seine Maschine werde abstürzen, und er seiner Besatzung befahl, abzuspringen. Fünf Mann folgten seinem Befehl, aber der zweite Pilot und der Bordingenieur zögerten lange genug, um noch an Bord zu sein, als der Pilot seine Maschine wieder in der Gewalt hatte. Sie halfen ihm bei einem abenteuerlichen Heimflug nach England.

Das Wetter blieb gut, navigatorische Schwierigkeiten gab es nicht. Während des tieferen Eindringens über deutsches Gebiet um den Nordosten Hamburgs herum stießen die Bomber auf keinen Widerstand von deutschen Jägern, und es kam während der letzten 130 Kilometer des Anflugs auf Hamburg zu keinen Kämpfen. Das Bomber Command flog genau über den Hafen von Lübeck, aber es gab kein Flakfeuer. Wahrscheinlich wandte der dortige Flak-Kommandeur den taktischen Trick an, seinen Einheiten Schießverbot zu erteilen, um die Lage der Stadt nicht zu verraten, in der Hoffnung, daß die britischen Bomber anderswohin weiterfliegen würden. Das taten sie auch, und 735 Bomber erreichten pünktlich den letzten Wendepunkt über dem fünfzig Kilometer östlich von Hamburg gelegenen Ratzeburg. Dort gingen sie auf Westkurs, um ihre Bombenanflüge zu beginnen.

Die Eröffnung des Angriffs glich in vieler Beziehung der Eröffnung des ersten Angriffs der Schlacht von Hamburg vor drei Nächten. Einige Pathfinder trafen zu früh ein und kreisten in dem Gebiet, aber die deutsche Flak blieb ruhig, die Scheinwerfer warteten ab. Flight Lieutenant John Rowland, ein Pilot der 12. Squadron, sollte in der ersten Welle des Angriffs der Hauptstreitmacht seine Bomben werfen. Er flog zum erstenmal in der ersten Welle, und Rowland schildert die Zweifel, die seine Besatzung hinsichtlich der Fähigkeiten ihres Navigators hegte:

> Als die Nullzeit kam, sahen wir absolut nichts. Eine, höchstens zwei Minuten vorher hätten wir ebensogut auch mutterseelenallein mitten über dem Atlantik sein können – und vielleicht waren wir das ja auch – aber Eric behauptete steif und fest, daß wir haargenau auf Kurs seien und auf die Sekunde pünktlich, und daß sich das Ziel sehr bald zeigen werde, oder die Pathfinder hätten die Sache verpatzt. Ich öffnete die Bombenschächte, aber wenn da unten tatsächlich Hamburg lag, dann verhielten sich die

Verteidiger absolut mucksmäuschenstill. Ken, der Bombenschütze, meldete von seinem Fenster: »Nichts, absolut keine Sau; du hast ganz schönen Mist gebaut, Eric.« Die Bordschützen und alle anderen meldeten nur totale Finsternis, sonst nichts.

Plötzlich brüllte Ken: »Zielmarkierung genau unter der Schnauze, Skipper. Links, links, gut so. Bomben los.« Und er hatte noch nicht zu Ende gesprochen, da schienen ungefähr tausend Scheinwerfer nach uns zu greifen, und die Flak krachte mit schwerem Sperrfeuer rings um uns her los. Ich hielt die Maschine stur geradeaus, um die Aufnahmen richtig hinzukriegen, dann machte ich die Bombenklappen dicht und drückte die Nase leicht nach unten, noch ein paar Umdrehungen, und dann begriffen wir, daß nun schon alles hinter uns lag.

Wir sahen noch lange, wie der Angriff hinter uns weiterging, und da hinten schien ein gutes Feuer entfacht zu werden.

Die ersten gelben Markierungen und Bomben fielen um 0.55 Uhr – zwei Minuten früher als vorgesehen – und gegen 01.00 Uhr, der offiziellen Eröffnung des Hauptangriffs, war der Angriff schon in vollem Gange. Dieses Mal fanden die Bombenschützen des Gros die von den Pathfinders gesetzten Markierungen straff konzentriert vor. Salve um Salve gelber Zielmarkierungen ging in einem Gebiet nieder, und die grünen Markierungen der Folge-Markierer sanken am selben Ort zu Boden. Später entwickelte Photographien zeigten, daß das genaue Zentrum des markierten Gebiets ein wenig wanderte, aber nicht mehr, als zu erwarten war, wenn ein guter Angriff lief; der Kriecheffekt entwickelte sich sehr langsam. Das Gros machte sich diese klare und konzentrierte Markierung nach Kräften zunutze. Es gab keine Verzögerungen, und jede neue Welle steuerte ihre Bombenfracht zu dem schweren Angriff bei, der hier über das markierte Hamburger Gebiet hereinbrach.

Sehr bald schon war eine ausgedehnte Brandfläche zu sehen, und eine dichte Rauchsäule stieg empor bis in die Höhe, in der die Bomber flogen. Jedem einzelnen RAF-Mann in den mittleren und späteren Phasen des Angriffs wurde klar, daß die Brände und der Rauch ein Ausmaß erreichten, wie noch niemand es zuvor gesehen hatte. Man sah heftige Explosionen am Boden, und eine davon erschien wie »eine gewaltige Fontäne brennender Trümmer, die da anscheinend Hunderte von Metern hoch emporgeschleudert wurden«. Ein kanadischer Bordschütze einer Stirling schrieb später in sein Tagebuch von Rauch, der in seine Atemmaske eindrang, und in den Tagebüchern einer australischen Staffel ist die Rede davon, daß die mittlere obere Kanzel einer ihrer Lancasters bei der Heimkehr mit Rußteilchen bedeckt war.

Viele Besatzungsmitglieder haben den Anblick beschrieben, den das brennende Hamburg in jener Nacht bot.

Das furchtbare und erstaunliche Schauspiel faszinierte mich. So weit ich auch sehen konnte, nur eine einzige Feuermasse. Man spricht immer von einem »Flammenmeer«, aber das Wort reicht nicht aus. Es war so hell, daß ich die Zielkarten lesen und das Bombenzielgerät einstellen konnte. Es war zwecklos, das Bombenvisier überhaupt zu benutzen, weil es einen klar abgegrenzten Zielpunkt gar nicht gab, und ich kann mich nicht daran erinnern, dem Piloten Kurskorrekturen durchgegeben zu haben. Die einzigen Flugzeuge, die ich sehen konnte, waren eine oder zwei Stirlings, ein ganzes Stück unter uns, die, wie es schien, fast in Bodenhöhe über die Flammen dahinrutschten. (Sergeant W. G. Lamb, 460. Squadron)

Als ich nach unten sah, wirkte es so, wie ich mir einen Vulkan in voller Tätigkeit vorstelle. Es gab große Rauchmassen, und ich glaubte, die gewaltige Hitze spüren zu können. Unser Bombenwurf war ganz genau so, als ob man noch eine Schaufel Kohlen in ein helles Ofenfeuer tut. (Sergeant W. G. Hart, 51. Squadron)

Die meisten Angriffe, die wir flogen, sahen über dem Zielgebiet wie gigantisches Feuerwerk aus, aber dieser war der Tollste von allen. Flak, Feuerwechsel zwischen Bomber und Jäger, die Markierungen, die auf das Ziel herniedersanken, vielfarbige Flammenwände aus den verschiedenartigen Explosionsherden, wenn die Bomben ihr Ziel gefunden hatten, und vor allem ein Meer von Flammen, aus dem dicker schwarzer Rauch in Spiralen aufstieg. Ich weiß noch, wie der Skipper, als wir das Zielgebiet verließen, über die Sprechanlage sagte: »Die armen Schweine da unten!« (Flight Sergeant K. R. Parry, 76. Squadron)

Der furchteinflößende Anblick des Zielgebiets verschlug mir den Atem. Es schien, als stünde ganz Hamburg von einem bis zum anderen Ende in Flammen, und eine gewaltige Rauchsäule ragte turmhoch noch weit über uns hinaus – und wir flogen in 6000 Meter Höhe! Es wirkte alles beinahe unglaublich, und als ich mir bewußt machte, daß ich auf eine Stadt mit ungefähr zwei Millionen Einwohnern hinabschaute, machte es einem beinahe Angst, sich vorzustellen, was da unten in Hamburg sich abspielen mußte. Es mag ein recht geringfügiges Element sein, wenn man ein Buch über die Schlacht um Hamburg schreibt, aber es ist eine Erinnerung, die mich manchmal heimsucht, besonders wenn ich daran denke, daß ich, wenn auch nur in winzigem Ausmaß, dazu beigetragen habe, dieses Ereignis von Weltuntergangsausmaß zu verursachen. (Sergeant J. D. Whiteman, 10. Squadron)

Der Anblick des anscheinend von einem bis zum anderen Ende brennenden Hamburgs wird mein ganzes Leben lang in meiner Erinnerung bleiben. (Flying Officer W. A. Lennard, 158. Squadron)

Als die ersten Bomben fielen, hatte die deutsche Luftabwehr mit ihrer ganzen Kraft losgeschlagen. Die Bomberbesatzungen, die als erste über dem Ziel waren, meldeten, daß die Zahl der Scheinwerfer und die Intensität des Flakfeuers heftiger waren als beim vorangegangenen Angriff. Das stimmte; die Verteidigung Hamburgs war durch mobile Batterien aus anderen deutschen Städten verstärkt worden. In der ersten Hälfte des Angriffs operierte die Abwehr mit äußerster Heftigkeit, obwohl die abgeworfenen Window-Streifen bald wirksam wurden. Mehrere Bomber erlitten in dieser Phase Flak-Schäden, aber in keinem Fall kann die Zerstörung eines Bombers allein der Flak zugeschrieben werden. Als der Angriff dann zur Hälfte vorüber war, geschahen zwei Dinge, welche die Wirksamkeit der Abwehrkräfte am Boden weiter verringerten. Erstens hinderte die dichte Rauchwolke, die aus dem brennenden Zielgebiet aufstieg, viele im Zentrum des Zielgebiets stationierte Scheinwerfer daran, wirksam zu arbeiten, obwohl diejenigen, deren Stellungen weiter außerhalb gelegen waren, unbehindert weiter operierten. Zweitens erhielten die Hamburger Flakbatterien um genau 01.21 Uhr Befehl, ihr Feuer auf eine Höhe von nur 5500 Meter zu begrenzen. Dieser Befehl, der erteilt wurde, um den deutschen Jägern das ungehinderte Fliegen jenseits dieser Höhengrenze zu ermöglichen, fiel in die Zeit, die der dritten Welle der Bomber des Gros zugewiesen worden war. Er wurde also genau zu der Zeit wirksam, als die niedrigfliegenden

Stirling über dem Ziel waren. Diese Maschinen waren weiterhin verwundbar durch Flak, und etliche wurden beschädigt, aber die Stirlings hatten das Ziel bald wieder hinter sich gelassen, und die Maschinen der restlichen drei Wellen konnten sämtlich höher als 5500 Meter fliegen. Es überrascht nicht, daß viele Besatzungen meldeten, die Hamburger Flak schiene in dieser Phase des Angriffs aufgegeben zu haben, so daß die Besatzungen in, wie sie meinten, größter Sicherheit ihre Bomben werfen und den Anblick betrachten konnten, der sich ihnen bot.

Der Befehl, der die Tätigkeit der Flak einschränkte, war ein bedeutungsvolles Ereignis. Zum erstenmal hatten deutsche Nachtjäger und nicht die Flak den Vorrang in der Verteidigung der Zielstadt. Das war die Nachtjagd »Wilde Sau«, die Major Herrmann jetzt einführte. Seine einmotorigen Jäger waren über dem Ziel eingetroffen, und auch die zweimotorigen Jäger, die Erlaubnis zur freien Jagd erhalten hatten, konnten ungefährdet die Stadt überfliegen. Ihr Ziel war es, die von Scheinwerfern aufgefaßten oder in der Silhouette über der brennenden Stadt sichtbar werdenden Bomber zu finden und anzugreifen. Nur die wenigsten Bomberbesatzungen hatten eine Ahnung davon, daß sie zusammen mit deutschen Jägern über Hamburg dahinflogen. Für die Deutschen traf es sich unglücklich, daß die in jener Nacht über Hamburg verfügbaren Jäger weder zahlreich genug noch genügend gut ausgebildet waren in dieser neuen Art der Nachtjagd, um einen nennenswerten Erfolg gegen die rund 350 Bomber zu erzielen, die in der zweiten Phase des Angriffs über die Stadt hinwegflogen.

Mehrere Bomber wurden in dieser Phase von Jägern angegriffen, wobei die Angreifer oft als die einmotorigen Jäger der Wilde Sau-Einheit Herrmanns identifiziert wurden. Sogar die blaßblaue Farbe der von Herrmanns Einheit ausgeborgten Tagjäger wurde gesehen und notiert. Wo die Bomberbesatzungen aufmerksam waren, entkam der Bomber gewöhnlich, wie in dieser Begegnung, die Sergeant Ron Buck beschreibt, Heckschütze einer Lancaster der 207. Squadron:

> Ich meldete ihn. »Jäger backbord an achteraus, etwas über uns. Bereithalten für Korkenzieher nach links.« Ich schoß noch nicht, sondern wartete, bis er zum Angriff ansetzte. Mein Pilot flog weiter geradeaus streng auf

Kurs und wartete auf das Signal für den Korkenzieher, ein Ausweichmanöver, das um so erfolgversprechender war, je länger man das Wegtauchen hinauszögerte.
Ich wartete ab mit dem Feuern, und er auch. Er hielt sich in etwa 300 Meter Entfernung. Er war jetzt auf derselben Höhe wie wir und ich wußte, daß er uns abschätzte, bevor er zur Angriffskurve einschwenkte. Die Bordsprechanlage war laut und klar. Plötzlich kippte der Jäger über die Nase ab und kam auf uns zu. Ich brüllte: »Korkenzieher nach Backbord. *Los!*« Gleichzeitig eröffnete ich das Feuer mit meinen vier Browning-MGs, unterstützt von den zwei MGs des Turmschützen. Wir bauten eine tödliche Wand von Geschossen zwischen dem Jäger und uns auf, wir sprühten sie wie mit Gartenschläuchen rings um ihn her. Die Leuchtspurmunition zeigte mir, daß wir Treffer bei ihm erzielten. Er kippte nach Steuerbord weg und schoß unter uns hindurch in die Dunkelheit hinein. Der Pilot ging wieder auf Kurs, geradeaus und eben, und wir sahen ihn nicht wieder. Das alles spielte sich in der Zeit ab, die man braucht, um es zu lesen.

Major Herrmann fing einen Bomber, der nicht so wachsam war:

Die Rauchwolken über Hamburg waren so dicht, daß man schauderte. Ich sah diese große Rauchsäule; ich konnte sie sogar riechen. Ich überflog mehrfach das Ziel und dann sah ich den Bomber in den Scheinwerfern. Er hatte zu der Zeit beinahe die Spitze der Rauchwolke erreicht. Ich habe den Typ damals erkannt, aber ich kann mich jetzt nicht mehr mit Sicherheit daran erinnern, was es war. Ich erinnere mich aber noch daran, wie groß er mir vorkam. Ich glaube, es war eine Lancaster.
Der Angriff war sehr einfach. Ich ging in die Scheinwerfer hinein. Ich hatte keine große Erfahrung; ein anderer Pilot wäre in der Dunkelheit geblieben. Ich war fast auf einer Höhe mit ihm, hinter ihm, wahrscheinlich knapp über seinen Propeller-Böen. Es war hell wie der Tag in den Scheinwerfern. Ich konnte den Heckschützen sehen; der sah immer nur nach unten, wahrscheinlich besah er sich das Inferno da unten. Seine MG's bewegten sich nicht. Man muß bedenken, daß die Briten zu jener Zeit nicht vorgewarnt waren, über dem Ziel nach uns Ausschau zu halten. Ich hatte schon andere Bomber über Zielen gesehen, deren Bordschützen nur nach unten guckten.
Ich feuerte und er brannte. Er ging in eine steile Linkskurve und dann um 180 Grad nach rechts. Als er stürzte, machte er eine Wendung und fiel von der Rauchwolke weg. Ich folgte ihm noch ein Stück, aber als er immer

tiefer ging, ließ ich ihn sausen. Ich sah, wie er am Boden zerschellte. Ich habe niemanden mit dem Fallschirm abspringen sehen, aber ausschließen kann ich das nicht. Im Lichtschein der Aufschlagexplosion konnte ich die Knicks erkennen, die kleinen, mit Büschen bewachsenen Erdwälle, hinter denen die Kühe Schutz finden vor Sonne und Wind. Das war meine Heimat – Schleswig-Holstein – wie sie mir vertraut war.
Natürlich versuchte ich, weitere Bomber zu finden, und ich glaube, ich habe auch auf einige geschossen, aber andere Abschüsse gab es nicht.

Es ist nahezu sicher, daß Major Herrmanns Opfer eine Lancaster der 101. Squadron war, die in Wellingsbüttel abgestürzt ist, einem nördlichen Vorort von Hamburg. Es gab keine Überlebenden.

Es wird angenommen, daß drei andere Bomber in und um Hamburg abgeschossen worden sind. Britische Besatzungen erhoben demgegenüber Anspruch auf eine zerstörte Messerschmitt Bf 109 im Zielgebiet. Mehrere andere Jäger seien beschädigt worden. Es ist außerdem möglich, daß ein zweimotoriger deutscher Jäger von der eigenen Flak abgeschossen wurde. Er stürzte in Niendorf im Norden der Stadt ab; seine Besatzung und ein Zivilist fanden den Tod. Diese Angabe beruht auf einem Bericht der 3. Flakdivision, in dem dieses Flugzeug als »zweimotorige Feindmaschine« bezeichnet wird, aber in diesem Gebiet ist keine RAF-Maschine abgestürzt. Unglücklicherweise sind auch hier wieder, wie so oft, die deutschen Dokumente nicht vollständig genug, um alle deutschen Verluste verifizieren zu können; allerdings steht fest, daß einer der Piloten von der Wilden Sau im Luftkampf über Hamburg verwundet wurde und mit seiner Focke-Wulf FW 190 eine Bruchlandung machte.

Es muß noch einmal darauf hingewiesen werden, daß nur ein Teil der im Raum Hamburg operierenden deutschen Jäger die Erlaubnis hatte zur freien Jagd nach der Taktik der Wilden Sau. Viele waren noch immer an ihre Räume gekettet und fielen damit aus. Leutnant Peter Spoden war Flugzeugführer im NJG 5, dessen Maschinen in Nachtjagdräumen östlich von Hamburg Streife flogen für den Fall, daß ein Teil der britischen Bomber Berlin angreifen würde.

Ich war im Raum Reiher an der Ostseeküste östlich von Lübeck. Ich war ja nur der Neue und bekam deshalb einen kümmerlichen Raum. Ich stieg in die größtmögliche Höhe auf – 6000 bis 6500 Meter – und von dort aus konnte ich die viermotorigen Maschinen sehen. Über Hamburg lag eine

Schicht von Stratuswolken, die sich in Richtung Kiel hin erstreckte, und ich konnte die Bomber vor dem Hintergrund dieser Wolkenschicht sehen. Mehrfach fragte ich die Bodenleitstelle, ob ich zu ihnen hinfliegen dürfe. »Ich kann sie sehen. Lassen Sie mich hin.« Aber der Jägerleitoffizier sagte, das sei nicht möglich. Ich fragte dann noch einmal an; ich sagte ihnen, sie sollten Berlin anrufen, aber ich glaube, keiner wollte die Verantwortung dafür auf sich nehmen, Berlin bei einem etwaigen zweiten Angriff ungeschützt zu lassen. Ich sprach sogar mit den anderen Piloten in benachbarten Räumen. Auch sie konnten die Bomber sehen. Wir waren wütend, aber es war nichts zu machen. Wir konnten das Feuer in Hamburg sehen; es war das größte Feuer, das ich je gesehen habe.

Nach der Landung gingen wir zu Hauptmann Schoenert im Gruppenstab. Wir erklärten ihm, daß es verrückt sei. Wir mußten da oben hilflos zuschauen, während die anderen eine deutsche Stadt zerstörten. Wir kochten vor Wut. Rudi Schoenert rief wiederholt Berlin an; er gab sogar mir und einem anderen Jungen, der auch geflogen war, den Hörer, damit wir denen schildern konnten, was sich hier abspielte. Wir Jungen brannten darauf, endlich unsere ersten Abschüsse zu erzielen. Wir waren, wie man damals sagte, »abschußgeil«.

Das Ende des Angriffs war für 1.45 Uhr geplant, und die letzte der 729 Maschinen klinkte ihre Ladung zwei Minuten danach aus. Ein Flugzeugführer, dessen Maschine gegen Ende des Angriffs bombardiert hatte, meldete, daß das Zielgebiet »eine einzige Masse von Bränden, Rauch und Zerstörung« sei. Ein anderer sagt, daß die späteren Bombenwürfe etwa so gewesen seien »wie das Schüren einer in sich zusammensinkenden Glut mit dem Feuerhaken«. In einer Hinsicht waren die RAF-Männer ganz sicher. Noch nie hatten sie einen Angriff gesehen, der aus der Luft so tödlich genau und konzentriert gewirkt hatte. Wieder hatten die Deutschen anscheinend Täuschungsmarkierer in großer Zahl eingesetzt, aber mit der Auswahl der Farben hatten sie Pech gehabt. Alle deutschen Täuschungsmarkierungen waren in dieser Nacht rot. Die RAF-Bombenschützen wußten, daß die Pathfinder in dieser Nacht nur gelbe und grüne Markierungen warfen.

Das Bomber Command flog von Hamburg nach Hause; die Bordschützen in den RAF-Maschinen konnten dabei noch sehr lange die

Wirkung der Bombenwürfe beobachten. Wetterprobleme gab es nicht, und es war ein leichter Heimflug, wenn auch acht weitere Bomber, die zum größten Teil vom Kurs abgewichen waren, verloren gingen. Sechs waren wahrscheinlich deutschen Nachtjägern zum Opfer gefallen. Eine nichtsahnende Lancaster wurde über der Nordsee abgeschossen, als Oberfeldwebel Walter Kubisch, ein Bordfunker, von seinem Flugzeugführer, Major Lent, die Erlaubnis erhielt, den Bomber mit der selten benutzten Heckwaffe seiner Messerschmitt Bf 110 anzunehmen. Die beiden anderen Maschinen fielen den Flakbatterien von Wilhelmshaven und Bremerhaven zum Opfer, als die Bomber sich vom Strom entfernten und diesen beiden stark verteidigten Städten zu nahe kamen. Andere Bomber meldeten den Abschuß einer Junkers Ju 88 und die Beschädigung zweier weiterer Maschinen. Vier andere Bomber – drei Stirling und eine Halifax – wurden nach einer Bruchlandung in England abgeschrieben, zwei, nachdem sie im Kampf beschädigt worden waren, zwei durch Unfall bei der Landung. Es gibt eine Fülle interessanter Berichte über Gefahren, die heil überstanden wurden, über Glücksfälle und über das Sterben, über Beispiele von hohem Mut und großem Können bei Zwischenfällen während des Heimflugs und während der Landungen, aber in dieser Darstellung kann nicht jede Phase der Schlacht um Hamburg in aller Ausführlichkeit behandelt werden.

Das Bomber Command hatte in diesem zweiten RAF-Angriff der Schlacht um Hamburg siebzehn Maschinen und Besatzungen verloren. Die Verluste setzten sich aus elf Lancaster-Bombern, vier Halifax, einer Stirling und einer Wellington zusammen. Vier andere Maschinen gingen zu Bruch, aber ihre Besatzungen blieben zum größten Teil unverletzt. Die Verlustrate von 2,2 Prozent war immer noch sehr gering; das war der Fortsetzung des Window-Erfolges zu verdanken. Die anderen RAF-Einsätze dieser Nacht, sämtlich kleineren Maßstabs, waren erfolgreich abgeschlossen worden, wenn man von dem Verlust eines Mosquito-Bombers der 139. Squadron absah, der über der Ruhr von der Flak getroffen worden war und in Holland abstürzte. Seine Besatzung, zu der auch der Navigationsoffizier des RAF-Flugplatzes Wyton gehörte, konnte untertauchen, wurde aber nach fast einem Monat doch gefangengenommen. Siebenundzwanzig britische Fernnachtjäger hatten überhaupt nichts ausrichten können über den verschiedenen deutschen Jägerplätzen, über denen sie auf der Lauer zu liegen versucht hatten. Hauptursache für das Ausbleiben jeden Erfolgs war dunstiges Wetter in geringer Höhe.

Die wichtigsten Zahlen und Tatsachen dieser Nacht waren die folgenden: Nahezu 2326 Tonnen an Bomben waren äußerst konzentriert auf einen Teil Hamburgs abgeworfen worden. Annähernd 98 Prozent der beteiligten Flugzeuge des Bomber Command waren unversehrt heimgekehrt. Ihre Besatzungen waren bereit, mit noch gestiegener Zuversicht die Schlacht um Hamburg fortzusetzen.

Die ersten beiden Angriffe auf Hamburg waren für uns, die wir daran teilgenommen hatten, so *offensichtlich* erfolgreich. Und das war an sich schon ungewöhnlich. Vergessen wir einmal die üblichen Phrasen; von den meisten Flügen kehrte man, na, sagen wir einmal, in neutraler Gemütsverfassung zurück. Erleichterung darüber, daß man wieder zu Hause war, froh, daß man wieder einen Einsatz auf dem Konto hatte – und das war so ziemlich alles. Aber bei den beiden Hamburg-Flügen, da herrschte eine Aufgekratztheit, die sich aus der absoluten Überzeugung ergab – und zwar noch in derselben Nacht – daß wir etwas ganz Besonderes hingelegt hatten. Wir brauchten da nicht erst auf die Luftaufnahmen oder die Analysen der Nachrichtendienste zu warten. Wir *wußten* es schon, besonders nach dem zweiten Flug, daß hier etwas mehr passiert war als der übliche, alltägliche Routineflug. (Sergeant O. E. Burger, 77. Squadron)

FÜNFZEHNTES KAPITEL

Feuersturm

Kaum jemand in Hamburg war überrascht, als die Sirenen vor diesem zweiten Großangriff der RAF aufheulten. In den letzten drei Tagen und Nächten war die Stadt schon von einem schweren RAF-Angriff und zwei leichten Mosquito-Angriffen bei Nacht sowie zwei amerikanischen Tagangriffen getroffen worden. Die meisten Einwohner begriffen jetzt, daß die alliierten Bomberkräfte sich vorgenommen haben mußten, ihre geliebte Stadt zu zerstören, und daß sie dabei waren, diese Absicht mit aller Wucht in die Tat umzusetzen.

Die Evakuierung der Zivilisten, die während des ersten RAF-Angriffs ausgebombt worden waren, lief reibungslos ab. Viele andere Leute, die ihr Zuhause nicht verloren hatten, versuchten ebenfalls, die Stadt zu verlassen. Einigen gelang das auch, aber die Behörden versuchten, diese Art der Evakuierung einzudämmen, weil die Transportmöglichkeiten ohnehin überlastet waren und weil das Verschwinden zu vieler Arbeiter sich nachteilig auf die Produktion auswirken mußte. Die Flak-Kommandeure hatten bedeutende Anstrengungen unternommen, um der Stadt mehr Hilfe zu bringen. Mehrere Eisenbahn-Flakbatterien waren nach Hamburg verlegt worden und auf verschiedenen Nebengeleisen in Stellung gegangen. Es ist unbekannt, wie viele solcher Batterien vor diesem zweiten RAF-Angriff eingetroffen sind; aber es steht fest, daß siebzehn Eisenbahnbatterien mit insgesamt achtundsechzig der schweren 10,5- und 12,8 cm-Geschütze am 31. Juli, also vier Tage später, in der Stadt angekommen waren.

Die beiden letzten Nächte waren voll banger Vorahnungen gewesen. Die meisten Menschen hatten in den Luftschutzkellern geschlafen. Die öffentlichen Schutzräume waren geöffnet geblieben, und viele Zivilisten hatten in diesen beiden warmen Sommernächten draußen vor den Bunkern irgendwo im Gras geschlafen, bereit, bei Fliegeralarm sofort die Schutzräume aufzusuchen. Sobald dann jede Gefahr eines Angriffs vorüber war, hatten die Zivilisten sich zerstreut und waren wieder nach Hause gezogen.

Einmal, als mein Mann nicht nachts zu Hause war, war ich zum Bahnhof in den öffentlichen Bunker gegangen. Aber nachts so gegen drei, halbvier allein durch die Stadt nach Hause, wenn Ausländer und tausend finstere Gestalten an dir vorüberhuschen, und du hast das letzte bißchen Wert in deinem Köfferchen bei dir, das jeder dir leicht entreißen kann – das möchte ich nicht noch einmal mitmachen. (Anne-Käte Seifarth)

Die Brände des ersten RAF-Angriffs vor drei Nächten waren noch immer nicht alle gelöscht. Ein besonderes Problem bildeten die zahllosen Vorräte an Hausbrand-Kohle und -Koks; das waren Feuer, die man bei Tage kaum sehen konnte, die aber bei Nacht hell glühten. Nur wenige Stunden vor dem zweiten großen RAF-Angriff hatte Gauleiter Kaufmann befohlen, alles daranzusetzen, um auch diese Feuer vollständig zu löschen. So wurde nahezu jeder Feuerlöschzug in Hamburg in den Westteil der Stadt geschickt. Dort legten sie ihre Rohre aus, um diese schwelenden und glühenden Koks- und Kohlefeuer zu löschen, und da waren sie noch immer, als die RAF wenige Stunden später ihren konzentrierten Bombenangriff gegen die andere Seite Hamburgs flog.

Zwanzig Minuten vor Mitternacht hatten Hamburgs Luftschutzsirenen diesen Angriff angekündigt, aber der längere Flug der Bomber in den Osten der Stadt bedeutete, daß es zu einer Ruhepause von mehr als einer Stunde kam, bevor die ersten Flugzeuge über der Stadt erschienen. Eine Dame aus dem Stadtteil Hamm, der sehr bald bombardiert werden sollte, erinnert sich, wie sie in dieser Periode der Stille draußen vor ihrem Haus stand. »Es war vollkommen still. Keine Flugzeuge. Keine Flak. Es war eine zauberhaft schöne Sommernacht.« Dann, kurz vor ein Uhr, hörte man das Geräusch vieler sich nähernder Flugzeuge; zu jedermanns Überraschung kam das Geräusch von Osten her. Am Himmel sah man nun die ersten goldgelben Markierungen, und die ersten Bomben begannen zu fallen.

Im Kapitel über den ersten RAF-Nachtangriff der Schlacht um Hamburg mußte ausführlich und kompliziert beschrieben werden, wo die ersten Markierungen und Bomben fielen und wie sich dann der Angriff weiterentwickelte. Die Beschreibung des Fortgangs der Markierung und Bombardierung bei diesem Angriff kann kurz und einfach gehalten werden.

Fünfzehn Pathfinder-Maschinen warfen ihre Markierungs-Ladungen in den ersten fünf Minuten des Angriffs ab. Die von den Bombern zu dieser Zeit gemachten Aufnahmen beweisen, daß nicht weniger als zwölf dieser Markierungsladungen wie ein Wasserfall über einem eng umgrenzten Gebiet niedergingen. Bei diesen Besatzungen handelte es sich ausschließlich um Blindmarkierer, und sie zielten allein mit Hilfe ihrer H2S-Radargeräte. Diese Markierung allein auf Radar-Basis war, von Pathfinders angewandt, bis dahin noch nie erfolgreich verlaufen. Auch jetzt war die Frühmarkierung zwar konzentriert, aber nicht besonders zielgenau. Anscheinend wurden keine Markierungen über dem vorgesehenen Zielpunkt in der Stadtmitte abgesetzt. Die Markierungskonzentration befand sich ungefähr drei Kilometer östlich des korrekten Punktes, und zwar über den Stadtteilen Billwärder Ausschlag und Hammerbrook unmittelbar nördlich der Elbe. Daß nicht der Zielpunkt markiert wurde, war auf die Schwierigkeiten zurückzuführen, die es den Radar-Männern in den Bombern in diesen frühen Tagen der Radar-Markierung noch bereitete, ihre genaue Position zu bestimmen. Im Interimsbericht des Bomber Command über diesen Angriff heißt es dazu: »Es wird davon ausgegangen, daß viele der Y- (H2S-) Maschinen nicht, wie vorgeschrieben, Harburg – eine isolierte bebaute Fläche südlich von Hamburg – zur Überprüfung ihrer Position benutzten.« Wahrscheinlich hatte ein unerwarteter Seitenwind die Pathfinder ein wenig südöstlich von ihrem geplanten Markierungsanflug getragen, und zwar unmittelbar bevor das Radar-Echo des breiten Flusses durch das Zentrum ihrer Sichtröhre wanderte, so daß sie dann dort ihre Markierungen ausklinkten.

Die Abweichung um drei Kilometer war nicht schwerwiegend; rund um die markierte Fläche gab es reichlich dicht bebautes Stadtgebiet. Die Bomber des Gros erschienen prompt, fanden diese eine, auffällige Gruppe von Markierungen vor und bombardierten sie mit ungewöhnlicher Genauigkeit. Zu keiner Zeit gab es mehr als dieses eine Bombardierungsgebiet, das am Billwärder Ausschlag und in Hammerbrook begann und sich dann nur langsam in nordöstlicher Richtung zurückbewegte nach Borgfelde, Hamm und schließlich nach Wandsbek und Horn. Teile der Bombenladungen waren sogar jenseits des markierten Hauptgebiets eingeschlagen, nämlich in St. Georg nahe der Stadtmitte sowie südlich der Elbe im Hafengebiet. Es war ein ungewöhnliches Beispiel dafür, daß sich die Bombardierung durch das Gros in *entgegengesetzter* Richtung zum Rückwärts-Kriecheffekt bewegte. Das Verdienst daran ist der hartnäckigen Entschlossenheit zuzuschreiben, mit der die Pathfinder-Neuzentrierer und die Folge-Markierer ihre Aufgabe lösten.

Die RAF-Männer irrten sich nicht, als sie in der Überzeugung zurückkehrten, einen Angriff von ungewöhnlicher Konzentration und Schwere geflogen zu haben. Die Mehrzahl der Bomben war nicht ganz in das von den Planern des Bomber Command ausgewählte Stadtgebiet gefallen, aber weil Hamburg so groß war, hatten diese Bomben einen nicht weniger lohnenden Teil der Stadt getroffen. Das eben war die Natur des Flächenbombardements.

Es lohnt sich, die Teile Hamburgs, die in jener Nacht so schwer bombardiert wurden, etwas genauer anzusehen. Die südlichsten Grenzen der bombardierten Fläche bildeten die Stadtteile Billwärder Ausschlag und Rothenburgsort, beide auf dem Nordufer der Elbe gelegen. Rothenburgsort, klein an Fläche und halb industriell seinem Charakter nach, hatte keine große Bevölkerungszahl. Aber es befand sich dort das größte Kinderkrankenhaus der Stadt Hamburg. Billwärder Ausschlag war ein dicht bewohntes Arbeiterviertel, das die Auszeichnung für sich in Anspruch nehmen durfte, in den Wahlen des Jahres 1933 für die Nationalsozialisten einen niedrigeren Stimmenanteil – 22,9 Prozent – abgegeben zu haben als irgendein anderer Stadtbezirk. Die ersten Bombenfrachten der Nacht waren in diese beiden Stadtteile gefallen, aber die ganze Schwere des Angriffs war ein wenig weiter nördlich herniedergegangen. Hier lag, 2,5 Kilometer von der Stadtmitte entfernt, der alte Stadtteil Borgfelde, und ein wenig weiter lag Hamm. Hamm war ein ausgedehntes Gebiet, es umfaßte Hamm Nord, Hamm Süd und Hammerbrook.

Diese Hauptbombardierungsgebiete wurden von einer Reihe wichtiger Straßen und zwei Kanälen durchschnitten, die sämtlich von West nach Ost durch Borgfelde und Hamm verliefen, wobei die Hammer Landstraße, eine wichtige Hauptstraße, eine besonders auffällige Trennungslinie darstellte. Südlich dieser Straße befand sich ein trockengelegtes ehemaliges Marschgebiet, jetzt Heimat vieler Tausender Arbeiter und ihrer Familien. Die Vorfahren dieser Menschen waren Landarbeiter gewesen, die vor einem halben Jahrhundert durch die Modernisierung des Hafens und der Industrie in die Stadt gelockt worden waren. Fast alle wohnten sie jetzt in den mietgünstigen mehrstöckigen Wohnblocks, die von den gemeinnützigen Wohnungsbaugesellschaften errichtet worden waren. Die Gesellschaften befanden sich oft im Besitz der Kommunalbehörden, großer Wirtschaftsunternehmen, der Gewerkschaften oder mehrerer dieser Gruppen gemeinsam. Straßenzug um Straßenzug war bebaut mit diesen oft sechsstöckigen Blocks, und in jedem Block wohnten jeweils etwa achtzehn Familien. Es gab viele Kinder dort. Es handelte sich bei diesen Vierteln nicht etwa um Slums. Aber dicht besiedelt waren sie, und die Straßen hatten in den Jahren der Wirtschaftskrise viel Not und Elend gesehen. Die Menschen, die hier lebten, wurden von den anderen, die nur ein paar Straßenzüge weiter nördlich, jenseits der Hammer Landstraße, wohnten, oft als »Proletarier« bezeichnet. Dort, nicht ganz so dicht gedrängt, fand sich eine eher mittelständische Bevölkerung – die Familien von Handwerkern und Facharbeitern, von Büroangestellten und kleineren Beamten. Diese Menschen zahlten eine höhere Miete für ihre Wohnungen; die Häuserblocks dort gehörten gewöhnlich privaten Hauswirten.

Die Bombardierung war auch übergeschwappt in die Stadtteile St. Georg, Hohenfelde, Eilbeck, Barmbek und Wandsbek. In diesen Stadtteilen gab es erhebliche Verluste und bedeutende Sachschäden, aber der Leser wird sehr bald verstehen, warum wir unsere Hauptaufmerksamkeit in diesem Bericht auf Borgfelde, Hammerbrook und Hamm konzentrieren müssen. Es ist sehr wichtig, immer zu bedenken, daß es sich bei diesen Stadtteilen ganz überwiegend um Wohnviertel handelte – auch wenn es dort etliche kleinere Handels- und Gewerbe-Betriebe in Höfen und Seitenstraßen gab – und daß sie dicht besiedelt waren von Familien, die den mittleren und unteren

Schichten der Hamburger Gesellschaft angehörten. Die meisten Straßen waren eng, und freie Plätze gab es so gut wie gar nicht.

Manchmal wird in Hamburg behauptet, daß die RAF in dieser Nacht ausgerechnet jene Teile der Stadt zerstörte, die Hitler und dem Nationalsozialismus am wenigsten Sympathie entgegenbrachten. Die Abstimmungsresultate von 1933 bestätigen diese Ansicht nicht. Zwar gab es in Billwärder Ausschlag, wie schon gesagt, die für die Nazis ungünstigsten Ergebnisse von ganz Hamburg, doch Borgfelde und Hamm gaben Stimmenzahlen für jene Partei ab, die etwas über dem Hamburger Durchschnitt lagen. In Wahrheit waren die meisten Menschen in Hamm und Borgfelde politisch nie sehr aktiv. Sie waren einfache Handwerker und Arbeiter und Angestellte, und die meisten hatten Hitler ihre Stimme gegeben, weil er ihnen Arbeit versprochen hatte. »Wenn man nur 8,50 Reichsmark in der Woche hatte, dann gab es gar keine andere Möglichkeit.« Die unglücklichen Menschen von Hamm und Borgfelde standen im Begriff, einen hohen Preis für die Stimmen zu zahlen, die sie zehn Jahre zuvor abgegeben hatten.

Die Bombenwürfe dauerten nicht länger als eine Stunde. Während des ersten Teils dieser Zeit waren die Wirkungen am Boden ihrem Charakter nach nicht sehr verschieden von denjenigen, die man beim vorigen Angriff, drei Nächte zuvor, erlebt hatte, wenn auch die Bombenwürfe konzentrierter und die Brände zahlreicher waren. Nicht viele Menschen in der Stadt waren im Freien und hatten Gelegenheit, in diesem Zeitabschnitt die Ereignisse zu beobachten, aber ein Zeuge hatte einen guten Blick: Hermann Bock war Mittelschullehrer in Hamburg gewesen, bis er zur Wehrmacht einberufen wurde. Jetzt war er als Chef einer Eisenbahn-Flakbatterie wieder in seiner Heimatstadt. Seine Batterie war gerade von auswärts eingetroffen und auf einem Abstellgleis am Mühlenhagen in Rothenburgsort am Südrand des Bombardierungsgebiets in Stellung gegangen. Bei seiner Ankunft war Bock »nicht glücklich, als Hamburger, in Hamburg zu sein, denn jeder wußte, wie groß die Gefahr weiterer Luftangriffe war, aber, ganz auf unsere Kameradschaft und unser Pflichtbewußtsein vertrauend, werden wir unsere Heimatstadt trotz aller Gefahren schützen«. Bock beschreibt dann den Beginn des Angriffs, wie er ihn von seiner Batteriestellung aus erlebte:

In dieser Nacht hatte sich die Welt völlig verwandelt, auch wenn man Krieg als Duell zwischen einem Angreifer und einem Verteidiger ansieht. Hamburgs Nachthimmel war in wenigen Sekunden zu einem schaurigen Höllenhimmel geworden, den zu beschreiben schwer möglich ist. Auf- und abschwellende Heultöne der Sirenen und sofort Flugzeuge in den Fangarmen der Scheinwerfer, herumsuchende Scheinwerfer, auflodernde Brände, überall Rauchschwaden, lautstark heranrollende Detonationswellen, unterbrochen von Lichtdomen von aufzuckenden Luftminen, herabrieselnde Kaskaden von Licht- und Markierungsbomben, Stabbrandbomben hörte man herabrauschen, kein Menschenlaut, kein Aufschrei war zu hören. Es war wie der Weltuntergang, man dachte, fühlte, sah und sprach nichts mehr.

Die Geschütze dieser Flakbatterie feuerten zwanzig Minuten lang, aber dann zerstörten in der Stellung detonierende Bomben alle elektrischen Kabel, die die Geschütze mit Strom versorgten.

Elli Nawroski war eine sechzehnjährige Arbeiterin in einer kleinen Farbenfabrik in der Hammerbrooker Bankstraße. Diese Nacht war sie an der Reihe gewesen, als Mitglied der Brandwache im Luftschutzkeller der Fabrik zu schlafen. Als die Sirenen aufheulten, war die Mannschaft auf ihre Posten in den verschiedenen Teilen der Fabrik gegangen, bereit, Brandbomben zu löschen:

Wir waren nur kurze Zeit auf unseren Posten und suchten gleich unseren Luftschutzraum auf. Aus den gegenüberliegenden Häusern, die alle keine Keller besaßen, flüchteten die Frauen und Kinder, um in unserem Keller Schutz zu suchen. Über unserem Luftschutzkeller befand sich die Farbenfabrik, in der tonnenweise hochexplosive Nitro-Verdünnung lagerte.*

Wir saßen alle auf dem Fußboden, wo wir es für sicherer hielten, den Kopf nach unten, und beteten. Die Zivilisten, die zu uns gekommen waren, glaubten, daß wir Selbstschutzkräfte mit unseren Stahlhelmen und so einer Art Uniform voll ausgebildet seien und daß sie in der Nähe solcher Leute einigen Schutz finden würden. Das stimmte alles gar nicht. Ich wußte nicht einmal, wo sich der Wasserschlauch befand. Ich war eben nur ein sechzehn Jahre altes Mädchen mit einem Stahlhelm und so einer Uniform.

* Diese Nitro-Verdünnung wäre nicht explodiert, aber sie wäre sehr schnell verdunstet und hätte Hautverbrennungen, Erstickungsanfälle und Augenverletzungen verursacht.

Die Erde bebte, die Wände bekamen Risse, der Putz rieselte wie Mehl herab und der ganze Keller war eine Staubwolke. Wir dachten, so ähnlich müsse ein Erdbeben sein. Keiner sprach ein Wort.

Dann gingen einer 18jährigen Kollegin die Nerven durch. Es herrschte Totenstille im Keller, als sie plötzlich zu lachen anfing. Sie lachte, lachte und lachte. Ganz in der Nähe, das spürte man, schlugen schwere Bomben ein. Vielleicht dachte dieses junge Mädchen, daß ihr Haus getroffen worden sei. Irgend jemand sagte: »Das ist nicht zum Lachen.« Das Mädchen antwortete: »Das habe ich mir schon immer gewünscht.« Sie wußte gar nicht, was sie sagte. Im Nachbarhaus wohnten ihre Mutter und ihre Großmutter. Beide fanden in dieser Nacht durch eine Sprengbombe den Tod.

Mehr Erfahrung hatte Hermann Kröger. Er war Vorarbeiter und Führer einer Feuerbekämpfungsmannschaft in einer kleinen Kaffeerösterei in der Wendenstraße, ebenfalls in Hammerbrook, aber näher am Zentrum des Hauptbombardierungsgebiets. Nach dem Fliegeralarm hatte er befohlen, alle Schläuche auszulegen. Als das geschehen war, hatte er vier Mann in verschiedenen Teilen der Fabrik postiert, einen in jedem Stockwerk, und war dann mit den anderen fünf in den Luftschutzraum gegangen. Draußen vor der Tür dieses Raums stand ihre Motorspritze.

Dann setzte plötzlich ein Bombenhagel ein, so daß wir alle unter dem Eindruck standen, unser Fabrikgebäude erhielt laufend Volltreffer schwerer Sprengbomben. Das Gebäude nebenan jedenfalls bekam einen Volltreffer, und unser ganzes Haus hob und senkte sich wie ein Fahrstuhl! Später stellten wir fest, daß wir nur von Brandbomben und Phosphor getroffen waren. Fünf Minuten nach Einsetzen des Bombardements kamen zwei Mann von oben zurück und sagten, daß ein weiteres Aushalten oben unmöglich sei, es würde ihren Tod bedeuten. Nach weiteren zehn Minuten kehrte ein weiterer Mann zurück, völlig erschöpft, am ganzen Leib zitternd. Auch der vierte Wächter mußte seinen Beobachtungsstand verlassen. Wir alle lagen sprungbereit unten im Treppenhaus, um zur Motorspritze zu laufen, sobald keine Bomben mehr fielen.

Plötzlich setzte ein wahrer Feuerregen vom Himmel ein. Die Luft war erfüllt von lauter Feuer! Jetzt den Schutzraum zu verlassen, hätte den sicheren Tod bedeutet, und unter diesen Umständen hätten wir das Werk unmöglich retten können, auch dann nicht, wenn wir heil bis zur Spritze gelangt wären. Auch die Doppeltür vom Luftschutzraum zum Hof und die Nottür an der Fleetseite konnten nicht mehr geöffnet werden ohne Gefährdung der Menschen im Luftschutzraum. Das Feuer um uns verdichtete sich. Durch jeden Spalt drang Rauch in den Raum ein. Jedesmal, wenn man die Stahltüren öffnete, sah man, daß wir von Feuer förmlich umgeben waren.

Die Tischlerei fing von der Fleetseite her Feuer. Im Keller stand nicht genügend Wasser zur Verfügung, so daß wir mit den Feuerlöschern (Minimax) versuchten, das Feuer einzudämmen. Dann erhob sich ein Sturm, ein schrilles Heulen auf der Straße. Er wuchs an zu einem Orkan, so daß wir alle Löschversuche aufgeben mußten. Es war ja alles doch nur ein Tropfen auf einen heißen Stein. Der ganze Hof, das Fleet, überhaupt wohin man sah, alles war ein einziges großes gewaltiges Flammenmeer.

»Ein Sturm ... ein Orkan ... ein Flammenmeer.« Alles, was die Menschen bisher in der Schlacht um Hamburg erlebt hatten, war auch in anderen bombardierten Städten geschehen, wenn auch oft nicht im gleichen Ausmaß. Aber was Hermann Kröger, Vorarbeiter in einer Kaffee-Rösterei, in seiner kleinen Ecke von Hammerbrook sah, das war ein kleiner Teil eines völlig neuen und entsetzlichen Resultats der Flächenbombardierung. Dieses »Flammenmeer« wurde später Gegenstand intensiver wissenschaftlicher Erforschung, und man gelangte zu dem Schluß, daß nicht einmal die schwersten natürlichen Feuer, wie zum Beispiel Waldbrände, jemals die Intensität des Geschehens erreichten, wie es sich in den frühen Morgenstunden des 28. Juli 1943, eines Mittwochs, im östlichen Hamburg ereignete. Augenblicklich wurde das deutsche Wort »Feuersturm« dafür geprägt, und es ging sofort zur Beschreibung dieses Phänomens in den Sprachgebrauch ein; das Wort wurde schon wenig mehr als eine Stunde nach Beginn des Sturms in das Haupttagebuch der Hamburger Feuerwehr eingetragen.

Der Feuersturm entstand durch die Verbindung dreier Faktoren: Hamburg besaß ein leistungsfähiges Meteorologisches Amt, und aus seinen Aufzeichnungen geht hervor, daß es am Tage vor diesem Angriff eine ungewöhnliche Kombination sehr hoher Temperaturen und geringer Luftfeuchtigkeit gegeben hatte. Um 18.00 Uhr, sechs Stunden vor dem Abwurf der RAF-Bomben, hatte die Temperatur 30 Grad Celsius betragen und die relative Luftfeuchtigkeit nur 30

Prozent, verglichen mit einem Durchschnitt von 40 bis 50 Prozent an einem normalen Hochsommertag.

Der zweite Faktor war die ungewöhnlich konzentrierte Markierung und Bombardierung, die wir bereits beschrieben haben. Weil das gelungen war, hatten die Standard-Bombenfrachten der RAF für eine Flächenbombardierung ihr Werk gut vollbracht. Die großen 4000 lb-Sprengbomben hatten Türen und Fenster eingedrückt. Eine Masse kleiner 4 lb-Brandbomben hatte Dachbrände gezündet; die größeren 30 lb-Brandbomben hatten Dächer und Decken durchschlagen und waren tiefer in die Gebäude eingedrungen. Sprengbomben, während des ganzen Angriffs mit den Brandbomben vermischt, hatten Krater in die Straßen geschlagen, Trümmerberge auf die Fahrbahnen geschleudert und die Brandbekämpfung bis zur Aussichtslosigkeit erschwert. Auf diese Weise war eine sehr große Zahl von Bränden auf einer relativ kleinen, dicht bebauten Fläche Hamburgs entstanden.

Der dritte Faktor war Gauleiter Kaufmanns Befehl vom vorigen Abend, die drei Tage alten Brände zu löschen, die im westlichen Teil der Stadt schwelten. Als Folge davon befanden sich nahezu alle Hamburger Löschzüge auf der falschen Seite der Stadt. Das Verkehrshindernis Binnen- und Außenalster bedeutete, daß die Löschzüge entweder die wenigen Straßen im Flaschenhals zwischen Alster und Elbe benutzen oder aber den langen Weg um die Außenalster herum nehmen mußten, wenn sie an die Einsatzorte in der neuen Bombardierungsfläche im Osten gelangen wollten. Viele dieser Straßen waren von den gerade gefallenen Sprengbomben unpassierbar gemacht worden. Als die Löschzüge endlich den Osten der Stadt erreichten, war es zu spät, um die Katastrophe zu verhindern. Die Luftschutzwarte, die Werksfeuerwehren und andere Halb-Amateure auf dem Gebiet der Brandbekämpfung im Ostteil der Stadt – wie Fräulein Nawroski in ihrer Farbenfabrik und Herr Kröger in der Kaffee-Rösterei – hatten keine Chance, aus eigener Kraft die Ausbreitung des Feuers zu verhindern.

Eine Viertelstunde nach dem Fallen der ersten Bomben wurden kaum einige der großen Brände bekämpft, und sie gerieten sehr schnell außer Kontrolle. Die Hamburger Mietshäuser hatten meistens gute, starke Ziegelsteinmauern als trennende Brandmauern zwischen den einzelnen Blocks. Durch diese Wände hindurch konnten sich die Brände nicht ausbreiten, aber mit zunehmender Intensität verzehrte jeder Einzelbrand die Holzfußböden, brach sich den Weg ins Freie durch das Dach des Blocks und wurde zu einer wild lodernden Fackel. Alle Brände haben die natürliche Eigenschaft, frische Luft anzusaugen, um den Luftsauerstoff zu verzehren. Die stärksten Brände in Hammerbrook rangen buchstäblich nach Luft, und sie sogen nicht nur frische Luft von den Straßen vor den Häusern an, sondern sie schleppten auch die erhitzte Luft aus den Nachbargebäuden herein, in denen erst kleinere Feuer brannten. Diese heiße Luft führte Funken und brennende Fetzen mit sich, die ihrerseits frische Feuer in den noch verschont gebliebenen Häusern entfachten. Bald standen mehrere ausgedehnte Gebäudekomplexe in hellen Flammen, und jedes dieser Großfeuer brauchte immer mehr und mehr Luft. Dieser Vorgang wiederholte sich überall und immer wieder, bis die gesamte, im ersten Abschnitt des Angriffs bombardierte Fläche ein einziges, riesiges Flammenmeer war, gierig Luft ansaugend aus den benachbarten Gebieten, wo die Bombardierung bisher noch nicht so konzentriert gewesen war. Die Endphase der Vereinigung der Feuer spielte sich wahrscheinlich in Sekundenschnelle ab. Die mit Bränden gefüllte Fläche wurde so zu einem brüllenden Inferno. Man schätzt, daß im Zentrum dieser Flammenhölle eine Temperatur von 800 Grad erreicht wurde, und daß aus allen Richtungen Luft mit einer Geschwindigkeit angesaugt wurde, die Orkanstärken erreicht haben mochte. Das war der Feuersturm.

Nach übereinstimmender Ansicht begann der Feuersturm um 1.20 Uhr, dreiundzwanzig Minuten nach dem Fallen der ersten Bomben. In seinem ersten Stadium erstreckte sich der Feuersturm wahrscheinlich über eine Fläche von zweieinhalb Quadratkilometer und beschränkte sich auf die Stadtteile Borgfelde und Hammerbrook. Hans Brunswig, 1943 höherer Feuerwehroffizier in Hamburg, hat eine Geschichte der Hamburger Bombenkriegserfahrungen geschrieben. Das Buch enthält eine Karte, die das mutmaßliche Zentrum des Feuersturms in die Nähe des Zusammenflusses zweier schmaler Kanäle legt – des Mittel-Kanals und des Hochwasser-Bassins. Es mag nur ein Zufall sein, daß sich ganz in der Nähe dieses Punktes, am Normannen-Weg, ein Sägewerk mit großem Holzlager befand, das einem Herrn Nienstadt gehörte, doch es ist möglich, daß lichterloh brennende Holzstapel der Kern des Feuersturms waren.

Der aus dem Feuersturm aufsteigende gewaltige Aufwind und die von allen Seiten in Bodennähe in das Feuer hineingesogenen fauchenden Winde überwältigten ganz und gar die Wirkungen des leichten natürlichen Windes, der vor Beginn des Angriffs geweht hatte. Aus diesem Grunde gab es die übliche, vom Wind getragene Ausbreitung des Feuers nicht. Sich selbst überlassen, wäre die zuerst entstandene Feuersturm-Fläche statisch geblieben und hätte sich allmählich selbst ausgebrannt. Aber der Feuersturm blieb nicht sich selbst überlassen. Die RAF-Bombenwürfe dauerten noch eine halbe Stunde über die Zeit hinaus an, zu der sich der Feuersturm gebildet hatte. Diese Bombenwürfe breiteten sich langsam nach rückwärts entlang der Anfluglinie der Bomber aus, neue Feuer entstanden, und so wurde der Feuersturm von der RAF in dieses neue Gebiet hinein ausgeweitet. Diese Ausweitung des Feuersturms nach Osten erstreckte sich wahrscheinlich über mindestens drei Kilometer über den Rest des ausgedehnten Wohnviertels Hamm bis in die weniger dicht bewohnten Bezirke Wandsbek Süd und Horn hinein. Diese Ausweitung des Feuersturms nach Osten verursachte die plötzliche Änderung der Windrichtung des Sturms, die von so vielen Überlebenden erwähnt wird. Der ursprüngliche Feuersturm breitete sich auch nach Norden und Westen aus in Richtung auf die Stadtmitte, teils wegen weiterer Bombardierung in diesen Gebieten, teils aber auch durch die Strahlungshitze des Feuersturms, aber diese Bewegung war relativ gering und erweiterte das Feuergebiet wahrscheinlich um nicht mehr als ein paar hundert Meter in jeder Richtung. Das große Krankenhaus St. Georg in der Nähe der Alster entging um Haaresbreite sowohl der Bombardierung als auch dem Feuersturm. Eine Ausweitung des Feuersturms nach Süden gab es kaum. Die Bille, ein recht breiter Nebenfluß der Elbe, und der weitläufige Verschiebebahnhof bildeten hier eine außerordentlich wirksame Feuerschneise.

Als der Feuersturm seine größte Ausdehnung erreicht hatte, bildete er ein unregelmäßiges Rechteck, das von Norden nach Süden ungefähr zweieinhalb Kilometer maß und von Westen nach Osten nahezu fünf Kilometer; in diesem unregelmäßigen Gebiet mag eine

Gesamtfläche von nahezu zehn Quadratkilometer Feuersturmgebiet gewesen sein.*

Es gibt Schätzungen, nach denen 16000 Wohnblocks mit einer Straßenfront von zusammen 215 Kilometer während des Feuersturms in Flammen standen.

Der Höhepunkt des Feuersturms war irgendwann zwischen 3.00 und 3.30 Uhr erreicht, mehr als eine Stunde nach dem Ende des Angriffs, so daß kein RAF-Mann Zeuge dieses Höhepunkts wurde. Die vier Mann, die in jener Nacht mit dem Fallschirm aus Bombern abgesprungen waren und überlebten, waren alle, was ihnen ihre Haut rettete, mehrere Kilometer weit davon entfernt, entweder schon hinter Schloß und Riegel oder irgendwo in einem Feld versteckt.

Die meisten Gebäude in diesen älteren Teilen Hamburgs hatten eigene Luftschutzkeller, und fast die gesamte zivile Einwohnerschaft befand sich in diesen Kellern, als der Feuersturm sich bildete. Selbst das Krachen der Sprengbomben wurde vom Heulen des Sturms in den Straßen übertönt. »Es war, als ob der Teufel lachte«, sagte ein Überlebender. Gleichzeitig begann die Temperatur in den Luftschutzräumen zu steigen, Rauch oder sehr heiße Luft drangen ein, und die Häuser über den Köpfen der Menschen fingen Feuer. Die Behörden hatten immer wieder hervorgehoben, daß es während eines Angriffs keinen Platz gab, der sicherer war als der Luftschutzkeller, aber jetzt mußten Abertausende einfacher Menschen, fast alles alte Leute, Hausfrauen oder Kinder, die wichtigste Entscheidung ihres Lebens treffen. Sollten sie in ihren Luftschutzkellern bleiben, die sich ja jetzt mit Rauch und brennender Luft füllten und ständig in Gefahr waren, unter den Trümmern des Hauses, das darüber brannte, begraben zu werden? Oder sollten sie sich hinauswagen in diese wahnsinnig gewordene Welt der Feuersturm-Straßen, um zu versuchen, irgendwo anders Sicherheit zu finden? Es gibt Überlebende, die beschreiben können, welche Szenen sich in jenen

* Im Bericht des Hamburger Polizeipräsidenten ist die Rede davon, daß sich das Feuersturmgebiet über zweiundzwanzig Quadratkilometer erstreckte, aber diese Zahl ist mit hoher Wahrscheinlichkeit zu groß. Sie schließt viele Randgebiete ein, in denen es viele Brände und starken Wind, aber keinen wahren Feuersturm gab.

Straßen abgespielt haben. Sie alle sprechen von der ungeheuren Gewalt des heißen, trockenen Windes, gegen den manchmal auch starke Männer nicht ankämpfen konnten, der die Türen der Häuser aufsprengte und Fensterscheiben eindrückte. Alles Leichte wurde sofort hinweggefegt, und wenn es brennbar war, ging es in Flammen auf. Zweige wurden von den Bäumen gerissen; ja, ganze Bäume wurden umgeworfen und entwurzelt. Was wie »Flammenbündel« aussah oder wie »Feuertürme und Feuerwände«, schoß manchmal aus einem brennenden Haus heraus und fegte die Straße hinunter. Das waren »feurige Wirbelstürme«, die einen Menschen auf der Straße packen und ihn sofort in eine menschliche Fackel verwandeln konnten, während andere Menschen, nur wenige Meter entfernt, unberührt blieben. Mit dem Wind gingen immer Wolken von Funken einher, die aussahen wie »ein Schneesturm aus roten Schneeflokken«, und alle Überlebenden erinnern sich an das schrille Pfeifen und Heulen des Sturms, mit dem er durch die Straßen raste.

Die Entscheidung – ob man bleiben oder weglaufen sollte – war furchtbar schwer. Am besten waren noch alleinstehende, gesunde und kräftige Leute dran. Am qualvollsten war es für Mütter mit Babies oder kleinen Kindern. Wir können verfolgen, was einigen wenigen derjenigen Menschen widerfuhr, die sich dafür entschieden, ihre Luftschutzkeller zu verlassen.

Traute Koch war ein fünfzehnjähriges Mädchen in Hamm:

> Meine Mutter hüllte mich in nasse Laken, küßte mich und sagte: »Lauf.« An der Haustür verharrte ich. Vor mir sah ich nur Feuer, alles rot, wie das Feuerloch eines Ofens. Eine ungeheure Hitze schlug mir entgegen. Ein fürchterliches Jaulen war zu hören. Mir direkt vor die Füße fiel ein hell brennender Balken. Ich wich zurück, wollte dann aber darüberspringen. Er wurde wie von Geisterhand davongewirbelt. Ich lief auf die Straße. Die umgebundenen Laken wirkten wie Segel. Ich hatte das Gefühl, vom Sturm davongetragen zu werden. Ich befand mich jetzt vor einem großen fünfstöckigen Haus, in dem wir uns wiedertreffen wollten. Es war bei einem früheren Angriff in Brand geraten und ausgebrannt, so daß das Feuer hier jetzt wenig Nahrung fand. Irgend jemand fing mich auf und riß mich in den Hauseingang. Ich schrie nach meiner Mutter. Irgend jemand gab mir Wein oder Schnaps zu trinken, ich schrie – und dann waren auch meine Mutter da und meine kleine Schwester.

In den Kellerräumen hatten sich etwa zwanzig Menschen zusammengefunden. Wir saßen fest aneinandergeklammert und warteten. Meine Mutter weinte bitterlich. Ich wollte immer schreien – ich hatte gräßliche Angst.

Rolf Witt war einer der wenigen Männer im wehrpflichtigen Alter, die noch zu Hause waren; er litt an einem angeborenen Herzklappenfehler. Seine Wohnung – in der Borgfelder Wendenstraße – war nur 250 Meter vom geschätzten Zentrum des Feuersturms entfernt:

Die Nachricht von dem Geschehen auf der Straße muß die Menschen hinten in unserem Luftschutzkeller erreicht haben, denn sie schlugen ein Loch in die Wand zum Nachbarkeller. Das war ein schwerer Fehler, denn als der Durchbruch gelungen war, starrten sie in ein Feuerloch. Die Straßentür stand halb offen, und während die Luft aus unserem Keller herausgesogen wurde, kamen Rauch und Feuer durch den Mauerdurchbruch herein. Jeder war vom Rauch schwer mitgenommen. Ich hörte Menschen schreien, aber das wurde leiser und immer leiser. Ich glaube, sie sind erstickt.

Sie müssen bedenken, daß nur Sekunden uns vom Tod trennten. Wegen der Volksgasmaske, die ich aufgesetzt hatte, konnte ich nichts zu meinen Eltern sagen. Ich klopfte meinem Vater auf die Schulter als Zeichen dafür, daß ich gehen wollte. Ich dachte, daß sie mir folgen würden. Sekunden, bevor ich erstickt wäre, muß ich noch einmal zu einer gewaltigen Kraftanstrengung fähig gewesen sein. Als die Tür gerade wieder einmal offen war und keine brennenden Trümmer herniederstürzten, sprang ich auf die Straße hinaus, aber gegen den Wind. Ich glaube, ich muß mich daran erinnert haben, daß es in der Nähe einen kleinen Park gab und daß man in der Richtung vielleicht in Sicherheit sein würde.

Die fliegenden Phosphorfunken verbrannten mir die Hände. Ich hatte einen alten Wintermantel, und den zog ich mir über den Kopf. Meine Aktentasche mit allen Papieren darin warf ich weg. Ich glaube, ich handelte ganz impulsiv, und ich muß enormes Glück gehabt haben, durch die stählerne Schutzraumtür ins Freie gelangt zu sein, ohne daß mir beim Überqueren der Straße etwas von den herabstürzenden Trümmern auf den Kopf fiel. Ich bin kein frommer Mensch, aber ich glaube, daß der liebe Gott mir im genau richtigen Augenblick einen kräftigen Schubs gegeben hat.

Ich bin dann achtzig oder hundert Meter weit gerannt, bis ich unter einer Eisenbahnbrücke war. Da legte ich mich flach auf die Erde, und zwar hinter einem Stahlrohr, um Schutz vor den Funken zu bekommen. Ich hatte eine kleine Thermosflasche in meiner Jacke. Ich nahm die Gasmaske ab und trank einen Schluck Tee. Ich hatte einen furchtbaren Durst. Da kam noch ein Mann und ging neben mir in Deckung; seine Kleidung brannte. Ich zog meine Jacke aus und schlug die Flammen auf seinem Zeug aus. In diesem Augenblick schaute ich zu meinem Elternhaus zurück und sah, daß es schon eingestürzt war. Nur noch ein Trümmerberg war zu sehen. Ich lief los und gelangte bis zu einem Fußballplatz, und da fand ich ein kleines Häuschen, in dem sonst der Kartenverkäufer saß. Wie durch ein Wunder war es dem Feuer entgangen. Ich ging hinein und verbrachte den Rest der Nacht dort. Die ganze Nacht sah ich keine Menschenseele. Ich habe meine Eltern nie wiedergefunden, und ich habe nie erfahren, wo oder wie sie gestorben sind. Ich habe immer ein Gefühl der Schuld mit mir herumgetragen, weil ich sie im Stich gelassen habe. Später, als ihr Luftschutzkeller freigelegt wurde, fand man fünfundfünfzig Tote – das heißt, man fand fünfundfünfzig Schädel. Ursprünglich waren da nur fünfundzwanzig Menschen gewesen. Ich glaube, die anderen sind vielleicht aus dem Haus hinter dem unseren hereingekommen. Ich habe keinen anderen getroffen, der aus unserem Haus oder dem dahinter diese Nacht überlebt hat.

Käte Hoffmeister war eine neunzehnjährige Putzmacherin aus dem Grevenweg in Hammerbrook:

Wir kamen an die Tür. Sie brannte. Es war wie der Flammenreifen im Zirkus, durch den der Löwe springen muß. Irgend jemand vor mir zögerte. Ich stieß sie mit meinem Fuß auf; ich hatte erkannt, daß es keinen Sinn mehr hatte, da zu bleiben, wo wir waren. Ein Funkenregen fegte die Straße herunter, jeder Funke so groß wie ein Fünfmarkstück. Ich versuchte mit aller Kraft, in der Mitte der Straße gegen den Wind anzurennen, aber es gelang mir nur, bis zu einem Haus an der Ecke Sorbenstraße zu kommen. Da hatte das Erdgeschoß noch nicht Feuer gefangen, und ich konnte mich einen Augenblick im Eingang ausruhen, um Atem zu holen und ein wenig Schutz zu haben vor dem Funkenregen.

Meine Mutter, meine Tante Emma und ich waren alle ungefähr zur gleichen Zeit aus unserem Hauseingang losgelaufen. Während ich Atem schöpfte, kam meine Tante und blieb neben mir stehen. Ich hatte eine kleine Tasche mit meinen Papieren und dem Schmuck, aber meine Hände waren schon verbrannt, und ich ließ die Tasche fallen. Meine Tante sagte, ich solle sie da liegen lassen. Ich zitterte vor Angst, aber sie war ganz ruhig und fest entschlossen, wieder durch das Feuer zu laufen, bis wir einen sicheren Platz gefunden hatten. Ich mochte nicht wieder in das Feuer zurück, aber sie zerrte mich mit sich und wir machten uns auf den Weg, immer noch gegen den Wind. Wir kannten die Gegend sehr gut, und wir beschlossen, zum Löschplatz zu laufen – einem freien Gelände auf der anderen Seite des Mittel-Kanals, etwa 200 Meter weit weg. Das war ein alter Kai, an dem Schiffe ihre Ladung gelöscht hatten. Wir hatten vor, dahin zu laufen und weiter zum Fußballplatz in der Eiffestraße.

Wir schafften es tatsächlich bis zum Löschplatz, aber dann konnten wir nicht weiterkommen, weil der Asphalt in der Eiffestraße geschmolzen war. Es waren Menschen auf der Fahrbahn, einige schon tot, andere lebten noch, aber sie waren in dem Asphalt steckengeblieben und konnten sich nicht befreien. Sie müssen wohl, ohne weiter nachzudenken, auf die Straße hinausgerannt sein. Sie waren mit den Füßen eingesunken, und dann hatten sie versucht, sich mit den Händen loszustemmen. Nun lagen sie da auf Händen und Knien und schrien.

Tante Emma und ich standen neben einer Reihe von vier großen Bäumen, die in Flammen standen, und wir berieten, was wir nun machen sollten. Ich schlug vor, daß wir uns die Böschung hinunterrollen lassen sollten; es war zu steil, auf andere Weise konnte man nicht hinunterkommen. Ich ließ die Hand meiner Tante los und ging. Ich glaube, ich bin über Menschen hinweggerollt, die noch lebten. Da verlor ich meine Tante. Mittlerweile hatte ich Verbrennungen an Gesicht und Armen und Beinen. Ich konnte mich deshalb nur vorantasten. Aber noch hatten meine Brandwunden nicht angefangen wehzutun. Ich fühlte eine dicke Wolldecke, die da lag. Instinktiv wußte ich, daß ich unter der Decke ein wenig sicherer sein würde. Man hatte uns immer wieder erzählt, daß eine Wolldecke uns vor Feuer schützen würde, weil Wolle nicht brennt, sondern nur schwelt. Ich kroch unter die Decke, und da bin ich dann geblieben.

Am nächsten Morgen machte Käte Hoffmeister sich trotz ihrer schweren Verbrennungen auf den Weg, um ihre Angehörigen zu suchen. Sie fand den Leichnam ihrer Tante Emma. Daß es ihre Tante war, erkannte sie an dem Saphirring, den sie immer trug. Ihr Vater und zwei Onkel waren tot, aber später fand sie durch Zufall ihre Mutter in demselben Krankenhaus bei Kassel wieder, in das auch sie eingeliefert worden war.

Der Bericht des Polizeipräsidenten enthält mehrere Augenzeugenberichte von Zivilisten, die den Feuersturm überlebten. Zwei dieser Berichte stammen von Leuten, die ebenfalls jenen kleinen Kai am Kanal erreicht hatten, an dem Käte Hoffmeister sich vor dem Feuer retten konnte. Frau Erika Wilken und ihr Mann hatten zusammen mit vielen anderen Menschen Schutz in einer öffentlichen Bedürfnisanstalt gesucht, die sich unter dem Grevenweg befand. Herr Wilken hatte auf einem Toilettendeckel gestanden und Kleidungsstücke in dem Wasserkasten oben unter der Decke angefeuchtet, damit die anderen Menschen sich damit ein wenig gegen die fürchterliche Hitze schützen konnten.

> Aber das Schlimmste sollte erst noch kommen. Zu unserem Unglück fiel eine große Phosphorbombe genau draußen vor die Toilette. Der Menschen, die der Tür am nächsten waren, bemächtigte sich eine unbeschreibliche Panik. Die inneren Toilettentüren wurden herausgerissen und als Schutzschilde gegen die Bombe benutzt. Schon nach ein paar Minuten brannten auch diese Türen lichterloh.
>
> Furchtbare Szenen spielten sich ab, da wir alle den gewissen Tod vor Augen sahen. Der einzige Weg nach draußen war ein Flammenmeer. Wir saßen gefangen wie Ratten in einer Falle. Schreiende Menschen warfen die Türen auf den Kanister, und neuer Rauch und noch mehr Hitze drangen zu uns herein. Mittlerweile war auch das letzte Wasser im Tank verbraucht. Mein Mann war total erschöpft, und wir kauerten uns neben dem Toilettenbecken nieder. Auch die anderen Menschen hier setzten sich hin; einige sanken in sich zusammen und wachten nie wieder auf. Drei Soldaten begingen Selbstmord. Ich bat meinen Mann, die Flammen mit unserer Decke zurückzuschlagen, aber er hatte die Kraft nicht mehr. Also tat ich es. Mein Haar war angesengt, und mein Mann löschte es.
>
> Was nun? Uns schlug das Herz wie rasend, unsere Gesichter schwollen, wir waren der Ohnmacht nahe. Vielleicht noch fünf oder acht Minuten, und auch mit uns würde es aus sein. Als ich fragte: »Willi, ist das das Ende?« beschloß mein Mann, alles auf eine Karte zu setzen und zu versuchen, ins Freie zu gelangen. Ich nahm die Decke und er den kleinen Koffer. Schnell, aber zugleich auch vorsichtig, damit wir nicht über die Leichen stolperten, kamen wir nach draußen. Eins! Zwei! Drei! Wir hatten die Feuerwand hinter uns. Wir hatten es geschafft. Beide ohne Verbrennungen; nur unsere Schuhe waren versengt. Aber unsere letzte

Kraft und unser Mut waren dahin. Am Kanal legten wir uns flach auf die Erde. Menschen, die im Kanal schwammen, befeuchteten die Decke für uns, immer wieder.

Der andere Bericht von dieser Stelle stammt von Johann Burmeister, einem Obst- und Gemüsehändler:

Viele Menschen standen plötzlich in Flammen und sprangen in den Kanal. Fürchterliche Szenen spielten sich auf dem Kai ab. Menschen verbrannten unter entsetzlichen Leiden; einige verloren den Verstand. Viele Tote lagen rings um uns her, und ich glaubte nun, daß auch wir an diesem Ort bald umkommen würden. Ich kauerte mich mit meiner Familie hinter einen hohen Stapel Dachdeckermaterial. Hier verloren wir unsere Tochter. Später stellte sich heraus, daß sie in den Kanal gesprungen war. Beinahe wäre sie ertrunken. Sie wurde von einem Heeresoffizier gerettet, und früh am nächsten Morgen war sie wieder bei uns.

Bitte ersparen Sie es mir, weitere Einzelheiten zu beschreiben.

Dieser Platz am Kanal, der Löschplatz, ist jetzt Werkstatt, Garage und Lkw-Abstellplatz eines Mercedes-Benz-Händlers. Nur einer der vier Bäume, die in jener Nacht gebrannt haben, steht heute noch da. Die öffentlichen Toiletten unter dem Grevenweg, wo so viele Menschen gestorben sind, dienen heute als kleiner Lagerraum.

Herbert Brecht, damals fünfzehn Jahre alt, war Mitglied eines Schnellkommandos und damit einer der wenigen, die sich draußen auf den Straßen aufhalten mußten. Seine kleine Gruppe war von ihrem Posten in der Osterbrook-Schule in Hammerbrook die Süderstraße entlang losgeschickt worden, mitten hinein in die Zone, die zum Hauptgebiet des Feuersturms werden sollte.

Wir fuhren mit unserem Fahrzeug durch die Süderstraße. Ich befand mich mit zwei Kameraden auf dem hölzernen Anhänger. Die Hitze von den umliegenden, brennenden Häusern war unerträglich. Wir haben vor Schmerzen geschrien und gewimmert. Wir blieben hinter einem brennenden Straßenbahnzug hängen, konnten aber mit einem Ruck weiterfahren. Nach ca. 300 Meter sprang plötzlich ein Mann auf unseren Wagen und drückte dabei seinen heißen Stahlhelm in mein Gesicht, aber nicht mit Absicht. Wir haben ihn abgeschüttelt. Er blieb auf der Straße liegen. Brennende Menschen liefen und taumelten hinter uns her. Andere lagen schon auf der Straße, waren tot oder bewußtlos. An der Kreuzung Süderstraße/Louisenweg blieb unser Anhänger in einem Bombentrichter stecken. Wir konnten den Anhänger abkoppeln und in den Pkw springen, der noch fuhr. Hier lagen wir zu sechst. Nach weiteren 200 Meter blieben wir vor dem Straßenbahndepot in den herabhängenden Drähten der Oberleitung zwischen den auf der Straße stehenden Straßenbahnwagen liegen. Unser Wagen brannte sofort. Wir konnten alle den Wagen verlassen und standen in der Höllenglut. Der Feuerorkan trieb mich ohne mein Zutun in einen riesigen Bombentrichter in der Mitte der Straße. Alle, die nicht in diesen Trichter gefallen sind, hatten keine Überlebenschance. Einer von uns ist nie wieder gefunden worden. Das Geräusch glich dem einer alten Orgel in einer Kirche, wenn einer alle Noten gleichzeitig spielt.

Im Bombentrichter war das Hauptwasserleitungsrohr getroffen worden. Im Rohr war zwar kein Druck mehr, aber das im Rohr befindliche Wasser lief zu uns in den Krater. Nun mußten wir gegen die Wassermengen kämpfen, da aus dem Rohr viel Wasser lief. Einige sind ertrunken oder verschüttet worden, als der Rand des Trichters einstürzte. Von oben die Gluthitze, aber ich lag im rettenden Wasser. Da ich bei allen Einsätzen eine Motorradfahrerbrille auf hatte, konnte ich alles gut sehen. Brennende Menschen, die an unserem Bombentrichter durch den Feuerorkan vorbeigetrieben wurden, haben bestimmt nicht überlebt. Im Trichter lagen später ca. vierzig Menschen. Bei mir lag ein Soldat in Uniform mit vielen Orden. Er versuchte, sich mit einem Messer das Leben zu nehmen. Er zeigte mir seine blutige Brust und sagte zu mir: »Es geht nicht.«

Nach einiger Zeit merkte ich, daß in unseren Trichter ein Pkw gefahren war und Menschen unter sich begraben hatte. Da man in so einer Lage nur vor sich hin dämmert, hatte ich es nicht bemerkt. Durch das Wimmern eines kleinen Jungen wurde ich darauf aufmerksam. Mit viel Mühe konnten wir ihn unter dem Wagen raus ziehen. Ob er überlebt hat, kann ich nicht sagen.

Unvergeßlich sind für mich die Schreie der brennenden und sterbenden Menschen. Bis ein Mensch stirbt, schreit er und wimmernd und röchelnd stirbt er, ohne Heldentum und nicht so schön wie im Kino.

Der Wagen, der unabsichtlich in Herbert Brechts Bombentrichter hineingefahren war, gehörte einem Herrn Dehler von den Hamburger Wasserwerken. Herr Dehler überlebte den Feuersturm, und sein Bericht über den Vorfall wurde später zu den Akten des Polizeipräsidenten genommen.

Die Zahl der Menschen, denen es gelang, sich aus der Feuersturmzone zu retten, ist überraschend groß. Wie furchtbar und schier unüberwindlich es auch war, was hier geschah, der Lebenswille des Menschen trieb die Tapferen und diejenigen, die zugleich stark waren und überlegt handelten, zu schier übermenschlichen Leistungen. Aber auch das reichte noch nicht. Glück mußte hinzukommen. Wer hier überleben wollte, der mußte den herniederstürzenden Balken und Trümmern ausweichen – und in den Anfangsstadien des Feuersturms auch den Bomben; und er mußte in Reichweite eines Ortes sein, an dem das Überleben möglich war. Die Menschen, deren Erlebnisse angeführt worden sind, machten sich ein Haus zunutze, das schon bei einem früheren Angriff ausgebrannt war, sie nutzten einen Fußballplatz, ein tiefergelegenes Stück Erde am Ufer eines Kanals und einen tiefen, zum Teil gefluteten Bombentrichter. Viele andere retteten sich, indem sie in einen der Kanäle sprangen, die es hier gibt, wobei es ihnen immer noch besser erschien, zu ertrinken als zu verbrennen. Erschöpft und oft mit schweren Verbrennungen warteten die Überlebenden des Feuersturms auf sein Ende.

Viele, viele Tausende von Menschen gab es, denen jene Kombination von Willenskraft, Mut und Glück fehlte, die man zum Überleben brauchte, und der Feuersturm tötete in einem Ausmaß, wie man es bis dahin im Bombenkrieg noch nicht gesehen hatte. Sogar ein hoher Prozentsatz derjenigen, die kühn genug waren, um ihren Schutzraum zu verlassen und die Flucht durch die Straßen zu versuchen, kam um. Viele, die sich auf die Straßen wagten, ließen sich in ihrer Verwirrung vom Sturmwind dahintragen in die noch größere Gefahr. Es bedurfte eines klaren Kopfes und großer körperlicher Kraft, kehrt zu machen und gegen den Sturm anzukämpfen. Selbst wenn man den richtigen Weg einschlug, war das noch keine Überlebensgarantie. Die Wege bis zu einer sicheren Stelle waren oft zu lang, und nur diejenigen überlebten, die wie in den bereits geschilderten Fällen das Glück hatten, einen Platz zu finden, an dem es ein wenig Luft zum Atmen gab und einen vorläufigen Schutz vor den Flammen. Menschen wurden von umherfliegenden Balken und stürzenden Ziegelsteinen getroffen. Babies und gebrechliche, kleine alte Menschen wurden einfach vom Sturm in brennende Gebäude hineingezogen. Viele andere konnten vor Erschöpfung nicht weiter; sie taumelten und stürzten zu Boden. Manchmal krochen sie zum Rinnstein in der Hoffnung, dort ein wenig Luft zu finden, aber innerhalb von Sekunden fingen ihre Kleidung und ihr Körper selbst Feuer. Das vielleicht schlimmste Schicksal wurde denjenigen zuteil, die auf eine Fahrbahn hinausliefen, deren Asphaltdecke geschmolzen war. Alle diese Todesarten auf den Straßen wurden beobachtet und später von den Überlebenden beschrieben.

Die Leichen der Opfer wurden später am Ort des Todes gefunden – fast immer lagen sie mit dem Gesicht nach unten und mit einem Arm um den Kopf gelegt. Die meisten Körper waren geschwärzt und auf die Hälfte ihrer normalen Größe geschrumpft wie Mumien, andere waren nicht verbrannt, aber ihre gesamte Kleidung, bis auf die Schuhe, war verschwunden. Zu erklären ist das wahrscheinlich dadurch, daß die Opfer versucht hatten, zu fliehen, als sie wenig mehr als Nachthemd oder Pyjama trugen, die ihnen dann der Sturm vom Leibe riß oder die sich in der intensiven Hitze einfach auflösten, ohne daß die Menschen selbst verbrannten.

Viel schwerer noch waren die Verluste an Menschenleben unter denjenigen, die dem immer wieder von Luftschutzexperten erteilten Rat gefolgt und in ihren Luftschutzräumen geblieben waren. Eine Ausnahme bildeten nur jene Glücklichen, die sich in den großen öffentlichen Luftschutzbunkern befanden. Diese Spezialbauwerke hatten gas- und rauchdichte Türen, und waren die erst einmal geschlossen, hatten die Menschen in dem Bunker eine gute Chance, am Leben zu bleiben. Es gab keinen Fall eines Massensterbens in einem dieser Bunker. Eine Bunkerinsassin sagt: »Bei den Leuten von Hammerbrook war es eigentlich nicht üblich, viel zu beten. Aber in der Nacht haben sie tüchtig gebetet.« Als sie viele Stunden später wieder herauskam, mußte sie durch das Fett geschmolzener Leiber von Menschen gehen, die die stählerne Tür des Bunkers zu spät erreicht hatten.

Aber es gab nicht viele öffentliche Luftschutzbunker in den Gebieten, in denen der Feuersturm raste. Es hatte ja fast jeder Wohnblock seinen eigenen Luftschutzkeller. In diese Keller war die gewaltige Mehrheit der Bevölkerung gegangen, als Fliegeralarm gegeben wurde, und dort starben die Bürger jener Stadtteile zu

Tausenden. Ich kenne keinen persönlichen Bericht, noch eine schriftliche Aufzeichnung eines Menschen, der in einem Luftschutzkeller ausgeharrt hatte und in jenem Gebiet, in dem der Feuersturm mit voller Intensität gerast hatte, mit dem Leben davongekommen war. Die Art und Weise, in der diese Menschen gestorben sind, kann man nur erraten anhand des Zustandes, in dem man ihre Leichen fand, als die Ruinen mehrere Tage später abgekühlt waren.

Zunächst hatte der Feuersturm die gute Luft aus diesen Kellern herausgesogen und sie dann durch Rauch ersetzt oder manchmal auch durch farblose Gase, deren Sauerstoffgehalt gänzlich herausgebrannt war. Obduktionen ergaben, daß die bei weitem vorherrschende Todesursache Kohlenmonoxyd-Vergiftung war und nur in seltenen Fällen Verbrennung. Irgendwann während dieses Vorgangs war der Wohnblock über dem Keller niedergebrannt, das Mauerwerk des Dachstuhls, die Innenwände, die Treppenhäuser waren über den Luftschutzkellern eingestürzt und hatten sie verschüttet. Dabei stürzte die Decke des Kellers nur selten ein, aber fast immer wurden alle Ausgänge verschüttet. In diesen zu Grabgewölben gewordenen Kellern tief unter Trümmergebirgen war der Tod zu vielen Menschen gekommen. Manchmal fand man die Leichen in ganzen Haufen in der Nähe der versperrten Ausgänge. Die Menschen hatten erkannt, daß sie gefangen waren und in Todesgefahr schwebten. Aber die meisten Toten fand man an Tischen oder an Wände gelehnt sitzen, ganz friedlich und ruhig, als wären sie sanft eingeschlafen, und auf eine Weise waren sie das auch, denn ohne die Gefahr zu ahnen, hatten sie das unsichtbare und geruchlose Kohlenmonoxyd eingeatmet. Diese Opfer waren gewöhnlich vollständig bekleidet, wenn auch einige Kleidungsstücke angesengt waren, und ihre unversehrten Leiber waren immer zu einer bräunlichen Farbe gebacken. Alle diese Körper waren erheblich geschrumpft; man hatte ein Wort dafür. Man nannte sie »Bombenbrandschrumpfleichen«. Einige Tote fand man auf dem Fußboden der Keller liegend vor in der erkalteten schwarzen Masse ihres eigenen geschmolzenen Körperfettgewebes.

Und eine letzte Kategorie von Leichen gab es noch. In einigen Kellern fand man nicht mehr vor als nur eine dünne Schicht von Asche auf dem Fußboden. Hier war nach dem Ende des Feuersturms, aber während die Häuser noch brannten, frische Luft eingedrungen. Diese Toten waren eingeäschert worden, aber erst mehrere Stunden nach Eintritt des Todes.

Annähernd 40 000 Menschen – meist Zivilisten und alte Menschen, Frauen und Kinder – waren entweder auf den Straßen des Feuersturmgebiets oder in ihren Luftschutzkellern gestorben.

Der furchtbare Glutofen des Feuersturms begann ungefähr drei Stunden nach seinem Entstehen abzuflauen. Das erste Nachlassen des Windes und Feuers wurde im westlichen Teil des jetzt drei Kilometer langen Feuersturm-Gebiets beobachtet. Zu ersterben begann er erst, als so gut wie alles brennbare Material in dem Gebiet verbrannt war, in dem der Sturm begonnen hatte. Nach ersten Schätzungen trat dieses Stadium gegen 4.00 Uhr früh ein. Allmählich legte sich der Wind. Noch immer gab es einige Feuer, wo widerstandsfähigeres Material weiterbrannte, aber das waren jetzt Brände der konventionellen Art. Dieser Prozeß breitete sich stetig in östlicher Richtung aus, und es ist geschätzt worden, daß die letzten Zeichen des Feuersturms zwischen 6.00 und 7.00 Uhr früh verschwanden. Jene fünf Stunden, in denen der Feuersturm getobt hatte, sollten sich als ein Wendepunkt in der Geschichte der Stadt Hamburg erweisen, eine große Scheidewand in der Lebensordnung und in Erscheinungsbild und Wesensart der Stadt.

Die große Hitze im Zentrum des Feuersturmgebiets blieb bestehen. Zwei Tage sollten vergehen, bevor die Bergungsmannschaften in die heißesten Gebiete eindringen konnten. Aber Eile war nicht geboten. Es gab dort niemanden mehr, den man hätte retten können. Zwei volle Wochen vergingen, bevor es möglich wurde, diese Gebiete sicher und wohlbehalten zu passieren. Aber jetzt, als der neue Tag begann – es war Mittwoch, der 28. Juli – konnte man die Luft wenigstens wieder atmen, auch wenn die Sonne sich nicht zeigte. Rauch aus den Ruinen von Borgfelde, Hamm und Wandsbek sollte die Sonne noch mehrere Tage lang verhüllen. Bergungsmannschaften begannen, in die Ränder des Feuergebietes einzudringen, und dort trafen sie auf die Überlebenden des Feuersturms. Es ist keine Überdramatisierung, wenn man es als eine Begegnung mit Menschen bezeichnet, die von der Grenze des Totenreiches zurückgekehrt waren.

Hermann Kröger war der Leiter der Brandschutzgruppe der Kaffee-Rösterei in der Wendenstraße:

Zwischen sechs und sieben Uhr morgens konnten wir es wagen, die Luken und Klappen nach der Fleetseite hin zu öffnen. Frische Luft strömte herein und alle Atemnot war behoben. Wenn der Luftschutzraum auch jetzt noch nicht verlassen werden konnte, so wußten wir doch eins: Alle Personen waren gerettet und jeder würde diesen Keller lebend verlassen können. In den benachbarten Gebäuden waren alle tot. Wir zogen einige Menschen aus dem Fleet zu uns herein. Sie waren auf der anderen Seite, die lichterloh brannte, in das Wasser gesprungen, und sie waren zu unserer Seite herübergeschwommen. Es gab große brennende Flächen auf dem Wasser, genauso, als ob man brennbare Flüssigkeit auf das Wasser schüttet und dann ein Streichholz daranhält. Wir glaubten, daß flüssiges Phosphor die Ursache gewesen sein könnte, das die Bomber abgeworfen hatten. Immer wieder schlugen diese Menschen beim Schwimmen mit der flachen Hand aufs Wasser. Sie versuchten, die Flammen zurückzuschlagen. Eine Polizeistreife tauchte auf der anderen Fleetseite auf, und wir riefen Meldung über unser Befinden hinüber. Es wurde zugesagt, diejenigen, die den Keller über den Hof nicht verlassen wollten oder nicht konnten, per Kahn abzuholen. Dieses ist leider nicht geschehen, sondern alle haben nach der Wendenstraße hin den Keller verlassen müssen.

Nachdem wir uns überzeugt hatten, daß das wütende Feuer im Fabrikgebäude und in den Garagen sowie im Kontor von uns nicht mehr gelöscht werden konnte, traten wir mit mehreren Männern gegen 8.30 Uhr den Heimweg durch die Wendenstraße an, um über Schutt und Leichen zu unseren Wohnungen zu gelangen und uns Gewißheit über unsere Angehörigen zu beschaffen.

Die Hölle war los in dieser Nacht. Der ganze Kaffee in der Fabrik – ungefähr fünf Tonnen Kaffeebohnen für die Wehrmacht und eine Menge Ersatz – war verbrannt, aber es war soviel Feuer da, daß wir den brennenden Kaffee nicht gerochen haben.

Der guten Bauart unseres Luftschutzkellers verdanken wir alle unser Leben, so schmerzlich es auch ist, daß wir Männer trotz aller zur Verfügung stehenden Mittel gegen ein derartiges Flammenmeer machtlos waren.

Traute Koch war das junge Mädchen, das in einem bei einem früheren Angriff ausgebrannten Haus Zuflucht gesucht hatte:

Nach endlosen Stunden kam einer der Männer und machte uns klar, daß es jetzt nicht mehr brenne in den Straßen; wir sollten versuchen, aus dieser Hölle herauszukommen. Zögernd verließen wir die Keller und traten auf die Straße. Das Haus, das uns Obdach geboten hatte, brannte – wir konnten nicht zurück. Es gab nur den Weg voraus. Wie sah dieser Weg aber aus! Es herrschte eine große Hitze. Ein bleiernes Licht lag über uns. Dort, wo vor einigen Stunden noch Häuser gestanden hatten, ragten nur noch einzelne Mauern empor mit leeren Fensterhöhlen. Dazwischen hohe Kegel von Schutt, der noch qualmte. Zerrissene Oberleitungen hingen herum.

Auf der Fahrstraße selbst lagen verhältnismäßig wenige Trümmer. Nach einigen hundert Metern kamen wir an die Stelle, wo wir vor einigen Stunden zu Hause gewesen waren. Die Wand zwischen Speisezimmer und Treppenhaus stand noch. Ich sehe noch den Heizkörper und weiß, daß ich dachte, die Meißner Porzellangruppe, die ich so geliebt hatte, müßte doch eigentlich noch dort sein. Ein flüchtiger Gedanke. Lange stehenbleiben konnten wir nicht. Es war an den Fußsohlen zu heiß. Ich meinte immer, ich würde anfangen zu brennen.

Wir kamen an die Kreuzung Hammer Landstraße/Louisenweg. Ich trug meine kleine Schwester und half auch meiner Mutter, über die Trümmer zu klettern. Plötzlich sah ich Schneiderpuppen liegen. »Mami, hier hat doch gar keine Schneiderin gewohnt – und so viele Puppen!« Meine Mutter packte mich am Oberarm. »Geh weiter – sieh nicht so genau hin. Weiter. Weiter. Wir müssen hier raus. Das sind Leichen.«

Herbert Brecht war der Junge vom Schnellkommando, der Zuflucht in dem teilgefluteten Bombentrichter gefunden hatte:

Am nächsten Mittag, es wurde nicht hell, kam ein Mann und zog einige von uns Überlebenden aus dem Krater. Es war ein älterer Mann, auch mit verbranntem Gesicht. Als er mich an den Händen rausgezogen hatte, blieben Hautfetzen meiner Hände bei ihm hängen. Er sah mich an, mir fehlt der Ausdruck, wie, und sagte nur: »Junge Junge.« Wie viele von uns in dem Trichter überlebt hatten, kann ich nicht sagen.

Erst vor drei Wochen hatte man mir eine neue braune Uniform gegeben und gesagt, daß sie aus feuerabweisendem Material gemacht sei. Ich glaube, sie hat mir das Leben gerettet. Meine alte Uniform war eine französische Beuteuniform gewesen mit alten Stiefeln aus dem Ersten Weltkrieg.

Da ich wußte, Richtung Osterbrook, wo die Schule mit unserem Posten war, brannte alles, versuchte ich, nach Hammerbrook zu kommen. Die Luft war kaum zu atmen, meine Wunden schmerzten höllisch. Überall lagen Tote. Die meisten waren nackt, weil ihre Kleidung verbrannt war. Alle waren durch die Hitze ganz klein geschrumpft.

Bis zum Heidenkampsweg bin ich gekommen, getaumelt, hier war kein Weiterkommen. Ich versuchte, den Weg zurückzugehen, bin dann aber zusammengebrochen. Von unbekannten Rettern wurde ich in einen Hochbunker gebracht. Hier wachte ich aus meiner Ohnmacht auf, als eine Frau versuchte, mir kleine Speckstücke in den Mund zu stecken. Nach einiger Zeit habe ich den Bunker allein verlassen, um meine Eltern zu suchen. Sie saßen vor unserem abgebrannten Haus und warteten seit 36 Stunden auf mich. Hoffnung hatten sie nicht mehr.

Die Feuerwehr hatte wenig ausrichten können mit ihren Löschversuchen. Sie wurde überwältigt vom schieren Ausmaß des Feuers. Statt dessen hatten die Männer während des Angriffs daran gearbeitet, so vielen Menschen wie nur möglich das Leben zu retten – aber nur an den Rändern des Feuersturmgebiets. Die Hauptwache der Feuerwehr am Berliner Tor befand sich an der Nordwest-Ecke des Feuersturmgebiets. Sie war zu einem großen Zufluchtsort geworden. Hunderte von Menschen suchten hier Schutz. Ein Feuerwehrmann, der seinen Namen nicht veröffentlicht sehen möchte, weil er aus irgendeinem Grunde wegen seiner Pension besorgt ist, hatte geholfen, diese Menschen zu versorgen. Jetzt machte er sich auf den Weg nach Hammerbrook hinein, um seinen Bruder – einen Kriegsversehrten – und dessen Familie zu suchen:

Ich kam nur bis zum Heidenkampsweg. Am Eingang zum Maizena-Haus (einem großen Bürohaus) sah ich viele tote, nackte Menschen auf den Treppen. Ich dachte mir, daß sie wohl von einer Sprengbombe getötet und aus dem Luftschutzkeller hinausgeschleudert worden sein mußten. Was mich überraschte, war, daß alle diese Menschen mit dem Gesicht nach unten lagen. Erst später stellten wir fest, daß diese Menschen an Sauerstoffmangel gestorben waren.

Ich kletterte über die Trümmer und drang weiter in das zerbombte Gebiet ein. Hier gab es überhaupt keine lebenden Menschen mehr. Die Häuser waren alle zerstört, und sie brannten noch. In der Süderstraße sah ich einen ausgebrannten Straßenbahnwagen, in dem nackte Leichen übereinander lagen. Das Fensterglas war geschmolzen. Wahrscheinlich hatten diese Leute in der Straßenbahn Schutz vor dem Sturm gesucht.

Schließlich erreichte ich das Haus am Grevenweg, in dem mein Bruder wohnte. Es war nur noch ein großer Haufen rauchender Trümmer. Fünf Wochen später half ich dabei, ihren Luftschutzkeller freizulegen. Es gab dort nur verkohlte Knochen und Asche. Ich fand ein paar Gegenstände, die meinen Verwandten gehörten – ihre Hausschlüssel und einige Münzen, mit denen mein Neffe immer gespielt hatte.

Das Gebiet, das von dem Feuersturm heimgesucht worden war, wurde bald zum Sperrgebiet für Zivilisten erklärt, und Menschen, die das Schicksal ihrer Angehörigen klären wollten und versuchten, dort einzudringen, wurden von bewaffneten Posten zurückgewiesen. Anne-Lies Schmidt war zu Fuß vom Lande hereingekommen und versuchte, später an diesem Tag ihre Eltern in Hammerbrook zu finden:

Und wieder zu Fuß in das Grauen. Es durfte keiner in das zerstörte Gebiet. Ich glaube, im Angesicht solcher Opfer wächst der Widerstand. Wir haben uns mit dem Sperrkommando geprügelt und kamen durch. Mein Onkel wurde verhaftet.

Vierstöckige Wohnblocks bis zu den Kellern ein glühender Steinhaufen. Alles war geschmolzen und drückte die Leichen vor sich her. Frauen und Kinder bis zur Unkenntlichkeit verkohlt. Halb verkohlte Leichen, der erkennbare Rest der Menschen war an Sauerstoffmangel kaputtgegangen. An den geplatzten Schläfen quoll das Gehirn heraus, das Gedärm hing unter den Rippen heraus. Wie entsetzlich müssen diese Menschen gestorben sein. Die kleinsten Kinder lagen wie gebratene Aale auf dem Pflaster, im Tode noch zeigten die Züge, wie sie gelitten haben. Die Hände vorgestreckt, um sich vor der erbarmungslosen Hitze zu schützen.

Meine Eltern waren ebenfalls tot. Sogar die Leichen wurden beschlagnahmt! Seuchengefahr! Kein Andenken, kein Bild, nichts. Die im Keller abgestellten Wertsachen geplündert.

Es gab bei mir keine Tränen. Die Augen wurden immer größer, doch der Mund blieb stumm.

Der erste Instinkt vieler Zivilisten, denen es gelungen war, ohne schwere Verletzungen dem Bombengebiet zu entkommen, bestand darin, zu fliehen, nach Möglichkeit die Stadt hinter sich zu lassen. Ingeborg Reifkogel, eine junge Lehrerin aus Hamm, trat ihre Flucht schon während des Angriffs an, als Rauch in den Luftschutzkeller ihres Hauses einzudringen begann.

In der Sievekingsallee brannten alle Häuser und es war eine ziemliche Hitze. Aber ich hatte mir einen Eimer Wasser übergegossen, eine Autobrille auf, gegen Funkenflug äußerst angenehm, und ein nasses Tuch vorm Gesicht. Das schien mir angenehmer als die Gasmaske, die ich um den Hals hängen hatte. Um den Kopf ein Kopftuch, darüber einen nassen alten Filzhut, so bin ich in der Mitte der Straße auf den Schienen durchgekommen bis an die Reichsautobahn. Die war ganz mit rotem Qualm gefüllt, an beiden Seiten brannte es, aber der Qualm ist ja kein Feuer, man darf sich nicht abschrecken lassen. Man kann, wenn man naß ist und die Funken nicht anfangen zu glimmen, ganz gut durch.

Auf der Autobahn bin ich dann immer weiter gewandert, trotz des Geknalles ganz ruhig. An einer Stelle stand die Autobahn unter Wasser, wahrscheinlich war durch einen Blindgänger ein Wasserrohr durchschlagen. Da es an der Böschung brannte, ich also nicht oben herum konnte, bin ich durchgewatet. Es ging bis zum Knie, und meine Schuhe und Strümpfe waren von der Hitze nach kurzer Zeit wieder trocken. Noch immer war so viel Rauch, daß man nicht ohne nasses Tuch atmen konnte.

Kurz vor Jenfeld traf ich an einem Bunker in einer Brücke über die Autobahn Menschen. Da habe ich mein Tuch wieder naß gemacht. Sie forderten mich auf, bei ihnen zu bleiben, aber direkt neben zwei toten Kindern, das konnte ich nicht ertragen. Sonst hatte ich bis dahin nur einen Trupp von Gefangenen getroffen, die ohne Aufsicht herumliefen und mich in gebrochenem Deutsch vor dem Phosphor warnten, der überall noch glimmte. Ich war so ruhig, fast vergnügt, daß ich mit einem Grinsen an das Umschlagbild auf dem Buch »Vom Winde verweht« dachte. Die Scarlett hatte doch wenigstens noch einen Wagen, während ich zu Fuß gehen mußte.

Nun gingen aber plötzlich überall Zeitzünder hoch, und ein paar nette Leute lotsten mich in ihren winzigen Bunker. Sie hausten in Schreberlauben, die alle brannten; trotzdem forderten sie mich auf, bei ihnen zu bleiben. »Wenn dat Brot all ist, heff wi noch Wotteln und Kantüffeln ut unsern Gorn.« Erstmal schenkten sie mir ein Stück Brot. Um 5 Uhr bin ich dann weitergewandert nach Rahlstedt. Ganz Jenfeld brannte, die Kasernen sahen wüst aus, in Tonndorf war nur noch Glasschaden, Rahlstedt war noch ganz heil. Ich habe mich bei Diffrings in den Garten gesetzt, um sie nicht im Schlaf zu stören. Um 7 Uhr sah Frau Diffring aus dem Fenster und holte mich rauf, ich konnte mich waschen, frühstücken und dann ins Bett.

Fräulein Reifkogel war etwas mehr als sieben Kilometer weit gewandert, vom Rande des Feuersturmgebiets bis in diesen kleinen, friedlichen Hamburger Vorort. Sie muß eine der ersten Menschen eines Stroms gewesen sein, der zu einem Massen-Exodus anschwoll. Tausende von Menschen flohen aus dem zerbombten Teil der Stadt über die nach Osten führenden Straßen. Diese Fluchtbewegung wuchs bald noch weiter an, als Gauleiter Kaufmann offiziell bekanntmachen ließ, daß alle Einwohner Hamburgs, die abkömmlich waren, die Stadt verlassen sollten. Die Kunde von einer massiven und entsetzlichen Katastrophe in einem Teil der Stadt hatte sich schon mit Blitzesschnelle im übrigen Hamburg verbreitet. Es konnte jetzt nicht mehr der geringste Zweifel daran bestehen, daß die RAF die Absicht verfolgte, Hamburg zu vernichten, und daß anderen Teilen der Stadt die gleiche Behandlung zuteil werden könnte, vielleicht schon in der kommenden Nacht. Die Flucht wurde jetzt zu einer allgemeinen Massenbewegung, und es ist geschätzt worden, daß 1 200 000 Menschen – nahezu zwei Drittel der Gesamtbevölkerung – ihre Wohnungen bis zum Anbruch der Nacht verließen.

Die ersten Flüchtlinge verließen die Stadt einfach zu Fuß und gingen immer weiter, bis sie das offene Land erreicht hatten, aber mit dem Fortschreiten dieses Tages wurde doch eine Art Ordnung des Evakuierungsprozesses erreicht. Hermann Matthies, Leiter der NS-Volkswohlfahrt in Hamburg, erinnert sich, daß sein sorgfältig ausgearbeiteter Katastrophenplan sich als völlig unzulänglich erwies. »Ich habe ihn in meinem Büro in die Ecke geworfen, und von da an haben wir improvisiert – alles.« Hier kam nun die große Stunde der Partei-Organisation. Verzögerung, Ausreden oder gar Widerspruch von niemandem duldend, setzten Parteifunktionäre es durch, daß sich allmählich eine Art Ordnung aus dem Chaos herausschälte. Man war stets davon ausgegangen, daß für eine etwaige Massenevakuierung die Eisenbahn eingesetzt werden würde, aber Bombenschäden an Eisenbahnen und Gleiskörpern hatten fünfzehn der achtzehn Hamburger Bahnhöfe für diesen Zweck unbrauchbar gemacht. Vier riesige Sammelplätze wurden eingerichtet: Auf der Moorweide, auf den Rennbahnen Farmsen und Horn und auf einem freien Platz in

Billstedt. Auf der Trabrennbahn Farmsen hätte eigentlich nur drei Tage vorher der wichtige Preis von Deutschland gelaufen werden sollen. Den halb betäubten und verängstigten Menschen, die jetzt mit dem kümmerlichen kleinen Rest ihrer Habe auf dem Gras lagerten, müssen so unschuldige Vergnügungen wie Pferderennen himmelweit entfernt von der Realität erschienen sein.

Unter gewaltigen Anstrengungen wurde Essen und Trinken herbeigeschafft. Eine halbe Million Brote, 16 000 Liter Milch, Bier, Kaffee und Tee wurden an jenem ersten Tag der großen Evakuierung bereitgestellt. Jedes verfügbare Kraftfahrzeug – gleichgültig, ob privat oder aus Militärbesitz – wurde beschlagnahmt, um Menschen zu Bahnhöfen außerhalb der Stadt zu schaffen. Den Studenten der Universität Hamburg zum Beispiel wird das Verdienst zugeschrieben, auf diese Weise 63 000 Menschen befördert zu haben. Von den Bahnhöfen auf dem Lande aus verteilten sich die Bombenflüchtlinge über ganz Deutschland, und sie brachten die Kunde von dem mit, was sich soeben in Hamburg ereignet hatte. Auch Schiffe auf der Elbe wurden eingesetzt, sehr oft, um die Verwundeten zu transportieren, und es wird berichtet, daß Transportmaschinen vom Typ Junkers Ju 52 »pausenlos« vom Flughafen Fuhlsbüttel aus starteten.

Viele Tage sollten vergehen, bis die letzten Flüchtlinge aus Hamburg herausgebracht werden konnten. Der Bericht von Frau Anne-Kaete Seifarth, die sich mit ihrem Mann und ihrem Sohn zu Fuß von Eilbek aus auf den Weg machte, kann für die Tausende sprechen, die nicht auf offiziellen Transport warteten:

> Vati fiel ein, in der Fabrik steht noch eine zweirädrige Karre, und für uns begann der schrecklichste Weg unseres Lebens. Wir hatten ca. zehn Koffer. Es gelingt, sie aufzupacken. Jo organisierte noch ein Brot von Hans Krefft, der zufällig auf Urlaub war. Seine Eltern waren auf der Flucht. Onkel Waldemar stand plötzlich bei uns. Seine Unruhe hatte ihn zu uns getrieben. Sein Haus war in der Nacht zufällig nicht vernichtet. Er brachte uns belegtes Butterbrot. Der gute alte Onkel! Er weinte und weinte so bitterlich, als er uns abfahren sah mit unserer Karre. Jo schob die Karre; Vati zog am Tau. Ich, schwer beladen, schob das Rad.
>
> In der Nähe des Kanals, möglichst Richtung Friedrichsberg, dort wo die Häuser lichter werden, suchten wir unseren Fluchtweg aus dem brennenden Hamburg heraus. Alles brennt auch dort. Kinderwagen, Räder,

Blockwagen und so weiter, alles schwer beladen, wird von den flüchtenden Menschen gezogen. Die meisten haben nichts, sind nur in Nachtkleidung. Feuerwehr, Militär, Lastwagen – alles durcheinander und doch alles ruhig, stumpf, den Irrsinn im Gesicht. Warum? Warum? Und wofür das alles? Ein Mann ist verrückt geworden. Steht vor einem Berg Mauersteinen, auf dem er die Hakenkreuzfahne gehißt hat, und schreit die flüchtenden Menschen an mit seinem Stahlhelm auf dem Kopf – wirres Gesicht – und bombardiert die Flüchtenden mit Mauersteinen. Papa schreit ihn an, da läßt er uns vor Schrecken durch. Weiter ziehen wir, an Löchern und Trichtern vorbei, über Trümmer zusammengestürzter Häuserfronten. Auch dort war der Tommy, Haus bei Haus. Feuerwehrschläuche liegen überall in den Straßen. Von weither sind sie gekommen, nur die Glut zu beseitigen, zu retten gibt es nichts mehr.

Langsam kommen wir an die Stadtgrenze, Wandsbek – auch hier Brand und Bomben überall. Langsam wird der Tag klarer, die dicken Rauchschwaden liegen hinter uns. Nun sind wir im großen Strom der Flüchtlinge auf der Lübecker Chaussee. Uralte Leute, kleine Kinder, alles schleicht in der nun immer heißer scheinenden Sonne dahin. Jedes Dorf ist überfüllt, in das wir kommen. Mitleidige Bauern schenken Kaffee und Milch aus, aber was ist das auf die Tausende. Es wird Abend, wir sind gänzlich erschöpft und können nicht weiter. Alle Blasen an den Füßen, wundgelaufen. Ein Aussehen wie Kohlentrimmer! Kein Bett, keine Scheune, kein Stein mehr frei. Auf den Wiesen, in den Wäldern liegen die Menschen. Zufällig lag unser Zelt im Luftschutzkeller griffbereit. Mit Vorbedacht hatten es Vati und Jo mitgenommen. In einem Bauernhaus in Stapelfeld bekamen wir Wasser zum Waschen. Endlich liegen wir auf einer Koppel im Feld. Nur schlafen und vergessen.

In einem anderen Bericht wird der Exodus gesehen mit den Augen einer Einwohnerin der Umgegend Hamburgs, in welche diese Flüchtlinge sich schleppten. Margot Schulz wohnte in Bergedorf:

Noch nie hatte ich so etwas Mitleiderregendes gesehen. Wenn ich jetzt daran zurückdenke, kann ich gar nicht glauben, daß das alles wirklich geschehen ist. Sie waren in ihrem Nachtzeug – halb verbrannt manchmal – in Pyjamas, manchmal einen Mantel über die Schultern gelegt. Sie schoben ihre Habe in einem Kinderwagen mit dem Baby noch darin. Manchmal hatten sie eine Menge der kleinen Handwagen, vierrädrig; man muß sich nur einmal die Hysterie vorstellen, einige Menschen hatten ja

schwere Brandwunden und weinten. Es ging tagelang so weiter. Es nahm und nahm kein Ende.
Meine Schwester und ich holten Fruchtsaft, den wir aus dem Obst unseres Gartens gemacht hatten, und einen Eimer Wasser. Wir standen da den ganzen Tag und gaben diesen Leuten etwas zu trinken. Die anderen Leute in Bergedorf machten es genau so, aber am Ende hatten wir nichts mehr, und wir mußten es aufgeben.
Ich weiß noch, wie eine Frau plötzlich auf dem Fußweg auf der anderen Straßenseite, gegenüber unserem Haus, zusammenbrach. Sie hatte die Wehen. Das Baby kam nach ungefähr einer Viertelstunde oder zwanzig Minuten. Sie stöhnte und ächzte und schrie; es muß eine Schockgeburt gewesen sein. Zum Glück brachten sie sie in ein Haus. Eine andere Frau war da, die setzte sich in der Nähe auf den Fußweg und gab ihrem Kind die Brust. Sie hatte nur ein Nachthemd an, und ihr ganzes Haar war weggebrannt. Und die ganze Zeit ging der große Auszug aus Hamburg weiter. Es war ein Elendszug ohne Ende.

Diese große Flucht der Hamburger Bürger, die sich da mit dem offiziellen Segen des höchsten Amtsträgers der Stadt vollzog, war in streng militärischer Hinsicht das bedeutungsvollste Ereignis der Schlacht um Hamburg. Es war der Höhepunkt des Erfolges des Bomber Command. Die Bombardierung durch die RAF hatte dem Gauleiter Kaufmann und seinen Untergebenen so viele Probleme beschert, daß er sich gezwungen gesehen hatte, das ganze normale Leben der Stadt einzustellen. Tod und Zerstörung, so verbreitet sie auch waren, stellten nicht das schwerste der Probleme dar, vor denen Kaufmann stand. Das waren einfache, klare Faktoren, die man zu akzeptieren hatte und mit denen man in angemessener Zeit fertig werden würde. Hamburg stand vor den Problemen der Lebenden – der Rettung von Bombenopfern, dem Löschen der Brände, dem Entschärfen hunderter nicht explodierter Bomben, der Versorgung der Verletzten und der Obdachlosen, der Furcht vor Epidemien, der Plünderungen, der Wiederherstellung aller öffentlichen Dienste, die lahmgelegt waren. Die Stadt Hamburg konnte auch unter entschlossenster Führung und bei noch so glänzender Organisation mit allen diesen Problemen einfach nicht fertigwerden und gleichzeitig noch so etwas wie einen normalen Alltag weiterführen. Jene Menschen, die da dicht gedrängt in Bussen und Autos, auf Lastwagen hockten oder die in ihrer jammervollen Verfassung Hamburg zu Fuß verließen, legten sichtbares Zeugnis ab für die Tatsache, daß die Flächenbombardierung das normale Leben einer Großstadt beendet hatte.

SECHZEHNTES KAPITEL

Ein dritter Schlag

Die RAF stand nun auf halbem Wege ihrer Rolle in der Schlacht um Hamburg. Dem großen Feuersturm-Angriff folgte in der nächsten Nacht, der Nacht des 28./29. Juli, kein neuer Angriff, sehr wahrscheinlich aus dem Grunde nicht, weil Hamburg noch unter einer Rauchdecke liegen mußte. Es ist eine interessante Feststellung, daß mit Fortschreiten der Schlacht um Hamburg der Rauch als Folge der RAF-Bombardierung zu dem entscheidenden Faktor wurde, der den weiteren Verlauf der RAF- und USAAF-Operationen diktierte. Obwohl aller Wahrscheinlichkeit nach in dieser Nacht klares Wetter über fast ganz Deutschland herrschen würde, beschloß Sir Arthur Harris, das Gros seiner Bomberflotte ruhen zu lassen. Zu den kleineren Operationen der Nacht gehörte der übliche Störangriff auf Hamburg durch vier Mosquitoes. Damit war es die fünfte aufeinanderfolgende Nacht, in der die Stadt von der RAF aufgestört wurde. In dem Bericht des Polizeipräsidenten wird dieser leichte Angriff nicht erwähnt.

Die Amerikaner nutzten die Schönwetterperiode weiterhin nach Kräften aus. Am Mittwoch, dem 28. Juli, erhielten ihre Fliegenden Festungen Befehl, Flugzeugwerke in Kassel und Oschersleben anzugreifen, Ziele, die noch tiefer im deutschen Binnenland lagen als alle anderen, die bis dahin angegriffen worden waren. Es war kein erfolgreicher Tag für die Amerikaner. Mehr als zwei Drittel ihrer Maschinen erreichten ihre Ziele nicht, hauptsächlich wegen dicker Wolken auf den Anflugrouten, die das Formieren der Verbände behinderten. Diejenigen Verbände, die das Zielgebiet erreichten, verloren zweiundzwanzig Maschinen. Größeren Erfolg hatten die

247 Fliegenden Festungen, die am nächsten Tag, Donnerstag dem 29., zu den weniger schwierigen Zielen Kiel und Warnemünde ausgesandt wurden. Die meisten konnten ihre Bomben mit guten Resultaten abwerfen, aber zehn Maschinen gingen verloren.

Nach einer Ruhenacht bereitete sich das RAF-Bomber Command auf neue Taten vor. Am Morgen des 29. Juli, eines Donnerstags, entschied Harris, daß in der kommenden Nacht ein Großangriff zu fliegen sei. Zwei Ziele wurden ausgewählt – Hamburg als Haupt- und die Ruhrgebietsstadt Remscheid als Ausweichziel. Eine Langstrekken-Spitfire der 542. Squadron unternahm einen der vielen Foto-Aufklärungsflüge nach Hamburg, die während der ganzen Dauer der Schlacht stattfanden, und brachte die Nachricht nach Hause, daß klarer Himmel über Hamburg herrsche und daß der Rauch von den Bränden, die es im Feuersturm-Gebiet noch gab, vom Wind weit aus der Stadt hinausgetragen werde. Sehr bald wurde deshalb Hamburg zum Ziel dieser Nacht erklärt. Es sollte der dritte große Schlag der RAF gegen Hamburg in sechs Nächten werden.

Die üblichen Planungs- und Vorbereitungsprozesse liefen ab; hier brauchen nur die wesentlichsten Punkte zusammengefaßt zu werden. Die Flugwege zum Ziel und vom Ziel wieder nach Hause waren nahezu identisch mit denjenigen der ersten beiden Angriffe; diese gleichbleibenden Routen wurden zu einem Merkmal der Angriffe, die einige Besatzungen mit Unbehagen zur Kenntnis nahmen. Diese Routen ermöglichten die Beförderung einer maximalen Bombenfracht, aber es muß der deutschen Verteidigung geholfen haben, daß die Punkte, an denen die deutsche Küste überflogen wurden, und die Rückflugrouten aus dem Zielgebiet kaum wesentlich variiert wurden. Um solchen Bedenken Rechnung zu tragen, wurde in den Plan für den bevorstehenden Angriff eine kleine Veränderung aufgenommen, auf die wir später eingehen werden. Der letzte Anflug auf das Zielgebiet sollte aus nördlicher Richtung mit leichter westlicher Abweichung erfolgen. Auf diese Weise sollte erreicht werden, daß in dem Angriff diejenigen Wohngebiete Hamburgs getroffen wurden, die bei vorangegangenen Angriffen nicht ernstlich in Mitleidenschaft gezogen worden waren. Der Zielpunkt im Zentrum der Altstadt sollte der gleiche bleiben, und es war geplant, daß die Bombenwürfe über die Bezirke Rotherbaum, Harvestehude, Hoheluft und Eppendorf zurückkriechen sollten – Stadtviertel Hamburgs also, in denen es eine stärker mittelständische Einwohnerschaft gab als in dem vom Feuersturm heimgesuchten Gebiet. Die Nullzeit wurde um fünfzehn Minuten auf 00.45 Uhr vorverlegt. Die Zahl der für den Angriff bereitgestellten Bomber – 786 – und die Zusammensetzung ihrer Bombenladung blieben weitgehend die gleichen wie bei den vorangegangenen Angriffen.

Drei Maschinen machten entweder beim Start oder unmittelbar danach Bruch. Eine Stirling der 15. Squadron und eine Lancaster der 50. Squadron wurden dabei vollständig zerstört. Die Lancaster aus Skellingthorpe fing Feuer und brannte aus. Der Feuerschein war deutlich sichtbar für die Besatzungen, die auf den vielen Flugplätzen der näheren und weiteren Umgebung starteten. Es war ein schon vertrauter Anblick in jenem Teil Englands, in dem sich die Bomberflugplätze befanden. In Grimsby brach das Fahrgestell einer Lancaster der 100. Squadron zusammen, und die Maschine blieb ausgerechnet dort liegen, wo sich die Startbahnen dieses Flugplatzes kreuzten. Zwölf weitere Maschinen, die auf die Starterlaubnis warteten, konnten in dieser Nacht nicht abheben, so daß Hamburg die 58 Tonnen Bomben, die sie an Bord hatten, erspart geblieben sind. Schwere Verletzungen oder gar Todesfälle gab es bei diesen Zwischenfällen nicht.

In Scampton, dem Platz der 57. Squadron, kam es zu einem ungewöhnlichen Durcheinander in den Startzeiten. Die neun Lancaster, die ihre Bomben in der ersten und der zweiten Welle des Gros werfen sollten, starteten kurz nach 20.20 Uhr. Neun weitere Lancaster hätten um 23.00 Uhr starten sollen, um mit der sechsten und letzten Welle des Angriffs zu bombardieren. Aber es hatte sich ein Fehler eingeschlichen, entweder bei der fernschriftlichen Befehlsübermittlung vom Hauptquartier der 5. Group oder bei der Umsetzung dieser Befehle in die einzelnen Einsatz-Weisungen. Die neun Lancaster wurden bis 23.20 Uhr zurückgehalten und erhielten dann eine »Zeit über dem Ziel«, die um volle zwanzig Minuten verspätet war. Einige der betroffenen Besatzungen stellten diese späten Start- und Bombardierungszeiten in Frage, aber man versicherte ihnen, daß die Zeiten korrekt seien. Die neun Maschinen starteten zwanzig

Minuten nach dem restlichen Gros und begannen ihren Flug nach Hamburg. Es heißt, daß der Irrtum kurz nach dem Start erkannt wurde, aber verifiziert werden kann das nicht. Jedenfalls wurde kein Befehl zur Umkehr erteilt.

Die üblichen technischen Störungen zwangen fünfundvierzig Bomber zur Rückkehr. Ernster war das Unglück, das eine Halifax ereilte. Von einer anderen Maschine aus wurde beobachtet, wie sie außer Kontrolle geriet und in einer Spirale dem Meer entgegenstürzte. Weil das Flugzeug, von dem aus diese Beobachtung gemacht wurde, später in jener Nacht abgeschossen wurde, erreichte keine Meldung über diesen Zwischenfall England. Aber wahrscheinlich handelte es sich bei jener Halifax um die verschollene Maschine der 78. Squadron, deren Funker am nächsten Tag in diesem Gebiet tot aus dem Meer geborgen wurde.

Während die anderen Bomber ihre nun schon vertraute Route über die Nordsee nahmen, konnten ihre Besatzungen ein schwaches Glühen am Horizont erkennen, voraus und ein wenig an Steuerbord. Es war, als wolle dort der Mond aufgehen. Das Glühen wurde ganz allmählich deutlicher, und den RAF-Männern wurde klar, daß sie dort Hamburg sahen, die Stadt, die noch immer brannte seit dem Angriff, den diese Männer zwei Tage vorher geflogen hatten. »Ich denke schon, daß es uns ein wenig kalt den Rücken herunterlief«, sagt ein Pathfinder-Pilot, »und dabei empfand ich jedenfalls ein Gefühl tiefer Befriedigung. Je mehr wir auf Hamburg einschlugen, um so zufriedener waren wir damals.«

Während des Fluges über die Nordsee kam kein Bomber ernstlich vom Kurs ab, und an der üblichen Position, 56 Kilometer vor der deutschen Küste, begann der Bomberstrom mit dem Window-Abwurf. Aber fast im selben Augenblick erlitt er seine ersten Verluste. Den Deutschen war kein neuer Durchbruch in ihrem Kampf gegen Window gelungen, aber sämtliche Gegenmaßnahmen, die zwei Nächte vorher zögernd angewandt worden waren, nutzte man jetzt energischer und mit mehr Zuversicht. Funkmeßleute am Boden ebenso wie in der Luft lernten es, echte Bomberziele vom falschen Window-Echo zu unterscheiden. Deutsche Leitoffiziere schickten ihre Jäger weiter als normal über die offene See hinaus; sie sollten versuchen, sich Bomber aus der Spitze des Stroms herauszupicken. Mehr Nachtjäger erhielten die Erlaubnis zur freien Jagd außerhalb der engen Grenzen der Nachtjagd-Räume. Ein laufender Kommentar über Höhe, Kurs und Marschverlauf des Bomberstroms war schon dreiundzwanzig Minuten nach Mitternacht zu hören, als die ersten Bomber gerade in der Nähe der Halbinsel Eiderstedt die deutsche Küste überflogen und sich der Schwanz des Bomberstroms noch fünfzig Flugminuten weit über der Nordsee befand. Die deutschen Jäger holten sich beharrlich ein Opfer nach dem anderen. Vier Bomber mußten vom Himmel, bevor die deutsche Küste erreicht war, vier weitere unmittelbar nach Überfliegen der Küste, und zwar in der Nähe der dort abgeworfenen Kursmarkierungen. Das war mit Abstand die beste Verteidigungsleistung der Deutschen seit Einführung des Window-Verfahrens. Aus diesen acht verlorenen Bombern – bei dreien handelte es sich um Pathfinder – konnte sich nur ein Mann mit dem Fallschirm retten.

Ein weiterer Bomber, eine Lancaster der 100. Squadron, wäre um ein Haar ebenso zu Boden gegangen wie die anderen verlorenen Bomber. Flying Officer L. W. Crum war Navigator dieser Maschine:

> Von dem Angriff merkte ich erst etwas, als Pick – der australische Skipper, Flight Sergeant Pickles – schrie, daß wir angegriffen würden: »Verflucht! Das ist ein Jäger!« Er flog Ausweichmanöver, und die Bordsprechanlage wurde leiser und verstummte – ein absonderliches Gefühl. Nach ungefähr zehn Sekunden war die Sprechanlage wieder da und ich hörte, wie der Skipper die Bordschützen im Heck und oben rief. Keine Antwort. Er befahl dann dem Bordingenieur, nach achtern zu gehen und nachzusehen, was da los sei. Der tat es, und etwa zehn Sekunden später schrie Pick, daß wir schon wieder angegriffen würden. Wie vorhin verstummte die Sprechanlage wieder. Ich stand von meinem Tisch auf, ging zu Pick, und er wies mich durch Zeichen an, nach hinten zu gehen und festzustellen, was los sei. Als ich ankam, versuchte der Heckschütze, seinen Fallschirm anzulegen, obwohl er blind umhertaumelte. Der Bordmechaniker lag flach auf dem Boden. Ich packte den Heckschützen, und es gelang mir, ihn dazu zu bringen, sich hinzusetzen. Er hatte Verletzungen an den Armen und im Gesicht. Der Bordmechaniker war bewußtlos, und ich versuchte, ihn wiederzubeleben. Die hydraulischen Leitungen zu den Drehständen war beschädigt, das ausgelaufene Öl machte den Boden schlüpfrig. Ich ver-

suchte, zum oberen Drehstand zu gelangen, aber das war zu Anfang sehr schwierig. Schließlich schaffte ich es, nur um festzustellen, daß der Turm fast vollständig weggeschossen war. Der Schütze war tot. Dann versuchte ich, den Bordmechaniker wiederzubeleben, indem ich ihm meine Sauerstoffmaske gab. Seine hatte sich aus der Halterung gelöst, und ich dachte, daß sie vielleicht schadhaft sei und daß er an Sauerstoffmangel litt. Leider wurde bald klar, daß er tot war. Er war beim zweiten Angriff gefallen. Dabei schien er, abgesehen von einer kleinen Wunde an der Stirn, ganz unversehrt zu sein.

Während dieser ganzen Zeit hatte Pick seine Ausweichmanöver fortgesetzt. Seine Technik bestand darin, so niedrig wie möglich zu kommen, und es funktionierte. Er wies den Bombenschützen an, die Bombenladung im Notwurf abzuwerfen. In dem Augenblick war ich richtig wütend über diese Entscheidung. Ich meinte, unsere toten Kameraden hätten gewollt, daß wir durchhalten und weitermachen. Ich meinte, wir hätten eine gute Chance gehabt, nicht noch einmal angegriffen zu werden. Ich meinte, Pick hätte diese Entscheidung voreilig getroffen. Später begriff ich, daß Picks Entscheidung genau richtig gewesen war. Ich hatte meine Gefühle mit mir durchgehen lassen.

Sehr wahrscheinlich war das zeitlich ausgedehnte Abwerfen von Kursmarkierungen an der deutschen Küste eine Hilfe für diejenigen deutschen Jäger, denen die freie Jagd erlaubt worden war. Sieben der acht britischen Bomber, die in dieser Phase des Fluges verloren gingen, wurden in einem Umkreis von wenigen Kilometern um die roten Markierungen herum abgeschossen. Um dieser Gefahr entgegenzuwirken, wurde an einer Position an der deutschen Küste südlich der Elbe und nahezu hundert Kilometer entfernt von dem tatsächlichen Überfliegungspunkt eine leichte Täuschung angewandt. Zwanzig Minuten lang warfen vier leichte Bomber des Typs Mosquito gelbe Markierungen, Window-Streifen sowie Leuchtbomben ab, die denjenigen ähnelten, die manchmal von deutschen Jägern abgeworfen wurden. Dieses Täuschungsmanöver stellte eine kleine, aber interessante Entwicklung in der Taktik des Bomber Command dar, und sie war partiell erfolgreich. Eine Mosquito wurde – sehr kurz – von einem Nachtjäger angegriffen, und in den Dokumenten des Hamburger Polizeipräsidenten ist die Rede von »einer zweiten starken Bomberwelle, die sich aus Richtung Bremen nähert«.

Weiter im Norden hörte die Aktivität der deutschen Jäger abrupt auf, als der Bomberstrom die Küste überquert hatte. Die Bomber stießen auf Flakfeuer, besonders im Gebiet des Nord-Ostsee-Kanals, aber der Rest des kurzen Fluges nach Hamburg verlief relativ ruhig. Als sie sich Hamburg näherten, bestand kaum noch Gefahr, daß die Pathfinder ihr Ziel nicht finden könnten. Das Glühen, das die Brände in Hamburg an den Nachthimmel strahlten, war ein wirksames, lebhaftes Leuchtfeuer. Pilot Officer Dean, Navigator einer Pathfinder-Blindmarkiererbesatzung, starrte während des Endanflugs auf Hamburg auf seinen H2S-Sichtschirm, als er hörte, wie sein amerikanischer Pilot, Pilot Officer W. J. Senger, sagte: »Laß doch deine Trickkiste da in Frieden, Dixie. Ich kann das gottverdammte Ziel sehen, das ist noch von unserem letzten Trip hell erleuchtet.«

Die ersten Markierungen und Bomben wurden um vierzig Minuten nach Mitternacht ausgeklinkt. Der Ablauf der Primär- und Folge-Markierung und der Bombenwürfe durch das Gros sowie die energische Reaktion der deutschen Verteidiger waren in fast jeder Hinsicht bei diesem Angriff die gleichen wie bei den ersten beiden Angriffen. Wir werden uns in dieser Beschreibung stärker auf neue Entwicklungen und ungewöhnliche Zwischenfälle konzentrieren als auf das, was für den Leser inzwischen zu vertrauter Routine geworden ist.

Wie schon bei dem verheerenden zweiten RAF-Angriff zwei Nächte zuvor wurde die gesamte Primär-Markierung nach H2S-Radar vorgenommen, nicht optisch. Der Angriff durch die Hauptstreitmacht war bald in vollem Gange, und es war deutlich zu sehen, daß sowohl die Markierung als auch die Bombenwürfe wirkungsvoll, wenn auch nicht ganz so konzentriert wie bei dem vorigen Angriff waren. Man sah, daß eine ausgedehnte Stadtfläche gut brannte. Eine pilzförmige Rauchsäule erhob sich bis in die Höhe, in der die späteren Bomberwellen flogen. Es konnte kein Zweifel daran bestehen, daß der Stadt ein neuer, schwerer Schlag versetzt wurde und daß nur wenige Bomben vergeudet außerhalb der Stadtgrenzen einschlugen. Auch hier wieder haben Männer in den Bombern ihre Eindrükke angesichts des Anblicks festgehalten. »Die ganze Besatzung hielt den Atem an, und einer sagte, so müsse es sein, wenn man den Hades sieht.« »Alles brannte, und ich konnte meine Instrumente ohne

Lampe erkennen. Unglaublich!« »Es wirkte wie ein Verbrechen, noch mehr Bomben in das Inferno da unten zu werfen.« »Die armen Leute da unten; warum gaben die nicht einfach auf?« »Ich hob meine Sauerstoffmaske an und roch eine brennende Stadt. Es muß furchtbar gewesen sein für das ›Herrenvolk‹ von Hamburg.« Ein Neuseeländer, der seinen ersten Einsatz flog, erinnert sich: »Die ganze Fläche glitzerte wie Sonnenstrahlen auf dem Tau des frühen Morgens. Der ganze Flug war ein schier unglaubliches Erlebnis, aber der Anblick meines ersten ›Brennenden‹ machte mir bewußt, daß es Garantien in diesem Leben nicht gibt.«

»Flamers« (Brennende) nannten die britischen Flieger brennend abstürzende Flugzeuge. Sie waren ein sichtbares Zeichen dafür, daß auch die deutschen Verteidiger im Zielgebiet sich in nicht unerheblichem Maße von den Window-Auswirkungen erholt hatten. Keinerlei Geheimnis umgibt die Mittel, mit denen sie das erreichten. Ungewöhnlich große Scheinwerfer-Verstärkungen waren in das Hamburger Gebiet geworfen worden. In einem Bericht des Bomber Command heißt es, daß sie in einem Gebiet von 65 Kilometer Durchmesser operierten, und auch in den Berichten vieler Bomberbesatzungen wird diese stark gesteigerte Scheinwerfertätigkeit erwähnt. Deutsche Jäger – sowohl die freien zweimotorigen als auch Major Herrmanns einmotorige Jäger – waren im Einsatz über der brennenden Stadt, und sie machten sich die gesteigerte Beleuchtung in vollem Umfang zunutze. Der RAF-Abhördienst in England registrierte mehrere Ausrufe der Genugtuung der beteiligten deutschen Flugzeugführer; so wurde zum Beispiel der Ausdruck »eine wunderbare Nacht« zweimal gehört. Zwölf britische Bomber stürzten im Verlauf des Hauptangriffs in Hamburg und Umgebung ab. Viele von ihnen schlugen auf freiem Feld südlich der Stadt auf, nachdem sie das Zielgebiet durchflogen hatten. Obwohl vielen deutschen Nachtfliegern Einzelsiege gutgeschrieben wurden, handelte es sich in Wirklichkeit um einen Sieg für die kombinierte Verteidigung. Einige Bomber teilten die Jäger sich mit der Flak, und viele Abschüsse wurden erst erzielt, nachdem die Scheinwerfer die Bomber beleuchtet hatten. Die RAF meldete den Abschuß von vier deutschen Jägern; in den deutschen Dokumenten findet sich die Bestätigung für drei davon.

Der folgende Bericht von Sergeant Joe Weldon, Funker in einer Halifax der 35. Squadron, die abgeschossen wurde, muß als ein Beispiel für das genügen, was die Männer in jenen Bombern erlebt haben, die in dieser Nacht in und um Hamburg abgeschossen worden sind:

> Ich stand neben dem Piloten, als wir uns dem Ziel näherten. Der Bombenschütze und der Navigator leisteten Schwerarbeit, um unsere Position genau richtig hinzukriegen, denn wir waren Blindmarkierer. Während unseres Zielanfluges, streng geradeaus und genau die gleiche Höhe haltend, gerieten wir in ein Scheinwerferbündel. Ich war vorher schon in Scheinwerfern gewesen, aber so schlimm wie dieses Mal war es nie. Wir hatten das Gefühl, als halte jeder Scheinwerfer in ganz Hamburg uns fest und als feuere jedes Geschütz in Hamburg auf uns. Der Pilot flog kleine Ausweichbewegungen, um der Flak zu entgehen, aber immer nur so weit, wie es möglich war, ohne den Abwurfpunkt zu verfehlen.
>
> Wir warfen unsere Bomben und Markierungen ab – so weit ich weiß, an der richtigen Stelle – und schwenkten auf unseren neuen Kurs ein, dabei unablässig die Ausweichmanöver fortsetzend. Dann hörte ich, nur Sekunden später, ein metallisches Klirren. Die Maschine war getroffen. Ein schwerer Treffer war es nicht, nur ein Sprengstück, aber es traf den Navigator. Irgend jemand, wahrscheinlich war es der Pilot, fragte ihn, ob alles mit ihm in Ordnung sei. Der Navigator sagte: »Macht weiter, Jungs. Macht weiter, Jungs.« Ungefähr zu dieser Zeit kramte ich meinen Fallschirm und den des Piloten hervor. Sie waren von dem Typ, den man vor die Brust schnallt. Vom Navigator hörten wir nichts mehr. Entweder war er sehr schwer verwundet, oder er war schon gestorben. Wir schienen davonzukommen – die Flak ließ nach – aber die Scheinwerfer folgten uns noch immer; ein Bündel reichte uns an das nächste weiter.
>
> Ich glaube, wir waren schon über freiem Feld, als der Bordschütze aus dem oberen Turm »Jäger!« brüllte und das Feuer eröffnete. Aber kein Wort hörten wir vom Heckschützen; ich bin überzeugt, daß er infolge Sauerstoffmangels bewußtlos war. Er hatte schon vor geraumer Zeit über Schwierigkeiten mit dem Sauerstoff geklagt. Der Deutsche traf uns sofort mit seiner Bordkanone. Zu meinem Glück hatte ich vorhin, als ich meine eigene Position verlassen hatte, um mich neben den Piloten zu stellen, die gepanzerte Tür zwischen mir und dem achteren Teil der Maschine geschlossen – was ich früher immer nur höchst selten getan hatte.

Normalerweise hätte hier der Bordmechaniker gestanden, aber weil vor kurzem das Window-Verfahren eingeführt worden war, befand er sich weiter achtern und warf die Streifenbündel hinaus. Ich hörte, wie die Granaten der Bordkanone an der Panzerung der Tür krepierten. Ich glaube, die Granaten flogen schnurgerade an der Längsachse unserer Maschine entlang. Ich weiß noch, wie dankbar ich war, daß ich die Tür dichtgemacht hatte. Wir hörten danach keinen Laut mehr von den Männern im Heck der Maschine.

Nicht sehr viel später wurden wir schon wieder getroffen, und dieses Mal erwischte es den äußeren Steuerbord-Motor, der in Brand geriet. Ben schaltete den Feuerlöscher ein, aber nichts passierte. Dann setzte der Jäger zu einem neuen Anflug an, und der Pilot befahl uns, auszusteigen. »Haut ab, Jungs.« Gleich darauf, glaube ich, hat es ihn erwischt. Jedenfalls kippte er nach vorn über.

Danach war der Teufel los. Das Flugzeug kippte über den Bug ab und muß in eine Spirale geraten sein. Ich flog in die Ecke wie ein Bündel Lumpen, und als es mir gelang, wieder auf die Beine zu kommen, fand ich die Ausstiegluke offen über meinem Kopf; normalerweise war sie im Fußboden. Ich kann mich noch daran erinnern, was ich damals dachte. »Verfluchte Schweinerei! Morgen früh kriegt meine Frau ein Telegramm, daß ich vermißt bin.« Aber ich glaubte nicht, daß ich sterben würde; das war das letzte, woran ich dachte. Es war noch jemand da drinnen, aber ich weiß nicht, ob es der Bombenschütze oder der Navigator war. Ich hangelte mich hoch zu der Luke. Ich kann Ihnen sagen, ich habe keine Zeit verloren.

Das Besatzungsmitglied hinter Weldon war Flight Sergeant Frank Fenton, der Bombenschütze. Er hatte schon den toten oder sterbenden Navigator mit gezogener Fallschirm-Reißleine hinausgestoßen, und jetzt gab er Weldon einen kräftigen Schubs. Diese beiden Männer waren die einzigen Überlebenden. Die Halifax schlug bei Moisburg auf, 16 Kilometer von der Stadtmitte entfernt.

Der Hauptangriff sollte um 1.32 Uhr enden, und es wird angenommen, daß das auch tatsächlich der Fall war. 700 Bomber hatten annähernd 2323 Tonnen Bomben über Hamburg ausgeklinkt. Eine ausgedehnte Fläche der Stadt stand in Flammen. Das Sperrfeuer der Flak erstarb, und viele Scheinwerfer wurden ausgeschaltet. Aber noch war der Angriff nicht vorüber. Der Leser wird sich daran erinnern, daß ein Irrtum auf dem Flugplatz Scampton dazu geführt hatte, daß neun Lancaster-Bombern der 57. Squadron zu späte Start- und Bombardierungszeiten gegeben wurden. Eine der Lancaster hatte Zeit aufgeholt. Wahrscheinlich war der Besatzung klar geworden, daß ein Fehler begangen worden war, aber die restlichen acht flogen von Norden herunter ein, um Hamburg zwanzig Minuten nach den anderen Maschinen des Gros anzugreifen. Die Flak eröffnete das Feuer, die Scheinwerfer wurden wieder eingeschaltet. Deutsche Jäger hielten sich noch in dem Gebiet auf. Die acht Lancaster machten einen vorschriftsmäßigen Zielanflug, überzeugt davon, daß sie sich in Gesellschaft von einhundert anderen Bombern der letzten Angriffswelle befänden. Die Flak zerstörte eine Maschine, die über dem nördlichen Stadtrand von Hamburg explodierte. Ein Nachtjäger schoß eine zweite ab, die südlich der Stadt aufschlug, und um ein Haar hätte ein Jäger einen dritten Bomber erwischt. Sechs ziemlich mitgenommene Besatzungen flogen nach Hause, wo man ihnen später von dem Fehler in ihren Befehlen erzählte.

Der sechsunddreißig Stunden zuvor ergangene Aufruf Gauleiter Kaufmanns an die Zivilbevölkerung, Hamburg zu verlassen, rettete in dieser Nacht sehr vielen Menschen das Leben. Einige Leute jedoch hatten sich geweigert, die Stadt zu verlassen. Viele ältere oder gebrechliche Menschen waren geblieben; sie handelten nach dem Grundsatz: »Hier bin ich zu Hause und hier will ich sterben, wenn es sein muß.« Oft blieben Hausbesitzer zurück, bereit, lieber zu sterben, als im Stich zu lassen, wofür sie ein Leben lang gearbeitet hatten. Die Optimisten blieben, überzeugt davon, daß ihr Schutzengel sie nicht verlassen werde. Wer aber in der Stadt zurückblieb, der sorgte dafür, daß ihm für den Fall eines neuen Fliegeralarms ein Platz in einem guten Schutzraum sicher war. Als dann fast eine Stunde vor dem Fallen der Bomben Alarm gegeben wurde, begab sich die zusammengeschrumpfte Bevölkerung der Stadt schleunigst in Deckung. In einem Bericht ist die Rede von einem »Bunkerkomplex«, der die Leute veranlaßte, einzig und allein nach der Qualität eines Bunkers zu fragen und nicht danach, ob der Aufenthalt darin bequem oder auch nur erträglich sein würde. Die großen öffentlichen Bunker, die sich in den früheren Angriffen als so widerstandsfähig und sicher erwiesen hatten, waren in dieser Nacht äußerst beliebt.

Die von den RAF-Bomberbesatzungen gesichtete große Brandfläche erstreckte sich in der Tat über einen ausgedehnten Teil Hamburgs. Aber wieder einmal war es den Pathfinders nicht gelungen, den vorgesehenen Zielpunkt genau zu markieren. In dieser Nacht hatte der alte Feind der Pathfinder, der unerwartet starke Querwind, sie von ihrem Weg abgetrieben. Der Wind kam genau aus westlicher Richtung und hatte die Pathfinder-Maschinen während des 65 Kilometer langen Fluges von Norden her in das Zielgebiet hinein stetig weiter nach Osten gedrückt. Die Radar-Leute in drei der ersten Pathfindermaschinen korrigierten die Kursabweichung und konnten ihre Markierungen in der Nähe des vorgegebenen Zielpunktes abwerfen, aber die meisten anderen Pathfinder klinkten ihre Markierungen im Wind versetzt fünf Kilometer davon entfernt aus. Es war eine Position über den Bezirken Billbrook und Billwärder Ausschlag, sehr nahe dem Gebiet, das zwei Nächte zuvor, zu Beginn des Feuersturm-Angriffs, markiert worden war. Aber in dieser Nacht flogen die Bomber aus nördlicher, nicht aus östlicher Richtung ihr Ziel an, und die Bombenwürfe, gut zusammengefaßt und nur langsam an der Flugroute entlang zurückkriechend, deckten ein sich nach Norden ausdehnendes Gebiet. Der erste Teil des Angriffs suchte die noch brennenden Ruinen von Hamm und Wandsbek heim, aber die Bombardierung erreichte bald die relativ unversehrten Bezirke Eilbek, Uhlenhorst, Winterhude und Barmbek – sämtlich auf der Ostseite der Alster gelegen, während das Bomber Command beabsichtigt hatte, die Bezirke auf der Westseite der Außenalster zu bombardieren. Andere Bomben schlugen in vielen anderen Teilen Hamburgs ein und richteten dort Schäden an, aber das Hauptgewicht des Angriffs konzentrierte sich stets auf das eine Gebiet.

Barmbek lag im Zentrum dieses Haupt-Bombardierungsgebiets. Es war ein ausgedehntes Wohnviertel – von Vororts-Charakter eher als von dem eines Arbeiterviertels – und es hatte schon im ersten Angriff der Schlacht um Hamburg einigen Schaden erlitten.* Dieses

* Die Eltern Helmut Schmidts, des späteren Bundeskanzlers, wohnten in Barmbek, in der Schellingstraße. Zur Zeit der Schlacht um Hamburg diente Helmut Schmidt als junger Offizier in einer leichten Flakbatterie in Rerik an der Ostseeküste. Seine meisten Verwandten wurden ausgebombt, zwei seiner Tanten und zwei Onkel fanden bei den Angriffen den Tod.

Mal aber wurde Barmbek durch Bombenwürfe, die beinahe so konzentriert waren wie die des Feuersturm-Angriffs, fast völlig zerstört, hauptsächlich durch ausgedehnte Brände, die viele Stunden lang unbehindert tobten. Hamburgs erschöpfte Feuerwehr-Einheiten konnten wenig mehr tun als sich darauf zu konzentrieren, so vielen Menschen wie möglich das Leben zu retten und zu versuchen, die Ausbreitung der Brände über das bombardierte Gebiet hinaus zu verhindern. Geregelte Löscharbeiten innerhalb des Brandgebiets gab es nicht. Aus Hamburger Berichten wird auch deutlich, daß angesichts der Entschlossenheit der Zivilisten, die noch ausharrten, einen guten Schutzraum zu finden und dort auch zu bleiben, so gut wie nichts von der ersten Linie der Feuerbekämpfung getan wurde – von den Luftschutzwarten und den Löschkommandos auf den gewerblichen Grundstücken. Die Wirkungen der Angriffe hatten der Stadt fast völlig die Fähigkeit genommen, sich selbst zu schützen.

Eine lange Beschreibung dieses dritten Nachtangriffs der Schlacht um Hamburg ist hier nicht erforderlich, aber der Leser darf in keinem Zweifel daran gelassen werden, daß der Stadt ein sehr schwerer Schlag zugefügt wurde. In einigen deutschen Berichten heißt es, daß die materiellen Auswirkungen dieses Angriffs noch ernster waren als diejenigen des Feuersturm-Angriffs, und es ist eine Tatsache, daß schwere Sachschäden auf einer erheblich größeren Fläche angerichtet wurden. Nach der unzutreffenden Schätzung des Polizeipräsidenten hatten mehr RAF-Bomber an dem Angriff teilgenommen und eine größere Bombenfracht abgeworfen als zwei Nächte zuvor. Keinen Vergleich aber gab es, was menschliches Leid und Todesopfer betraf; der furchtbare Opfergang der Zivilbevölkerung, den der Feuersturm-Angriff gebracht hatte, wiederholte sich nicht. Deutsche Angaben über die Verluste dieser Nacht sind nicht zu finden; in einem amerikanischen Werk wird die Vermutung ausgesprochen, daß »ungefähr 800« Menschen umgekommen seien. Der schlimmste Zwischenfall ereignete sich im Kaufhaus Karstadt an der Hamburger Straße in Barmbek. Unter diesem Gebäude befanden sich zwei große Luftschutzräume – der eine war hauptsächlich für die Angestellten des Kaufhauses, der andere öffentlich. Mehrere schwere Volltreffer ließen das große Gebäude mitsamt dem großen, auf dem ehemaligen Dachgarten postierten Flak-Scheinwerfer einstürzen, und der Trümmerberg fing Feuer. 1200 Menschen wurden neun Stunden nach dem Angriff wohlbehalten aus dem Schutzraum für Angestellte geborgen, aber lange Zeit gelang es nicht, bis zu dem anderen Schutzraum vorzudringen. Menschen, die draußen vorüberkamen, meinten, sie hätten Laute aus den Trümmern gehört »wie Katzen im Kampf«. In einem anderen Bericht heißt es, daß vier Menschen aus diesem zweiten Keller entkommen seien, angeführt von einem Mann, der das Gebäude gut kannte und der diese kleine Gruppe durch eine Reihe enger Gänge hinausgeführt hatte; um sich hindurchzwängen zu können, hatten sie den größten Teil ihrer Kleidung ausziehen müssen. Als der Schutzraum freigelegt wurde, fand man darin 370 Menschen, gestorben an Monoxyd-Gas aus dem benachbarten Kokslager, das in Brand geraten war.

Obwohl sich das Entsetzen des Feuersturms gnädigerweise nicht wiederholte, weder in Barmbek noch in den anderen bombardierten Gebieten, war dieser Angriff doch ein niederschmetterndes Erlebnis für die betroffenen Menschen. Dieses Kapitel soll enden mit zwei Berichten von jungen Menschen über ihre Erlebnisse während und gegen Ende des Angriffs. Auch hier wieder bitten wir den Leser, sich sehr, sehr viele ähnliche Zwischenfälle vorzustellen, um einen einigermaßen zutreffenden Eindruck zu gewinnen. Karl-Heinz Alfeis, vierzehn Jahre alt, befand sich in einem öffentlichen Luftschutzraum am Anemonenweg:

> Die Menschen saßen und standen dichtgedrängt im stockdunklen Bunker. Die Luft wurde immer schlechter, da die Ventilation nur heiße Luft von den Bränden draußen in die Bunkerräume hineinließ. Da ereignete sich ein erster Zwischenfall, der fast eine Panik auslöste. Ein Bombensplitter war mit ungeheurer Wucht gegen einen eisernen Luftschacht geflogen. Eine Stichflamme traf eine zufällig daruntersitzende Frau am Arm. Schwere Verbrennungen waren die Folge.
>
> Unser Bunker hatte drei Volltreffern standgehalten. Er war so stark konstruiert, daß er jedesmal nur erbebte. Das war alles. Eine Ecke des Daches war weggesprengt, aber Verluste hatte es nicht gegeben. Wir hatten den Angriff überlebt. Wir waren gerettet.
>
> Als der Angriff nach ungefähr drei Stunden schließlich nachließ, öffneten die Luftschutzwarte die schweren Türen. Aber welch ein Bild bot sich da unseren Augen! Wir Jungen waren, die Gefahr nicht achtend, als erste mit

vor den Bunker gegangen. So weit wir sehen konnten – ein einziges Flammenmeer. Nicht ein Haus, das unzerstört schien. Ein gewaltiger Sturm heulte durch die Straßen. Abgestellte Fahrräder vor dem Bunker – ein einziges Knäuel. Es war eine verzweifelte Situation angesichts dieser Zerstörungen.
Alle einsatzfähigen Jungen und Männer wurden aufgerufen, sich sofort zu Rettungsarbeiten zu melden. Während die meisten dieser Anordnung Folge leisteten, weigerten sich einige Soldaten, die gleichfalls im Bunker Schutz gesucht hatten, ihre Familien zu verlassen. Wir hörten deutlich, wie einige von ihnen sagten: »Hier ist es ja teilweise schlimmer und gefährlicher als draußen an der Front.« Für uns war es beschämend mit anzusehen, wie der Ortsgruppenleiter T. mit gezogener Pistole von Bunkerkammer zu Kammer ging und die Drückeberger im Schein von Taschenlampen aufspürte. Wortlos gingen die Soldaten hinaus, wenn er sie gefunden hatte.

Helmut Wilkens war siebzehn, und er wohnte in der Ahrensburger Straße, der heutigen Krausestraße:

Obwohl noch keine Entwarnung gegeben worden war, wurde es plötzlich sehr still überall. Jemand öffnete die Bunkertür. Unser Block auf der anderen Straßenseite war zusammengesackt, das Haus daneben stand in hellen Flammen, sogar die Steine brannten. Im zweiten Stock stand jemand im Fenster und schrie um Hilfe. Es war Herr Schwarz, von dem man wußte, daß er nie in den Keller ging. Nur seine Frau tat es. Man schrie ihm zu, zu springen. Wolldecken wurden aufgehalten. Aber er hatte Angst. Die Wolldecken hätten ja ohnehin nichts genützt.
Plötzlich waren da zwei Marinesoldaten, vielleicht waren sie gerade auf Urlaub. Sie sagten nur: »Abschießen. Dann quält er sich nicht mehr. Er brennt doch sowieso schon.« Und sie fingen an, mit Pistolen auf ihn zu schießen. Dann kippte er vornüber und klatschte auf den Bürgersteig.
Manche Menschen wollten zurück ins Haus, um etwas zu retten, um etwas Vergessenes zu holen. Es ging alles drunter und drüber. Auch mein Vater wollte in unser zusammengestürztes Haus, obwohl es überhaupt nichts mehr gab. Auf den Bürgersteigen lagen verbrannte Leichen. Aber wir erkannten diese Menschen nicht. Entweder waren sie zusammengeschrumpft oder eben nur angesengt. Vielleicht haben diese Menschen keinen Luftschutzkeller mehr erreicht, ich weiß es nicht.
Von meiner Sicht aus wurde in diesem Moment von jedem nur Unsinniges

getan. Einige saßen da und weinten; andere sahen sich alles nur schweigend an. Mit den Nachbarn wurde gesprochen, über irgend etwas. Was jetzt, was tun?

Der Rückflug verlief für die meisten RAF-Bomber, die so großen Schaden angerichtet hatten, ruhig. Das Wetter war gut, es gab kaum Navigationsprobleme. In vereinzelten Luftkämpfen wurden ein deutscher Jäger vernichtet, ein weiterer beschädigt, vier Bomber wurden abgeschossen, was die Gesamtzahl der während des Angriffs verlorengegangenen Bomber auf achtundzwanzig erhöhte. Das war nur einer weniger als die Gesamtverluste bei den beiden ersten RAF-Angriffen der Schlacht um Hamburg zusammen; daraus wird deutlich, daß sich die Luftwaffe zunehmend von der Window-Einführung erholte. Aber nahezu 700 Bomber flogen wieder nach Hause, ohne irgendeiner ungewöhnlichen Gefahr zu begegnen. Es gab nur einen Landezwischenfall; dazu kam es, als einige Konfusion über die Umleitung einer schwer beschädigten Lancaster der 83. Squadron nach Wittering entstand, aber die Lancaster fand sich dann auf dem sechs Kilometer entfernten, kleineren Flugplatz Sibson wieder. Pilot Officer K. A. King erhielt »grünes Licht« zur Landung, und, wie es im Kriegstagebuch seiner Squadron heißt, »nutzte er die angrenzende Landschaft für den Abschluß seiner Landung«. Seine Maschine wurde abgeschrieben, aber niemand war verletzt.

So glücklich verliefen nicht alle der früheren Landungen der deutschen Nachtjäger. Das RAF-Fighter Command hatte starke Störeinsätze mit Mosquitoes und Beaufighters unternommen. Viele dieser Flüge verliefen ohne Erfolg, weil in geringer Höhe Dunst die Sicht behinderte, aber für eine Mosquito war, wie es im Kriegstagebuch ihrer Squadron heißt, »der Traum eines Stör-Fliegers wahr geworden«. Flying Officer Arthur Woods und Sergeant Wilfred Johnson waren gerade über dem Flugplatz Lüneburg eingetroffen, als viele der deutschen Nachtjäger, die über Hamburg eingesetzt gewesen waren, landeten. Die Befeuerung des Flugplatzes war eingeschaltet, und schätzungsweise zehn bis fünfzehn deutsche Jäger kreisten mit eingeschalteten Navigationslichtern über dem Platz. Im Verlauf der nun folgenden hektischen dreiundzwanzig Minuten unternahmen die Mosquitoes sechs getrennte Versuche, deutsche Jäger anzugreifen, während sie zur Landung ansetzten. Vier dieser

Versuche blieben erfolglos, hauptsächlich weil der Dunst – der möglicherweise noch durch Rauch aus dem fünfzig Kilometer entfernten Hamburg verstärkt wurde – alles verzerrte und die Entfernungsmessung schwer behinderte. Fest steht aber, daß Woods bei seinem fünften Versuch einen Deutschen beschädigte, und dann, am Schluß, sah man, wie der sechste Jäger in Flammen aufging und am Boden zerschellte. Aus deutschen Dokumenten geht hervor, daß es sich bei diesem Mosquito-Opfer um die Messerschmitt Bf 110 des Oberfeldwebels Wilhelm Kurrek von der 8. Staffel der III/NJG 3 handelte. Die beiden deutschen Besatzungsmitglieder fanden den Tod. Oberfeldwebel Kurrek, ein erfahrener Nachtjagd-Pilot, hatte zwei Nächte zuvor eine Lancaster des Feuersturm-Angriffs abgeschossen.

Flying Officer Woods drehte ab nach Hause:

Ich war schweißgebadet, aber in Hochstimmung wegen meines Erfolges; es war die erste Feindmaschine, die ich mit Sicherheit zerstört hatte. Gleichzeitig aber war ich enttäuscht über mich selbst und über das Wetter. Aus meiner Erinnerung will der Gedanke nicht weichen, daß ich da nun den größten Teil einer feindlichen Nachtjagdstaffel zusammen mit mir in der Luft hatte. Obwohl ich flog, so gut ich nur konnte, um zu verfolgen und mich in die Angriffsposition zu bringen, verloren wir immer wieder potentielle Ziele aus den Augen. So geht – oder ging – es nun einmal zu in diesem Glücksspiel. Aber ich hatte dann doch das Gefühl, daß wir unsere Arbeit, so gut wir konnten, gemacht hatten, und immerhin hatten wir es überlebt.

Flying Officer Woods hätte beinahe einen noch bemerkenswerteren Erfolg bei Lüneburg erzielt. Major Hajo Herrmann war gerade gelandet, unmittelbar bevor die Mosquito ihren Angriff auf die zur Landung ansetzenden deutschen Jäger aufgenommen hatte, und Herrmann stand im Kontrollturm, als eine verirrte Granate aus einer Bordkanone durch ein Fenster einschlug, das nur zwei oder drei Meter von ihm entfernt war. Beinahe wäre eine Karriere zu Ende gewesen, die noch zu so großen Erfolgen führen sollte.

Als Preis für Flying Officer Woods Erfolg hatte ein anderer Störverband einen Verlust erlitten. Eine Mosquito der 25. Squadron hatte kurz nach Überfliegen der englischen Küste Motorstörungen bemerkt und über Funk ihre Rückkehr zu ihrem Stützpunkt Church

Fenton angekündigt. Dort ist sie nie eingetroffen. Sie muß ins Meer gestürzt sein. Der Verlust dieser Besatzung ist ein weiteres Beispiel dafür, wie dicht Schlag und Gegenschlag einander auf den Fersen folgen konnten. Es handelte sich um die Mosquito-Besatzung, die in der ersten Nacht der Schlacht um Hamburg eine Junkers Ju 88 bei Westerland abgeschossen und damit den ersten Eindring-Erfolg der 25. Squadron errungen hatte. Der Leichnam von Flight Lieutenant E. R. F. Cooke ist nie gefunden worden; der seines Navigators, Sergeant F. H. Ellacott, wurde viele Tage später an der 500 Kilometer entfernten Küste Dänemarks angespült.

SIEBZEHNTES KAPITEL

Die Schlacht geht zu Ende

Das schöne Wetter dauerte an. Die amerikanischen Bomber stiegen am nächsten Morgen wieder auf; 186 B-17 starteten, um zwei Ziele in der Nähe von Kassel anzugreifen. Es war der sechste Großeinsatz für die Amerikaner in sieben Tagen, und es schloß ab, was sie später ihre »Blitz-Woche« nannten. In dieser Zeit waren elf bedeutende Ziele in Deutschland und zwei in Norwegen um den Preis von achtundachtzig verlorenen Fliegenden Festungen angegriffen worden. Da überrascht es nicht, daß eine Pause von fast vierzehn Tagen folgte, in der die amerikanischen Einheiten Atem schöpften und ihre Verluste ersetzten. In dieser ruhigeren Zeit wurde ein bemerkenswertes Blatt in der Geschichte der USAAF geschrieben, als – auf der anderen Seite Europas – 179 B-24 »Liberator« ihren berühmten Tiefangriff auf die rumänischen Ölraffinerien von Ploesti flogen. Nicht weniger als vierundfünfzig Liberators gingen verloren. Mehr als die Hälfte der Ploesti-Angreifer stellten die drei B-24-Groups – die 44., die 93. und die 389. – die von England nach Nordafrika verlegt worden waren, um von dort aus Einsätze zu fliegen. Die Überlebenden sollten bald wieder zur Eighth Air Force nach England zurückkehren.

Das RAF Bomber Command, das in vier der vergangenen sechs Nächte seine Maximalstärke auf den Weg geschickt hatte, war bereit, in der Nacht des 30./31. Juli wieder aufzusteigen – aber nicht nach Hamburg. Das Bomber Command hatte eine dringende Weisung vom Air Ministry erhalten, drei Städte in Norditalien anzugreifen – Mailand, Turin und Genua – sofern die Witterungsbedingungen es zuließen. Aber in der Weisung hatte es weiter geheißen: »Infolge einer raschen Änderung der politischen Situation muß mit kurzfristiger Streichung dieser Angriffe gerechnet werden.« Sir Arthur Harris reagierte sofort und befahl bei seiner Frühbesprechung am 30. Juli eine Aufteilung des Bomber Command in drei Einsatzgruppen, von denen zwei die Städte Turin und Genua angreifen sollten. Die dritte, gebildet um die Stirlings der 3. Group, sollte nicht die Alpen überqueren, um Italien anzugreifen, sondern sie sollte zu einem Angriff auf die Stadt Remscheid entsandt werden. Alle drei Angriffe wurden vorbereitet. Aber später am Tag verfügte das Air Ministry die »kurzfristige Streichung«, von der in der Weisung die Rede gewesen war, und die beiden Angriffe in Italien wurden abgesagt, vermutlich wegen der dort in raschem Wandel begriffenen politischen Lage. Vielleicht hatten die Angriffe Teil eines geheimen Drucks auf die neue italienische Regierung gebildet und hatten Frucht getragen.

Der Angriff auf Remscheid rollte ab. 264 schwere Bomber, geführt von neun Mosquitoes, die ihre wie üblich sehr genaue Oboe-Markierung vornahmen, fügten der Stadt schweren Schaden zu, und 1063 Menschen einer Stadt wurden getötet, die noch nicht so viel Übung wie die größeren Städte an der Ruhr darin hatte, sich vor Luftangriffen zu schützen. Fünfzehn Bomber gingen verloren. Neun davon Stirlings, die offensichtlich Schwierigkeiten mit der Einhaltung des Einsatzplans hatten und deshalb nicht in den Genuß des Düppelschutzes kamen. Sie zahlten entsprechend dafür, zumeist durch die zielgenau schießende Flak an der Ruhr.

Harris beabsichtigte noch immer, Hamburg in der gegenwärtigen Angriffsserie noch einmal anzugreifen, und er bestimmte die Stadt zu seinem einzigen Ziel in der folgenden Nacht, der Nacht vom 31. Juli auf den 1. August. Dieses eine Mal wurde kein Angriff mit Maximalstärke gefordert. Den Stirlings der 3. Group wurde eine Ruhepause nach ihren wenig glückhaften Erlebnissen über der Ruhr in der vorigen Nacht gewährt. Der Rest des Bomber Command traf die üblichen Vorbereitungen, aber eine Reihe schwerer Gewitter brach unmittelbar vor der für den Start angesetzten Zeit über den Bomberflugplätzen los. In aller Hast wurde der Angriff abgesagt. Mehrere Mann vom fliegenden Personal entdeckten zum ersten Mal, wie schnell sie in voller Fliegermontur rennen konnten, um von den voll mit Bomben beladenen Maschinen wegzukommen, in die jede

Minute der Blitz einschlagen konnte. Diese Gnadenfrist für Hamburg wurde in der folgenden Nacht verlängert, als stürmisches Wetter, das schnell in östlicher Richtung über die Nordsee nach Norddeutschland vordrang, Harris veranlaßte, keinen Großeinsatz in der ersten Nacht des August in Erwägung zu ziehen. Weil also die Amerikaner sich zeitweilig bis zur Erschöpfung verausgabt hatten, weil es politische Komplikationen mit den Italienern gab und wegen einer Serie von Gewittern wurde der schwer heimgesuchten Stadt Hamburg eine angriffsfreie Periode von vier Tagen und drei Nächten gewährt. Nicht einmal ein Mosquito-Störbomber durchbrach diese unschätzbar wertvolle Zeit der Ruhe.

Am Morgen des 2. August – in England ein Feiertag – wartete Sir Arthur Harris noch immer geduldig auf die Bedingungen für einen, wie er hoffte, erfolgreichen Abschluß der Schlacht um Hamburg. Die Wetterlage war nicht eindeutig zu bestimmen. Zwei Schlechtwetterfronten hatten England überquert, und man nahm an, daß sie jetzt vielen Teilen Deutschlands schlechtes Wetter bescherten. Nur ein Erkundungsflug konnte präzisere Einzelheiten erbringen. Harris wählte vorläufig zwei Ziele aus: Hamburg wieder, und Kiel als Alternative. Kiel war das nördlichste ergiebige Ziel in Deutschland, zugleich das am wahrscheinlichsten wolkenfreie.

Das Ausweichziel Kiel wurde nicht gebraucht, wir können also die Planung dafür ignorieren. Die Pläne für den Angriff auf Hamburg enthielten jedoch mehrere bedeutende Änderungen gegenüber den Plänen, die für die drei vorangegangenen Angriffe der Schlacht ausgearbeitet worden waren. Die erste Neuerung bestand darin, daß ein südlicher Anflug auf das Ziel genommen werden sollte. Ein Teil dieser Anflugroute konnte die Deutschen zu der Annahme führen, daß die Bomber einen Angriff auf Hannover, Braunschweig oder ein anderes Ziel im mittleren Deutschland fliegen wollten. Weitere wesentliche Änderungen sollte es im Ziel geben. Zum ersten Mal in dieser Schlacht sollten zwei Zielpunkte gesetzt werden. Der erste sollte sich in der Nähe der Nordspitze der Alster befinden, und er sollte den ersten vier Wellen der Bomber des Gros als Ziel dienen. Die Wahl dieses Zielpunktes sollte ein Bombenmuster ergeben, das die wohlhabenden Wohnviertel Harvestehude und Rotherbaum treffen würde sowie die südlich davon gelegene Stadtmitte. Das Risiko, das viele Bomben sinnlos in die Alster fallen würden, nahm man anscheinend auf sich, um sicherzustellen, daß der Rest in Bezirke einschlug, die in den früheren Angriffen keinen ernsten Schaden erlitten hatten.

Einunddreißig Minuten nach Eröffnung des Angriffs sollte ein zweiter Verband Pathfinders einen neuen Zielpunkt im Stadtteil Harburg setzen, dreizehn Kilometer südlich des ersten Zielpunktes. Dort sollten die beiden letzten Wellen des Gros ihre Bomben abwerfen. Offiziell war Harburg ein Teil Hamburgs. In Wirklichkeit aber war es eine ganz separate Stadt, getrennt vom eigentlichen Hamburg durch acht Kilometer Hafenbecken, Wasserstraßen und das Industrieviertel Wilhelmsburg. Die Entscheidung, für diesen Angriff zwei Zielpunkte zu setzen, war taktisch gesehen ein äußerst anspruchsvolles Unterfangen, aber ein noch bedeutenderer Aspekt des Zielplans war die Tatsache, daß selbst in diesem vierten Angriff der Schlacht wiederum nur Wohnviertel bombardiert werden sollten.

Der Wetter-Aufklärungsflug, der erforderlich war, bevor dieser Angriff gestartet werden konnte, wurde so lange wie möglich hinausgeschoben, damit er die allerneueste Information nach Hause bringen konnte. Flight Lieutenant Geoffrey Hatton, Chef der Wetterstaffel, und Flying Officer Neville Green, einer seiner erfahrensten Navigatoren, starteten um 18.15 Uhr. Aber sie mußten gleich darauf wieder landen, weil einer der Motoren ihrer Mosquito Ärger machte. Eine Reservemaschine stand flugbereit, und um 18.45 Uhr waren die beiden wieder in der Luft. Dem Kriegstagebuch der Wetterstaffel sowie den persönlichen Berichten der beiden Männer verdanken wir genaue Details über diesen wichtigen Flug.

Die Mosquito flog bis zur holländischen Küste, die sie bei Texel überquerte, und dann weiter nach Deutschland hinein. Sie drang bis in das Gebiet um Oldenburg vor, bevor sie wieder über Emden hinaus auf die Nordsee flog. Da man wußte, daß das Wetter sich eilig in nordöstlicher Richtung voranbewegte, mußten die im Gebiet von Oldenburg-Emden vorgefundenen Bedingungen denjenigen entsprechen, die die Bomber sechs Stunden später auf ihrem Flug nach Hamburg und über dem Zielgebiet antreffen würden. Verschiedene

Wolkenarten wurden in wechselnden Höhen registriert, und eine besonders große Masse bösartiger Kumulonimbus, aufragend bis in 9000 Meter Höhe, wurde westlich von Oldenburg gesichtet. In Richtung Hamburg jedoch war das Wetter allem Anschein nach sehr viel klarer. Die Mosquito landete um 21.45 Uhr in Oakington, und ihre Besatzung meldete, was sie gesehen hatte.

Der verzögerte Start, verursacht durch die Motorenpanne der ersten Mosquito, hatte einen ohnehin schon gedrängten Zeitplan weiter zusammengedrängt. Wegen des sommerlich frühen Morgengrauens durfte die Nullzeit über Hamburg nicht später als 02.00 Uhr liegen. Die Bomber mußten deshalb binnen einer Stunde nach der Landung der Wetter-Mosquito mit ihren Starts beginnen. Ein in aller Hast revidierter Wetterbericht ging an das Bomber Command:

> Hamburg: Aufgelockerte Bewölkung in 3000 bis 6000 Meter Höhe. Gesamtbedeckung unterhalb 5500 Meter wahrscheinlich geringer als 5/10, jedoch Entwicklung von 10/10 Kumulonimbus nicht auszuschließen, Obergrenze mit Spitzen von mehr als 9000 Meter.

Mit anderen Worten, man drückte den Daumen, daß die bei Oldenburg gesichteten gewaltigen Sturmwolken nicht in das Gebiet südlich von Hamburg vordringen würden, das die Bomber auf ihrem Zielanflug passieren mußten. Sir Arthur Harris sagte den Angriff nicht ab, aber er gab den anspruchsvollen Plan auf, einen zweiten Zielpunkt über Harburg zu setzen. Die gesamte Bombenlast des Bomber Command sollte auf das mittlere Hamburg fallen.

Es war kaum noch Zeit vorhanden, um die Befehle für die Pathfinder und für die beiden letzten Wellen des Gros zu ändern, bevor die ersten Bomber kurz vor 23.00 Uhr zu starten begannen. Viele Besatzungen hatten sich überrascht gezeigt, als sie in den Einsatzbesprechungen erfuhren, daß wiederum Hamburg das Ziel sein sollte. Dreimal hatten sie die Stadt lichterloh brennen gesehen, und sie konnten kaum glauben, daß es dort noch etwas geben sollte, was sinnvollerweise bombardiert werden könnte. Den meisten Einsatzoffizieren gelang es, die Besatzungen davon zu überzeugen, daß es gerade noch einen Teil Hamburgs gab, der flachgelegt werden müsse, um die Zerstörung der Stadt vollständig zu machen. Mindestens zwei Squadrons wurde erklärt, daß der Zielpunkt sich im »Rotlicht-

Bezirk« nahe der Hafenanlagen befinde. Den Meteorologen fiel es nicht leicht zu erklären, wo sich das Gebiet der Gewitterwolken genau befinden würde. Einige sagten, die Gewitter würden jenseits von Hamburg sein; andere nannten ein Gebiet recht weit südlich der Route und des Ziels. Den Besatzungen der kanadischen 428. Squadron in Middleton St. George wurde ohne Umschweife erklärt, daß sie möglicherweise in einen schweren Gewittersturm hineinfliegen würden, und die Einsatzoffiziere gaben Anweisung, bei allzu katastrophaler Wetterlage die Bomben irgendwo über Deutschland abzuwerfen und nach Hause zu fliegen.

Die Flugzeuge erhoben sich in den bedeckten und böigen Himmel. »Die Wolken hingen so tief, daß man sie beinahe mit Händen hätte greifen können.« Auf vielen Plätzen regnete es ohne Unterbrechung. Zwei Wellingtons der 1. Group mußten bald nach dem Start notlanden, und unter zwei schwerbeladenen Lancaster-Bombern der 5. Group brach das Fahrgestellt zusammen. Eine dieser Maschinen versperrte in Scampton eine Startbahn und machte sechs anderen Lancasters den Start unmöglich. Die andere, in Bardney, bewirkte, daß drei andere Lancasters mit so großer Verspätung starteten, daß sie später über Funk zurückbeordert wurden. Bei keinem dieser Mißgeschicke gab es ernstlich Verletzte. 737 Bomber nahmen Kurs hinaus auf die Nordsee, um einen Einsatz zu beginnen, der wenig gemein haben sollte mit den ersten drei RAF-Angriffen der Schlacht um Hamburg.

Der erste ungewöhnliche Zwischenfall ereignete sich unmittelbar vor der Küste von Lincolnshire. Ein britischer Küsten-Geleitzug, der Konvoi FS. 83, dampfte mit seinen einundzwanzig Handelsschiffen und vier Begleitschiffen der Royal Navy nach Süden. Viele der Handelsschiffe hatten gerade in anderen Konvois den Nordatlantik überquert und befanden sich jetzt auf dem Weg um die britischen Inseln herum nach London. Der Konvoi stand genau unter dem Flugweg der 280 Bomber der 1. und 5. Group, deren Abflugpunkt von England die Stadt Mablethorpe war. Die Bomber waren über den Standort des Geleitzuges informiert worden, und die Begleitschiffe der Marine hatten schon oft gesehen, wie die Bomber nach Deutschland starteten oder von dort zurückkamen. Aber für viele Besatzungen der Hochsee-Handelsschiffe – bei einigen handelte es sich um neue amerikanische Liberty-Schiffe – war das etwas gänzlich Neues. Zum ersten Mal befanden sie sich in einer »Kriegs-Zone«. Der Ärger fing an, als eine Bombe in der Nähe von H. M. S. »Shearwater« explodierte, einer Korvette, deren Kommandant der Schriftsteller Lieutenant Nicholas Monsarratt war:

Irgendwann während der Mittelwache, als ich noch auf der Brücke war und mit dem Navigationsoffizier sprach, hörten wir eine große Zahl von Flugzeugen über uns. Ich hielt das, wie üblich, für einen unserer großen Bombereinsätze auf dem Weg nach Deutschland, und wir gingen nicht auf Gefechtsstation. Dann blitzte es zwischen der »Shearwater« und dem Konvoi auf, es klirrte und schepperte, und ein Funkenregen stieg auf, als eine ziemlich große Bombe auf der Wasseroberfläche explodierte, wahrscheinlich nur etwa fünfzig Meter entfernt. Vernünftigerweise zogen wir die Köpfe bis unter die Brückenschanz ein, um etwaige Sprengbrocken vorbeisausen zu lassen, dann tauchen wir wieder auf, um Luft zu holen. Ich ließ auf Gefechtsstation gehen, gab aber keine Feuererlaubnis; ich vermutete, daß es »einer von uns« gewesen war, der seine letzte Bombe sausen ließ auf dem Heimflug von einem Angriff. Wir hatten im vorigen Jahr schon eine ganze Menge von unseren Bombern gesehen, die sich nach Hause schleppten, schwer angeschlagen oder mit nur noch ein paar Tropfen Sprit in den Tanks, und ich wollte ihnen das Leben nicht noch schwerer machen.

Ich erstattete den üblichen Bericht, als wir Harwich erreicht hatten, ohne die Sache allzu sehr zu dramatisieren. Obwohl die »Shearwater« mein erstes eigenes Kommando war und ich sie dementsprechend liebte, verdankten wir doch der RAF zu viel, als daß ich den Wunsch verspürt hätte, mich künstlich aufzuregen.

Sollten sie doch sicher und wohlbehalten nach Hause kommen. Wäre ich auf den Gedanken gekommen, daß der Bombenwerfer ein Flugzeug auf dem *Hinflug* nach Deutschland war, wäre meine Meldung vielleicht etwas ruppiger im Ton ausgefallen.

In dem später vom Leiter des Konvois vorgelegten Bericht heißt es, daß neun Handelsschiffe das Feuer eröffnet hatten – sieben Liberty-Schiffe, ein britisches Schiff und ein holländischer Tanker. Obwohl die RAF-Maschinen sofort die korrekten Erkennungs- und Signalfarben schossen, hatten die Handelsschiffe ihr Feuer in einzelnen Salven fortgesetzt – und zwar fast drei Stunden lang!

Wer hatte diese Bombe abgeworfen, und warum gerade hier? Die Kommandeure der Groups 1 und 5 hatten die Bombenfracht einiger ihrer Lancaster während der ganzen Schlacht um Hamburg Schritt um Schritt vergrößert. Aus Kriegstagebüchern der Einheiten geht hervor, daß die Fracht einiger Bomber in dieser Nacht um Größenordnungen bis zu 1000 lbs erhöht worden war, und das ungeachtet der Tatsache, daß die Route nach Hamburg und zurück um 100 Kilometer länger war als bei früheren Angriffen. Besatzungen, in deren Maschinen es kurz nach dem Start zu technischen Störungen kam, hatten Befehl, mindestens 100 Kilometer hinaus auf See zu fliegen, bevor sie ihre Bomben im Notwurf ausklinkten. Keine Besatzung meldete, sie sei in so großen Schwierigkeiten gewesen, daß sie ihre Bomben innerhalb dieser Grenze habe abwerfen müssen. Vielleicht ist die Bombe von einer Besatzung abgeworfen worden, die das Gewicht ihrer Fracht vermindern wollte, um ihr Flugzeug manövrier- und steigfähiger, auch schneller, zu machen. Es gab häufig Meldungen über solche nicht genehmigten Abwürfe über der See. Es ist recht vielsagend, daß der vom Bomber Command gerade für diese Nacht erteilte Einsatzbefehl im »Taktik« überschriebenen Teil folgenden Punkt enthielt:

> *Wahrung der Flughöhe.* Lancaster-Maschinen der 1. Group erhalten keine Genehmigung zu Notabwürfen, um zusätzliche Höhe zu erreichen.

Ein RAF-Mann sagt, sein Heckschütze, der die Schießerei aus der Ferne beobachtete, sei der Meinung, daß ein Bomber von den Schiffen aus abgeschossen worden sei, und am nächsten Tag liefen Gerüchte dieser Art auf den RAF-Flugplätzen um. Einen Beweis dafür gibt es nicht.

Die Bomber setzten ihren Flug quer über die Nordsee fort. Für die Maschinen der 3. und 8. Group verlief ein großer Teil ihres Fluges zum Sammelpunkt des Bomberstroms in einer Entfernung von nur achtzig Kilometern von den deutschen Radarstationen an der holländischen Küste, aber wenn die dort stationierten Nachtjäger aufgestiegen waren, so flogen sie in diesem Stadium des Bomberfluges keine Angriffe. Die nächste deutsche Maßnahme aber stellte einen weiteren Fortschritt in der deutschen Überwindung des Window-Schocks dar. Die Neuerung wurde vom RAF-Abhördienst klar erkannt. Seit

Jahren schon hatten die deutschsprechenden Mitglieder des Dienstes die Gespräche zwischen den deutschen Bodenleitstellen und den Nachtjäger-Besatzungen mitgehört. Nach der ersten Nacht des Window-Einsatzes hatte die RAF die frühen Formen einer laufenden Reportage mitgehört, aber vieles davon war an einzelne Nachtjäger gerichtet, und es hatte noch sehr viele Gegenfragen von den Nachtjägern gegeben. Dieses Spiel wurde jetzt einen Schritt weitergeführt. Man hörte eine deutsche Stimme, die eine stark verbesserte Form der laufenden Reportage sprach: immer und immer wieder wurden die einzelnen Daten des Bomberstroms wie Höhe und Kurs wiederholt. Da gab es keine Rufe an einzelne Maschinen oder an Gruppen von Jägern. Der Stil der Sendung machte klar, daß keine Antwort von den Nachtjägern erwartet wurde.

Einige der erhalten gebliebenen deutschen Dokumente bestätigen, daß in dieser Nacht ganze Gruppen des NJG 3 losgeschickt worden sind mit dem Auftrag, frei von irgendeiner Bodenkontrolle zu operieren. Einige Räume wurden wahrscheinlich besetzt, aber zum erstenmal lag jetzt der Schwerpunkt auf der freien Jagd unter Nutzung der verbesserten Form der laufenden Reportage. Das stürmische Wetter, das die herkömmliche Raumjagd sehr erschwert hätte, mag zu der Entscheidung beigetragen haben, dieses elastischere System einzuführen, aber die verbesserte deutsche Taktik in dieser Nacht hatte alle Merkmale einer sorgfältigen Vorbereitung. Irgend jemand hatte in der Pause der letzten paar Tage sehr angestrengt nachgedacht. Deutsche Flugzeugführer schrieben in ihre Tagebücher, daß sie sich auf einem Wilde Sau-Einsatz befunden hätten, aber was sie auf den Routen der Bomber zum und vom Ziel taten, war in Wirklichkeit ein Einsatz des Typs, der später die Bezeichnung »Zahme Sau« erhalten sollte. Bei dieser Art der Nachtjagd war der Nachtjäger nicht auf die Hilfe von Scheinwerfern oder den Schein brennender Städte angewiesen; er machte sich die laufende Reportage zunutze, um das richtige Gebiet zu erreichen. Danach verließ er sich auf seine eigenen Überlegungen und das Bordsuchgerät, um ein Bomberziel zu finden.

Zu den ersten Luftkämpfen kam es, kurz nachdem der Bomberstrom sich 65 Kilometer westlich von Helgoland konzentriert und Kurs Südost auf den Punkt aufgenommen hatte, an dem er südlich der Elbe die Küste überfliegen sollte. Es kam zu mindestens sieben Gefechten, bevor der Bomberstrom die deutsche Küste erreichte. Ein Luftkampf blieb ergebnislos. Eine zweite Begegnung wurde zu einem langen Kampf, von den Besatzungen beider Maschinen mit großem Mut geführt. Bei dem Bomber handelte es sich um eine Halifax der 10. Squadron, geführt von Flying Officer J. C. Jenkins, einem Waliser, und der Jäger war eine Junkers Ju 88. Die Halifax gehörte einer Einheit an, die den Bordschützen aus dem oberen MG-Stand zu demjenigen Besatzungsmitglied bestimmt hatte, dessen Aufgabe es war, Window abzuwerfen, und folglich war seine Position unbesetzt, als der Jäger angriff. Im Verlauf des energischen und hartnäckig geführten Kampfes erzielte der junge kanadische Heckschütze, Flight Sergeant Dick Hurst aus Vancouver, viele Treffer in der Ju 88. Beide Tragflächen fingen Feuer. Aber der deutsche Flugzeugführer ließ nicht nach in seinen Angriffen, und auch sein Feuer fand sein Ziel; zu einem großen Teil rings um Hursts Heckstand. Der Kampf endete damit, daß die Junkers in Spiralen nach unten abging, langsam, bis sie, allem Anschein nach immer noch brennend, in einer Wolke verschwand. Die beschädigte Halifax, die ihre Bomben ausgeklinkt hatte, flog unversehrt nach Hause. Pilot und Heckschütze wurden später für diesen Kampf ausgezeichnet. Die Identität der Jägerbesatzung ist nicht bekannt, aber die Junkers gehörte wahrscheinlich zur 2./NJG 3. Eine Maschine dieser Staffel hatte, obwohl beschädigt, ebenfalls wohlbehalten den Weg zum Einsatzplatz Wittmundhafen gefunden.

Die anderen fünf Kämpfe in diesem Gebiet nahmen alle ein tödliches Ende. Drei Lancaster und zwei Halifax wurden abgeschossen und stürzten ins Meer. Es gab keine Überlebenden. Das war ein beträchtlicher früher Erfolg für die deutsche Verteidigung, aber es wäre ganz falsch anzunehmen, daß eine derartige Erfolgsquote für den ganzen Rest des Angriffs hätte durchgehalten werden können. Drei dieser fünf frühen Erfolge wurden von anerkannten Experten erzielt – zwei von Major Günther Radusch, einer von Hauptmann Rudolf Schönert. Beide waren Gruppenkommandeur und hocherfahrene Piloten; anderen Nachtjagd-Besatzungen fiel es sehr schwer, das neue System anzuwenden. Diese Art der Nachtjagd hätte bis zum Zielgebiet hin fortgesetzt werden können und dann weiter während eines großen Teils des Rückflugs der Bomber, aber eine neue, vom Wetter herbeigeführte Lageveränderung sollte Nachtjäger und Bomber gleichermaßen derartige Schwierigkeiten bereiten, daß es geraume Zeit kaum noch zu Kontakten zwischen diesen Gegnern kam.

Während des ganzen Fluges von der englischen Küste an hatte es Wolken über der Nordsee gegeben, aber ihre Gipfel erreichten selten mehr als 2400 Meter Höhe, und die Bomber ließen sie bald unter sich. Unmittelbar bevor der Bomberstrom die deutsche Küste überquerte, wurde jedoch genau voraus ein seltsamer und zunächst unerklärlicher Anblick beobachtet. Mächtige Lichtblitze erleuchteten eine dichte und dunkle Masse, die weit über die Flughöhe der Bomber hinausragte. Viele Bomberbesatzungen hielten diesen spektakulären Anblick für die Flakverteidigung von Cuxhaven und Bremerhaven; vielleicht wurden da auch schwere Marinegeschütze als Flak eingesetzt. Ein Pathfinder-Pilot meinte, daß die Deutschen »eine neue und schreckenerregende Waffe« zur Anwendung gebracht hätten. Einige Männer glaubten, daß es sich bei der wolkigen Masse, die da zu sehen war, um Rauch handele, der aus der noch immer brennenden Stadt Hamburg emporquoll. Aber die Außentemperaturen begannen rasch zu sinken, und die Luft wurde turbulent. Die Bomber waren im Begriff, in den gewaltigsten Gewittersturm hineinzufliegen, dem die meisten Besatzungen jemals in ihrem Leben begegnen sollten.

Am äußeren Rande des Sturms war die Wolke durch gewaltige, bösartige Schründe und Klüfte aufgerissen. Durch diese Abgründe hindurch konnten die Piloten sich ihren Weg zwischen den Gewitterballungen suchen; Blitzschläge, die beinahe ohne Unterbrechung kamen, beleuchteten diesen Pfad. Aber diese freien Räume verschwanden dann, und die Bomber stürzten sich in dicke Wolken. Es war eine furchteinflößende Sache und eine gefährliche. Es herrschten Luftströmungen – aufwärts, abwärts und seitlich – von gewaltiger Stärke, Blitze, die oft in die Bomber einschlugen, statische Elektrizität, die jeden nur erdenklichen Schabernack trieb, und die schwerste Gefahr war Eis, das sich lautlos und unsichtbar, aber mit unheimlicher Schnelligkeit an der Außenhaut der Bomber bilden konnte.

Auf allen meinen vierundfünfzig Einsatzflügen habe ich niemals 10/10 Wolken erlebt und elektrische Funken, die überall herumflogen. Von den

Mündungen meiner MG-Läufe strömten blaue Streifen wie ein Hexenbesen, ungefähr fünfzehn Meter lang. Alle Propeller waren riesige Feuerräder. Es war das erste und einzige Mal, daß ich, während ich in einer Lancaster flog, Donnerschläge gehört habe, und zwar reichlich. (Flight Lieutenant G. H. Pascoe, 156. Squadron)

Es war mein erster Angriff, und ich hatte keine Ahnung, was davon Flak war und was Blitze. Die Kumulonimbus-Wolke schien zu explodieren. Erst auf meinem zweiten Angriffsflug wurde mir klar, was wirkliche Flak ist.
Funken tanzten auf allen unseren Bordwaffen; sie waren wie beleuchtete Engel in einer katholischen Kirche. Dann bemerkte ich eine lange Funkenspur hinter meiner Kanzel, die bis ganz an das Flugzeug heranreichte. Ich sagte zum Piloten, daß irgend jemand auf uns schösse. Wir stellen fest, daß der Funker die Schleppantenne draußen gelassen hatte. Der Pilot trat ihm auf den Kopf – er saß genau unterhalb der Füße des Piloten – und befahl ihm, die Antenne abzuwerfen. Der Funker packte den Abwurfhebel, aber ein elektrischer Schlag warf ihn wieder zurück ins Flugzeug, und zwar im selben Augenblick, als er den Hebel hinunterdrükken wollte. Ich kannte mich ein bißchen mit Elektrizität aus und schlug ihm vor, es doch lieber mal mit dem Gummi-Urinbeutel zu versuchen. Die Antenne löste sich und verschwand; dabei schien sie sichtbar ihre Ladung zu verlieren. (Sergeant J. G. McLaughlan, 405. Squadron)

In den Sprachgebrauch der RAF ging diese Nacht als »Die Nacht des Gewitters« ein. Noch lange hieß sie so bei allen, die diesen Angriff mitgeflogen hatten. Auch als ich wieder auf dem Pazifischen Kriegsschauplatz war und von Neuguinea, Darwin und Moretai aus flog, habe ich nie wieder so einen Gewitterflug erlebt. (Flying Officer C. R. Johnson, 156. Squadron)

Das Gewitter veranlaßte viele Besatzungen, aufzugeben. Manchmal wurde die Entscheidung sehr rasch getroffen – das war oft bei den besonders erfahrenen Piloten der Fall – Bombenladungen wurden ausgeklinkt, und die Bomber traten den Heimflug an, um später, unter günstigeren Bedingungen, den Kampf fortzusetzen. Anderen Besatzungen zwangen die Auswirkungen des Gewittersturms diese Entscheidung auf.

Ich hatte schon einige Kenntnis davon, wie es in einer Kumulonimbus aussieht, und ich wußte, daß wir würden umkehren müssen. Die Besatzung aber war so außer sich vor Freude darüber gewesen, daß dieses der letzte Flug ihrer Tour war, daß sie zu Tode enttäuscht sein würde, wenn wir abbrachen. Deshalb beschloß ich, mich noch ein Stück voranzuschleppen, damit sie selber sehen konnten, daß wir nicht grundlos kehrtmachten. Das war dumm, vor allem deshalb, weil ich weiter flog, als ich ursprünglich vorgehabt hatte. In Gesellschaft des feurigen Elias begaben wir uns in einen tobenden Hexenkessel, und umgeben vom Elmsfeuer rief ich sehr bald alle anderen Heiligen an, uns hier wieder herauszuhelfen. Rings um uns her zuckte es grell, und ein blendender Blitz schoß quer über unseren Bug und beleuchtete eine höchst unheimliche, abgrundtiefe Schlucht zu unserer Rechten. Wir wurden fast steuerlos hin- und hergeschleudert. Im herkömmlichen Sinn zu wenden war unmöglich, und ich mußte mit allerlei Tricks versuchen, auf Gegenkurs zu kommen, wobei ich ununterbrochen betete, daß unsere Klappen und Ruder nicht davonschweben und uns verlassen würden. Die Besatzung war ausreichend beeindruckt; aus der Sprechanlage hörte ich nichts außer einem mehrfachen »Jesus, Maria und Josef« von Paddy, unserem Bombenschützen. Das Hämmern und Rütteln und Schleudern ging noch eine ganze Zeit weiter, dann endlich kamen wir da heraus. (Pilot Officer J. H. Ratcliff, 103. Squadron)

Die arme alte Halifax kämpfte jetzt wirklich schwer. Bald schien die ganze Zelle sich zu schütteln, und alles fing an zu klirren und zu rasseln. Bei ungefähr 4500 Meter gab das tapfere Flugzeug endgültig den Geist auf und wollte einfach nicht mehr weiter steigen. Mittlerweile war die Vereisung äußerst ernst, und die meisten Steuerungsanlagen schienen festzusitzen. Im übrigen gelangte die »Hally« zu der Ansicht, daß ihr diese Situation überhaupt nicht schmeckte, und sie begann, ein bißchen zu schnell wieder zu sinken. Wir befanden uns in einem sehr steilen Sturzflug, und ich dachte damals wohl, daß er uns ungemütlich tief hinunterführte. Wir warfen die Bomben im Notwurf ab, und die Halifax bequemte sich, wieder etwas flacher zu stürzen. Vielleicht hatte Tommy irgendein kleines Wunder zustandegebracht – er war gelegentlich durchaus imstande, Wunder zu wirken. Und so kehrten wir, dankbar, noch immer in der Luft zu sein, zu unserem Stützpunkt zurück, ziemlich durchgeschüttelt und sehr niedergeschlagen. (Sergeant O. E. Burger, 77. Squadron)

Soviel Angst hatte ich noch nie im Leben gehabt, und nie wieder werde ich mich so fürchten. Versteinert saß ich da, und dann schrie ich dem Skipper zu: »Um Gotteswillen, hol' uns hier raus!« Er fing an, steiler zu steigen, aber da die Stirling, beladen, nur höchsten 4500 Meter schaffte, erreichten wir unsere Maximalhöhe und waren immer noch mitten in den Wolken. Plötzlich begann die Vereisung. Die Tragflächen des alten Drachens waren ein weißes Laken. Große Eisbrocken flogen von den Propellern los und prasselten wie MG-Feuer gegen den Rumpf. Dann kippte die Backbord-Fläche ab, und wir stürzten wie ein Stein. Nach einiger Zeit, die mir wie eine Ewigkeit vorkam, hörte ich ein fernes Flüstern: »Notwurf. Notwurf.« Ich habe in meinem Leben nur sehr selten gebetet, aber dieses Mal tat ich es, und dem Himmel sei Dank, irgend jemand hat zugehört. (Sergeant C. C. Leeming, 620. Squadron)

Viele Bomber, die auf diese Weise zur Umkehr gezwungen wurden, warfen ihre Bomben ab, wie es gerade so kam, andere aber flogen einen regelrechten Anflug auf irgend etwas, das ihnen als lohnendes Ziel erschien, sobald sie aus der allerschlimmsten Gewitterzone heraus waren. Cuxhaven, Bremerhaven, Bremen, Bremervörde, Wilhelmshaven und Helgoland wurden sämtlich auf diese Weise zum Bombenziel. Bremen bekam die meisten Bomben ab – mindestens zwanzig Ladungen – und zehn Menschen fanden dort den Tod, aber die Bremer Flak schoß eine Halifax der 405. Squadron ab. Ein Volltreffer auf eine Scheinwerferstellung bei Cuxhaven tötete sechs deutsche Soldaten, und eine Stirling lud ihre gesamte Bombenfracht über einem Schiff vor der deutschen Küste ab, das es gewagt hatte, das Feuer auf den Bomber zu eröffnen. »Ich glaube, die haben sich gefragt, was da wohl auf sie zukommt, als sie die ganze Ladung herunterpfeifen hörten.« Aus den Squadron-Berichten geht hervor, daß 102 Bomber ihre Ladungen im Notwurf ins Meer kippten – einige wegen normaler technischer Störungen, die meisten aber wegen des Sturms; 106 weitere luden ihre Bomben irgendwo über Deutschland ab, bevor sie das Zielgebiet erreicht hatten, und achtzig bombardierten Ausweichziele. Aber etwas mehr als 400 Bomber hielten durch, pflügten durch den Gewittersturm voran und hofften, Hamburg zu erreichen.

Mindestens vier, wahrscheinlich aber fünf Bomber überlebten den Sturm nicht. Eine Stirling der 214. Squadron mit ihrer geringeren

Flughöhe überflog gerade die Küste, als ihre sämtlichen Steuerungsanlagen vereisten und ausfielen. Die gesamte Besatzung sprang, noch über dem Meer, am Fallschirm ab. Bei einer Halifax der 419. Squadron bildete sich eine dicke Eisschicht auf den Tragflächen, aber ihre vorwiegend kanadische Besatzung stimmte dafür, weiter das Zielgebiet anzufliegen, das sie voraus schon zu sehen glaubte. Nur drei Mann gelang das Aussteigen mit dem Fallschirm, als der Pilot, Sergeant J. S. Sobin, plötzlich merkte, daß er die Kontrolle über seine Maschine verloren hatte. Eine Lancaster der 115. Squadron explodierte, wahrscheinlich, nachdem sie von einem Blitz getroffen worden war, und verstreute ihre Trümmer und toten Besatzungsmitglieder über drei deutsche Gemeinden. Die beiden anderen Verluste wurden durch die gefährliche Vereisung verursacht, die sich blitzschnell bilden konnte, wenn das Flugzeug in die oberen Schichten einer Gewitterwolke eintauchte. Glückliche Überlebende dieser beiden Besatzungen können selbst ihre Geschichte erzählen:

> Der Navigator sagte, daß wir schon vor fünf Minuten hätten über dem Ziel sein müssen, aber er könne nichts sehen. Der Pilot sagte, er werde noch eine weitere Minute diesen Kurs halten, und wenn dann immer noch nichts vom Ziel zu sehen sein sollte, werde er einen großen Kreis fliegen; gelänge es auch dabei nicht, das Ziel zu finden, würden wir die Bomben abwerfen und nach Hause fliegen.
>
> Eine halbe Minute später hörten wir, wie der Pilot schrie: »Mein Gott! Eis! Abspringen! Um Gottes willen, abspringen!« Da ich von Natur aus vorsichtig bin, brüllte ich: »Ist sonst noch alles in Ordnung?« Ich hatte von Fällen gehört, wo der Heckschütze zu früh abgesprungen und das Flugzeug ohne ihn nach Hause gekommen war. Keine Antwort. Plötzlich gab es einen fürchterlichen Krach, und ich hatte das Gefühl, daß ich, noch immer in meiner Kanzel, wie ein Kreisel herumgeschleudert wurde. Das Gewicht des Eises auf dem Rumpf, der schon bei dem vorangegangenen Nachtjägerangriff und durch die Flak beschädigt worden war, hatte das Flugzeug in drei Teile zerbrechen lassen. Der Bombenschütze erzählte mir später, daß seiner Schätzung nach das Eis ein Gewicht von fünf Tonnen gehabt haben müsse. Er hatte gesehen, daß die Tragflächen nur noch große, massive Eisquader waren. Flying Officer Smyk war ein sehr guter Pilot, und wenn das Eis sich allmählich gebildet hätte, dann – davon bin ich

überzeugt – hätte er es bemerkt. Ich glaube, es hat sich in wenigen Sekunden gebildet. Ich machte die Tür der Kanzel auf, warf mich nach hinten, und das ist das letzte, an das ich mich erinnere, bis ich nur noch ungefähr 150 Meter vom Boden entfernt war.

Der Bombenschütze und der Funker befanden sich beide in der Mitte des Flugzeuges, als es auseinanderbrach. Sie fielen ganz einfach hinaus und zogen die Reißleine ihres Fallschirms. Der Bombenschütze erzählte mir, daß die Deutschen ihn mitgenommen hätten, um den Leichnam des Piloten und des Navigators im Bugteil des Rumpfes zu identifizieren. Den Piloten fand er noch in seinem Sitz festgeschnallt vor, aber der Navigator hatte schon den Fallschirm angelegt. Er meinte, daß der Navigator wohl im Flugzeug geblieben sei und versucht habe, dem Piloten zu helfen. Sie waren enge Freunde. (Sergeant A. Jaremko, 300. Squadron)

Die andere Maschine, die durch Vereisung verlorenging, war eine Pathfinder-Halifax.

Ganz plötzlich begann sich das ganze Flugzeug zu schütteln, und die Rückseite meiner Kanzel wurde unter dickem Eis undurchsichtig. Ich drehte die Kanzel, und ein paar Sekunden lang nur konnte ich sehen, daß die Tragflächen mit Eis bedeckt waren und die Propeller herumsegelten wie weiße Windmühlen. Dann war die Sicht wieder weg.

Die Maschine verlor an Fahrt und ich spürte, daß sie durchfiel. Ich kletterte schnell aus der Kanzel, um meinen Fallschirm zu holen, denn ich merkte schon, daß wir nicht wieder klarkommen würden. Kaum war ich im Rumpf, als wir ins Trudeln kamen. Die Fliehkraft war außerordentlich stark; ich konnte nicht einmal einen Arm heben. Ich befand mich zu der Zeit in der Mitte der Zelle, und ich merkte, daß jemand mich trat, um zum Ausstieg zu kommen, aber er wurde genauso niedergepreßt wie ich. Das Trudeln schien stundenlang zu dauern, aber dann gab es einen großen Krach, und alles wurde durcheinander gewirbelt.

Als ich wieder zu mir kam, war ich mir keiner anderen Wahrnehmung so bewußt wie der Stille. Ich war sehr müde, und ich schlief ein, wie ich glaubte. Ich muß wohl ohnmächtig geworden sein. Als ich zum zweitenmal wieder zu mir kam, war es heller Tag. Ich sah, daß ich mitten in einem Wrackhaufen saß, und Bert, der Mechaniker, lag neben mir. Bewegen konnte ich mich nicht, aber ich hörte draußen jemanden sprechen, und ich rief irgend etwas. Es waren deutsche Soldaten, und sie kamen und trugen Bert und mich aus den Resten der Halifax hinaus. Ich weiß noch, daß ich

sie verfluchte, weil sie mich bei den Beinen packten, denn die waren gebrochen. Die Soldaten legten uns auf einem Feld etwa hundert Meter vom Wrack entfernt auf die Erde, und ich sah, daß es sich bei dem Teil des Flugzeuges, in dem ich gewesen war, nur um die beiden Tragflächen und die Mitte des Rumpfes handelte. Die Zielmarkierungsbomben hingen im Freien, und genau über ihnen waren die Treibstofftanks. Nie werde ich erfahren, warum die ganze Geschichte nicht in die Luft gegangen ist.
Bert stöhnte laut, und ich hielt seinen Kopf und hob ihn ein bißchen an. Er gab dann am Ende auf und starb in meinen Armen. Wir hatten etliche Biere zusammen getrunken, Bert und ich, aber nun gab es für ihn nie wieder etwas, und für mich fürs erste auch nicht. Ich erfuhr später, daß der Rest meiner Besatzung beim Absturz ums Leben gekommen war, was mich gar nicht überraschte, denn die Wrackteile lagen über drei Felder verstreut. (Sergeant A. Stephen, 35. Squadron)

Das Sturmgebiet war mindestens 130 Kilometer tief. Es handelte sich natürlich um den Sturm, den die Wetter-Mosquito am vorausgegangenen Abend gesehen und gemeldet hatte. Die Sturmlage reichte bis hin nach Hamburg, und sie verdarb jede Chance, die die restlichen Bomber vielleicht noch gehabt hätten, einen konzentrierten Bombenangriff zu fliegen. Obwohl 423 Bomber meldeten, sie hätten ihre Bomben im Gebiet von Hamburg abgeworfen, kann nur ein kleiner Teil der Bomben die Stadt getroffen haben.

Der Angriff nahm zu keiner Zeit die Gestalt eines korrekt geführten Bomber-Angriffs an. Die ersten Besatzungen, die angeblich Hamburg trafen, waren diejenigen zweier kanadischer Halifax-Bomber, die eigentlich erst in der zweiten Welle des Gros-Bombardements zehn Minuten nach der Nullzeit hätten abwerfen sollen. Diese Kanadier bombardierten dreizehn Minuten *vor* der Nullzeit. Viele Pathfinder warfen ihre Zielmarkierungen nicht ab, weil sie sich nicht im klaren über ihren Standort zur Zeit des Bombenwurfs waren.

Die Markierungsbomben, die tatsächlich abgeworfen wurden, verschwanden gewöhnlich in den Wolken, wenn es auch in einem Bericht des Bomber Command heißt, daß grüne Zielmarkierungen während zweier kurzer Perioden von insgesamt zwölf Minuten Dauer innerhalb der neunundvierzig Minuten sichtbar gewesen seien, die für den Bombenwurf vorgesehen waren. »Skymarkers«, die kleinen

Reserve-Fallschirm-Markierungen, die die Pathfinder für den Fall starker Bewölkung mit sich führten, waren berüchtigt wegen ihrer Ungenauigkeit, und auch ihre Anwendung hing ganz davon ab, daß die Markierer-Besatzungen sich ihrer Position gewiß waren. Die meisten Maschinen des Gros warfen ihre Bomben nach einem errechneten Standort oder auf einen Feuerschein, der durch die Wolken hindurch zu sehen war. Einige standhafte Besatzungen blieben bis zu einer halben Stunde im »Zielgebiet« und versuchten hartnäckig, Hamburg zu finden. Es war eine seltsame Szene – dicke Wolken, aber mit tiefen Klüften und Tälern, plötzlich erleuchtet von grellen Blitzen, von Flak und auch von Scheinwerfern, die manchmal schmale Lücken in den Wolken entdeckten, von Bombenexplosionen und dem gelegentlichen Anblick einer kaskadenhaft sinkenden wunderschönen Zielmarkierung. Ein Flieger erinnert sich: »Gewitterstürme und Flugzeuge passen selbst unter günstigeren Umständen nicht gut zueinander, aber man fülle den Sturm noch mit Flak an, mit Leuchtspurmunition und Scheinwerfern – allem möglichen bis auf den Küchenausguß – und man bekommt einen Hexensabbat, den man so schnell nicht vergißt.«

Acht Bomber wurden über dem hundert Kilometer breiten Gebiet rings um Hamburg zerstört, das in jener Nacht als »Zielgebiet« gelten konnte. Zwei fielen mit Sicherheit der Flak zum Opfer, die sich die Tatsache zunutze machte, daß die Bomber weit versprengt waren, so daß sie ihr radargeleitetes Feuer auf Einzelziele richten konnte. Einer wurde mit Sicherheit von einem Jäger abgeschossen; in einem deutschen Bericht heißt es, daß das Wrack des Rumpfes von Bordwaffengeschossen durchsiebt gewesen sei. Die genaue Ursache des Verlustes der anderen fünf Bomber ist unbekannt; es gab keine Überlebenden. Vielleicht sind einige von ihnen dem Sturm zum Opfer gefallen; allerdings erhoben einmotorige Wilde-Sau-Jäger Anspruch auf zwei Abschüsse.

Es gibt Hinweise darauf, wo einige der Bomben eingeschlagen sind. Aus deutschen Berichten und auch aus den Positionen, an denen die Bomber sich befanden, als sie auf dem Heimflug wieder zuverlässige Standortbestimmungen vornehmen konnten, geht eindeutig hervor, daß viele derjenigen Besatzungen, die nach Koppelnavigation vermeintlich Hamburg bombardierten, in Wahrheit ihre

Bomben ein ganzes Stück südlich der Stadt ausklinkten. Eine große Zahl von Bomben schlug auf dem Lande ein, auch bei Stade, Buchholz und Lüneburg. Sehr wenige Menschen wurden von diesen Bomben getötet, die zum größten Teil auf freiem Feld und im Wald explodierten. Wir werden nie erfahren, wie viele Bomber die genaue Hamburg-Position gefunden haben. Nur elf Besatzungen brachten Treffer-Photos mit nach Hause, deren Lage identifiziert werden konnte, und die Auswertungsergebnisse waren nicht sehr hilfreich, da sie zwischen der Photographie eines Punktes dreißig Kilometer südwestlich von Hamburg und eines anderen variierten, der sich 43 Kilometer nördlich der Stadt befand. Die dem Zielpunkt nächstgelegene photographierte Fläche fand sich auf der Aufnahme, die eine Pathfinder-Besatzung der 7. Squadron mitbrachte. Flight Sergeant D. A. Routen, der eine Stirling flog, war mutig bis auf 1650 Meter heruntergegangen, um seine Zielmarkierungen 5,6 Kilometer nördlich des Zielpunktes abzusetzen.

Der Leser wird sich erinnern, daß Harburg, die südlich von Hamburg gelegene Stadt, die offiziell jedoch zu Hamburg gehörte, ursprünglich als Zielpunkt für den zweiten Teil des Angriffs ausgewählt worden war, das man diesen Plan jedoch wieder aufgegeben hatte. Eine Ironie des Schicksals wollte es nun, daß Harburg viele der für Hamburg bestimmten Bomben hinnehmen mußte, wenn auch die Bombardierung nie sehr schwer war und kein konzentrierter Schaden angerichtet wurde. Im Bericht des Hamburger Polizeipräsidenten findet sich eine ungehaltene Passage über einen Löschzug, der zu einem Brand bei Noblee und Thorl, Pflanzliche Öle und Fette, und in der benachbarten Phoenix-Gummifabrik gerufen worden war; beide Firmen befanden sich in der Wilstorfer Straße in Harburg. Die Tore zu beiden Werksgeländen waren verschlossen, und als man den Wachmann der Ölwerke endlich wach hatte, bestritt er sogar, daß es auf seinem Gelände brenne. In dem Bericht wird mit aller Schärfe bemängelt, daß auf beiden Werksgeländen keine Spur von den Werksfeuerwehren zu sehen war, die dort hätten auf Wache sein müssen. Eine Mannschaft fand man in einem Luftschutzraum ganz in der Nähe, die zweite in einem mehrere Kilometer entfernten Dorf. Und als diese Männer dann endlich doch erschienen, handelten sie sich schwere Vorwürfe ein, weil sie einfach im schweren Regen herumstanden und sich damit zufrieden gaben, der Berufsfeuerwehr beim Löschen zuzuschauen.

Es gab viele verstreute Bombeneinschläge im eigentlichen Hamburger Stadtgebiet. Ein erkennbares Haupt-Bombardierungsgebiet bildete sich nicht, und etliche Bomben schlugen in Stadtteilen ein, die schon bei früheren Angriffen zerstört worden waren. Viele Brände wurden gelegt, aber sie waren nur selten groß, und die Feuerwehren, unterstützt von den Wolkenbrüchen, die auf die Stadt herniederrauschten, hatten sie bald sämtlich unter Kontrolle. Das größte Feuer entwickelte sich in der Hamburgischen Staatsoper. Der Zuschauerraum brannte aus, aber das Bühnenhaus wurde gerettet und mit ihm ein großer Teil der Hamburger Brotrationen, die in dem Gebäude gelagert worden waren. Im Bericht des Polizeipräsidenten heißt es, daß die Verluste unter der Zivilbevölkerung bei diesem Angriff »gering« waren, was mit anderen Worten heißen soll, daß seine Behörde noch so beschäftigt war mit anderen Aufgaben, daß keine Zeit darauf verwendet werden konnte, eine Verlustliste für eine so geringfügige Episode aufzustellen.

Viele RAF-Besatzungen berichteten, nachdem sie ihre Bomben nach errechneter Standortbestimmung »blind« geworfen hatten, hätten sie ein wolkenfreies Gebiet erreicht, wo ein beträchtlicher Angriff im Gange war. Sie hielten das für Hamburg, aber wahrscheinlicher ist es, daß sie die teilweise Zerstörung Elmshorns mit ansahen, einer kleinen, zwanzig Kilometer nordwestlich von Hamburg gelegenen Stadt. In einem deutschen Bericht, für den es keine Bestätigung gibt, heißt es, daß die dortigen Ereignisse damit begonnen hätten, daß ein Blitz in ein Haus einschlug und es in Brand setzte. Es wurde angenommen, daß dieses Feuer die Bomber angezogen hatte. Ein anderer Bericht enthält geschätzte Zahlen der verschiedenen, auf Elmshorn geworfenen RAF-Bomben der verschiedenen Typen; er legt den Schluß nahe, daß bis zu siebzig Bomber diese kleine Stadt angegriffen haben könnten. Elmshorn hatte viele Hamburg-Flüchtlinge aufgenommen, und etliche von ihnen befanden sich wahrscheinlich unter den siebenundfünfzig Bombenopfern dieser Nacht. Zu den Toten gehörten auch neun Kriegsgefangene nicht genannter Nationalität. In deutschen Berichten ist die Rede davon, daß Elmshorn »zu 50 Prozent zerstört« worden sei; sicher ist, daß 254

Häuser zerstört und 202 schwer beschädigt worden sind. Getroffen wurden auch vier kleine Gewerbebetriebe.

Bomben der RAF richteten in jener Nacht Schäden in einer großen Zahl anderer Gemeinden an; auch Menschen mußten dort sterben oder wurden verletzt. Es gab Tote in mindestens dreizehn Orten außerhalb Hamburgs, in einem Gebiet, das von dem hundert Kilometer südwestlich von Hamburg gelegenen Bremen bis hin zu dem etwa gleich weit von Hamburg im Norden entfernten Kiel reichte. Einige Bomben, die in diesem großen Gebiet einschlugen, stammten von Besatzungen, die bewußt weitergeflogen waren, um Ausweichziele zu finden; viele aber waren von Besatzungen abgeworfen worden, die wegen des schweren Gewittersturms Hamburg nicht hatten finden können. Die letzte Maschine, die ihre Bomben im Zielgebiet abwarf, war eine von Flight Lieutenant J. C. Morton geführte Wellington der 466. Squadron, deren Bombenschütze seine Brandbombenladung um 2.55 Uhr ausklinkte.

Wegen des Sturms war der Rückflug der Bomberbesatzungen potentiell gefährlich. Viele Maschinen litten unter technischen Störungen. Der Bomberstrom war recht weit verstreut, und es sollte ihm nicht mehr gelingen, wieder dicht aufzuschließen; im wesentlichen befanden sich viele Besatzungen weit südlich von ihrer beabsichtigten Position, und das zu korrigieren, sollte ihnen erst gelingen, als sie begannen, bei der Annäherung an England Gee-Signale zu empfangen. Elf weitere Bomber gingen während dieses Rückfluges verloren. Bei einem dieser Verluste handelte es sich um eine vorwiegend kanadisch bemannte Halifax der Pathfinder; zwei ihrer Motoren waren infolge des Gewittersturms ausgefallen. Sehr bald hatte der Navigator errechnet, daß die Maschine wegen ihres allmählichen Höhenverlustes England nicht erreichen werde. Nachdem er die Meinung seiner Besatzung eingeholt hatte, flog der englische Pilot, Sergeant J. A. Phillips, D. F. M., zur Südspitze Schwedens, wo die Besatzung mit unterschiedlich starker Begeisterung in die Nacht hinaussprang. Sie alle landeten wohlbehalten an ihren Fallschirmen auf freiem Feld in der Nähe von Malmö. Die neutralen Schweden verordneten ihnen eine milde Form der Internierung, bis sie schließlich repatriiert wurden und wieder Einsätze flogen.

Sergeant Phillips und seine Besatzungen hatten Glück gehabt. Von den anderen zehn Bombern, die auf dem Rückflug verlorengingen, überlebte nur ein einziger Mann. Es wird angenommen, daß eine Stirling und ein Nachtjäger vom Typ Dornier Do 217 im Sturmgebiet in der Nähe der Elbmündung kollidiert sind. Ein Deutscher wurde verwundet, überlebte aber den Absturz des Jägers; die gesamte Besatzung der Stirling, der auch drei Neuseeländer angehörten, fand den Tod. Mindestens vier Bomber wurden bei Verlassen der deutschen Küste angegriffen. Drei wurden abgeschossen, der vierte kehrte mit einem toten Heckschützen an Bord heim. Die restlichen sechs verlorenen Bomber wurden unter allzu vertrauten Umständen abgeschossen – sie waren zu weit nach Süden von ihrer korrekten Route abgekommen und flogen durch die von Bodenleitstellen kontrollierten Nachtjagdräume an der holländischen Küste, die von den erfahrenen Besatzungen des NJG 1 besetzt waren. Drei deutsche Nachtjäger – Hauptmann Jabs, Oberleutnant Greiner und Oberfeldwebel Scherfling, alle von der IV/NJG 1, die in Leeuwarden stationiert war – schnappten sich diese sechs Bomber mühelos unter Anwendung der Standard-Abfangtechnik der Nachtjagdräume. Jabs erzielte in zweiundzwanzig Minuten drei Abschüsse, Greiner zwei. In einem Brief drückt Hermann Greiner sein Erstaunen darüber aus, daß seine Opfer tatsächlich versucht hatten, »Elite-Räume der deutschen Nachtjagd« ohne Window-Schutz zu durchfliegen. »Daß man möglichst viel Ballast abwirft, um schneller zu werden, ist verständlich. Aber einen Zentner von Lebensversicherungsverträgen kann man doch für dringende Fälle beim Rückflug, wo man ... dazu physisch und psychisch am Ende ist, behalten.« In Wahrheit glaubten diese Besatzungen – sofern sie nicht bewußt eine Abkürzung wählten – daß sie sich viele Kilometer weiter nördlich befanden, und sie hatten schon vor geraumer Zeit den Window-Abwurf eingestellt. Ein Bomber wurde 136 Kilometer südlich der ihm zugewiesenen Route abgeschossen! Sergeant Peter Swan, Bombenschütze einer im flachen Wasser der Friesischen Inseln abgeschossenen Lancaster der 44. Squadron, war der einzige Überlebende dieser letzten Schläge, die die Luftwaffe den Bombern zufügten. Nach vier Stunden im Wasser wurde er von einem kleinen Fahrzeug der deutschen Marine gerettet.

Zwei Fälle von tragischer Ähnlichkeit ereigneten sich beim Tod von vier kanadischen Fliegern, die zu den Besatzungen von Bombern gehörten, die nach Verlassen der deutschen Küste abgeschossen worden waren. Flying Officer Ernest Kirkham aus Vancouver war der Navigator jener Lancaster der 44. Squadron, deren einziger Überlebender Sergeant Swan war. Sein jüngerer Bruder, Sergeant Thomas Kirkham, war der Heckschütze einer Wellington der 432. Squadron, die ebenfalls ins Meer stürzte. Sie flogen ihren vierten beziehungsweise fünften Einsatz.

Die Flying Officers Lennic Rogers und Harvey Funkhouser waren Schulfreunde in der kleinen Industriestadt Port Colborne in der kanadischen Provinz Ontario gewesen, sie gehörten der Football-Mannschaft ihrer High School als führende Mitglieder an, sie waren 1940 mit einem zeitlichen Abstand von zwei Wochen in die RCAF, die Königlich Kanadische Luftwaffe, eingetreten, hatten sich beide zum Flugzeugführer ausbilden lassen, waren beide länger als ein Jahr als Ausbilder auf demselben Ausbildungsflugplatz in Kanada zurückgehalten worden, sie waren dann zusammen per Schiff nach England gekommen, sie waren am selben Tag mit ihren neu aufgestellten Besatzungen zur 428. Squadron nach Middleton St. George abkommandiert worden und absolvierten in dieser Nacht ihren vorgeschriebenen Flug als »zweiter Pilot« mit zwei Besatzungen der Einheit, die schon mehr Erfahrungen gesammelt hatten. Wie die Brüder Kirkham, so starben auch die beiden Freunde in der Nordsee. Die Familie von Flying Officer Rogers hatte vier Monate vorher einen anderen Sohn über der Nordsee verloren.

Wahrscheinlich wurde eine Stirling der 75. (neuseeländischen) Squadron, geführt von dem Engländer Sergeant Cyril Bailie, zum letzten britischen Bomber, der der Schlacht um Hamburg zum Opfer fiel. Die Maschine wurde um 3.51 Uhr vierzig Kilometer nördlich von Terschelling von Hauptmann Jabs abgeschossen.

Sehr müde und sehr erleichtert sichteten die heimkehrenden RAF-Männer bei klarem Wetter die englische Küste und machten sich zur Landung bereit. Wegen der Sturmschäden an ihren Maschinen hatten viele Besatzungen einen schwierigen Heimflug gehabt, aber überraschenderweise stürzte keine dieser angeschlagenen Maschinen ins Meer, und es gab keine ernsthaften Zwischenfälle bei der Landung. Nachdem sie gelandet waren, kam es unter den Besatzungen zu allerlei grimmigen Bemerkungen darüber, daß die Wetterfrösche sie nicht ausreichend vor dem Gewittersturm gewarnt hatten, und bald lief das Gerücht um, daß die am vorigen Abend entsandte Wetter-Mosquito ihren Flug nicht korrekt absolviert habe.

Die 75. (neuseeländische) Squadron in Mepal hatte neun Nächte zuvor die erste Maschine in die Schlacht um Hamburg geschickt. Diese selbe Einheit war es, die die letzte Maschine bei ihrer Heimkehr begrüßte. Pilot Officer Clifford Logan, ein Australier, landete seine Stirling wohlbehalten um 6.30 Uhr.

Der letzte RAF-Angriff in der Schlacht um Hamburg war ein bitterer und kostspieliger Abschluß für das Bomber Command. Die Gesamtverluste der RAF in dieser Nacht beliefen sich auf zwei zerstörte und dreiunddreißig vermißte Maschinen, einschließlich zweier Mosquito-Intruders und einer Wellington mit dem Auftrag, Minen in der Elbe zu legen. Auf der Habenseite standen diesem schweren Verlust an Flugzeugen und Menschen die Tatsachen gegenüber, daß weder der Stadt Hamburg noch irgendeinem anderen Ziel in Deutschland nennenswerte Schäden zugefügt worden waren, ausgenommen nur die unglückliche kleine Stadt Elmshorn. Die einzigen feststehenden Verluste der Luftwaffe waren die Dornier Do 217, die mit einem Bomber zusammengestoßen war, eine weitere, die von einem britischen Fern-Nachtjäger beschädigt worden war, und zwei Junkers Ju 88, deren Besatzungen wegen des Sturms nicht glatt hatten landen können.

ACHZEHNTES KAPITEL

Die Aufrechnung

Obwohl der vierte Schlag der RAF auf Hamburg eindeutig kein Erfolg gewesen war, unternahm Sir Arthur Harris keinen Versuch, einen weiteren Angriff zu fliegen, um den Fehlschlag wettzumachen. Die Schlacht um Hamburg war vorüber. Das RAF Bomber Command und niemand sonst hatte die Initiative ergriffen, um diesen mehrtägigen Angriff auf eine einzige Stadt zu planen und vorzubereiten, und bei der Analyse der Ergebnisse, der Kosten und der Wirkung dieser Schlacht ist es deshalb angemessen, zuerst die Einsatzleistung der RAF zu untersuchen. Ein Punkt ist es wert, wiederholt zu werden. Abgesehen von der Einführung des Window-Verfahrens waren die RAF-Angriffe auf Hamburg in jeder Beziehung Routine. Ganz normale Besatzungen in Standard-Flugzeugen, wie sie zu jener Zeit im Einsatz waren, hatten ohne irgendeine Spezialausbildung, ohne neuartige Bomben oder eine besondere Taktik einen der dramatischsten Einsätze des strategischen Bomberkrieges geflogen.

In den vier Angriffen waren 3091 RAF-Bomber-Flüge unternommen worden. 2592 davon hatten 8344 Tonnen Bomben auf das Gebiet von Hamburg abgeworfen. (Vgl. die Tabelle auf der folgenden Seite.)

Die Resultate der Angriffe waren insgesamt sowohl ein Erfolg als auch – im technischen Sinne – eine Rechtfertigung der Flächenbombardierung. Große Mengen jener 8344 Tonnen an Bomben fielen zwar nicht in der Nähe der vorgesehenen Zielpunkte. In nicht einer einzigen der vier Nächte kam es zu einer wirklich konzentrierten Bombardierung desjenigen Hamburger Gebiets, das für die betref-

Nacht	Sprengbomben	Brandbomben	Gesamt
24./25. Juli	1 346 t	938 t	2 284 t
27./28. Juli	1 127 t	1 199 t	2 326 t
29./30. Juli	1 094 t	1 224 t	2 318 t
2./ 3. August	676 t	740 t	1 416 t
GESAMT	4 243 t	4 101 t	8 344 t*

fende Nacht für eben diesen Angriff bestimmt worden war. Aber weil Hamburg eine so große Stadt war, empfingen andere Flächen der Stadt anstelle der vorbestimmten Zielgebiete die Bombenladungen. Die Schlacht um Hamburg wurde auch ein Erfolg, weil es eine lange Periode guten Flugwetters gab, weil Hamburg in der Nähe der deutschen Küste und an einem sehr breiten Fluß liegt, der den Pathfinders die Nutzung ihrer Radargeräte erleichterte, weil Sir Arthur Harris entschlossen war, die Angriffe solange fortzuführen, bis eine ausreichende Bombentonnage abgeworfen war, und weil er das strenge Prinzip der Flächenbombardierung anwendete – das heißt, die am dichtesten bebauten Flächen einer großen Stadt anzugreifen und durch Feuer zu zerstören. Ergänzende, nachgeordnete Faktoren waren das außergewöhnlich trockene Wetter, das dazu beitrug, den Feuersturm hervorzubringen, und der Window-Einsatz, der dazu beitrug, es den Bombern zu ermöglichen, relativ unbehelligt das Stadtgebiet zu erreichen und zu überfliegen. Es war sehr selten, daß die RAF eine Reihe so günstiger Umstände für ihre Nachtangriffe vorfand.

Der operative Erfolg und der Preis, der dafür zu zahlen war, wurde von allen Gruppen und allen Flugzeugtypen des Bomber Command geteilt, wie die folgenden Tabellen zeigen:

* Flugzeuge, von denen angenommen wird, daß sie ihre Bombenlast abgeworfen hatten, bevor sie abgeschossen wurden, sind in die Rechnung einbezogen worden; nicht berücksichtigt dagegen wurde das Gewicht von Zielmarkierungen und Leuchtbomben, die vom Bomber Command in die Rubrik »Brandbomben« aufgenommen wurden.

Gruppe	Einsätze	Hamburger Gebiet bombardiert	(%)	Flugzeug-verlust	(%)
1	620	521	(84,0)	19	(3,1)
3	493	395	(80,1)	13	(2,6)
4	656	567	(86,4)	18	(2,7)
5	577	512	(88,7)	16	(2,8)
6 (kanadisch)	306	238	(77,8)	8	(2,6)
8 (Pathfinder)	439	359	(81,8)	13	(3,0)
GESAMT	3 091	2 592	(83,9)	87	(2,8)

Flugzeugtyp	Einsätze	Hamburger Gebiet bombardiert	(%)	Vermißt	(%)
Lancaster	1 369	1 172	(85,6)	39	(2,8)
Halifax	971	803	(82,7)	29	(3,0)
Stirling	468	378	(80,8)	11	(2,4)
Wellington	283	239	(84,5)	8	(2,8)
GESAMT	3 091	2 592	(83,9)	87	(2,8)

Von den Flugzeugen, denen es nicht gelang, das Gebiet von Hamburg zu bombardieren, hatten 227 – 7,3 Prozent der insgesamt eingesetzten Maschinen – wegen technischer Störungen vorzeitig zurückkehren müssen, und 199 griffen Ausweichziele an oder warfen ihre Bomben im Notwurf über Deutschland ab, zum größten Teil während des Gewittersturms beim letzten Angriff. Die geringeren Bombardierungszahlen der 6. Group sollten nicht als Vorwurf gegen die Kanadier verstanden werden; es handelte sich um einen relativ neuen Verband, der noch dabei war, sich zu konsolidieren. Die besten Bombardierungsresultate wurden von der 466. (australischen) Squadron in Leconfield erzielt. Bis auf einen ergaben alle fünfundfünfzig Einsätze ihrer treuen alten Wellingtons die Bombardierung des jeweils geplanten Ziels. Wenig ergiebig sind Vergleiche zwischen den Verlustziffern der verschiedenen Bombertypen. Hier wäre lediglich zu sagen, daß die geringere Flughöhe der Stirlings ihnen wahrscheinlich einen stärkeren Schutz durch das Window-Verfahren lieh. Die schwersten Verluste erlitten die Staffeln 102. und 103. Squadron. Sie verloren fünf Halifax-Bomber bei sechsundachtzig Einsätzen beziehungsweise fünf Lancaster bei 102 Einsätzen. Im Gegensatz dazu machten neun Squadrons die vier Angriffe auf Hamburg ohne den Verlust einer einzigen Maschine oder eines einzigen Besatzungsmitgliedes mit. Zuzüglich zu den siebenundachtzig vermißten Maschinen wurden neun andere Flugzeuge – vier Stirling, zwei Lancaster, zwei Wellington und eine Halifax – abgeschrieben, entweder nach Start- oder Lande-Unfällen oder nach schwerer, im Kampf erlittener Beschädigung. Vier weitere verlorene Flugzeuge müssen auch der Schlacht um Hamburg zugeschrieben werden. Von den sechs Wellingtons, die jeweils in jeder Nacht, in der die Bomber Hamburg angriffen, zur Verminung der Elbe entsandt wurden, war eine beim Start zu Bruch gegangen, eine weitere stürzte ins Meer, und zwei Mosquitoes des Fighter Command waren bei Störeinsätzen verlorengegangen, die der direkten Unterstützung der Hamburg-Angriffe gedient hatten. Diese zusätzlichen Verluste erhöhen die Zahl der verlorengegangenen RAF-Maschinen auf genau 100 und die Zahl der vermißten Besatzungen auf neunzig. Insgesamt fanden 552 britische und alliierte Flieger während der RAF-Nachteinsätze der Schlacht um Hamburg den Tod. Fünfundsechzig weitere gerieten in Kriegsgefangenschaft, sieben wurden in Schweden interniert.

Die deutsche Verteidigung hatte sich keineswegs blamiert, obwohl Window sie vor ein Übermaß an Schwierigkeiten gestellt hatte. Die beste Schätzung der Ursachen, die zum Verlust der siebenundachtzig vermißten RAF-Bomber geführt haben mögen, sieht so aus:

Durch Nachtjäger-Angriff	59
Durch Flak-Schaden	11
Durch Flak und Nachtjäger gemeinsam	3
Durch Vereisung oder Sturmschaden	6
Durch technisches Versagen	1
Ursache unbekannt	7

Die RAF-Bomber ihrerseits erhoben Anspruch darauf, zwölf deutsche Nachtjäger zerstört und drei weitere wahrscheinlich zerstört zu haben. In Luftwaffen-Dokumenten wird der Verlust von fünf Jägern durch Bombereinwirkung bestätigt: Zwei Dornier Do 217 und eine Messerschmitt Bf 110 der konventionellen Nachtjäger-Verbände sowie eine Focke Wulf FW 190 und eine Messerschmitt Bf 109 der einmotorigen Wilde-Sau-Einheiten. Drei weitere Nachtjäger – eine Dornier Do 217, eine Junkers Ju 88 und eine Messerschmitt Bf 110 – wurden durch britische Fernnachtjäger zerstört. Von den deutschen Nachtjäger-Besatzungen fielen während der Schlacht um Hamburg nur acht Mann.

Es ist nicht möglich genau anzugeben, wie viele Flugzeuge und Besatzungen durch das Window-Verfahren gerettet worden sind. Der Durchschnittsverlust des Bomber Command bei Einsätzen gegen Hamburg während der vorangegangenen sechs schweren Angriffe auf die Stadt hatte 6,1 Prozent betragen. Ausgehend von dieser Zahl, wäre mit einem Verlust von 188 Flugzeugen und Besatzungen zu rechnen gewesen, wenn Window nicht eingesetzt worden wäre. Das Verfahren mag also 101 Bomber während der vier Angriffe gerettet haben. Aber das ist keine gültige Schlußfolgerung. Die weit höhere Zahl der Bomber, die zur Zeit der Schlacht um Hamburg aufgrund ihrer Masse leichter durch das deutsche System der Nachtjagd-Räume und durch die Flakverteidigungsgürtel des Zielgebietes schlüpfen konnten, hätte den Prozentsatz der vermißten Flugzeuge wahrscheinlich auf eine erheblich unter der alten 6,1-Prozent-Marke liegende Verlustrate reduziert. In Wahrheit mag Window wahrscheinlich zwischen vierzig und sechzig Bomber und Besatzungen gerettet haben.

Die Einführung des Window-Verfahrens hatte, auf den ersten Blick betrachtet, diese bedeutende Verminderung der Verlustrate des Bomber Command herbeigeführt, aber es wird in Deutschland hier und da auch mit Nachdruck die Ansicht vertreten, daß Window der RAF, langfristig gesehen, mehr geschadet als genützt hat. Die zuerst während der Schlacht um Hamburg angewandten Gegenmaßnahmen – die Freigabe von Jägern aus den engen Grenzen der Nachtjagdräume für die freie Jagd und die Schaffung einer laufenden Reportage der Luftlage für diese freie Jagd – machten in den kommenden Wochen gewaltige Fortschritte. Viele Angehörige der deutschen Luftwaffe hatten sich diese Veränderungen schon früher gewünscht, aber es bedurfte des Window-Schocks, um den höheren Befehlshabern die Änderung abzutrotzen. Die neue Taktik der sehr lockeren Leitung und der Handlungsfreiheit für einzelne Nachtjäger – die sogenannte »Zahme Sau« – war sehr flexibel und brachte bald Erfolge, vor allem dann, als die Nachtjäger mit einem neuen Bordradar ausgerüstet wurden, dem SN-2. Im Gegensatz zum alten Lichtenstein-Gerät wurde es nicht durch Düppel gestört. Mit dieser neuen Taktik wurden den RAF-Nachtbombern in den nun folgenden neun Monaten ernste Verluste zugefügt. Es hat gewiß einiges für sich, wenn behauptet wird, daß die deutschen Befehlshaber möglicherweise das System der Nachtjagdräume als primäres Verteidigungsverfahren nie aufgegeben hätten, und am Ende die Verluste der Bomber geringer gewesen wären, hätte die RAF nicht schlafende Hunde geweckt.

Das ist ein interessantes und zugegebenermaßen partiell gültiges Argument. Der unbekannte Faktor ist die Frage, wie lange die deutschen Befehlshaber ohne den Düppel-Schock den Forderungen der Einsatzverbände nach einer neuen Taktik noch Widerstand entgegengesetzt hätten. Aber war die Nachtjagd so beklagenswert schlecht geführt, daß taktische Verbesserungen nicht ohnehin bald eingeführt worden wären? Die zunehmende Stärke der einsatzbereiten Jäger hätte wahrscheinlich zumindest ein Doppelsystem – die Raum- und die freie Jagd – nebeneinander gebracht, und dann wären die Vorteile des letzteren sehr bald deutlich geworden. Aber man kann es im Kriege eben nie wissen. Es ist möglich, daß die Luftwaffe ohne den Window-Ansporn keine Fortschritte gemacht hätte; es ist also möglich, daß Window am Ende zum Verlust von mehr Bombern geführt hat, als durch das Verfahren gerettet wurden. Doch hat das Verfahren außerhalb des Nachtjäger-Bomber-Kontexts andere Früchte getragen. Die deutsche Flak hat sich von dem Window-Rückschlag niemals ganz erholt, und außerdem wurde Window zu einem sehr nützlichen Täuschungsverfahren, das es kleinen Bombergruppen bei Scheinangriffen ermöglichte, viel zahlreicher zu wirken als sie tatsächlich waren.

Wendet man sich der Tätigkeit der amerikanischen Bomber zu, die an der Schlacht um Hamburg teilnahmen, gelangt man sogleich zwingend zu der Schlußfolgerung, daß die Rolle der USAAF trotz aller guten Absichten und trotz interessantester Methoden in dieser Schlacht bescheiden war. Sie hatten weniger als die Hälfte der einsatzbereiten schweren Bomber, die den Briten zu Gebote stand, und dennoch unternahmen es die Amerikaner während dieser Zeit, jeden Tag vier Ziele anzugreifen – zwei in Hamburg und zwei anderswo – während die RAF ihre ganze Kraft auf einen Punkt konzentrierte. Nur 40 Prozent der ihnen zur Verfügung stehenden Kräfte einsetzend, schickten die Amerikaner 252 fliegende Festungen an zwei Tagen nach Hamburg. Von diesen warfen 146 insgesamt 306 Tonnen Bomben in die Stadt, und siebzehn bombardierten an anderer Stelle. Selbst diese bescheidene Tonnage hätte den amerikanischen Methoden der Tagangriffe einen bedeutenden Erfolg einbringen können, wenn die Amerikaner nicht das Pech gehabt hätten, bei ihrem ersten Angriff feststellen zu müssen, daß ihre Primärziele hinter Rauchschwaden von den RAF-Bombenangriffen verdeckt waren. Es kann nicht überraschen, daß die Amerikaner es fürs erste aufgaben, Hamburg anzugreifen, und sie sich statt dessen andere Ziele in Deutschland vornahmen. Zu den wertvollen Lehren, die die Amerikaner aus der Schlacht um Hamburg zogen, gehörte die Einsicht, daß sie wegen solcher Rauchentwicklungen es normalerweise nicht unternehmen sollten, ein Ziel unmittelbar nach einer Bombardierung durch das RAF-Bomber Command anzugreifen.

Für ihre Teilnahme an der Schlacht um Hamburg zahlten die Amerikaner den Preis von siebzehn verlorenen Fliegenden Festungen – eine Verlustrate von 6,7 Prozent, also fast zweieinhalb mal so hoch wie die Verluste der RAF bei ihren Nachtangriffen! Aber die amerikanischen Tageinsätze gegen Hamburg waren weit weniger tödlich, was den Prozentsatz der in den abgeschossenen Bombern gefallenen Besatzungsmitglieder betraf. Sechsundvierzig Amerikaner starben, aber 106 kamen mit dem Leben davon und gerieten in Kriegsgefangenschaft; zwanzig weitere wurden aus dem Meer geborgen und nach England zurückgebracht.

Die amerikanischen Formationen, die Hamburg angriffen, hatten sich gut gegen deutsche Jägerangriffe verteidigt. Bei den meisten ihrer Bomberverluste hatte es damit begonnen, daß die Maschinen von der Flak getroffen und beschädigt wurden, daß sie als Nachzügler hinter den Formationen zurückblieben und verwundbar waren für die dann folgenden Angriffe durch die deutschen Jäger. Nur fünf der siebzehn Verluste waren allein auf deutsche Jäger zurückzuführen. Amerikanische Bomber-Bordschützen erhoben Anspruch darauf, dreiundvierzig deutsche Jäger abgeschossen zu haben. Die wirkliche Zahl lag wahrscheinlich bei sechs. Ein deutscher Flugzeugführer war gefallen.

Ich habe versucht, deutlich zu machen, daß es sich bei der Schlacht um Hamburg in Wahrheit um einen Kampf zwischen den alliierten Bombern und der Zivilbevölkerung Hamburgs handelte. An dieser Stelle nun soll eine Zusammenfassung der Verluste an Menschen in jener Stadt und eine Übersicht über die materiellen Zerstörungen gegeben werden.

In ersten Gerüchten war die Rede von 100 000 Toten in Hamburg, aber von dieser übertriebenen Zahl hörte man schon bald nichts mehr, und in den ersten Büchern, die nach dem Krieg erschienen, wurde öfter die Zahl 60 000 genannt. Aber auch diese Zahl hielt genaueren Nachprüfungen nicht stand, die im Laufe der Zeit möglich wurden, und es wird jetzt allgemein akzeptiert, daß in Hamburg annähernd 44 600 Zivilisten den Tod fanden; die sterblichen Überreste von 42 600 sind beigesetzt worden. Einige 2000 Tote sind nie aufgefunden worden. Zu dieser Zahl kommen rund 800 Angehörige der Streitkräfte hinzu, die den Tod fanden, während sie sich in der Stadt aufhielten; allein die Wehrmacht meldete 442 Mann an Gefallenen und Vermißten. Damit erhöht sich die Gesamtzahl der Toten auf 45 400, aber in den meisten Zahlenangaben, die sich zu dieser Summe zusammenfügen, finden sich Elemente der Schätzung, und deshalb möge es ausreichen, zu sagen, daß »annähernd 45 000« Menschen den Tod gefunden haben. Die Wahrscheinlichkeit spricht dafür, daß 40 000 Menschen davon in dem Feuersturm zu Tode gekommen sind, der sich während des zweiten RAF-Angriffs bildete. Im Gegensatz dazu verursachten die beiden amerikanischen Angriffe weniger als 1 Prozent der Todesfälle.

Hans Brunswig zitiert in »Feuersturm über Hamburg« einen

interessanten Bericht, in dem es heißt, daß 15 802 der Toten in den folgenden Proportionen identifiziert wurden: Frauen, 50 Prozent; Männer, 38 Prozent; Kinder, 12 Prozent. Wendet man diese Proportion auf die Gesamtzahl der Toten an, so darf man davon ausgehen, daß bei den Angriffen 22 500 Frauen, 17 100 Männer und 5400 Kinder den Tod gefunden haben.

Bei den Männern dürfte es sich zu einem großen Teil um ältere gehandelt haben, die das wehrdienstpflichtige Alter schon überschritten hatten. Bei einigen Toten wird es sich um Fremdarbeiter gehandelt haben, aber es liegen keine Berichte darüber vor, daß Fremdarbeiterlager bei den Angriffen schwer getroffen worden sind. Zu den Toten kommt noch eine Zahl von 37 214 Verwundeten hinzu, die zu Verbandsplätzen oder in Krankenhäuser gebracht worden sind.

Wenn Vergleiche angestellt werden sollen, so wäre ich nicht der erste, der Hamburgs Verlustziffer von 45 000 Toten der Zahl von 51 509 Zivilisten gegenüberstellt, die während des ganzen Zweiten Weltkriegs im Vereinigten Königreich deutschen Bomben zum Opfer gefallen sind. Die Zahl der Toten der Schlacht um Hamburg ist im Krieg in Europa nur bei den Angriffen der RAF und der Amerikaner auf Dresden im Februar 1945 übertroffen worden. Das einzige andere Beispiel dafür, daß es bei einem konventionellen Bombenangriff mehr Tote gab als in Hamburg, lieferte der USAAF-Brandmittelangriff auf Tokio in der Nacht vom 9./10. März 1945. Bei diesem einen Angriff starben nahezu doppelt so viele Menschen wie in den sechs Angriffen der Schlacht um Hamburg zusammengenommen.

Hamburgs Agonie vom Juli 1943 war schrecklich genug auch ohne die Gerüchte oder Übertreibungen, die später gedruckt worden sind. Das schlimmste Beispiel dafür ereignete sich 1950, als der italienische Schriftsteller Curzio Malaparte zehn Seiten seines Buches »Die Haut« darauf verwendete, in grauenhaften Einzelheiten zu beschreiben, wie eine große Zahl Hamburger Zivilisten, die Phosphorverbrennungen erlitten hatten, Erleichterung von ihren Qualen durch Flucht in die Kanäle der Stadt suchten. Malaparte schilderte, wie der Phosphor auf der Haut dieser Menschen sogleich wieder zu brennen begann, wenn sie aus dem Wasser auftauchten, so daß die Geschundenen wieder zurück mußten ins Wasser. Die meisten seien nach einer Woche gestorben, aber mehrere hundert Unglückliche seien, halb wahnsinnig vor Schmerzen, am Leben geblieben. Zu jener Zeit, schrieb Malaparte, sei das betroffene Gebiet von Zivilisten geräumt worden. Polizisten und Soldaten seien dann in Booten hinausgefahren unter die Verwundeten und hätten sie durch Erschießen erlöst oder dadurch, daß sie ihnen den Schädel mit den Rudern einschlugen, wenn ihnen die Pistolenmunition ausgegangen war.

Diese Geschichte wurde zehn Jahre später von dem amerikanischen Autor Martin Caidin in seinem Buch »The Night Hamburg Died« wiederholt. Caidin nennt als Schauplatz dieser Tragödie die Alster und beschreibt die Leiden »mehrerer hundert Menschen«, auf die »Phosphorteilchen wie in einem schweren Schauer« verspritzt worden seien. Er erwähnt Malapartes Buch nicht, erwähnt aber jahrelange eigene Recherchen, Gewährsleute in Hamburg, die »die Authentizität dieses Berichts beschwören«, sowie einen Offizier der US-Armee, »der erfahren hat, daß befohlen worden war, Teile der Dokumente über die Nachwirkungen der Angriffe auf Hamburg zu vernichten, und daß jede Erwähnung überlebender Opfer der Phosphorverbrennungen für alle Zeiten aus den Annalen gestrichen wurde«. In Caidins Buch werden weder deutsche Quellen noch der Name des amerikanischen Offiziers genannt.

Ich bin dieser Geschichte in Hamburg nachgegangen und habe viele Fragen dazu gestellt. Mehrere Polizisten und höhere Beamte befanden sich unter denen, die ich befragt habe, und derjenige, der einem derartigen Geschehnis womöglich am nächsten gewesen wäre, war Herr Heinz Bumann, ehemaliger Adjutant des Polizeipräsidenten Kehrl. In allen Fällen erntete ich nur heftigsten und schockierten Widerspruch; alle bestritten, daß sich irgend etwas dieser Art jemals ereignet hat. Hans Brunswig, zur Zeit des Geschehens hoher Feuerwehroffizier in Hamburg, hätte ganz gewiß von einem solchen Zwischenfall erfahren, wenn er sich ereignet hätte. Auch er bestreitet das mit allem Nachdruck in seinem neueren Buch, »Feuersturm über Hamburg«. Ich bin froh, mich Herrn Brunswigs Urteil anschließen und erklären zu können, daß ein derartiger Zwischenfall sich nie ereignet hat.

In dem Bericht des Polizeipräsidenten wird sorgfältig der in seinem Bereich entstandene Sachschaden aufgeführt. Im Verwaltungsbereich der Stadt Hamburg, zu dem auch das praktisch unversehrte Harburg gehörte, wurden 35 719 (29 Prozent) der 122 323 Wohngebäude zerstört und weitere 5666 schwer beschädigt. Klammert man aber Harburg aus der Rechnung aus und bezieht man die Zahl der betroffenen Gebäude auf »Familien-Wohneinheiten«, also auf die Mietwohnungen, in denen die Hamburger Durchschnittsfamilie lebte, gewinnen die Zahlen eine neue Perspektive. Die eigentliche Stadt hatte 450 800 dieser »Wohneinheiten« enthalten, und die Bomben zerstörten nicht weniger als 253 400 von ihnen, das sind 56 Prozent. Da ist es dann kein Wunder, daß 900 000 Menschen obdachlos wurden und unter großen Kosten irgendwo anders neu untergebracht werden mußten. Kirchen, Museen, Bibliotheken, Krankenhäuser, Schulen, Theater und Kinos befanden sich unter den 436 nichtmilitärischen öffentlichen Gebäuden, die durch die Bomben zerstört oder beschädigt wurden.

Einige Hamburger Stadtteile wurden nahezu vollständig zerstört. An erster Stelle unter ihnen müssen Hammerbrook, Eilbek und Barmbek genannt werden, die während des zweiten und des dritten RAF-Angriffs so schwer getroffen worden sind. Die Hamburger weisen oft darauf hin, daß die RAF die Teile der Stadt traf, die am entschiedensten gegen das NS-Regime eingestellt waren, während diejenigen Bezirke, die dem Regime am positivsten gegenüberstanden, verschont blieben. Das ist zu einem Teil richtig. Insbesondere wurde der wohlhabende Bezirk Rotherbaum westlich der Außenalster, wo die gesamte NS-Führung wohnte und auch ihre Dienststellen hatte, kaum betroffen. »Sehr geschickt«, sagten die Deutschen. »Die RAF verschonte die besten Wohngebiete, so daß die britische Armee nach dem Krieg die schönen Häuser dort beziehen konnte.« Das stimmt nicht. Rotherbaum hätte sich im Zentrum des bombardierten Gebiets befunden, wenn die Pläne für die beiden letzten RAF-Angriffe nicht erstens durch starken Seitenwind und zweitens durch das schwere Gewitter beeinträchtigt worden wären. Es ist eine traurige Tatsache, daß dicht bevölkerte Arbeiterviertel wie Hammerbrook, Billwärder Ausschlag, Barmbek und Altona, in denen man sich wenig begeistert über die Nazis gezeigt hatte, ganz besonders gut brannten, als sie von dicht gebündelten Brandbomben getroffen wurden, die manchmal für ganz andere Stadtteile bestimmt gewesen waren.

Will man den durch die Bomben verursachten kommerziellen und gewerblichen Schaden aufschlüsseln, stößt man auf mindestens zwei Schwierigkeiten. Der Bericht des Polizeipräsidenten enthält lange und eindrucksvolle Listen solcher Baugrundstücke, die Totalschaden, schweren oder leichten Schaden erlitten haben, und es werden Produktionsausfälle angegeben, die sich oft auf »100 Prozent« belaufen. Die folgende Aufstellung zerstörter oder beschädigter Bauten und Anlagen beruht auf dem Bericht:

Industrie- und Rüstungsbetriebe	580
Lagerhäuser	7
Bürohäuser	379
Kommerzielle Baulichkeiten (zum größten Teil Ladengeschäfte usw.)	2632
Banken, Versicherungen usw.	88
Öffentliche Versorgungsbetriebe	13
Verkehrsanlagen	13
Behörden	145
NS-Dienststellen	112
Militärische Baulichkeiten	80
Bauten und Anlagen von Polizei, Feuerwehr und Luftschutz	197
Brücken	12

Die erste Schwierigkeit besteht darin, daß in dem Bericht kein Versuch unternommen wird, die Schäden nach den verschiedenen Angriffen aufzuschlüsseln, so daß es nicht möglich ist, Angaben über die Wirksamkeit der amerikanischen Angriffe zu machen. Ein zweites Problem besteht darin, daß einige der Beamten, die den Bericht zusammengestellt haben, möglicherweise das Ausmaß der Schäden übertrieben dargestellt haben. So wird zum Beispiel die wichtige Blohm & Voss-U-Boot-Werft in Steinwerder als »schwer beschädigt« eingestuft; der Produktionsausfall wird mit 70 Prozent für einen Zeitraum von vier Monaten angegeben. Als diese Details Willy Franzenburg, dem damaligen Werksdirektor, vorgelegt wurden, sagte er, das sei »alles Quatsch«; solche Zahlen seien nur angegeben worden, um Berlin zu imponieren. Es sollte auch bedacht werden, daß eine große Zahl der aufgeführten Betriebe in Wahrheit nur sehr klein war. Die eigentliche Stadt Hamburg nördlich der Elbe mag im wesentlichen aus Wohnbezirken bestanden haben, aber es gab auch eine sehr große Zahl kleiner Werkstätten und Handwerksbetriebe in diesen Wohnbezirken. Diese Betriebe, in großer Zahl während der RAF-Nachtangriffe zerstört, trieben die im Polizeibericht genannten Zahlen für die in Industrie und Gewerbe angerichteten Schäden auf so eindrucksvolle Weise in die Höhe. Damit soll jedoch nicht gesagt werden, daß der Gesamt-Produktionsausfall solcher Betriebe keinen wertvollen Bonus für die Bombardierungsmethoden der RAF darstellte. Es ist aber eine Tatsache, daß die wichtigsten Rüstungsbetriebe Hamburgs und insbesondere die U-Boot-Werften der Stadt keinen ernsthaften Schaden erlitten. Die Bombenwürfe der RAF waren nie auf die Gebiete gezielt worden, in denen sich solche Betriebe befanden, und die Amerikaner wurden durch Rauch behindert und besaßen noch nicht die Zahl von Bombern, die erforderlich war, um derartige Ziele völlig zu zerstören.

Aber mit der RAF-Bombardierung sollten ganz bewußt indirekte Resultate eher als direkte erzielt werden. Es gab zum Beispiel andere Mittel, um den Bau von U-Booten zu verhindern, als die Bombardierung der Hellinge, auf denen die U-Boote gebaut wurden. In vorangegangenen Kapiteln ist der allgemeine Zusammenbruch des Lebens in Hamburg beschrieben worden – die Zerstörung der öffentlichen Dienste und der Nachrichtenverbindungen, die Zerstörung der Arbeiterwohnungen und die Tötung oder Vertreibung der Arbeiter selbst. Das war die rüstungswirtschaftliche Seite der RAF-Offensive. Das genaue Ausmaß solcher indirekter Verluste war Gegenstand umfangreicher Untersuchungen unmittelbar nach Kriegsende. Das United States Strategic Bombing Survey und die kleinere British Bombing Survey Unit leisteten eine Menge Forschungsarbeit in Hamburg. Die allgemeine Schlußfolgerung besagte, daß die Schlacht um Hamburg einen Ausfall an Rüstungsproduktion verursacht habe, der der normalen Produktion der ganzen Stadt in 1,8 Monaten voller Produktion entsprach. Innerhalb von fünf Monaten hatte die Produktion 80 Prozent ihres normalen Umfangs wieder erreicht; die vollständige Erholung gelang bis Kriegsende nicht. Nimmt man wieder die U-Boot-Fertigung als speziellen Fall, so wurde angenommen, daß zwanzig (nach amerikanischer Schätzung) bis sechs- oder siebenundzwanzig U-Boote (nach britischer Schätzung) wegen der Bombenangriffe vom Juli und August 1943 nicht gebaut worden sind.

Das wichtigste Element der Produktionsausfälle, ob nun an U-Booten, an irgendwelcher anderen Rüstung oder auch nur an der normalen Produktion, die eine Nation braucht, um sich am Leben zu erhalten, war die Tatsache, daß die Hamburger Ausfälle hauptsächlich durch die indirekten Methoden der großen RAF-Angriffe verursacht worden waren. Es gibt interessante Zahlen über den Stromverbrauch der Rüstungsindustrien der Stadt und über die Arbeiter, die in ihren Werken zur Arbeit erschienen. Der Verbrauch an elektrischem Strom durch die Hamburger Rüstungsbetriebe ging im August 1943 um 56,9 Prozent zurück! Die folgenden Tabellen zeigen, wie viele Arbeiter vor und nach der Schlacht an ihren Arbeitsplätzen erschienen, sowohl in der gesamten Rüstungsindustrie der Stadt als auch in der Werft von Blohm & Voss.

Arbeiter in den Hamburger Rüstungsbetrieben

	Am 30. 6. 1943	Am 1. 10. 1943	Rückgang
Deutsche Männer	297 000	185 000	37,7 Prozent
Deutsche Frauen	271 000	121 000	55,4 Prozent
Fremdarbeiter	51 000	20 300	60,0 Prozent
Fremdarbeiterinnen	15 000	5 000	66,7 Prozent
Gesamt		634 000	331 300

Arbeiter in der Werft von Blohm & Voss

Vor den Angriffen	9 400
Nach dem Feuersturm-Angriff	300
Am 1. August	1 500
Am 1. September	5 000
Am 1. Oktober	7 000
Am 1. November	7 500

»Die moralische Wirkung verhielt sich zur materiellen wie zwanzig zu eins.« Das war eines der Hauptargumente für den strategischen Bombenkrieg, das vor dem Krieg immer wieder von der britischen Luftwaffenführung vorgebracht worden war. Jetzt war der schwerste Schlag des bisherigen Bombenkrieges geführt worden; wie hatte er sich auf die Moral der betroffenen deutschen Zivilbevölkerung ausgewirkt?

Bevor wir die Auswirkung auf Hamburgs Willen zur Fortsetzung des Krieges untersuchen, könnte es interessant sein, einen Blick auf das Ausmaß von Kenntnis und Erwartungen der Alliierten zu werfen. Aus den Berichten der Bomberbesatzungen und den Photographien der Luftaufklärung ging sogleich und zweifelsfrei hervor, daß außergewöhnlich schwerer Schaden verursacht worden war. Es dauerte ungefähr zwei Wochen, bis genauere Informationen, einschließlich der ersten Einzelheiten über den Feuersturm, England in Form von Berichten aus neutralen Ländern und aus verschiedenen geheimdienstlichen Quellen erreichten. Die Nachricht vom Feuersturm wurde »mit einigem Entsetzen« im Hauptquartier des Bomber Command aufgenommen, aber »das waren seltsame Tage, und als schließlich die Einzelheiten durchsickerten, war der Krieg vorangeschritten, und wir taten etwas anderes«. Der Vereinigte Geheimdienst-Ausschuß (der drei britischen Teilstreitkräfte) legte im September 1943 einen Bericht vor, in dem der Versuch unternommen wurde, die derzeitige Situation in Deutschland mit den Unruhen zu vergleichen, die zu dem deutschen Zusammenbruch von 1918 beigetragen hatten, und es wurde suggeriert, daß es jetzt in Deutschland zu einem ähnlichen Zusammenbruch kommen könne.

Es gab jedoch einen Mann auf der britischen Seite, der positiveres Handeln wünschte. Air Vice-Marshal Donald Bennett, Kommandeur der Pathfinder-Gruppe, hatte von seinen Meteorologen erfahren, daß die Höhe der über Hamburg während des Feuersturm-Angriffs beobachteten Rauchwolke auf Brände von »immenser Intensität« zurückzuführen sein müsse.

> Uns wurde klar, daß es sich um den größten Angriff des Krieges handelte, verheerender als alles, was jemals zuvor in Kriegen geschehen war. Ich vertrat die Ansicht, daß die Gestapo ihre ganze Gewalt über die Bevölkerung verloren haben müsse, daß in den deutschen Städten im Norden

Panik herrschen müsse, während die Zivilbevölkerung in Scharen aus diesen Städten floh. Alles müsse zusammengebrochen sein.

Ich rief verschiedene Leute an und fragte, warum wir das nicht auf irgendeine Weise nutzen sollten. Könnten wir Hitler nicht öffentlich sofortigen Frieden anbieten, oder Schlüsselpositionen in Norddeutschland mit Fallschirmtruppen nehmen und halten? Im Grunde wollte ich dafür plädieren, auf der Basis von Hamburg eine deutsche Kapitulation zu erzwingen, auch indem wir den Deutschen erklärten, daß wir die gleiche Behandlung anderen deutschen Städten zuteil werden lassen würden. Aber Churchills Forderung nach bedingungsloser Kapitulation war ein Hindernis, das einem Schritt, wie ich ihn vorschlug, entgegenstand. Es gibt nun aber so etwas wie eine wirklich bedingungslose Kapitulation nicht, und das war ein Unglück. Wir hätten jene Verwüstungen als Hebel nutzen sollen, um einen Frieden auszuhandeln. Vielleicht gab es dabei nur eine Erfolgschance von eins zu zwanzig, aber man hätte es wenigstens versuchen sollen. Schließlich hat man genau das gleiche später mit den Japanern nach Hiroshima gemacht, und das hat funktioniert.

Ich weiß mit Sicherheit, daß ich Saundby im Bomber Command angerufen habe, und Cherwell, den wissenschaftlichen Berater Churchills; er war der wichtigste. Ich denke mir, daß er nur gelächelt hat; jedenfalls sagte er: »Ja, ich bin überzeugt, daß Sie recht haben.« Aber es geschah nichts. Ich glaube, man hat mich gerade noch so eben toleriert.

Wir werden uns später mit der Frage befassen, ob die Umstände reif waren für einen Schritt von der Art, wie Air Vice-Marshal Bennett ihn vorschlug. Aber es ist interessant, daß Herbert Heinicke, als deutscher Soldat damals in Hamburg stationiert, sagt, daß eine 1000 Mann starke Transport-Einheit in der Nähe des Zuchthauses Fuhlsbüttel im Hamburger Norden mehrere Tage lang nach dem schwersten Angriff die Kaserne nicht verlassen durfte. Herr Heinicke ist davon überzeugt, daß diese Einheit für den Fall in Bereitschaft gehalten wurde, daß eine See- oder Luftlandung auf die alliierten Angriffe folgen sollte und man Truppen zur Verfügung haben mußte, die man auf den Schauplatz werfen konnte. Er sagt, auch andere Einheiten in der Gegend seien in Bereitschaft gehalten und für Bergungs- und Aufräumungsarbeiten in Hamburg erst dann freigegeben worden, als eindeutig feststand, daß den ausnehmend schweren Angriffen kein Angriff durch alliierte Truppen folgen werde.

Es stimmt, daß die Angriffe einen tiefen Eindruck auf viele Einwohner Hamburgs gemacht haben. Es hätte schon eines sehr starken Herzens bedurft, um nicht tief berührt zu werden von der Zerstörung des eigenen Heims und der ganzen Habe, vom Sterben der eigenen Angehörigen oder der Nachbarn und Freunde unter bejammernswerten Umständen. Viele, viele Menschen erlitten einen Zusammenbruch ihres Durchhaltewillens, und geraume Zeit verschwendeten sie keinen Gedanken an die Treue zu Hitler, zur Partei oder auch nur zu ihrem geliebten Deutschland. Aber jeder Gedanke an offenen Aufstand war meistens sehr kurzlebig und wurde rasch im Keime erstickt. Die Partei war absolut Herr der ganzen Macht der Propaganda, und viel Sorgfalt wurde darauf verwandt, eine Politik zu entwickeln, die auf wohldurchdachte Weise die Wiederaufrichtung des Mutes der Zivilisten verband mit einem leisen Hinweis auf die Gewalt, die man durchaus anwenden könnte, falls die Zivilisten nicht alle Zweifel beiseite schoben und sich aus ganzer Kraft wieder daran machten, die Führung dieses Krieges zu unterstützen.

Die Zerstörung Hamburgs wurde von den Behörden »zutiefst bedauert«, aber es wurde das Versprechen abgegeben: »Alles wird schöner denn je wieder aufgebaut.« Die Presse, wohl wissend, daß das übrige Deutschland die Haltung der Hamburger genau beobachten werde, rief alle diejenigen, die aus der Stadt geflohen waren, auf, in ihren Gesprächen mit Menschen außerhalb Hamburgs nur ja den »richtigen Eindruck« zu erwecken. Es wurde bekanntgegeben, daß massive Vergeltungsangriffe gegen Städte in England stattfänden. So berichtete das »Hamburger Fremdenblatt«, als es am 17. August nach der durch die Angriffe erzwungenen langen Pause wieder erschien, daß die Luftwaffe soeben schwere Angriffe gegen Südost-England und die Midlands geflogen habe und daß die Industriestadt Lincoln mit Bomben »eingedeckt« worden sei. Aus den Archiven der Stadt Lincoln geht jedoch hervor, daß es in der fraglichen Nacht in der Stadt überhaupt keine Schäden gegeben hat.

Hinter der Propaganda stand die Drohung mit der Gewalt. Margot Schulz war die junge Frau, die die Flucht der Hamburger Bombenopfer durch den Vorort Bergedorf beobachtet hatte:

> Nach den Angriffen standen die Frauen auf der Straße zusammen und redeten offen gegen Hitler. Die Menschen, die bei der Evakuierung

gestorben waren, lagen noch da, zugedeckt mit Wolldecken, und warteten darauf, abgeholt zu werden. Die Frauen sagten Dinge wie: »Es muß endlich Schluß gemacht werden mit dem Krieg. Hitler muß vom Teufel besessen sein, wenn er so etwas zuläßt.« Wir waren ganz und gar außer uns über das Entsetzliche, das wir mitangesehen hatten. Normalerweise genügte es schon, zu sagen, daß der Krieg schrecklich sei, und man konnte dafür ins KZ kommen, als Hoch- und Landesverräter. Jetzt redeten wir ganz offen, und kein Mensch kümmerte sich darum. Das dauerte drei oder vier Tage.

Dann kam die Ernüchterung. Eines Morgens erschien eine Hamburger Zeitung: »Wir wissen, was ihr durchgemacht habt –« und so weiter. Es war schön und voller Mitgefühl geschrieben. In der Zeitung stand, man wisse sehr wohl, daß unter der Belastung dieser traurigen Tage vieles gesagt worden sei, was nicht hätte gesagt werden sollen. Jetzt aber, so fuhr die Zeitung fort, hätten wir Gelegenheit gehabt, unseren Gefühlen Luft zu machen, und nun sei es an der Zeit, sich wieder ehrenhaft und entschlossen hinter unsere Männer an der Front zu stellen. An jenem Morgen, kurz nachdem die Zeitung erschienen war, tauchten ungefähr sechs Lastwagen in der Straße auf. Sie waren voll von SS-Männern, die steif und still dastanden, ihre Gewehre gut sichtbar. Langsam fuhren sie die Straße auf und ab, und keiner lächelte. Das war die reine Einschüchterung. Danach hielten wir den Mund.

Die Angriffe waren zweifellos ein Schock für viele Hamburger, und viele fingen an, den Glauben an den Endsieg zu verlieren, der ihnen in früheren schlechten Zeiten Halt gegeben hatte. Aber man lebte nicht im Deutschen Reich von 1918. Hungersnot gab es nicht. Die Wehrmacht war noch immer Herr eines großen Teils des eroberten Riesenreiches, und sie war von einer Niederlage auf dem Schlachtfeld weit entfernt. In Wahrheit hat es nicht die geringste Chance für eine weitreichende, spontane Auflehnung gegen die Machthaber gegeben. Zerstörung und Leid in Hamburg waren entsetzlich gewesen, aber sie waren auf einen kleinen Teil Deutschlands beschränkt, und Hamburgs in alle Winde zerstreute Bevölkerung hatte weder die Macht noch den Wunsch, einen Aufstand an den fremden Orten zu schüren, in die viele Hamburger geflohen waren. Die Menschen dieser Stadt – ob noch daheim in Hamburg oder in der Fremde – machten weiter, verdrossen vielleicht oder mürrisch, aber insgesamt waren sie moralisch nicht gebrochen. In England hatte man in zerbombten Städten die Erfahrung gemacht, daß die Moral einer Gemeinde intakt blieb, sofern man dieser Gemeinde eine feste Autorität und eine tüchtige Führung gab. Die Menschen in Hamburg hatten eine geradezu brillante örtliche Führung, und sie wurden mit festester Autorität regiert.

Die Bombenangriffe bewirkten, was die Moral der Menschen betraf, oft genug sogar das Gegenteil dessen, was beabsichtigt war. Die Nachricht von dem Geschehen in Hamburg, zu ihren Einheiten zurückgetragen von Tausenden von Soldaten, die Sonderurlaub erhalten hatten, steigerte ohne Zweifel den Willen der Wehrmacht, bis zum Ende weiterzukämpfen. In Hamburg selbst mögen die Menschen durch die Zerstörung ihrer Häuser und ihrer Habe und durch den Tod so vieler Menschen bis ins Herz getroffen worden sein, aber sie nahmen sich zusammen wie noch nie zuvor in ihrem Leben. »Die Unmenschlichkeit dieser Form des Krieges führte die Menschen näher zusammen. Eine Zeitlang erlebten wir die Erfüllung des Ziels der Nazis – wir waren ein geeintes Volk.« Das schreibt ein junger Mann, der das Regime nicht unterstützte und dem es gelungen war, den Dienst in der Hitler-Jugend zu umgehen.

NEUNZEHNTES KAPITEL

»Warum?«

> Ich muß unseren Feindmächten von 1939/1945 den großen Vorwurf machen, daß sie ganz bewußt ihre Angriffe auch auf die Zivilbevölkerung gerichtet hatten. In Hamburg sind in erster Linie dichtbevölkerte Wohngebiete mit den ärmsten Bevölkerungsschichten, wo sich kaum industrielle Anlagen befanden, bombardiert worden. Da die deutsche Luftabwehr ausgeschaltet worden war, konnte man ganz gezielt diesen Bombenteppich über den Wohngebieten abwerfen. Es war die Hölle auf Erden. Daß Hitler vernichtet werden mußte, war klar. Aber mußte dieser Weg eingeschlagen werden? Wie können Menschen mit einer solchen Verantwortung – mit einem solchen Gewissen leben? (Eine Angestellte eines Hamburger Handelshauses)

Dieses Buch handelte von der Flächenbombardierung, einer Form der Kriegführung, die etwa 46 Prozent der Kriegseinsätze des RAF Bomber Command ausmachte, die wahrscheinlich 500 000 deutschen Zivilisten das Leben gekostet hat und bei der annähernd 25 000 Mann des Bomber Command gefallen sind. Hamburg war ein extremes Erfolgsbeispiel für diese Form des Bombenkrieges, und weil Hamburg auch ein extremes Beispiel einer deutschen Zielstadt war, in der Wohn- und Industriegebiete vollständig voneinander getrennt sind, lieferte diese Schlacht den klarsten, eindeutigsten Fall von Flächenbombardierung. Es gab Hunderte von anderen Flächenangriffen, wo diese Unterschiede nicht so klar waren, aber dennoch waren Zweck und Methoden des Bombardements die gleichen.

Bei der Vorbereitung dieses Buches habe ich mit mehr als hundert Deutschen, von denen sich Dreiviertel während der Bombenangriffe von 1943 in Hamburg aufgehalten hatten, korrespondiert oder gesprochen. Die Dame, die die zu Anfang dieses Kapitels zitierte Passage geschrieben hat, ist typisch für viele, die mir zu diesem Thema Fragen beantwortet haben. Warum war gerade Hamburg, eine Stadt, die vor dem Krieg England gefühlsmäßig so eng verbunden gewesen und die in ihrer politischen Einstellung den Nazis so fremd war, für eine so furchtbare Behandlung ausgesucht worden? Warum hatte Großbritannien, ein doch zivilisiertes Land, sich bewußt für eine so skrupellose und grausame Form der Kriegführung entschieden? Diese Fragen wurden aus Ratlosigkeit und Verwirrung gestellt, manchmal schwangen Enttäuschung und sogar Zorn mit, auch nach so vielen Jahren noch.

Ich möchte an dieser Stelle gern einige sorgfältiger formulierte Ansichten zu diesem komplizierten Thema einfügen. Ich bin keineswegs der erste, der Argumente für oder gegen die Flächenbombardierung ins Feld führt, und ich werde auch nicht der letzte sein. Aber ebenso wie die Untersuchung der Schlacht um Hamburg, wie sie in diesem Buch vorgelegt worden ist, zum Teil personenbezogen war in dem Sinne, daß einfache Menschen, die beteiligt waren, ihre eigene Geschichte erzählten, so werden die Antworten auf Fragen auch eine Darstellung der Einstellung dieser Menschen zu den dramatischen und historischen Ereignissen enthalten, an denen sie beteiligt waren. Es ist klar, daß viele Menschen auf beiden Seiten damals nur geringe Kenntnis von der herrschenden wirklichen Situation hatten, und einige von ihnen besitzen auch heute noch keinen auch nur annähernd vollständigen Überblick.

Besonders wichtig ist es, sich über eine zwingende Tatsache klar zu sein. Die ungeheure Bedeutung der rückschauenden Erkenntnis muß berücksichtigt werden. Es ist leicht heute, sich in Muße mit diesem Thema zu befassen, aber mitten im Krieg gab es wenig Gelegenheit zu ruhiger Überlegung. Entscheidungen mußten unter stärkstem Druck gefällt werden. Kein gültiges Urteil kann heute gesprochen, keine begründete Meinung geäußert werden, ohne die damalige Zeit und die Umstände zu berücksichtigen, unter denen sich die Ereignisse abspielten. Zwei weitere Vorbehalte sollten an diesem Punkt eingeführt werden. Erstens, es soll nicht unternommen werden, hier mit dem Anspruch der Gründlichkeit die tatsächliche Wirksamkeit oder den Erfolg der Flächenbombardierung zu untersuchen, geschweige der anderen Taktiken und Operationen des Bomber Command. Ich habe nichts an der allgemein vertretenen – wenn auch nicht einstimmigen – Nachkriegsansicht auszusetzen, daß zwar das Flächenbombardement einen wertvollen Beitrag zur allgemeinen Schwächung und letztlich zur Niederkämpfung Deutschlands geleistet hat, daß aber der Preis an britischen Menschenleben und an industriellem Aufwand sowie die enttäuschenden Resultate den Wert der Flächenbombardierung als zweifelhaft erscheinen lassen. Was die anderen Arten der Tätigkeit des Bomber Command betrifft, so würde ich nur noch einmal auf die ausgezeichneten Ergebnisse hinweisen, die bei solchen Einsätzen erzielt wurden wie der Unterstützung der Invasion des Jahres 1944, der Präzisionsbombardierung von Verkehrs- und Öl-Zielen in Deutschland gegen Ende 1944 und 1945, der Verminungs- und Bombardierungseinsätze gegen deutsche Marineziele und der Unterstützung der Widerstandsgruppen in den besetzten Ländern.

Zweitens muß auch die amerikanische Rolle im strategischen Bombenkrieg in dieser begrenzten Untersuchung unberücksichtigt bleiben. Die Amerikaner verfolgten im wesentlichen die Absicht, bei Tage unter Anwendung optischer Zielverfahren diejenigen militärischen und industriellen Ziele zu bombardieren, die in den Augen der öffentlichen Meinung der Welt als legitime Ziele akzeptabel waren. Es stimmt, daß die Amerikaner bisweilen, wenn sich herausstellte, daß ihre Ziele unter Wolken verdeckt waren, ihre Bomben blind über allgemeinem Stadtgebiet abluden, aber solche Bombenwürfe waren niemals die Hauptabsicht ihrer Einsätze. Die Meinung deutscher Zivilisten über die Amerikaner wird von einem jungen Mann so formuliert:

> Die Amerikaner wurden von uns als *Soldaten* angesehen. Ihre Angriffe waren am Tage und galten fast immer militärischen Zielen, auch wenn die Zivilbevölkerung dabei schwere Verluste hatte. Sie flogen bei klarer Sicht und setzten sich dem gezielten Feuer der Flak aus. Daher eine gewisse Hochachtung für die »Amis«.

Es sollte jedoch festgehalten werden, daß die Amerikaner zwar mit bewundernswerter Zurückhaltung in Europa handelten und dafür manchmal einen hohen Preis zahlten, daß sie aber später bei der

Bombardierung Japans eine ganz andere Taktik verfolgten. Weil die Sicht bei Tage über Japan nur sehr selten gut war, wurden die amerikanischen Superfestungen B-29 für eine Form der Nachteinsätze freigestellt, die eine fast genaue Kopie der Flächenbombardierung war, die die RAF gegen Deutschland angewendet hatte. Diese Art des Bombenkrieges wurde im Fernen Osten nur während der letzten fünf Monate des Krieges angewendet, aber die japanischen Städte brannten leicht, und viele Zivilisten sind in diesen Städten gestorben.

Ich habe schon darauf hingewiesen, daß es sich hier um ein sehr kompliziertes Thema handelt. Das pro-deutsche Argument wird zurückgreifen bis auf die angeblichen Ungerechtigkeiten des Versailler Vertrages von 1919, der dem Deutschen Reich alle Kolonien sowie einen Teil seines Kerngebiets nahm und es durch Sanktionen derart ausblutete, daß es die Schläge der Wirtschaftskrise nicht mehr ertragen konnte, die auf den Krieg folgte. Viele Deutsche waren der Meinung, daß ein neuer Krieg zur Korrektur dieses Unrechts gerechtfertigt war. Warum mußten die Briten in diesem Krieg zu einer so unmenschlichen Form der Bombardierung greifen?

Die Ursprünge der britischen Antwort auf diese Frage liegen in den Bedingungen, die zwischen 1914 und 1918 an der Westfront herrschten. Die Männer, die im Zweiten Weltkrieg den britischen Luftkrieg führten, hatten sämtlich die Schrecken der Westfront erlebt. Sie waren leidenschaftlich davon überzeugt, daß sich eine solche Form des Landkriegs mit ihrer Pattsituation, ihren Ausblutungsschlachten und ihren entsetzlichen Verlusten niemals wiederholen dürfe. Die Anwendung strategischer Luftmacht zur Zerschlagung der Widerstandsmittel eines Feindes müsse auch ohne einen solchen langwierigen und kostspieligen Feldzug zu Lande den Sieg herbeiführen. Im ersten Kapitel dieses Buches ist beschrieben worden, wie die ersten Schachzüge des Bombenkrieges im Zweiten Weltkrieg aufeinander folgten. Die Bombardierung rein militärischer Ziele bei Tage durch die Briten erwies sich als zu kostspielig, und die Bomber bereiteten sich auf den Übergang zu nächtlichen Einsätzen vor. Die RAF vermied es acht Monate lang, Teile des deutschen Festlandgebietes zu bombardieren, bis die Deutschen im Mai 1940 in Frankreich, Holland und Belgien einfielen. Selbst als die Bomber zur

Bombardierung Deutschlands freigestellt wurden, erhielten ihre Besatzungen Befehl, nur legitime Kriegsziele zu bombardieren, und während der nun folgenden anderthalb Jahre versuchten sie, entsprechend zu handeln. Erst gegen Ende 1941 erkannte man, daß man diese Punkt-Ziele mit den damals zur Verfügung stehenden Navigations- und Bombenzielgeräten nicht treffen konnte. Diese Einsicht stellte die Briten vor eine äußerst schwierige Wahl. Sie mußten entweder den Traum aufgeben, eine neue Westfront nach Art des Krieges 1914/18 durch strategische Bombardierung zu vermeiden, oder sie mußten es mit einer neuen Form des strategischen Bombenkrieges versuchen, die auch unter Anwendung der zur Verfügung stehenden Mittel effektiv sein könnte. Man entschied sich für die Flächenbombardierung.

Jawohl, es war grausam. Jawohl, Zivilisten – alte Menschen und Kinder, gänzlich unschuldig an jedem Leid, das Großbritannien oder seinen Verbündeten zugefügt wurde – sie würden mit Sicherheit getötet werden. Jawohl, es würden Kulturdenkmäler zerstört werden. Jawohl, es war beabsichtigt, Deutschland der ganzen Länge und Breite nach mit Terror zu überziehen. Jawohl, es erscheint heute als unmoralisch. Aber man ziehe zwei Faktoren in Betracht, die die Flächenbombardierung bei ihrer Einführung als völlig gerechtfertigt erscheinen ließen: Die von den Deutschen in anderen Teilen Europas bereits begangenen Handlungen, und die Ziele, die erreicht werden konnten, falls sich das Flächenbombardement als erfolgreich erweisen sollte.

In der Periode vor Einführung der Flächenbombardierung durch die RAF hatte die Wehrmacht mit uneingeschränkter Unterstützung durch die Luftwaffe die Tschechoslowakei besetzt, Polen, Frankreich, Holland, Belgien, Dänemark, Norwegen, Jugoslawien und Griechenland erobert und stand tief in Rußland. Wenn man zugesteht, daß Deutschland gegen einige dieser Länder einen Groll empfunden haben mag wegen Versailles – und ich räume nur ein, daß es hier Argumente gab, ohne mich ihnen voll anzuschließen – wenn man das zugesteht, welches Leid hatten denn so schuldlose Länder wie Holland, Belgien, Dänemark, Norwegen, Jugoslawien und Griechenland dem Deutschen Reich zugefügt? Die Wahrheit lautet, daß Deutschland einen Amoklauf der militärischen Eroberungen vollführt hatte mit dem Ziel, Europa zu beherrschen. Bekannt war außerdem, daß die Deutschen in den eroberten Gebieten teilweise ein äußerst grausames Regiment führten.

Im Verlauf der Feldzüge von 1940 und 1941 hatte die Luftwaffe so manchen Zivilisten in Städten wie Warschau, Rotterdam, Belgrad, Coventry, London und Liverpool getötet. Es war sehr bequem für britische Propagandisten, auf solche Bombenangriffe hinzuweisen, als ihre eigenen Bomber später damit begannen, die deutschen Städte zu zerschlagen, aber ich ziehe es vor, in meinen Argumenten nicht allzuviel aus jenen Bombenangriffen zu machen. Die Deutschen können argumentieren, daß es sich in den Fällen Warschau, Rotterdam und Belgrad um taktische Angriffe zur direkten Unterstützung der Wehrmacht handelte. Ich ziehe das Argument vor, daß die Wehrmacht zunächst einmal überhaupt kein Recht hatte, vor jenen Städten zu stehen. Was die Bombardierung englischer Städte betrifft, so lautet die Wahrheit, daß die deutschen Bomberbesatzungen zumeist einzelne Fabriken oder Hafenanlagen suchten, ganz genau so, wie es zu jener Zeit die RAF-Besatzungen über deutschen Städten taten.

Und dann gab es ja noch die Juden und die Konzentrationslager – möglicherweise Themen, die man tunlichst nicht anschneiden sollte in einem Buch, von dem man hofft, daß es in Deutschland veröffentlicht wird, aber es sind Themen, die bei der Argumentation nicht ausgespart werden können. Deutsche Zivilisten und Soldaten unterer Dienstgrade mögen erklären, daß sie keine Kenntnis von der Ausrottung der Juden und den barbarischen Verbrechen hatten, die in den Konzentrationslagern begangen wurden, aber Informationen über diese Themen hatten Großbritannien erreicht. Die weniger an Macht und Staatsapparat beteiligten deutschen Schichten mögen bestenfalls in einer Traumwelt über den Ruhm gelebt haben, den Hitler ihrem Lande gebracht hatte, schlimmstenfalls mit Sorge und Zweifel hinsichtlich des Endes, zu dem das alles führen werde; alle Deutschen aber waren einer so intensiven Unterdrückung unterworfen, daß jede Form des Widerspruchs verhindert wurde. Aber jeder britische Zivilist und jeder Soldat wußte in aller Klarheit, daß sein Land in tödlichem Kampf stand mit einer Macht, die von den Kräften des Bösen geführt wurde. Es konnte nur ein Ziel geben – den Krieg zu gewinnen und Europa so schnell und so ökonomisch wie möglich von diesen Kräften zu befreien. Schon 1942 hatte das Mittel der Flächenbombardierung sich als Weg nach vorn dargestellt. Man verschließe die Augen vor der Notwendigkeit, Zivilisten Leid zuzufügen, und man treibe das Werk voran, die Industriestädte Deutschlands so schnell wie möglich zu zerstören. Der Kampfgeist und die Moral der deutschen Zivilisten werden zerbrechen, und die Produktion in den Fabriken wird sinken – nicht dadurch, daß die Fabriken selbst bombardiert werden, sondern durch Ausfall der öffentlichen Dienste in den Städten und durch die Flucht der Arbeiter, wie es dann in Hamburg eintrat. Und wenn der vollständige Einsturz in Deutschland herbeigeführt werden kann, werden der deutsche Zusammenbruch und der alliierte Sieg folgen. Eines langwierigen Feldzuges zu Lande wird es nicht bedürfen. Warum sollten Tausende alliierter Soldaten sterben müssen, wenn es eine andere Möglichkeit gab? Das war das britische Ziel, als früh im Jahre 1942 die Flächenbombardierung eingeführt wurde.

Es kam nicht so. Die Schlachten über der Ruhr und um Hamburg waren große Siege des Flächenbombardements, aber weitere Erfolge stellten sich nicht schnell genug ein, um den vollständigen deutschen Zusammenbruch herbeizuführen, der angestrebt wurde. Der Widerstandsgeist und die Moral der gehärteten deutschen Zivilisten behaupteten sich, und die Machthaber halfen ein wenig nach dabei. Die glänzenden Organisatoren der deutschen Industrie verlagerten, bauten wieder auf, improvisierten schneller, als die Bomber die Industrie zu zerschlagen und niederzuhalten vermochten. Es bedurfte noch eines elfmonatigen Landfeldzuges im Westen nach einer noch viel längeren Zeit des erbarmungslosen Blutvergießens an der russischen Front.

Was aber, wenn die Flächenbombardierung Erfolg gehabt hätte? Der Krieg hätte ein Jahr früher beendet sein können, unübersehbar viele Menschen hätten verschont, unendliches persönliches Leid wäre den Menschen erspart geblieben, großer nationaler Besitz wäre nicht verloren gegangen. Großbritannien und seine Alliierten wären zweifellos die eindeutigen Nutznießer eines solchen früher errungenen Sieges gewesen, und die Deutschen hätten eines Tages wahrscheinlich eingesehen, daß ein solches Ende besser gewesen wäre als jenes andere, das sie dann erleiden mußten. Die Tyrannei Hitlers wäre früher von ihnen genommen worden, und der Raub der Ostgebiete durch die russische Armee wäre den Deutschen möglicherweise erspart geblieben.

Das alles suchte die RAF zu erreichen, als sie im Juli 43 Hamburg bombardierte.

In anderer Hinsicht war die Flächenbombardierung eine dreijährige Periode der Täuschung, geübt gegenüber der britischen Öffentlichkeit und der öffentlichen Meinung der Welt. Man hielt es für notwendig, die wahre Natur der RAF-Bombardierungen nicht zu enthüllen. Nicht zu verbergen war die Tatsache, daß die deutschen Städte hart getroffen wurden, und daß Wohngebiete in jenen Städten einen großen Teil der Bomben hinnehmen mußten, aber es wurde im allgemeinen der Eindruck erweckt, daß die Industrie das hauptsächliche Ziel sei und daß die Bombardierung von Arbeiter-Wohngebieten eine unvermeidliche Notwendigkeit sei. Vorwürfe, daß »unterschiedslos bombardiert« würde, wies man heftig zurück. Die Fairness gebietet es, festzustellen, daß nur Industriestädte bombardiert wurden, und, wie schon so oft gesagt worden ist, es war eines der Ziele der Flächenbombardements, die industrielle Produktion zu reduzieren. Die Täuschung lag in der Verschleierung der Tatsache, daß es sich bei den am schwersten bombardierten Gebieten nahezu immer entweder um Stadtkerne handelte oder um dichtbesiedelte Wohngebiete, in denen es nur äußerst selten Industrie-Anlagen gab.

Die entscheidenden Medien zur Verbreitung dieser Darstellung des Geschehens waren Presse und Rundfunk, von denen die Öffentlichkeit sämtliche Nachrichten über den Krieg bezog. Beide wurden natürlich in der fraglichen Periode, die wir hier behandeln, von der Regierung kontrolliert, aber die eigentliche Methode, die man benutzte, war das Amtliche Kommuniqué des Air Ministry, das nach jedem Angriff herausgegeben wurde, und es waren die Pressekonferenzen, die das Air Ministry oder die Presseoffiziere des Bomber Command den Korrespondenten von Presse und Rundfunk gaben. Die veröffentlichten Nachrichten enthielten nie regelrechte Lügen. Aber sie stellten eine geschickte Auswahl von Nachrichtenmaterial dar, die getroffen wurde, um den erwünschten Effekt zu erzielen.

Nennen wir ein typisches Beispiel. Der Londoner »Daily Express« erwähnte die gewaltige Bombentonnage, die während der Schlacht um Hamburg »auf Deutschlands größten Hafen« geworfen worden sei, und fuhr fort:

> Es wird noch viel Zeit vergehen, bis dies beendet ist und eine umfassende Zählung des gesamten angerichteten industriellen Schadens vorgenommen werden kann. Aber schon jetzt weiß man, daß viele wichtige Fabriken zusätzlich zu den bereits genannten getroffen und schwer beschädigt worden sind ... Großer Schaden ist den zentralen und den Hafengebieten zugefügt worden, vor allem in den Bezirken Grasbrook, Billwärder Ausschlag und St. Georg. So wird deutlich, daß jeder Besuch der RAF darauf gerichtet ist, große Sektoren zu zerschlagen, die sich zusammenfügen zu einem vollständigen Muster, in dem kein Teil immun bleibt gegen die Verwüstung.

Die genannten Bezirke befanden sich sämtlich auf dem Nordufer der Elbe, wo es allerdings einige kleinere Hafenanlagen gab. Überhaupt nicht erwähnt wurden die ausgedehnten Wohngebiete von Hammerbrook und Barmbek, die, wie die RAF damals schon genau wußte, zerstört worden waren. Berichte aus neutraler Quelle, in denen es hieß, es seien 20 000 oder 30 000 Menschen getötet worden, tat man als Geschichten ab, die die Nazis in die Welt gesetzt hätten. Und ein von der RAF bei Tage aufgenommenes Luftbild, in derselben Woche von der »Illustrated London News« veröffentlicht, zeigt zwar den Rand des Feuersturm-Gebiets, aber die Hauptfläche des veröffentlichten Bildes bestand aus Lokomotiv-Schuppen, Verschiebebahnhöfen und einigen Hafenkais.

Die amerikanische Presse war viel weniger zurückhaltend. Ein Bericht der Associated Press, datiert vom 6. August und nachgedruckt in vielen amerikanischen Zeitungen, mag der Vorstellung widersprochen haben, daß die Angriffe auf Hamburg eine »Terror«-Operation gewesen seien oder ein »skrupelloser Labor-Versuch«; es habe sich um einen Angriff auf »ein militärisches Ziel ersten Ranges« gehandelt, auf das »Zentrum der deutschen Unterseeboot-Fertigung«. Aber in dem Bericht wurde dann die Zerstörung der Wohnviertel durch die RAF erwähnt – im Gegensatz stehend zur Präzisionsbombardierung durch die Amerikaner – und es hieß dort, daß die RAF-Bombenwürfe, skrupellos wie sie dem fernen Beobachter erscheinen mögen, ein integraler Bestandteil des militärischen Angriffs sind. Die Erfahrung hat gezeigt, daß es den Deutschen in anderen flächenbombardierten Städten gelungen ist, die Fabriken zu reparieren und die große Masse der Zivilbevölkerung zu evakuieren. Letzteres tat man aber nicht aus humanitärer Sorge um Wohlergehen und Sicherheit der Zivilisten, sondern lediglich deshalb, weil es der schnellste und billigste Weg war, um neue Wohnungen für die unentbehrlichen Arbeiter der Rüstungsindustrie zu beschaffen. Um das zu verhindern, ist die Vernichtung aller Wohnhäuser erforderlich geworden.

Die allgemeine Öffentlichkeit, vor allem in Großbritannien, akzeptierte nur zu gern, daß ihre Bomber hauptsächlich damit befaßt seien, die deutsche Industrie zu zerstören, und es muß gesagt werden, daß die britische Bevölkerung sich nicht allzu große Sorgen darüber machte, ob etwa zur gleichen Zeit auch Arbeiterwohnungen bombardiert würden. Es gab damals kein Übermaß an überschüssigem Mitgefühl für deutsche Zivilisten. Die früheren, publizistisch gründlich ausgenutzten Bombenangriffe auf Warschau und Rotterdam in erster Linie sowie auf britische Städte waren großartige Geschenke für die britische Propaganda-Maschine. Eine populäre Redensart lautete: »Sie haben Wind gesät; sie werden Sturm ernten.«

Ein paar kritischere Leute in höherer Position argwöhnten jedoch, daß die zu jener Zeit von der RAF praktizierte Bombardierungstechnik nicht diejenige war, von der die Presse berichtete. Sir Archibald Sinclair, Secretary of State for Air, wurde oft gedrängt, endlich zu erklären, was denn eigentlich in Wirklichkeit geschehe.

Er erweckte gewöhnlich – und, wenn er öffentlich sprach, ausnahmslos immer – den Eindruck, daß das Bomber Command auf militärische oder industrielle Anlagen ziele, was natürlich auch manchmal der Fall war. Er machte kein Hehl aus der Tatsache, daß Wohngebieten schwerer und bisweilen ungeheurer Schaden zugefügt wurde, aber er implizierte oder sprach es gelegentlich auch aus, daß derlei Dinge nicht absichtlich geschähen, ja sogar bedauerlich seien.

Prominente Kritiker dieses Vorgehens gab es nicht viele. Der einzige Politiker von Rang unter ihnen war Lord Salisbury, der beharrlich den Luftwaffenminister in dieser Sache bedrängte. Der Historiker Liddell Hart hatte früher mit allem Nachdruck für die strategische Bombardierung plädiert – es war sein »indirektes Vorgehen«, das geeignet sei, eine neue Westfront zu verhindern. Aber im Juni 1942, nach dem Tausend-Bomber-Angriff auf Köln und der Siegesmeldung der RAF, sie habe so und so viele Hektar Stadtgebiet zerstört, schrieb er in einer persönlichen Notiz mit dem Titel »Reflektionen nach Köln«:

> Es wird eine Ironie des Schicksals sein, wenn die Verteidiger der Zivilisation auf die barbarischste und grobschlächtigste Art, einen Krieg zu gewinnen, angewiesen sein werden, die die moderne Welt je erlebt hat.

So bald nach Einführung der Flächenbombardierung diesen Gedanken formuliert zu haben, zeugt von Scharfblick und Einsicht.

Liddell Hart schloß einen engen Bund mit dem Mann, der zum bekanntesten Gegner der RAF-Bombardierungsmethoden wurde. George Bell war der Anglikanische Bischof von Chichester. Er war ein entschlossener und heftiger Gegner des Nationalsozialismus; aber er ging in seiner Beurteilung dieses Krieges von der Überzeugung aus, daß man nicht das ganze deutsche Volk wegen der Untaten der Nazi-Führer verurteilen und bestrafen dürfe. Insbesondere erhob er Einspruch gegen die Flächenbombardierung. Unmittelbar nach der Schlacht um Hamburg schrieb er in seiner »Diocesan Gazette«:

> Städte nur als Städte zu bombardieren, absichtlich Zivilisten anzugreifen ohne jede Rücksicht darauf, ob sie aktiv zur Kriegführung beitragen oder nicht, ist eine Tat des Unrechts, ganz gleich, ob sie von den Nazis begangen wird oder von uns.

Diese öffentliche Erklärung einer so prominenten Persönlichkeit erregte erheblichen Unwillen. Bischof Bell hätte am 20. September, dem Sonntag, der dem Gedenken an die Luftschlacht über England geweiht war, in seiner Kathedrale predigen sollen, aber sein Dekan forderte ihn auf, davon Abstand zu nehmen. Bells Ansicht, die er auch weiterhin in seinen Oberhaus-Reden zum Ausdruck brachte, trug ihm entschiedenen Widerspruch ein. Die Massenblätter kritisierten ihn heftig wegen seiner, wie sie meinten, unpatriotischen Einstellung und wegen seiner Äußerungen, die geeignet seien, die Kampfmoral der RAF-Besatzungen zu unterminieren. Stillschweigend wurde er unterstützt von etlichen Bischöfen und anderen weniger prominenten Männern des öffentlichen Lebens, nicht aber von William Temple, dem Erzbischof von Canterbury. Es gilt als wahrscheinlich, daß seine im Kriege geäußerten Ansichten über dieses Thema George Bell die Ernennung zum Erzbischof von Canterbury kosteten, als dieses Amt später vakant wurde.

Diejenigen, die in Frage stellten, daß das Flächenbombardement moralisch sei, fanden zu keiner Zeit ins Gewicht fallende öffentliche Unterstützung. Die Berichte der kontrollierten Presse waren geschickt abgefaßt und taten ihr Werk, und die allgemeine öffentliche Meinung war damals nicht empfänglich für irgendwelche abweichenden Ansichten.

Wie aber war es um die Empfindungen der Männer bestellt, die selbst nach Deutschland fliegen und die Bomben werfen mußten?

Bei allen Männern des Bomber Command handelte es sich um Freiwillige, aber sie hatten sich nicht für Bomber-Einsätze freiwillig gemeldet, sondern nur für »Einsatz beim fliegenden Personal«. Erst nach Abschluß ihrer ersten Ausbildung hatte die RAF sie für den Dienst beim Bomber Command ausgewählt. Die meisten waren zur RAF gegangen, weil die Kriegsfliegerei ihnen als glanz- und ruhmvolle Sache erschien; in der öffentlichen Meinung nahm das RAF-Besatzungsmitglied einen hohen Rang ein. Einige Männer hatten sich lieber freiwillig gemeldet, als sich zum Dienst in der Armee oder der Marine einziehen zu lassen, andere meldeten sich aus anderen Gründen, zum Beispiel, um Gelegenheit zu erhalten, Vergeltung für die Bombardierung ihres Hauses oder für den Tod von Verwandten durch deutsche Luftangriffe üben zu können. Allen gemeinsam war aber der verbreitete Haß auf die Nazis, und sie waren erfüllt von dem Wunsch, zu einem Sieg der Alliierten beitragen zu können. Was man sonst auch über die Besatzungen des Bomber Command sagen mag, ihr ursprüngliches Motiv, sich freiwillig zur RAF zu melden, entsprang höchsten Idealen. Nicht einer unter hundert hätte je geglaubt, daß er Mitglied einer Streitmacht sein werde, die absichtlich und regelmäßig Sprengstoff und Feuer auf die Wohnungen schlichter deutscher Familien herniederregnen ließ. »Flächenbombardement«, das war ein Ausdruck, den diese Männer höchstwahrscheinlich erst nach Kriegsende zum ersten Mal hören würden. Die Männer kamen also zum Teil durch reinen Zufall zum Bomber Command. Man sollte nie vergessen, daß ein Mann, einmal der Disziplin einer Waffengattung unterworfen und ganz gleich, auf welcher der beiden kriegführenden Seiten er stand, aufhörte, selbst zu entscheiden, welche Pflichten er ausführen wollte. Sein Leben wurde gleichsam von einer großen Lotterie bestimmt.

Diejenigen Männer, die sich dann schließlich als fliegendes Personal in Großbritanniens schweren Bombern wiederfanden, sahen sich einer fest etablierten Routine eingefügt. Die Besatzungen waren der gleichen Art von Beeinflussung durch die Presse unterworfen wie die allgemeine Öffentlichkeit auch, und was sie auf den Einsatzbesprechungen über die Ziele erfuhren, die sie angreifen sollten, war oft ebenso begrenzt und selektiv wie das, was der britischen Öffentlichkeit vom Air Ministry mitgeteilt wurde. Die industrielle Bedeutung und die Stärke der Verteidigung des jeweiligen Ziels wurden immer besonders hervorgehoben. Danach ging es dann im wesentlichen um die Farbe der Zielmarkierungen, die die Pathfinder abwerfen würden, und um andere operative Details. Selten wurde den Besatzungen mitgeteilt, daß Zielpunkt und Bombardierungsgebiete ausgewählt worden waren, um Wohnbezirke auszulöschen. Wenn sie dann wenige Stunden später das Ziel überflogen, war der Boden, 6000 Meter unter ihnen, sehr, sehr fern. Ihre Art der Kriegführung war sehr unpersönlich, sehr losgelöst von Gefühlen und Leidenschaften. Die Besatzungen wußten, daß viele ihrer Bomben in Wohnvierteln einschlagen würden, aber das galt als unvermeidlich und Teil der Hauptaufgabe, die sie zu lösen hatten.

Sehr einfach war die Existenz der Männer in den Bombern. »Folge den Befehlen. Erledige deinen Job, so gut du kannst, und hoffe, daß du überlebst. Freue dich auf den nächsten Urlaub, den nächsten Ausgang am Abend mit den anderen Jungs deiner Besatzung oder mit der Freundin. Zerbrich dir nicht allzusehr den Kopf über deinen Krieg. Schließlich haben die Deutschen damit angefangen; zeigen wir ihnen mal, was ein richtiger Bombenangriff sein kann. Außerdem kannst du ja schon morgen nacht selbst in einer brennenden Kiste sitzen. Die Zivilisten? Die Deutschen hätten ja die Frauen und Kinder aus den Städten evakuieren können, wenn sie nur gewollt hätten. Schließlich haben wir den totalen Krieg.« Das war die allgemeine Einstellung. Die Mehrheit hatte keine Bedenken, litt unter keinen Gewissensqualen. Das durchschnittliche Besatzungsmitglied im Bomber Command war ein junger Mann, selten älter als fünfundzwanzig Jahre. In diesem Alter besaßen die Männer vom fliegenden Personal kaum festgefügte politische oder moralische Einstellungen außer der Überzeugung, daß Hitler geschlagen werden müsse. Viele idealistische RAF-Männer sahen sich als Teilnehmer eines Kreuzzugs. Einer sagte: »Wir waren erfüllt von der Überzeugung, gegen eine unmenschliche Weltanschauung zu kämpfen.«

Eine klare Mehrheit der RAF-Besatzungen vertrat solche Ansichten. Einige modifizierten sie nach dem Krieg, aber die meisten taten das nicht. Stoisch ertrugen sie das ganze Ausmaß der Kritik an der Flächenbombardierung, vorgetragen von Leuten, die nicht so unmittelbar wie sie am Geschehen beteiligt gewesen waren. Ich habe viele Aussagen von solchen Männern gehört; dieses Zitat – es stammt von einem Piloten, der zwei volle Touren geflogen hat – mag als repräsentativ für die Meinung der Mehrheit stehen:

> Ich habe allerdings darüber nachgedacht, welcher Art das Ziel sein mochte, das angegriffen wurde, aber ich hatte, wenn überhaupt, kaum Bedenken. Ich hatte den Marsch der Nazis in den Krieg beobachtet, und beinahe jeder Deutsche hatte ihnen dabei zugejubelt, und ich konnte mich gut daran erinnern, wie sie in Warschau vorgegangen waren, in Rotterdam, Belgrad, Coventry, London usw., und da konnte ich nicht anders als davon überzeugt sein, es sei längst überfällig, daß sie an die Reihe kamen! Ich bin fest davon überzeugt, daß die meisten Männer der Bomberbesatzungen auch so empfanden.
>
> Ich glaube, mit fortschreitendem Alter wird man milder in seinen Ansichten, aber während der Sinn des Krieges im Laufe der Zeit immer nebelhafter wird, habe ich es zu keiner Zeit bereut, daß ich aktiv an den Einsätzen des Bomber Command beteiligt war, noch hat sich etwas an meiner Überzeugung geändert, daß die zu jener Zeit gegebenen Umstände die Flächenbombardierung rechtfertigten. Selbst damals, glaube ich, waren wir uns der Tatsache bewußt, daß es in dem Krieg um Leben oder Tod ging, und das nicht nur für den einzelnen, sondern auch für die beteiligten Völker. Alles, was seither über Hitlers Absichten geschrieben worden ist, wie er mit uns nach unserer Niederlage verfahren wollte, bestatigt dies, da die Bomber-Offensive ganz erheblich zu unserem Sieg beigetragen hat.

Es gab eine Minderheit – sensibler oder auch nachdenklicher – die in der Lage war, sich vorzustellen, was wirklich geschah, als ihre

Bomben auf eine Stadt wie Hamburg fielen, und die entweder damals schon oder später ihre Beteiligung an diesem Geschehen bereute. Klare Trennungslinien gibt es nicht. Flieger aus anderen Ländern des Empire mögen nicht immer das unbeschwerte Gewissen eines Engländers aus einer von der deutschen Luftwaffe bombardierten englischen Stadt gehabt haben. Männer, die in Kriegsgefangenschaft gerieten, wurden manchmal ernüchtert durch den Anblick dessen, was sie selbst angerichtet hatten. Einige Navigatoren waren sensible Männer, die ihre Bedenken hatten. Ein Pathfinder-Navigator, der lange im Bomber Command gedient hat, sagte:

> Die Flächen- oder Stadtbombardierung hat viele Männer der Besatzungen beunruhigt, mich vor allem. Ich habe den Gedanken der unterschiedslosen Bombardierung immer verabscheut, und ich mußte immer an Frauen, Kinder, Krankenhäuser und dergleichen denken. Aber wem gegenüber konnte man solchen Zweifeln Ausdruck verleihen?
>
> Angriffe auf unsere Städte trugen dazu bei, die leise Stimme des Gewissens zum Schweigen zu bringen, aber mir macht sie bis auf den heutigen Tag zu schaffen.
>
> Hätte Deutschland den Krieg gewonnen, wären wir dann als Kriegsverbrecher vor Gericht gestellt worden? Hätten wir vor Gericht gehört? Wenn wir der Überzeugung waren, daß es moralisch unrecht war, was wir taten, hätten wir es unseren Kommandeuren offen sagen müssen, hätten wir uns weigern müssen, weiter daran teilzunehmen? Was wäre die Folge gewesen? Das Kriegsgericht!
>
> Es hätte sehr viel mehr Mut erfordert, sich offen zu solchen Gedanken zu bekennen, als einfach weiter die Einsätze zu fliegen. Deshalb hat niemand seine Bedenken in Worte gefaßt, aber der Gedanke daran ist bis auf den heutigen Tag lebendig in mir.

Solche Männer haben seither ihre Skrupel ertragen müssen, und nicht wenige haben schwer darunter gelitten:

> Als ich mich freiwillig zum fliegenden Personal meldete, hatte ich eine romantische Vorstellung vom Luftkampf. Ich hatte keinerlei Vorahnung von dem Gemetzel, das dann stattfand. Was Staatsmänner und goldbetreßte Militärs auch sagen oder schreiben mögen, es war barbarisch bis zum Extrem. Und wer einem dieser kleinen Kinder ein Haar krümmt...
>
> Ich weiß, daß mir dereinst nicht vergeben wird. Der Lehrer hat es uns gesagt, klar und eindeutig. Wir haben nicht gehorcht.

Eine dritte Gruppe gibt es, die Kommandeure und Stabsoffiziere, die nicht selbst flogen, sondern die Bombenangriffe planten. In keiner Waffengattung steigt man zu hohem Rang auf, wenn man allzu empfindlich ist, was Verluste betrifft, vor allem, was die Verluste des Feindes betrifft. Zweifellos waren viele dieser Offiziere von großem Stolz auf ihre Waffengattung erfüllt, von dem Wunsch, die RAF als den eigentlichen Erringer des Sieges zu sehen; die meisten glaubten auch aufrichtig, daß hier der beste Weg gefunden sei, um den Krieg schnell zu gewinnen, mit den geringsten Opfern an Menschenleben für die eigene Seite. Ich habe mehrere dieser Männer befragt. Die Antworten, die ich erhielt, reichten von einem barschen: »Ich habe immer gesagt, daß der einzige gute Boche ein toter Boche ist, und das sage ich noch heute«, bis zu dieser rationaleren Meinung:

> Es gab das Gefühl: »Wenn es uns gelingt, dies in die Praxis umzusetzen, dann wird es zu einer schnellen Beendigung des Krieges führen.« Je eher der Krieg beendet werden konnte, um so mehr Menschenleben konnten gerettet werden. Es war ein totaler Krieg, alles war erlaubt. Ich habe eine Menge dieser Städte bei Kriegsende gesehen – am Boden und aus der Luft – und, rückschauend, begann ich mich zu fragen: »Oh mein Gott, was ist nur in mich gefahren, daß ich daran teilgenommen habe?« Ich erinnere mich gut daran, wie erschüttert ich war über das, was ich da sah, wie ich meinte, daß ich von tiefer Scham erfüllt sein müßte, und wie überrascht ich war, festzustellen, daß dies nicht der Fall war. Aber ich glaube nicht, daß ich ehrlich wäre, wenn ich sagte, daß ich das alles jetzt bereue. Ich glaube noch immer, daß das, was wir getan haben, als bedeutender Faktor zum schließlichen Sieg über Deutschland beigetragen hat. Ich bedaure, daß unser Bombenkrieg das nicht alleine geschafft hat.

Die deutsche Propaganda bezeichnete sie als »Terrorflieger«. Sehr rasch kann man die Proteste der hohen und einflußreichen Gestalten in Deutschland übergehen und die Proteste aller jener, die weiterhin aus ganzer Kraft und aktiv das NS-Regime nach dem ersten Rausch der Eroberungen unterstützten, nach dem Bekanntwerden der Grausamkeit, mit der jeder Gegner des Regimes unterdrückt wurde, nach Offenkundigwerden dessen, was den Juden und vielen anderen widerfuhr. Derartige Proteste waren schiere Heuchelei. Man muß argwöhnen, daß der Lärm, der hier gemacht wurde, zu einem großen Teil keine aufrichtige Reaktion, sondern Propaganda war.

Mitgefühl muß man jedoch haben mit der begreiflichen Reaktion des Entsetzens auf die Bombenangriffe, die bei der einfachen Bevölkerung entstand, bei den deutschen Zivilisten ebenso wie bei den einfachen Soldaten. Der Durchschnittsdeutsche war einer Nachrichtenzensur und einem Druck der Propaganda unterworfen, die weit über alles hinausgingen, was auf diesem Gebiet in alliierten Ländern vorkam. Seine Kenntnis von dem, was in seinem Namen überall in Europa getan wurde, war äußerst begrenzt. Man mag den Mut der wenigen hochgestellten Persönlichkeiten bewundern, die versuchten, Hitler Einhalt zu gebieten und die wegen dieser Bemühungen im allgemeinen ein entsetzliches Schicksal erlitten, und man kann die viel größere Zahl derjenigen hochgestellten Leute verachten, die nichts taten, aber die Möglichkeiten, die der kleine Mann hatte, irgend etwas zu ändern, waren absolut gleich Null. Er und seine Familie waren wie in einer Falle gefangen zwischen den alliierten Luftstreitkräften und den Kräften der Unterdrückung im eigenen Land. Auswegloser noch wurde das Dilemma, vor dem er stand, durch den ganz natürlichen Patriotismus, den die meisten Männer und Frauen gegenüber ihrem Land empfinden, wenn es in Not und Gefahr ist. Die Geschichte der Menschheit ist voll von Beispielen für Massen solcher Unschuldiger, die dem Schwert zum Opfer gefallen sind oder die durch Belagerung oder Blockade dem langsamen Hungertode ausgeliefert wurden. In diesem Falle wurden sie bombardiert und verbrannt. Bischof Bell von Chichester hatte recht, als er versuchte, zu unterscheiden zwischen dem einfachen deutschen Volk und seinen Führern, als nach dem Gezeitenwechsel des Krieges die Verdammung durch die ganze Welt und die Vergeltung begann.

Kehren wir zu den Einwohnern von Hamburg zurück. Oft gedenken die Überlebenden mit Verbitterung der Bombardierung ihrer Stadt und des Todes so vieler einfacher und schuldloser Menschen. Ein ehemaliger Marine-Offizier, der mir bei der Arbeit an einem früheren Buch geholfen hatte, lehnte es ab, mir seine Erinnerungen an jene Tage zu schicken, die er während der Bombenangriffe in Hamburg verbracht hatte:

> Meine dortige Dienstzeit ist das traurigste Kapitel meines Lebens. Ich möchte hierüber nicht mehr viel sagen. Was seinerzeit dort von alliierten

Luftstreitkräften angerichtet wurde, entspricht in jeder Weise dem, und übertrifft es vielmals, was man uns Deutschen in anderer Beziehung anlastet. Diese Brutalität, mit der bei den Luftangriffen auf Hamburg vorgegangen worden ist, dürfte lediglich mit dem Dresdner Angriff gleichzusetzen sein.

Hier wurden Menschen sinnlos auf brutale Weise vernichtet, ohne irgendwelche Auswirkungen für die wirklichen Kriegshandlungen hierdurch zu erreichen. Es wird kaum jemanden in dieser Stadt geben, der Ihnen hierüber als Augenzeuge berichten wird, denn wir sind bereit, diese Dinge nicht aufzurechnen und sie zu vergessen.

Hier einige andere Aussagen:

Verständnis für die Kriegsführung der Engländer hatte keiner, ich auch nicht. Wer wahllos Frauen und Kinder umbringt, *egal wer,* handelt unmenschlich und verbrecherisch. Durch diese Terrorangriffe wurde Haß erzeugt. Besonders wir Hamburger hatten kaum Verständnis, weil von Hamburg immer besonders enge Bindungen nach England gingen. Meiner Meinung nach sind wir Hamburger etwas englisch.

Eine Anzahl Hamburger war nicht überrascht ob der Dinge, die ihrer Stadt widerfahren waren. Es gab einige verständnisvolle Antworten auf meine Standardfrage zu diesem Thema, und sie reichten von der knappen Antwort des Polizisten aus dem Hamburger Hafen: »Nun haben wir die Scheiße«, bis hin zu dieser Äußerung:

Bei Freunden fiel beim Frühstück nach meiner Ausbombung nur das eine Wort: »Das ist die Strafe für unseren Angriff auf Coventry.« Eine Kollegin von mir, Lehrerin wie ich, ein ganz edler Mensch, sagte dann zu mir: »Ich darf es ja nicht sagen, aber mich hat bei den schweren englischen Angriffen eine wilde Freude gepackt; das ist die Strafe für unsere Verbrechen an den Juden.« Ich konnte ihr nur zustimmen.

Hier muß angemerkt werden, daß es sich hier um eine ganz außergewöhnliche Meinungsäußerung handelte, eine Meinung, die damals nicht von vielen Deutschen geteilt wurde. Die deutsche Propaganda versuchte, das Argument auf den Kopf zu stellen und erklärte, die Bombenangriffe seien ein weiteres Beispiel für die Untaten, die Deutschland von den Juden zugefügt wurden.

Im Laufe der inzwischen vergangenen Jahre sind einige der Wunden verheilt. Trotz der Prophezeiung des ehemaligen Marine-Offiziers haben mich viele einfache Menschen in Hamburg, die im

Jahre 1943 so Schweres erlitten hatten, mit Höflichkeit und Freundlichkeit empfangen. Wenn sie ihre Standardfrage, »Warum?«, gestellt hatten, akzeptierten viele von ihnen meine Erklärung, wenn ich genügend Zeit hatte, sie ausführlich genug zu begründen. Wenn es heute noch Trauer und Ressentiments gibt, dann oft wegen so unersetzlicher Verluste wie der Zerstörung schöner alter Bauwerke und Kulturdenkmäler; allerdings gab es manchmal auch bittere Kommentare aus der hartnäckig sich haltenden, wiewohl irrigen Überzeugung heraus, daß die RAF große Mengen Phosphor in ihren Bomben unterbrachte oder ihn gar in flüssiger Form über Hamburg abregnete. Außer den Menschen aber, die bereit sind zu vergeben, muß es viele andere geben, die nie verzeihen werden, was geschehen ist, und die nie bereit sein werden, mit einem Engländer darüber zu sprechen, wie aufgeschlossen er auch zu sein versucht.

Da war es also – das Flächenbombardement – ein schreckliches Mittel der Kriegführung, das damals aber als notwendig galt und zu dem man keine vernünftige Alternative sah, eingeführt von der RAF erst, nachdem sich alle anderen, akzeptableren Methoden des strategischen Bombenkrieges als nicht praktikabel erwiesen hatten mit den Werkzeugen und Geräten, die damals zur Verfügung standen. Es war ein furchtbares Mittel, das man auf der Suche nach einem höchst wünschenswerten Ende gefunden hatte – der schnellsten und wirtschaftlichsten Niederkämpfung einer Weltanschauung des Bösen und der Befreiung Europas einschließlich, wenn man es sagen darf, der Befreiung der einfachen Menschen in Deutschland.

Ich habe viele Meinungen angeführt, nicht aber meine eigene. War es gerechtfertigt? Es fällt mir nicht sehr schwer, zu sagen, daß die Anfang 1942 gefallene Entscheidung, die schweren Bomber der RAF für die Flächenbombardierung einzusetzen, *verständlich* war, weil es sich allem Anschein nach um eine *praktikable* Methode der Weiterführung des Krieges handelte, wenn man alle damals gegebenen Umstände in Betracht zieht. Jene Entscheidung war auch achtzehn Monate später, zur Zeit der Schlacht um Hamburg, und danach bis hin zur Frankreich-Invasion im Juni 1944 gültig. Aber war es eine *akzeptable* Methode der Kriegführung durch ein Land, daß Anspruch darauf erhob, zivilisiert zu sein und die Pflicht zu haben, das übrige Europa wieder in eine zivilisierte Welt zurückzuführen? Trotz aller rückschauenden Einsichten, die in den Nachkriegsjahren möglich wurden, und nach mehr als zwei Jahren eigener Arbeit auf diesem Gebiet kann ich mir nicht über meine eigene, private Antwort auf diese Frage schlüssig werden. Ich kann nur – wie in den vorangegangenen Kapiteln – versuchen, den Hintergrund der Flächenbombardierung darzulegen, eine detaillierte Beschreibung einer Episode in der Anwendung dieser Methode zu geben, und jetzt die Meinungen und Argumente anderer Menschen vorzutragen. Ich tue es in der Hoffnung, daß es wenigstens dazu beitragen wird, dem Leser ein besseres Verständnis eines Themas zu vermitteln, zu dem jeder einzelne die moralische Frage für sich selbst beantworten muß.

Ich will jedoch noch folgende zusätzliche Punkte anführen: Hätte die Flächenbombardierung den Zusammenbruch Deutschlands vor der Frankreich-Invasion bewirkt, dann hätte es weniger Kontroversen um dieses Thema gegeben, ebenso wie es nicht viel Streit um die beiden Atombomben gegeben hat, die 1945 Japan aus dem Krieg hinaussprengten. Bedeutet die Tatsache, daß die höchsten Ziele der Flächenbombardierungs-Offensive der RAF nicht erreicht worden sind, daß man es nie mit dieser Methode hätte versuchen sollen? Es sollte auch erwähnt werden, daß der größte Teil der Welt seit 1945 in Sicherheit und ein erheblicher Teil in Freiheit gelebt hat, weil das Wissen stets drohend gegenwärtig war, was nukleare Waffen einer Stadt anzutun vermögen. Das Maß der Sprengkraft ist gewaltig angewachsen, aber die Grundsätze der nuklearen Abschreckung sind beinahe identisch mit denen der Flächenbombardierung.

ZWANZIGSTES KAPITEL

Das Nachspiel

Die Brücke

Wenn heute nach dreieinhalbwöchiger Pause das Hamburger Fremdenblatt wieder erscheint, wollen wir nicht zurückblicken auf die schweren Tage, wollen nicht klagen und kleinmütig sein, sondern unsere Gedanken auf die Zukunft richten. Die Geschichte einer großen und stolzen Stadt kennt Zeiten der Not, aber auch Zeiten glücklichen Aufstiegs. Und wenn uns der Luftterror der Feinde tief hinabgestürzt und viel von dem vernichtet hat, was Generationen an Bauten und Wohnkultur geschaffen haben, so wissen wir doch, daß Hamburgs Geschichte nicht mit einem Trümmerfeld enden wird. (Leitartikel im Hamburger Fremdenblatt, 18. August 1943.)

Natürlich hat Hamburg überlebt, aber die ersten Wochen waren schwer. Eine gewaltige Menge an Arbeit der mühevollsten und qualvollsten Art mußte unmittelbar nach den Angriffen geleistet werden, erschwert noch durch die andauernde Hitzewelle. Man fürchtete den Ausbruch von Epidemien, aber die von den Behörden getroffenen Gegenmaßnahmen waren so wirkungsvoll, daß es zu keinem ernsthaften Ausbruch kam. Männer aus allen Lebensbereichen arbeiteten schwer im Hamburg jener Wochen. Sonderzuteilungen an Lebensmitteln, alkoholischen Getränken und Zigaretten halfen, die furchtbaren Aufgaben, die sie zu bewältigen hatten, ein wenig leichter zu machen.

Es muß festgestellt werden, daß die zentrale organisatorische Rolle, die Gauleiter Kaufmann und seine Parteifunktionäre spielten, sicherstellte, daß ein großes und vielgestaltiges Maß an Arbeit unter fester Leitung, wirkungsvoll und unter Beachtung der richtigen

Prioritäten geleistet wurde. Obwohl einige Fachleute von außen in die Stadt entsandt wurden, bewältigte Hamburg die Aufgaben dieser Zeit unmittelbar nach den Angriffen im wesentlichen allein unter seiner eigenen Führung und unter Verwendung seiner örtlichen Mittel. Die lebenswichtigen öffentlichen Dienste wurden wiederhergestellt; den Vorrang hatte die Wasserversorgung. Gewaltige Trümmermassen wurden von den Straßen geräumt. Die noch schwelenden Feuer wurden gelöscht. Hunderte nicht explodierter Bomben mußten aufgespürt und entschärft werden. Ein großer Teil der ersten Bombenräumtrupps wurde von Insassen des Zuchthauses Fuhlsbüttel gestellt, die sich wegen der Aussicht, dafür einen Strafnachlaß zu erhalten, für diese Arbeiten freiwillig gemeldet hatten. Es wartete dann in einigermaßen sicherer Entfernung ein Polizist, während der Gefangene grub und die Bombe freilegte, bis der Feuerwerker kam, um die Bombe zu entschärfen.

Tausende von Leichen mußten aus den Trümmern geborgen werden. Ein großer Teil der Arbeit wurde von der Polizei vollbracht, von Wehrmachtangehörigen aus hier stationierten Einheiten und von 450 Insassen des Konzentrationslagers Neuengamme, die nach Hamburg gebracht wurden. Anfangs waren die Behörden davon ausgegangen, daß man die Toten, um eine Epidemie abzuwenden, verbrennen müsse, aber das erwies sich dann als nicht erforderlich. Stattdessen brachte man sie nach Hamburgs Hauptfriedhof Ohlsdorf am Nordrand der Stadt, wo etliche KZ-Häftlinge, unterstützt von einem Trockenbagger, riesige Massengräber aushoben. Ein Lastwagen nach dem anderen kam an, die Fahrer meldeten die ungefähre Zahl der Leichen, die ihre Ladung ausmachten, sahen zu, wie die Überreste der Toten von den Ladeflächen gezerrt wurden, und nahmen eine Empfangsbescheinigung entgegen. Dann fuhren sie ab, um neue Fracht zu holen. Kein Versuch einer Identifizierung wurde unternommen.

Während die Arbeit der Totenbergung vor sich ging, wurde ein 6,5 Quadratkilometer großes Gebiet der Feuersturmzone zum Sperrgebiet erklärt; Zutritt hatte nur, wer hier zu unerläßlichen Arbeiten benötigt wurde. Aus losen Ziegelsteinen wurden an den Rändern dieses Gebiets hohe Mauern quer über die Straßen aufgeschichtet. Als die notwendigsten Arbeiten abgeschlossen waren, schloß man auch die letzten Mauerdurchgänge, und die Gegend blieb, zum Teil bis nach Kriegsende, Sperrgebiet.

Bald nach den Angriffen empfing Hamburg einen wichtigen Besucher. Nicht Hitler war es, obwohl Gauleiter Kaufmann ihn gebeten hatte, Hamburg zu besuchen. Das hatte auch Albert Speer getan, der darüber berichtet:

> Als ich Hitler bat, nach Hamburg zu kommen, war seine Reaktion unwirsch. Wahrscheinlich war er bereits dadurch verärgert, daß er von anderer Seite (Kaufmann) gedrängt wurde. Das entsprach nicht seiner Auffassung über seine erhabene Stellung. Er gab keine Gründe für seine Ablehnung. Das war, wenn er sich in schlechter Laune befand, auch nicht zu erwarten. Ich bedauerte, daß Hitler dem Wunsch nicht nachkam. Es hätte für die Widerstandskraft der Deutschen eine zusätzliche Bedeutung gehabt, wenn er sich, wie Churchill, mit den Opfern in irgendeiner Weise identifiziert hätte.

Das damals in Hamburg kursierende Gerücht, daß Hitler die bombardierte Stadt wenigstens überflogen hätte, stimmte nicht. Hitler lehnte es sogar ab, eine Gruppe ausgewählter Hamburger Luftschutzwarte zu empfangen, die nach Berlin gekommen war.

Nach Hamburg kam Hermann Göring, der Oberbefehlshaber der Luftwaffe. Göring hatte Kaufmann telegraphisch mitgeteilt, daß er schon unmittelbar nach dem Feuersturm habe kommen wollen, jedoch im Führerhauptquartier unabkömmlich gewesen sei. Mit jeder Faser seines Herzens sei er bei ihm und der schwergeprüften Bevölkerung Hamburgs, hatte Göring bei jener Gelegenheit Kaufmann mitgeteilt. Am 6. August landete Göring dann auf dem Fuhlsbütteler Flughafen. Als erstes verlieh er einigen Schülern, die als Luftwaffenhelfer in einer Flakstellung in Schwanenwik an der Außenalster stationiert waren, Auszeichnungen, dann fuhr er weiter, um sich im Hotel Atlantic mit Polizeipräsident Kehrl zu treffen. Von dort aus ging Göring zu Fuß bis an den Rand des Feuersturmgebiets. Er traf mehrere Gruppen von Zivilisten, sprach mit ihnen und drückte ihnen sein Mitgefühl aus. Göring, der eine seiner prunkvollen Uniformen trug, wurde ständig mit Zurufen wie »Hermann Meier« begrüßt oder mit Fragen wie: »Na, Meier, was sagen Sie jetzt?« Das waren Anspielungen auf sein berühmt gewordenes prahlerisches Wort, er wolle Hermann Meier heißen, wenn es seiner Luftwaffe nicht gelänge, das deutsche Reichsgebiet zu beschützen. Niemand wurde verhaftet.

Später, bei einer Besprechung mit führenden Parteigenossen in der Hamburger Gauleitung, erklärte Göring, er müsse zugeben, daß es für die voraussehbare Zukunft keine Möglichkeit gebe, derartige Angriffe zu verhindern. Einer der damals Anwesenden berichtet:

> Dann hielt Hermann Göring eine Ansprache, in der er die Zerstörung Hamburgs bedauerte und, ich traute meinen Ohren kaum, zugab, daß wir auf absehbare Zeit keine Möglichkeit hätten, derartige Angriffe zu verhindern. Nach solcher Aussage aus berufenem Munde konnte wohl der Gutgläubigste nicht mehr auf einen Endsieg hoffen! Aber niemand sagte etwas, weder damals noch später. Es waren alles gute Parteigenossen, denen es nie eingefallen wäre, über eine solche Erklärung zu reden.

Am selben Tag noch verließ Göring Hamburg wieder, nachdem er auf dem Flughafen einen Schlag Erbsensuppe, sein Lieblingsgericht, dankend abgelehnt hatte. »Er hatte nur den einen Gedanken: Bloß weg aus Hamburg.« Es ist unbekannt, ob Hitler ihm befohlen hatte, Hamburg zu besuchen. Wenn er aus eigenem Antrieb gekommen war, dann hatte Göring damit Mut bewiesen.

Während der restlichen Kriegsjahre lebte ein Teil der Hamburger Bevölkerung im Exil. Die Massenevakuierung hatte nahezu Zweidrittel der zivilen Einwohner über das ganze Deutsche Reich, ja selbst in die vorwiegend von Deutschen besiedelten Gebiete Polens und der Tschechoslowakei hinein versprengt. Eisenbahnreisen waren kostenlos für sie. Einige der Evakuierten fanden sichere und herzliche Aufnahme bei Verwandten oder Freunden, und auch diejenigen, die nur bis in die Kleinstädte und Dörfer der Hamburger Umgebung geflohen waren, wurden in aller Regel freundlich aufgenommen. Dort wurden Hamburger als Nachbarn betrachtet. Manche derjenigen jedoch, die weiter hinaus gereist waren, fanden nicht überall herzliche Aufnahme. Hamburger, die sich irgendwo in Süddeutschland wiederfanden, wurden oft als »preußisches Bombenpack« bezeichnet. Eine Hamburgerin sagte: »Je weiter wir uns von Städten entfernten, die bombardiert worden waren, um so unfreundlicher empfing man uns.« Als sie versuchte, in einem schlesischen

Dorf unterzukommen, das streng nationalsozialistisch empfand, erklärte man ihr, daß die Hamburger stolz darauf sein sollten, ihre Habe und ihr Heim für den Nationalsozialismus opfern zu dürfen. Im allgemeinen störte die Ankunft der Hamburger Evakuierten die Beschaulichkeit vieler Gemeinden, die noch nicht direkt mit dem Krieg in Berührung gekommen waren, und zum ersten Mal begann sich bei den Einwohnern solcher Orte Unbehagen zu regen, wenn sie an den Ausgang des Krieges dachten.

Weniger ungut ist eine Geschichte, die über einen Dr. Schmidt berichtet werden kann, den ehemaligen Leiter einer Oberschule für Mädchen in Hamm, der in dem winzigen Dorf Ortenburg bei Vilshofen in einer entlegenen Ecke Bayerns Aufnahme gefunden hatte. Bald hatte Schmidt zwei seiner ehemaligen Lehrerinnen und fünfundzwanzig Schülerinnen um sich versammelt und seine Schule in kleinem Maßstab wieder eröffnet. Sie bildeten eine protestantische Minderheit in einem katholischen Gebiet, und anfangs gab es kaum Kontakte zu den Einheimischen. Am Ende hatten sich fünfundsiebzig Mädchen aus Hamm um Dr. Schmidt versammelt, und er setzte seinen Schulunterricht in Bayern bis zum Kriegsende fort. Inzwischen hatten die Dörfler ihre anfangs ablehnende Haltung völlig vergessen. Ihnen imponierten vor allem der Fleiß und die Arbeitswilligkeit der Kinder aus der Stadt im Norden. Viele Bauern machten das Angebot, Kinder aus Hamburg zu adoptieren, aber im Herbst 1945 kehrten alle Schülerinnen nach Hamburg zurück; allerdings schoben einige ihre Abreise noch hinaus, um bei der Ernte zu helfen.

Bald nach den Bombenangriffen kehrte das Leben nach Hamburg zurück; vor Beginn des Winters war ungefähr die Hälfte der Evakuierten wieder da. Jeder noch einigermaßen brauchbare Raum war vollgestopft mit Menschen. Viele Leute hatten sich in den Kellern zerbombter Häuser eingerichtet oder in Gartenlauben am Stadtrand. So sollten viele bis zum Ende des Krieges hausen, obwohl auch etliche Notunterkünfte einfacher Bauweise errichtet wurden. Fabriken öffneten wieder, der Handel belebte sich, und in außerordentlich kurzer Zeit wurde Hamburg wieder eine mit Leben erfüllte Stadt. Im Herbst jenes Jahres geschah in Hamburg etwas, was vielen Menschen wie ein Wunder erschien. Bäume und Büsche, die in den Angriffen des Sommers versengt worden waren, blühten plötzlich wieder – in einer Jahreszeit, in der es sonst keine Blüte, keine Blume mehr gab. Flieder und Kastanie waren es vor allem, die wie im Frühling blühten. Eine junge Telephonistin spricht für viele, wenn sie sagt: »Es erfüllte mich mit neuer Hoffnung, so etwas Schönes mitten in der schrecklichen Trümmerlandschaft zu sehen.«

Zwei andere Hamburgerinnen beschreiben diese Zeit so:

In den Ruinen, wo die Keller allen Bomben getrotzt hatten, waren die Leute schnell damit bei der Hand, sich einzunisten, wenn sie irgendwo vier Wände fanden, die noch standen, und wenn es halb unter der Erde war. Im Nu waren die Keller von Trümmern und Schutt befreit, rasch waren eine Decke errichtet und Fenster eingesetzt. Baumaterial lag ja in Hülle und Fülle herum, man brauchte es sich nur zu nehmen. Hatte man erst einmal eine Unterkunft hergerichtet, konnte man feststellen, daß sie sehr bald auch richtig gemütlich war, jedenfalls in Anbetracht der einigermaßen ungewöhnlichen Umstände. Sogar kleine Gardinenfetzen schmückten bald überall wieder die Fenster. Ich hatte immer das Gefühl, daß diese Menschen wie Maulwürfe in ihren Erdlöchern lebten, aber sie waren fürs erste ganz zufrieden. Sie hatten ja wenigstens ein notdürftiges Dach über dem Kopf. Das war viel mehr als alles, was sehr viele andere Menschen hatten. Erfindungsreiche Bastler hatten bald genügend Ziegelsteine und Balken zusammen, bauten immer ein bißchen mehr aus und an, und bald schossen wieder kleine Häuschen wie Pilze aus der Erde.

Zu der Zeit konnte sich auch die wildeste Phantasie nicht vorstellen, daß sich jemals wieder eine richtige Zivilisation aus der Asche erheben würde. (Paula Kühl)

Wenn man heute zurückdenkt, eigentlich sagenhaft, nach den Zerstörungen! Die Bevölkerung wurde zu »Kumpeln«. Wir teilten alles. Einer half dem anderen! Jeder konnte sich mutterseelenallein auf die Straße wagen und wurde nicht beraubt und belästigt! Ich habe bei offener Haustür geschlafen, ebenerdig, und mir ist nichts passiert. Heute ist ein Gang zur U-Bahn schon gewagt. (Anne-Lies Schmidt)

Hamburg wurde wieder bombardiert, noch viele Male, nie wieder aber so schwer wie in jenem Sommer des Jahres 1943. Fast ein Jahr lang herrschte relative Ruhe, aber am 18. Juni 1944 unternahmen die

Amerikaner den ersten von siebzehn schweren Tagangriffen, die von jenem Tag bis zum Ende des Krieges geflogen wurden. Einer der amerikanischen Angriffe forderte die schwersten Verluste an Menschenleben, die Hamburg seit dem Sommer 1943 zugefügt wurden. Am 25. Oktober 1944 starteten 455 amerikanische Bomber, um drei Ölraffinerien in Hamburg anzugreifen, aber eine Wolkendecke lag über den Zielen, und die Amerikaner warfen ihre Bomben nach Radar durch diese Wolken hindurch. Die meisten Bomben schlugen im Stadtteil Harburg ein, der bis dahin relativ glimpflich davongekommen war. Ein großer Teil Harburgs wurde zerstört, 750 Menschen fanden den Tod.

Die RAF unternahm 1944 nur einen nächtlichen Flächenangriff, und zwar in der Nacht vom 28. zum 29. Juli. Er wurde ausgeführt von 298 Bombern und dürfte vom Bomber Command als einer der alljährlichen »Nachbesuche« einer Stadt betrachtet worden sein, die aufgehört hatte, ein lohnendes Ziel für häufigere Angriffe zu sein. Die RAF ließ Hamburg dann zufrieden bis zu den letzten beiden Monaten des Krieges, in denen sie die Stadt fünfmal in rascher Folge angriff, weil angenommen wurde, daß die Hamburger Werften einen neuen Typ schneller U-Boote bauten, die lange Zeit getaucht bleiben konnten und eine schwere Gefahr für den alliierten Schiffsverkehr darstellten.

In den Bombenangriffen des ganzen Krieges verloren in Hamburg annähernd 55 000 Zivilisten ihr Leben. Diese Zahl erreicht also beinahe die Zahl der Hamburger Angehörigen der Streitkräfte, die im Kampfe fielen oder während des Krieges infolge von Verwundungen oder Krankheit starben – es waren 62 856. Einen Eindruck von der Schwere dieser Verluste an Menschenleben, die Hamburg während des »totalen Krieges« von 1939 bis 1945 in der Heimat und an der Front hinnehmen mußte, vermittelt der städtische Beamte, der diese Statistik aufgestellt hat, indem er darauf hinweist, daß sie dreimal so groß sind wie die Gesamtzahl der Gefallenen des deutschen Heeres während des deutsch-französischen Krieges von 1870/71.

Kehren wir zum Gesamtbild des Bombenkrieges zurück. Die deutsche Führung war erfüllt von schwerer Sorge bei dem Gedanken, daß sich die britischen Erfolge in Hamburg sehr bald wiederholen könnten. Falls es gelang, eine Reihe anderer Städte in gleicher Weise wie Hamburg zu zerstören, und das womöglich in relativ kurzer Zeit, dann würde Deutschland sich wahrscheinlich außerstande sehen, den Krieg noch weiter zu führen, und damit hätten dann die britischen Bomberstrategen den Sieg gefunden, den sie anstrebten. Wir werden nicht mehr erfahren, ob der endgültige Zusammenbruch durch moralische Auflösung oder durch industrielles Chaos herbeigeführt worden wäre. Aber der RAF ist es nicht gelungen, dem Hamburger Erfolg eine vergleichbar erfolgreiche Zerstörung auch nur einer einzigen anderen deutschen Stadt folgen zu lassen. In der Zeit, die unmittelbar auf Hamburg folgte, wurden die Kräfte des Bomber Command durch den politischen Befehl, Italien anzugreifen, abgelenkt, sowie durch die Notwendigkeit, das deutsche Raketen-Forschungszentrum Peenemünde anzugreifen. Allerdings kam es bald zu einer weitgehend in Vergessenheit geratenen anderen »Schlacht«, deren Objekt eine andere große deutsche Stadt war, Hannover. Von den drei Angriffen, die Ende September und Anfang Oktober geflogen wurden, brachte nur einer einen – noch dazu mäßigen – Erfolg. Das Bomber Command war noch immer an die scheinbar unüberwindlichen Regeln des Nachtbombardements jener Zeit gebunden. Befand sich ein Ziel, wie das Ruhrgebiet, innerhalb der Oboe-Reichweite, oder war es, wie Hamburg, ein gutes H2S-Ziel in Küstennähe, dann konnte es erfolgreich angegriffen werden. Andere Ziele in Deutschland konnten kaum in ähnlich zuverlässiger Weise markiert und erfolgreich bombardiert werden, es sei denn, es herrschte ganz ungewöhnlich klare Sicht. Weil die Bomber dabei aber nur so dahingemetzelt worden wären, wenn sie auch in den hellen Mondlichtphasen einflogen, sahen sich die Pathfinder meistens mit Dunkelheit, Dunst, Wolken und dem schlechten Wetter der Neumond-Periode konfrontiert.

Die Schlacht um Berlin, die in jenem Winter ausgetragen wurde, unterlag ganz und gar diesen Regeln. Diese entscheidenden Kämpfe sind oft beschrieben worden. Sir Arthur Harris behauptete, er könne Berlin »von einem Ende bis zum anderen zerschlagen«, wenn die Amerikaner mitmachten; später sagte er, er könne »bis zum 1. April 1944 einen Zustand der Verwüstung herbeiführen, in dem die

Kapitulation unvermeidlich wird« – dies unter Einsatz seiner eigenen Bomber, nachdem deutlich geworden war, daß die Amerikaner sich nicht beteiligen würden. Die tapferen Besatzungen des Bomber Command flogen sechzehn Mal nach Berlin und neunzehn Mal nach anderen Städten in Deutschland, und sie verloren dabei 1047 ihrer Flugzeuge und Besatzungen. Berlin erlitt schweren, nicht aber kritischen Schaden. Die deutsche Verteidigung und insbesondere die Nachtjäger mit ihrer neuen Verfolgungstechnik »Zahme Sau« überwanden einen großen Teil der von Window geschaffenen Schwierigkeiten, und auf das Konto der Jäger kamen die meisten der schweren Verluste des Bomber Command. Der Höhepunkt wurde in der Nacht des 30./31. März erreicht, als Harris unklugerweise beschloß, das tief in Süddeutschland gelegene Nürnberg in einer mondhellen Nacht anzugreifen. Die Deutschen schossen 95 von 782 Bombern ab.

Dies ist nicht der Ort, um über das Für und Wider dieser faszinierenden Periode des Bombenkrieges zu streiten. Es genügt, festzustellen, daß die Schlacht um Berlin ein für die RAF kostspieliger Fehlschlag war, und von vielen wird heute die Ansicht vertreten, es sei ein Fehler gewesen, sie überhaupt anzufangen. Das Bomber Command hätte mehr Mühe darauf verwenden sollen, seine Zielfindungs-, Markierungs- und Bombardierungsmethoden zu verbessern und kleinere Städte anzugreifen, die direkt mit bestimmten Industriezweigen verbunden waren.

Frühjahr und Sommer 1944 sollten zeigen, daß jetzt die Voraussetzungen gegeben waren, um etliche dieser Fortschritte zu erzielen. In dieser Periode wurden die Bombereinheiten für die Unterstützung der Invasion bereitgestellt und eingewiesen; sie erhielten den Auftrag, die deutschen Nachschub- und Verbindungslinien anzugreifen sowie kleine militärische Ziele in Frankreich und anderen von den Deutschen besetzten Ländern. Zur Überraschung vieler Leute stellte sich heraus, daß größere Präzision bei den Bombenwürfen möglich war, wenn es galt, Verluste unter der befreundeten Zivilbevölkerung zu vermeiden, die rings um diese Ziele lebte. Insbesondere eine Form der Zielmarkierung im Tiefflug, entwickelt in der 5. Group, eröffnete immense neue Möglichkeiten. Es handelte sich hier um die wahrscheinlich wichtigste Einzelentwicklung in der Rolle, die die RAF im Bombenkrieg gespielt hat.

Von diesen Fortschritten wurde viel Gebrauch gemacht, als das Bomber Command im Herbst 1944 von seinen Invasionseinsätzen freigestellt wurde, aber tragischerweise wurde ein großer Teil der Bemühungen wieder auf die Flächenbombardierung deutscher Städte zurückgedreht, als die Invasion erfolgreich abgeschlossen und die Eroberung Deutschlands zu Lande offensichtlich nur noch eine Sache weniger Monate sein konnte. Obwohl viele Präzisionsangriffe gegen deutsche Öl- und Nachschubziele geflogen wurden, griff die RAF in diesen Monaten eine deutsche Stadt nach der anderen weiterhin mit Methoden des Flächenbombardements an, die sich kaum von denjenigen unterschieden, die 18 Monate zuvor gegen Hamburg angewendet worden waren. Und Bomber Command konnte jetzt 1600 Bomber einsetzen. Die Zerstörungskraft war angesichts einer verfallenden deutschen Verteidigung ungeheuer. Dresden ist der Name, der am tiefsten in der Erinnerung haftet, wenn die Rede von dieser Periode des Bombenkriegs ist. Immer unter Berücksichtigung der Tatsache, daß im Nachhinein jedermann klüger ist, wird hier deutlich, daß für die vorangegangene Flächenbombardierung Argumente ins Feld geführt werden konnten, daß es aber kaum eine Rechtfertigung für sie im letzten Winter des Krieges gab.

Im Gegensatz dazu ging der amerikanische Bombenkrieg auf relativ unkomplizierte Weise weiter. Am 17. August 1943, kurz nach den Angriffen auf Hamburg, flogen die Amerikaner den schwierigen und riskanten Angriff auf Schweinfurt und Regensburg. 376 fliegende Festungen wurden tief nach Süddeutschland hinein gegen wichtige Ziele ausgesandt, und einen großen Teil des Weges mußten sie ohne Jagdschutz zurücklegen. Die Amerikaner stellten fest, daß die sich selbst verteidigenden Tagbomberverbände bei so tiefem Eindringen angesichts entschlossener Jäger-Angriffe hilflos waren. Die Luftwaffe schoß sechzig amerikanische Bomber ab. Ein zweiter Angriff auf Schweinfurt, den 320 Fliegende Festungen am 14. Oktober flogen, führte zu einem gleich schweren Verlust. Man schuldet den Amerikanern Bewunderung dafür, daß sie so unerschütterlich an ihrer Doktrin der Konzentration auf ausgewählte deutsche Industrien durch Tagangriffe festhielten, aber der zweite Angriff auf Schweinfurt veranlaßte sie, solche Angriffe in die Tiefe des Deutschen Reiches hinein vorläufig aufzugeben.

Gerettet wurde die amerikanische Doktrin durch das Erscheinen der P-51 Mustang im Dezember 1943. Es handelte sich um einen Langstrecken-Jäger, der die amerikanischen Bomber bis fast zu jedem Ziel in Nordwest-Europa begleiten konnte. Das war die auf amerikanischer Seite wichtigste Neuentwicklung im Bombenkrieg, und danach gab es für sie kein Zurück mehr. Ihre Kampfkraft wuchs in fast unglaublichem Tempo. Die Eighth Air Force, die für die Schlacht um Hamburg nur 323 schwere Bomber hatte aufbringen können, verfügte bei Kriegsende über mehr als 3000 einsatzfähige schwere Bomber und 1300 Jäger, stationiert in England und im Mittelmeer-Raum. Zu den vielen Leistungen dieser Luftarmada gehörte es, das Schicksal der Tagjäger der deutschen Luftwaffe zu besiegeln und teilweise auch derjenigen Nachtjagd-Verbände, die die Deutschen in dieser hoffnungslosen Lage bei Tage einsetzten. Die RAF-Jäger, die eine kürzere Reichweite hatten, waren nicht unwesentlich an diesem Erfolg beteiligt, aber der entscheidende Faktor war die Mustang, die die Deutschen zwang, Tagbomber in allen Phasen eines Angriffs zu attackieren und nicht nur dann, wenn keine Begleitjäger da waren.

Für Hamburg ging der Krieg am 3. Mai 1945 zu Ende, fünf Tage vor dem endgültigen Zusammenbruch Deutschlands. Hitler hatte befohlen, jede Stadt und jedes Dorf in Deutschland gegen die alliierten Invasionsheere zu verteidigen. Er hatte außerdem befohlen, jeden Befehlshaber aus Partei oder Wehrmacht zu erschießen, der Anstalten machte, diesen Befehl zu ignorieren. Gauleiter Kaufmann war Anfang April 1945 bei Hitler gewesen und hatte erkannt, daß sein Führer jetzt jeden Kontakt zur Wirklichkeit verloren hatte. Er arbeitete Pläne zur Rettung Hamburgs aus. Stets von einer aus bewaffneten Studenten bestehenden Leibwache umgeben, befahl er, keine lebenswichtigen Einrichtungen zu zerstören und die Stadt bei Eintreffen der ersten alliierten Truppen kampflos zu übergeben. Hitler war inzwischen tot, aber Kaufmann handelte noch immer unter höchster persönlicher Gefahr, als er diese Befehle gab; noch immer gab es fanatische Nazis, die ihn auf der Stelle erschossen hätten, wenn sie nur die Möglichkeit dazu gehabt hätten. Aber Kaufmanns gewagtes Spiel ging auf, und, in Zusammenarbeit mit dem Wehrmachtskommandanten der »Festung Hamburg«, gelang es ihm, der Stadt die Schrecken der Artilleriebeschießung und des Straßenkampfes zu ersparen.

Es war ein schöner Maimorgen, und die Sonne schien aus azurblauem Himmel. Ich wurde gegen 6.00 Uhr von einem seltsamen, rasselnden und polternden Geräusch geweckt, über das ich mich wunderte. Ich sprang aus dem Bett, weil ich glaubte, die Bomber seien wieder da. Ich lief hinaus auf den Balkon, und da war es, der aufwühlendste, ganz und gar unvergeßliche Anblick. Ich stand wie festgewurzelt da und starrte. Durch die Bäume hindurch sah ich die Panzer, wie sie langsam und friedlich dahinrollten, nur etwa dreißig Meter von mir entfernt, und die Sonne schien strahlend auf sie. Ich erblickte die ersten englischen Soldaten, die aus den Geschütztürmen der Panzer schauten, Feinde nicht mehr, und bald sollten sie meine Freunde werden.

Als ich da stand und die endlose Reihe der gepanzerten Fahrzeuge anschaute, bemerkte ich kaum, daß mir Tränen über das Gesicht liefen. Auch heute noch, nach all diesen Jahren, treten mir Tränen in die Augen, wenn ich von jener Stunde erzähle; ja, während ich dies niederschreibe, werden meine Augen feucht.

Paula Kühl, die junge Dame, die diese Zeilen geschrieben hat, heiratete später einen englischen Soldaten. Die Hamburger waren erleichtert darüber, daß nicht die Russen ihnen die letzte Niederlage zufügten, aber dieser Tag war der Beginn einer langjährigen Besetzung ihrer Stadt durch die Briten.

Es gibt in Hamburg heute noch immer Erinnerungszeichen an den Krieg in Gestalt der häßlichen Betonbunker, die man überall in Hamburg wie in jeder anderen deutschen Stadt sehen kann. Manchmal frisch gestrichen, um ihre Unansehnlichkeit ein wenig zu mildern, dienen sie gewöhnlich als Lagerhäuser oder als Obdach für kleinere Werkstätten und Handwerksbetriebe. Sie sind den Behörden lästig, denn sie sind so stark gebaut, daß man sie nicht einfach abreißen kann; sie müssen gesprengt werden, und das ist meistens wegen der Nähe anderer Gebäude nicht möglich. Ein Hamburger sagte: »Manchmal denken wir an sie. Wir hoffen, daß wir sie nie wieder brauchen, aber es könnte ja sein, daß wir uns eines Tages freuen, daß sie noch da sind.« Einer der massigen Flaktürme auf dem Heiligen-Geist-Feld steht noch heute, ein abscheuliches Ding, mit dem sich abzufinden in der Nähe des Zentrums einer so schönen Stadt gewiß nicht leicht ist. Der zweite wurde 1974 unter erheblichen Kosten abgerissen. Auch Gauleiter Kaufmanns schönes Wohn- und Dienstgebäude, von dem aus man einen Blick auf die Alster hatte, ist abgerissen und durch ein moderneres Gebäude ersetzt worden. Aber der Parteibunker, von dem aus er die Einsätze während der Angriffe leitete, existiert noch (im Garten des Hauses Magdalenenstraße 50 oder ganz in der Nähe). Nicht weit davon, in Polizeipräsident Kehrls eleganten Diensträumen, beschäftigen sich heute junge Menschen mit dem Studium der Musik und der Bildhauerei.

Am eindringlichsten gedenkt man der Schlacht um Hamburg heute nicht in den wiederaufgebauten Straßen des Feuersturmgebiets, sondern an den vier Massengräbern, angelegt in der Form eines Kreuzes, in dem schönen Park des Ohlsdorfer Friedhofes. Hier, in der sandigen Erde Hamburgs, erheben sich vier flache Rasenhügel, eingefaßt von Begonien. In ihrem Zentrum erhebt sich ein im August 1952 errichtetes Mahnmal, das an Hamburgs 55 000 Bombenopfer erinnern soll. An den vier Massengräbern stehen auf schweren Holzplanken verzeichnet die Namen der Hamburger Stadtteile, in denen einst die Toten zu Hause waren. An sichtbarster Stelle vor dem Denkmal steht das Schild mit dem Namen Hammerbrook. Einige Leute glauben, daß die Schilder dort stehen, wo die Menschen aus dem jeweiligen Stadtteil ruhen. Das trifft nicht zu. Die Toten wurden damals wahllos bestattet, so, wie sie von den Bergungsmannschaften herbeigebracht wurden.

Die Hamburger glauben, daß Ohlsdorf der größte Friedhof der Welt sei. Hier finden sich viele andere Erinnerungen an den Krieg. Keinen halben Kilometer von den Massengräbern des Luftkrieges entfernt befinden sich zwei Gräberfelder der Kriegsgräber-Kommission des Commonwealth mit 683 Gräbern aus dem Krieg 1914–18. Hier ruhen Kriegsgefangene, die in Norddeutschland gestorben sind, und aus dem Meer geborgene tote Matrosen. Aus dem Zweiten Weltkrieg stammen 1443 Gräber. Etwa zur Hälfte sind es die Gräber gefallener RAF-Männer. Insgesamt sind 169 der in der Schlacht um Hamburg gefallenen Männer des Bomber Command auch hier in Hamburg begraben. Neben jedem Grab wächst ein englischer Rosenbusch. An anderer Stelle in Ohlsdorf gibt es deutsche Soldatengräber und ein Denkmal für die vielen Hamburger Soldaten, die in Rußland verschollen sind. Es gibt ein jüdisches Ehrenmal und ein weiteres für die dreiundfünfzig Menschen aus Hamburg, die während des NS-Regimes von 1933 bis zum letzten Tag des Krieges hingerichtet worden sind. Dieses Ehrenmal ist geschändet worden. Es gibt auch ein Massengrab für 140 Russen, die im Juni 1944 während eines amerikanischen Luftangriffs getötet worden sind, ein weiteres Grabgelände für Ausländer – Osteuropäer zumeist – und für Deutsche ohne Hamburger Verwandte, einen liebevoll gepflegten holländischen Friedhof mit 350 Gräbern von Niederländern, die als Kriegsgefangene gestorben sind, und ein Ehrenmal für 2500 weitere, die im Konzentrationslager Neuengamme gestorben sind.

Mögen einige Teilnehmer der Schlacht um Hamburg diese Kapitel mit einigen Gedanken und Empfindungen beenden:

> Ich glaube, daß jeder, der in Hamburg die ganze Serie von Angriffen durchlebt und den Verstand behalten hat, es verdient, den Rest seines Lebens im Paradies zu verbringen.
>
> Nach all diesen Jahren ist das Wort »Hamburg« für mich noch immer bedeutungsschwer und steht für die Gesamtheit des Bösen, das Nazi-Deutschland war.
>
> Ich glaube noch immer, daß »Butch« Harris der größte Befehlshaber des Zweiten Weltkrieges war. Er hat bewirkt, daß wir alle an das glaubten, was wir taten, und trotz der geringen Chance, mit dem Leben davonzukommen, haben nur sehr wenige Besatzungen aufgegeben.
>
> Der Chef des britischen Bomber Command, der so einen teuflischen Plan ausführen ließ, gehört vor ein Kriegsgericht.
>
> Man hat uns Yankees gefragt, warum wir 1941, vor Pearl Harbor, der RCAF [Kgl. kanadische Luftwaffe] beigetreten sind. Als meinen persönlichen Grund schrieb ich: »Um den Kindern Europas das Glück wiederzugeben.« Deshalb war ich von Trauer erfüllt, als ich über Hamburg flog, weil ich sehen konnte, daß ich vielen deutschen Kindern den Tod und nicht das Glück brachte. Ich habe lange darüber nachgedacht und bin zu dem Schluß gelangt, daß wir manchmal, wenn wir vom Strom der Geschichte

erfaßt werden, böse Taten vollbringen müssen, um noch bösere Taten zu überwinden, aber traurig bin ich bis auf den heutigen Tag.

Ich kann in aller Aufrichtigkeit sagen, daß ich sehr stolz darauf war, mit der größten Luftmacht der Welt zu fliegen und ein wenig zur Vernichtung Hitlers und seiner Bande beizutragen. Ich bin überzeugt davon, daß die meisten Männer des fliegenden Personals genauso dachten.

Und so war es immer, wir sind als große Idealisten Flakhelfer geworden und waren stolz darauf, schon damals in so jungen Jahren unsere Heimat mit zu verteidigen gegen unsere »Feinde«. Die Augen sind uns erst später aufgegangen, was für ein schändliches Spiel mit der Jugend damals gespielt wurde.

Die Erlebnisse des Jahres 1943 sind noch tief in mein Herz eingegraben und ich war damals, und bin es noch heute, stolz auf die wenn auch nur geringe Rolle, die ich in der Verteidigung meines geliebten Hamburgs, meiner Vaterstadt, gespielt habe.

Ich habe in jener Nacht meinen Vater, eine Tante und zwei Onkel in dem Feuersturm verloren. Wenn ich jetzt daran zurückdenke, mache ich keinem einen Vorwurf, weder auf unserer Seite noch auf der anderen. Es war das Schicksal der Welt. Der Krieg hat mir sieben meiner schönsten Jahre genommen. Ich war 1943 neunzehn Jahre alt, und erst 1950 haben meine Mutter und ich wieder ein eigenes Heim gefunden. Noch heute fürchte ich das Feuer.

Mir war bewußt, daß eine Niederlage in diesem Kampf das Ende der Lebensweise bedeuten würde, die wir in Großbritannien genossen.

Nach unserem ersten Flug nach Hamburg fuhren mein Navigator und ich mit dem Rad nach Huntingdon. Dort mieteten wir uns ein Boot und fuhren auf den Fluß hinaus. Still ließen wir uns flußabwärts treiben, und Nick sagte: »Und was ist mit den armen Kerlen in dem Feuer?«
Ich wußte nicht, was ich sagen sollte. Schweigend trieben wir weiter dahin.

Register

Quellenverzeichnis der Abbildungen